2014

连云港统计年鉴

LIANYUNGANG STATISTICAL YEARBOOK

连云港市统计局
国家统计局连云港调查队 编

中国统计出版社
China Statistics Press

图书在版编目(CIP)数据

连云港统计年鉴. 2014 / 连云港市统计局，国家统计局连云港调查队编. -- 北京 : 中国统计出版社，2014.9

ISBN 978-7-5037-7184-2

Ⅰ. ①连… Ⅱ. ①连… ②国… Ⅲ. ①统计资料—连云港市—2014—年鉴 Ⅳ. ①C832.533-54

中国版本图书馆 CIP 数据核字(2014)第 182611 号

连云港统计年鉴-2014

作　　者 / 连云港市统计局　国家统计局连云港调查队
责任编辑 / 陈越月
装帧设计 / 孙静文
出版发行 / 中国统计出版社
地　　址 / 北京市丰台区西三环南路甲 6 号
邮政编码 / 100073
电　　话 / 邮购(010)63376909　书店(010)68783171
网　　址 / http://csp.stats.gov.cn
印　　刷 / 连云港淮盐印刷有限公司
经　　销 / 新华书店
开　　本 / 890mm×1240mm　1/16
字　　数 / 1930 千字
印　　张 / 53
版　　别 / 2014 年 9 月第 1 版
版　　次 / 2014 年 9 月第 1 次印刷
定　　价 / 300 元

如有印装差错，由本社发行部调换。

《连云港统计年鉴——2014》编委会

《连云港统计年鉴——2014》编辑部

编 者 说 明

一、《连云港统计年鉴—2014》是一本信息密集的资料工具书。本书通过大量统计数据真实的记录了2013年连云港市经济、科技、社会各方面的发展进程变化，是各级领导、理论研究工作者和国内外企业家、投资者必备的工具书，是社会各界人士了解、认识连云港的重要窗口。本年鉴在往年年鉴的基础上作了进一步调整和改进。版本在编辑、内容结构、指标数据等方面与前几年保持了连贯性。

二、本年鉴的内容包括：(1)文稿部分：连云港市2013年国民经济和社会发展统计公报；(2)本市统计资料部分：综合、人口与劳动、农业、工业、运输与邮电、固定资产投资和建筑业、国内商业、对外经济、财政金融和保险、人民生活和物价、科教文卫、民政和司法、城建与环保等；(3)相关区域统计资料部分：省内各市及各县、淮海经济区各市、沿海开放城市主要指标数据。

三、本年鉴辑入的统计数字以2013年为主，为方便读者使用，主要指标还列有1978年党的十一届三中全会以来主要年份的统计数据。读者在使用以往历史资料时，凡与本年鉴有出入的，均以本年鉴为准。

四、在《年鉴》编辑过程中，得到了有关部门和人员的大力支持。对此，深表谢意。由于水平有限，时间仓促，难免有不足之处，欢迎读者批评指正，以便进一步改进统计年鉴的编辑工作。

目　　录

连云港市2013年国民经济和社会发展统计公报

连云港市统计局　　国家统计局连云港调查队

(2014年3月10日)

2013年,面对极为复杂的国内外经济环境,全市上下牢牢把握“稳中求进,好中求快”的年度工作主基调,认真落实“项目推动,重点突破”的年度经济工作要求,积极抢抓四大国家战略机遇,稳步推进稳增长、调结构、促改革、惠民生各项工作,经济运行总体保持“整体平稳,稳中有进”的运行态势。

一、综　合

经济总量持续扩张。2013年GDP总量达到1785.42亿元,增长11.8%,居全省第六位,总量较上年增加182.00亿元。人均GDP突破40000元,达到40416元,较上年增加3946元,增长11.2%。其中市区人均GDP达到54815元。

图1

结构调整取得积极成效。第一产业增加值259.17亿元,增长3.1%;第二产业增加值807.42亿元,增长13.0%;第三产业增加值718.83亿元,增长13.1%。三次产业协调性增强,逐步形成一、二、三产业相互促进发展的格局。三次产业结构由上年的14.5:45.9:39.6调整为14.5:45.2:40.3,和上年相比第一产业持平,第二产业下降0.7个百分点,第三产业提高0.7个百分点。

表1　2013年全市GDP分三产情况表

	绝对数(亿元)	增长%
地区生产总值	1785.42	11.8
第一产业	259.17	3.1
第二产业	807.42	13.0
第三产业	718.83	13.1

二、农林牧渔业

粮食生产稳定。2013 年全市粮食面积达 748.02 万亩，比上年增 1.62 万亩；亩产 474 公斤，下降 2.07%；总产达到 354.73 万吨，下降 1.8%。秋粮种植面积 387.53 万亩，比上年减少 1.75 万亩；单产水平为 559.7 公斤，比上年减少 3.2 公斤；总产水平为 216.87 万吨，比上年减少 2.25 万吨。其中水稻种植面积 305.91 万亩，比上年增加比上年增加 0.18 万亩；单产水平为 607.9 公斤，与上年基本持平；总产水平为 185.94 万吨，比上年增加 0.09 万吨。

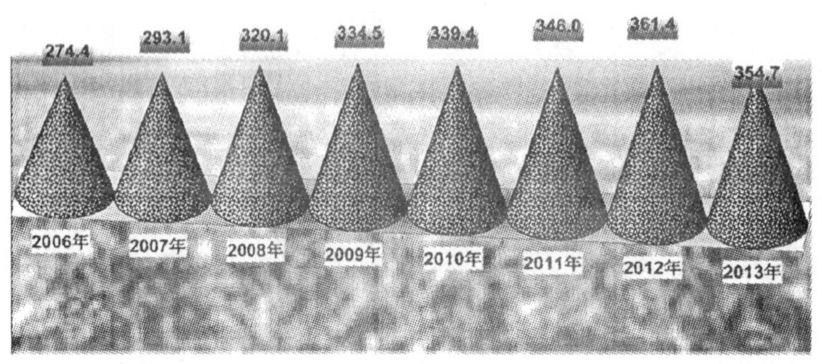

图 2

现代农业发展加快。新增设施农业 15 万亩、设施渔业 6.7 万亩，建成万亩“菜篮子”基地 3 个，灌云县南岗乡许相村(万惠芦蒿)被认证为全国一村一品示范村镇，高公岛获批国家一级渔港。新增市级农业园区 10 家、省级农业龙头企业 13 家。农产品出口 4.1 亿美元，居全省前列。农产品质量安全水平提高，新增绿色农产品品牌 56 个。开展“农田水利设施建设年”活动，完成水利投资 20 亿元。加快推进农业综合开发，新增高标准农田 20 万亩。农业机械化水平达到 76.5%。

三、工业和建筑业

工业经济扩量提质增效。2013 年全市着力强化政策支持和要素保障，力保工业企业健康运行，强力推进“双千双百”工程、大企业培育工程，工业经济实现了难中有进，增速始终保持全省前列。规模以上工业增加值 820.94 亿元，较上年增加 148.47 亿元，增长 14.4%，增幅高于全省平均 0.3 个百分点，居全省第三位；应税销售收入 1631.70 亿元，增长 14.5%；工业用电量 88.73 亿千瓦时，增长 16.9%，居全省第三位。

图 3

*工业集聚发展进程加快。*六大重点园区实现销售收入3200亿元,海州区被认定为国家火炬计划特色产业基地。全市销售收入过50亿企业达到17家,新海石化率先突破200亿元,达到202.97亿元,增长28.8%。中小企业园和工业集中区开工建设标准厂房208万平方米,签约企业300户。

*工业企业规模日益壮大。*2013年工业企业户均产值2.91亿元,较上年户均产值增加0.22亿元。规模以上工业企业数1419户,较上年增加148户。新投产工业项目不断,为港城临港产业突飞猛进埋下伏笔。2013年港城石化、冶金等临港产业销售收入达1900亿元,成为当前全市工业发展第一驱动力。港城的战略新兴产业,高精尖项目的投产,促进了战略新兴产业的快速发展。"三新"产业销售收入超过1100亿元,恒瑞、豪森、天晴、康缘四大药企产值全部突破50亿元。

*骨干企业持续扩张。*20强规模以上工业企业产值1609.38亿元,占全市规模以上工业产值的39.0%,较上年增加325.02亿元,增长25.4%,拉动全市规模以上工业产值增长9.5个百分点,对全市产值贡献率为46.8%,其中新海石化、兴鑫钢铁、镔鑫特钢、金信利不锈钢、新海发电、益海粮油、康缘药业、正大天晴等12家企业累计新增产值均超过10亿元,累计净增产值272.80亿元。

*高新技术产业比重提高。*近年来,全市以推进国家创新型城市建设和高新区升格发展为契机,加快创新资源集聚,强化创新载体支撑,着力打造了新医药、硅材料、高性能纤维及复合材料、装备制造四大国家级产业基地,有力优化了产业结构,促进了高新技术产业的聚集发展。2013年全市高新技术产业产值1830亿元,增长22.1%,总量占规模以上工业产值比重44.3%,较"十一五"末提高了11.3个百分点。

*建筑产业快速增长。*建筑业总产值555.1亿元,增长28.6%。其中,建筑工程产值536.5亿元,增长26.8%,比重为总产值的96.6%;安装工程产值12.9亿元,增长53.6%。在省外完成的建筑业总产值222.8亿元,增长40.6%。

四、固定资产投资

*投资层次更上水平。*全社会固定资产投资1664.77亿元,增长23.0%。其中固定资产投资1350.12亿元,增长22.1%,居全省第三位,从全年看,投资增速虽较前三个季度有所减缓,但项目层次明显提升,全市亿元以上在建投资项目528个,增加27个,项目平均规模超亿元,达5.1亿元,增长0.9%。其中,新开工亿元以上投资项目285个,较上年增加39个,增长15.9%;新开工亿元项目投资457.0亿元,增长52.7%。

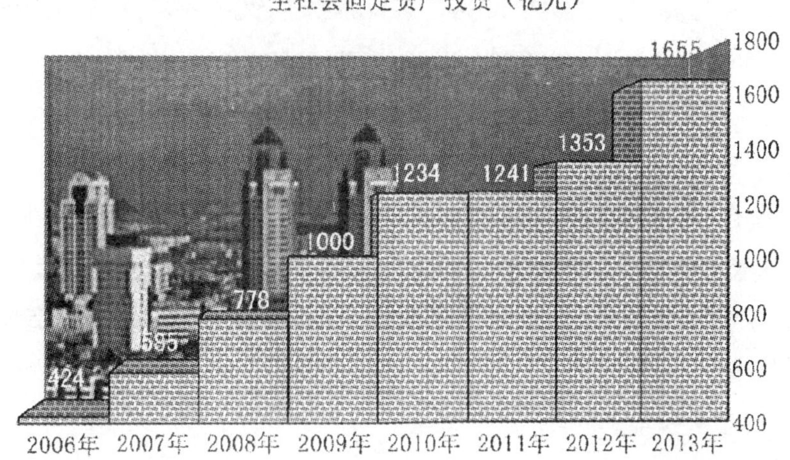

图4

工业项目投资加速前行。2013 年工业投资攻坚克难，自加压力，重大产业项目及特色产业、园区建设进展明显。全市工业投资 849.33 亿元，增长 23.1%，工业投资增速快于全省平均水平 5.6 个百分点，增速居全省第三位。全年实施投资亿元以上工业项目 265 个，100 个市级新增长点项目新增产值 450 亿元，拉动全市产值增长 15 个百分点，对工业增长贡献率达 65%。

新兴服务业投资迅速壮大。新兴服务业投资 342.10 亿元，增长 26.2%，高出传统服务业增幅 6 个百分点。其中：信息传输、软件和信息技术服务业投资 11.20 亿元，增长 55.4%，商务服务业投资 28.10 亿元，增长 38.1%；科学研究和技术服务业投资 7.20 亿元，增长 61.3%；金融服务业投资 3.50 亿元，增长 75.3%；教育业投资 16.50 亿元，增长 73.0%。

五、交通运输和信息通讯业

港口建设强力推进。“一体两翼”组合大港加速形成。主体港区成为全国低碳试点港和科技示范港。集疏运体系逐步完善。旗台作业区铁路专用线主体完工，矿石带式输送机工程有序推进。北疏港公路、徐圩港前大道、徐新公路、242 省道、310 国道加快建设，临海高等级公路埒子口至青口段简易通车。全长 120 公里的港产城联动发展交通大动脉海滨大道开工建设。连盐铁路建设前期工作积极推进。新开国际集装箱航线 8 条，3 条铁路班列纳入全国客车化运营，率先开通经霍尔果斯口岸出境的集装箱班列。港口货物吞吐量 2.02 亿吨，增长 8.8%，集装箱 549 万标箱，增长 9.3%。

港口吞吐量(万吨)

图 5

交通运输平稳运行。公路客运量 1.68 亿人次，增长 6.0%；旅客周转量 65.81 亿人公里，增长 2.0%；货运量 1.41 亿吨，增长 8.0%；货运周转量 94.63 亿吨公里，增长 6.0%。水运客运量 28.83 万人次，增长 14.0%，旅客周转量 5409 万人公里，下降 6.0%；货物运周转量 122.27 亿吨公里，增长 1.0%。民航连云港机场飞机起降达 8668 架次，增长 39.2%；旅客吞吐量 56.36 万人次，增长 16.5%；货物吞吐量 3935 吨，增长 9.0%。

表2　2013年交通运输业主要指标情况表

指　　标	单　位	绝对数	增长%
公　路			
客运量	亿人次	1.68	6.0
旅客周转量	亿人公里	65.81	2.0
货运量	亿吨	1.41	8.0
货物周转量	亿吨公里	94.63	6.0
水　运			
客运吞吐量	万人次	28.83	14.0
旅客周转量	万人公里	5409	-6.0
货物周转量	亿吨公里	122.27	1.0
机　场			
起降架次	架次	8668	39.2
旅客吞吐量	万人次	56.36	16.5
货物吞吐量	吨	3935	9.0

邮政通讯业务平稳发展。邮政通讯业务收入36.82亿元,增长6.7%;其中邮政快递业务收入5.57亿元,增长7.8%;移动电信业务收入31.25亿元,增长6.5%。年末电话用户数510.77万户,增长4.9%;其中移动电话用户413.17万户,增长7.8%。互联网用户301.96万户,增长18.0%。

六、国内贸易和市场物价

消费需求稳中有升。社会消费品零售总额655.57亿元,增长13.9%,增速较一季度提高0.7个百分点,较三季度提高0.4个百分点,居全省第三位。其中,批发业实现零售额48.25亿元,下降16.7%;零售业实现零售额552.65亿元,增长18.3%;住宿业实现零售额7.84亿元,下降6.2%;餐饮业实现零售额46.83亿元,增长11.8%。

社会消费品零售额（亿元）

年份	2006年	2007年	2008年	2009年	2010年	2011年	2012年	2013年
零售额	211.5	249.1	310.4	358.8	426.8	500.2	575.5	655.6

图6

房地产相关消费品增速加快。限额以上批发零售企业五金、电料类，建筑及装潢材料类，家具类，家用电器和音像器材类分别增长38.5%、56.1%、31.0%、18.5%，分别较前三季度提高10.6、38.5、9.7、3.4个百分点；金银珠宝类商品零售额增长23.9%；食品、饮料、烟酒类商品零售额增长22.5%。

物价温和上涨。今年以来，随着国家宏观政策的逐步深入，加上肉蛋等主要食品价格周期性低位的影响，1-3月全市CPI低位开局，上涨0.7%，随后CPI涨幅逐步攀升至高位，全年上涨2.2%，涨幅比较1-11月、1-10月、1-9月、1-8月分别高0.1、0.3、0.6、0.8个百分点，较全省平均水平低0.1个百分点。

表3 2013年城市价格指数情况表

指 标	市区（上年累计为100）
居民消费价格总指数	102.2
#食 品	104.4
烟酒及用品	99.0
衣 着	102.9
家庭设备用品及维修服务	101.1
医疗保健和个人用品	100.0
交通和通讯	100.5
娱乐教育文化用品及服务	100.5
居 住	102.2

七、对外经济

开放型经济增长较快。今年以来，在全国外贸形势较为低迷的情况下，重抓招商引资，精心组织赴日韩、台湾、北京、苏南及陆桥沿线城市开展大型招商推介活动，实际利用外资8.70亿美元，增长43.9%，居全省第一位。内联客方到位资金767亿元。实现进出口66.41亿美元，下降17.0%，居全省第十二位。其中，出口37.84亿美元，增长5.1%，增速列全省第四位，较三季度提高0.7个百分点。

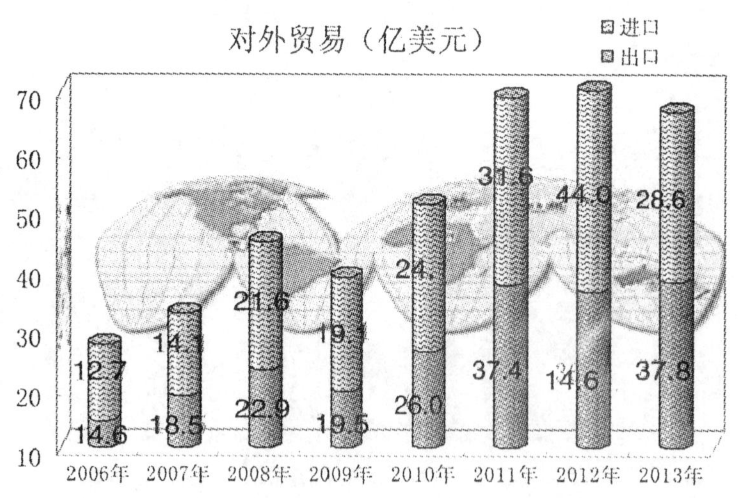

图7

八、财政、金融和保险业

财政收入稳步增长。公共财政预算收入 233.30 亿元，增长 11.7%，居全省第十位；税收收入占公共财政预算收入比重为 81.4%，较上年提高 4.4 个百分点。主体税种保持平稳，增值税、营业税、企业所得税、个人所得税和契税共完成收入 148.1 亿元，增长 18.6%。用于民生支出超过七成，用于教育 61.05 亿元，增长 17.1%。公共财政预算收入占地区生产总值比重为 13.1%，较上年提高 0.1 个百分点。

图 8

金融信贷稳健运行。年末金融机构存款余额 1709.93 亿元，比年初增加 171.98 亿元。其中，企事业单位存款 811.84 亿元，比年初增加 55.09 亿元；居民储蓄存款 850.95 亿元，比年初增加 118.15 亿元。

保险事业蓬勃发展。保险费总收入 44.06 亿元，增长 13.0%，较全省平均水平高 1.9 个百分点，增幅居全省第三位。从保险构成看，寿险收入 25.04 亿元，占保险费总收入的 56.8%。财产险保费收入 15.67 亿元，占保险费总收入的 35.6%。健康险保费收入 2.25 亿元，占保险费总收入的 5.1%。

九、科技教育卫生和社会保障事业

科技创新工作取得新进展。创新能力持续提高。新上新药创制国家科技重大专项 2 项，累计实施国家“重大新药创制”科技专项 56 项。建立科技型中小企业培育库，279 家获批省科技型中小企业，6 家企业进入省科技企业上市培育库，全年高新技术企业总量突破 100 家。新增国家战略性创新产品 2 个，国家重点新产品 11 个；省重点新产品 15 个，省高新技术产品 209 个。校企联盟发展到 703 家，引进高层次人才 150 人，其中 2 个团队入选省创新团队、15 人入选省“双创”计划、18 人入选企业博士计划。

教育事业持续健康快速发展。学前教育三年入园率 92.73%，义务教育阶段入学率达 100%，初中在校生巩固率达 92.82%，初中毕业生升学率达 96.35%，高中段教育毛入学率达 96.94%。骨干教师队伍建设进一步推进。152 名教干教师赴境外进修学习，5 所学校参加第九届江苏中小学校长国际论坛。中小学校办学条件得到新改善。改造校舍 51 万平方米，投入资金 7.2 亿元。投入 1.2 亿元加强学校教育技术装备基础设施建设，中小学计算机生机比达 8.2:1、师机比达 0.94:1，多媒体进教室比率达 86%；独立建制学校百兆光纤接入率和“班班通”均达 100%。

卫生工作有序开展。基本医疗卫生服务体系提档升级。新增全国示范社区卫生中心 1 个、省级示范乡镇卫生院 7 个、省级示范社区卫生服务中心 2 个，新增省级卫生乡镇 2 个、省级爱国卫生先进单位 7 个、省级健康促进学校 6 所、省级卫生村 43 个。公共卫生工作进一步加强。人均基本公共卫生服务经费增至30元，11类43项基本公共卫生服务项目规范落实。积极开展卫生创建活动，通过省级"除四害"先进市重新考核命名，新增省级卫生镇2个、省级卫生村43个。新建农村无害化卫生厕所60027户。

社会保障事业实现新发展。就业服务体系建设跨上新台阶。2013年城镇登记失业率控制在2.3%。社会保障体系建设迈出新步伐。全市企保、职工医保、失业、工伤、生育保险参保人数分别达52.38万人(在职职工参保人数)、71.53万人、33.77万人、44.03万人、38.20万人，比上年末分别增加2.72万人、3.98万人、1.42万人、5.31万人、3.06万人。城乡低保标准分别提高到每月人均386元和294元，分别增长12.5%和18.1%；城乡困难居民医疗救助比例提高到60%。

十、文化宣传和体育事业

文化服务网络进一步完善。联合浙江清华长三角研究院，高起点编制印发《连云港市文化产业规划》。社区文化中心标准化建设成为国家第一批公共文化服务体系示范项目，7家图书馆被评为国家一级馆。全年对661家农家书屋图书进行更新。新增有线电视用户3.9万户，完成有线数字电视整转14.5万户，22个乡镇广播电视站建设达标。争取国家、省、市文化引导资金1970万元，扶持一批文化企业的发展。

体育产业取得新业绩。基层健身设施建设加快推进，完成12个乡镇(街道)全民健身工程、100个社区、40个城中村健身点建设，城市"10分钟体育健身圈"基本架构基本形成。竞技体育整体实力提高，参加田径、游泳、球类等20个大项的省年度锦标赛，获得24枚金牌、84枚奖牌、1070分，为历年来最好成绩。积极培育体育市场，每年从体育彩票公益金中拿出200万元引导资金。省级体育产业发展引导资金总额从上年的210万元增加到520万元，增长147.6%。

十一、城市建设和环境保护

城市规模不断扩大。以全国首创城市规划、建设、管理三个导则为指导，围绕"一老三新四组团两轴一环"城市发展格局，全年实施城建项目1430个，投入947亿元，增长40%；其中市区实施城建项目537个，投入480亿元，增长41%。城市规模不断扩大，组团效用逐渐彰显，全市城市化率达55.7%，建成区面积扩大至150平方公里。城乡一体化加快推进，全市26个乡镇、119个村庄城乡统筹试点稳步推进，5个乡镇实施市级城市化示范镇创建。

基础设施不断完善。基础设施不断完善，城市功能全面提升。投资110亿元实施130项道桥工程。朝阳东路、海宁大道、郁州南路等支环线构建的城市快速公交网络逐步形成；全长120公里海滨大道快速实施；郁洲路、朝阳路、花果山大道等20条60公里主次干道实现出新；背街小巷整治有效开展，改造便民路320条37.4公里，清掏下水道284条48.5公里。投资35亿元实施58项公用事业项目，饮用水输水工程主体建成，第三水厂扩建工程实现运营，新增供水、污水、燃气管网各20公里，新增燃气用户8500户；城市节水取得突破，省级节水型城市成功创建。城市供水普及率达97.5%，燃气气化率达97%，城市污水处理率达83.7%。

水利建设成绩突出。改善水质，服务民生。全年水利建设投资24.2亿元。重抓蔷薇湖、沭新渠等"一湖一渠"建设。推进中小河流治理、病险水库水闸除险加固、低洼片区治理等15项工程建设，重点工程投资15亿元。实施农村河道疏浚整治、小型农田水利重点县及专项、农村饮水安全、大中型灌区节水改造等工程，农村水利建设投资7.59亿元。

园林绿化不断推进。坚持"上规模扩绿增量、重特色提升品质、强功能改善民生"，绿化规模和园林品质同步提。市区投资35亿元实施137个园林绿化项目，新增绿地面积437公顷，绿地率达37.5%，绿化覆盖率达 40%，人均公园绿地面积达 13.8 平方米。完成造林面积 16334 公顷。BRT1 号线沿线绿化有效提升，城市道路景观实现出新，海滨大道绿化迅速实施；孔望山公园二期加速推进，连云新城商务公园快速施工，苍梧绿园改造有效落实；苍梧元宵灯会成功举办，省第八届园博会硕果累累，国家园林城市奖牌成功捧回。

*环境保护工作取得新进展。*推进生态创建工作。争取上级资金 5300 万元，推动镇、村污水、垃圾等处理设施建设，全市 22 个乡镇、街道建成污水处理厂，乡镇垃圾中转站基本实现全覆盖。做好饮用水源保护。开展水质预警监测工作。蔷薇河上下游 4 个水质自动监测站全天候严密监测水质，每周对市区新村桥、富安桥等 5 个主要断面、蔷薇河上游排污地涵、友谊桥等 7 个重要断面水质状况进行监测，定期对自来水厂出厂水进行采样监测。开展环境综合整治。实施 180 项环保重点工程，加快推进河流整治，对龙尾河、西盐河等市区主要河流清淤疏浚，整治餐饮污染企业 120 余家，拆除燃煤小锅炉 240 余台。

十二、人口及人民生活

*人口规模有序扩大。*2013 年年末户籍总人口 520.18 万人，比上年增加 9.19 万人；其中市区 98.21 万人。常住总人口 442.83 万人，较上年增加 2.14 万人；其中市区 110.28 万人，增长 0.5%。常住人口出生率 11.36‰，下降 0.13 个千分点；自然增长率 4.66‰，下降 0.07 个千分点。城镇化水平提升。2013 年末全市城市化率为 55.72%，比上年提高 1.36 个百分点。

*居民收入持续增长。*城市居民人均可支配收入 26898 元，增长 10.5%，增幅居全省第三位。其中工资性收入 16187 元，增长 9.7%；经营净收入 2486 元，增长 6.8%；财产性收入 328 元，增长 18.5%；转移性收入 9985 元，增长 9.7%。城市居民人均消费 17172 元，增长 10.0%。农民人均纯收入 10745 元，增长 12.0%，增幅居全省第四位，其中工资性收入 6053 元，增长 14.2%；家庭经营收入 4018 元，增长 8.9%；财产性收入 216 元，增长 13.3%；转移性收入 458 元，增长 12.1%。农村居民人均消费支出 6932 元，增长 11.6%。

图 9

注：1、公报中地区生产总值和各产业增加值绝对值按现行价格计算，增长速度按可比价格计算。

2、公报中部分数据为初步统计数，正式统计数据以《连云港统计年鉴》为准。

1

全市行政区划

表 1-1

地区	乡人民政府	镇人民政府	街道办事处	村民委员会	居民委员会
全市	**13**	**48**	**28**	**1434**	**243**
一、市区	1	4	26	135	150
新浦区		1	9	28	76
海州区		3	5	60	25
连云区	1		12	20	26
开发区				16	20
云台山风景区				9	2
徐圩新区				2	1
二、四县	12	44	2	1299	93
赣榆县		15		427	42
东海县	6	11	2	346	15
灌云县	5	8		302	22
灌南县	1	10		224	14

全市土地面积现状

表 1-2　　(2013 年)　　单位:平方公里

地区	全市	市区	赣榆县	东海县	灌云县	灌南县
土地总面积	**7615**	**1498**	**1514**	**2037**	**1538**	**1028**
1.农用地	5163.96	542.57	979.49	1578.19	1338.01	725.37
#耕地	3924.86	310.41	702.30	1224.82	1100.04	587.29
园林	158.46	17.37	46.48	87.07	4.06	3.49
林地	146.89	109.39	5.05	27.66	4.79	
2. 建设用地	1732.11	489.93	364.36	367.71	345.59	164.51
#居民及工矿用地	1390.96	422.15	297.00	229.99	284.11	157.72
交通运输用地	111.14	44.16	18.07	28.48	15.74	4.70
水利设施用地	230.00	23.63	49.30	109.24	45.74	2.10
3.未利用地	719.22	167.32	170.23	90.76	156.39	134.52

注:土地总面积是 2013 年数据,其中数因国土调查尚未结束,系 2012 年数据。

全市乡、镇、街道办事处概况

表 1-3　　　　(2012 年)

地　　　　区	个数(个)	名　　　　称
赣榆县：镇	15	青口、柘汪、石桥、金山、黑林、厉庄、海头、塔山、赣马、班庄、城头城西、宋庄、沙河、墩尚
东海县：街道办事处	2	牛山、石榴
乡	6	驼峰、李埝、山左口、石湖、曲阳、张湾
镇	11	白塔埠、黄川、石梁河、青湖、温泉、双店、桃林、洪庄、安峰、房山、平明
灌云县：乡	5	图河、东王集、侍庄、小伊、南岗
镇	8	伊山、杨集、燕尾港、同兴、四队、圩丰、龙苴、下车
灌南县：乡	1	李集
镇	10	新安、堆沟港、田楼、北陈集、张店、三口、孟兴庄、汤沟、百禄、新集
新浦区：街道办事处	9	浦东、浦西、新东、新南、路南、新海、南城、花果山、云台
镇	1	浦南
#云台山风景区：街道办事处	1	云台
海州区：街道办事处	5	海州、幸福路、朐阳、洪门、宁海
镇	3	新坝、锦屏、板浦
连云区：街道办事处	12	墟沟、连云、云山、板桥、连岛、徐圩、海州湾、宿城、高公岛、中云猴嘴、朝阳
乡	1	前三岛
#市开发区：街道办事处	3	中云、猴嘴、朝阳
徐圩新区：街道办事处	1	徐圩

国民经济主要指标

表 1-4

指　　标	单 位	2000	2005	2010	2011	2012	2013
一、人　　口							
年末常住人口	万人	456.99	454.40	439.71	438.61	440.69	442.83
年末户籍人口	万人	455.61	472.18	497.73	505.18	510.99	520.18
二、从业人员数	**万人**	**208.04**	**227.60**	**302.08**	**308.18**	**249.20**	**250.2**
#在岗职工人数	万人	40.71	31.90	30.61	33.09	33.48	43.84
三、地区生产总值(当年价)	**亿元**	**249.07**	**495.64**	**1193.31**	**1410.52**	**1603.42**	**1785.42**
第一产业	亿元	69.82	101.31	182.60	204.11	232.4	245.26
第二产业	亿元	94.28	209.77	545.07	654.28	736.14	807.42
#工业	亿元	73.95	166.77	431.84	517.82	583.31	642.67
第三产业	亿元	84.97	184.56	465.64	552.13	634.88	732.74
四、农业总产值(当年价)	**亿元**	**140.71**	**174.02**	**322.80**	**376.53**	**426.24**	**474.24**
粮食产量	万吨	207.03	248.00	339.36	345.99	361.35	354.73
年末耕地面积	千公顷	377.3	373.9	375.7	392.8		
五、规模以上工业							
工业总产值(当年价)	亿元	229.18	342.87	1936.28	2630.52	3413.38	4101.08
产品销售收入	亿元	205.85	327.16	1905.48	2601.68	3346.45	4083.66
利税总额	亿元	15.73	34.26	252.91	300.03	423.96	509.36
利润总额	亿元	7.34	19.16	165.82	190.10	273.20	316.09
六、能源消耗							
单位 GDP 能耗	吨标准煤/万元		0.94	0.83	0.82	1.33	0.864
单位 GDP 电耗	千瓦时/万元		894.80	870.11	769.34	763.45	794.82
单位工业增加值能耗	吨标准煤/万元		3.00	1.164	1.238	0.974	0.904
全社会用电量	万千瓦时	241953	407959	835186	1037133	1159661	1349388
#工业	万千瓦时	152013	274346	539885	698371	759101	887251

表 1-4 续表 1

指　　标	单　位	2000	2005	2010	2011	2012	2013
七、运输和邮电							
全社会客运量	万人	5034	7936	13481	14428	15948	5419
全社会货运量	万吨	3629	5628	13937	12901	14832	9169
沿海港口货物吞吐量	万吨	2708.2	6016	13506	16628	18528	20165
集装箱运量	万标箱	12.01	100.5	387.1	485.2	502	548.77
邮电通讯业务收入	万元	95711	159343	270359	297209	342351	368782
八、固定资产投资							
全社会固定资产投资总额	亿元	127.83	323.60	1234.25	1240.93	1519.94	1664.77
# 规模以上投资	亿元	78.15	282.33	1093.93	1043.19	1280.88	1350.12
# 城镇规模以上投资	亿元	78.15	220.28	920.82	985.21	1205.83	1269.48
房地产投资	亿元	6.59	35.36	132.36	164.65	162.23	174.07
九、内外贸易							
社会消费品零售总额	亿元	106.57	182.08	430.65	500.23	575.49	655.57
外贸进出口总额	万美元	48509	203906	507608	690008	800363	664117
# 外贸出口总额	万美元	38830	93179	260142	373577	360255	378364
实际利用外资金额	万美元	17360	27480	110120	60986	73354	86987
十、财　　政							
财政总收入	亿元	17.21	56.28	352.58	462.41	564.74	595.65
# 一般预算收入	亿元	9.48	24.59	141.39	180.08	208.94	233.30
财政支出	亿元	18.43	59.00	352.03	468.38	600.06	673.03

表 1-4 续表 2

指　　标	单　位	2000	2005	2010	2011	2012	2013
十一、金　　融							
年末金融机构存款余款	亿元	192.89	437.38	1243.81	1388.69	1503.66	1709.93
年末金融机构贷款余款	亿元	151.70	311.00	946.26	1088.17	1196.58	1425.50
保费收入	万元	42960	117586	334245	351677	389913	440564
#财产险	万元	13666	28970	93248	109219	155185	156723
赔款支出	万元	11102	20837	76827	92699	115192	156974
#财产险	万元	9850	17233	41313	52969	70054	87228
十二、物　　价							
居民消费价格指数	上年=100	101.2	102.0	103.5	104.9	102.3	102.2
十三、教　　育							
各类学校在校学生	万人	92.19	89.07	74.81	72.66	72.56	69.13
#高等学校	万人	1.62	2.75	3.45	3.39	3.38	3.76
中等专业学校	万人	1.70	2.64	5.32	4.81	5.06	4.30
普通中学	万人	23.95	39.61	30.91	28.61	26.85	23.15
小　　学	万人	63.47	41.14	32.71	33.60	35.00	35.52
十四、卫　　生							
卫生机构数	个	670	923	831	2666	2619	2616
床 位 数	张	7952	9057	12249	12991	16504	17500
卫生技术人员	万人	1.21	1.18	1.58	1.72	1.90	2.05
十五、人民生活							
在岗职工平均工资	元	6646	15043	33843	38817	44124	46250
农民人均纯收入	元	2597	3869	7039	8434	9589	10317
城市居民人均可支配收入	元	6456	10006	19020	21695	24342	26898
城乡居民储蓄存款	亿元	114.37	250.13	538.24	629.42	732.79	850.95

国民经济主要比例(比重)关系

表 1-5

单位:%

项　　　　目	2000	2005	2010	2011	2012	2013
一、从业人员中一、二、三产业比例						
第一产业	58.1	43.8	30.5	28.6	33.3	32.7
第二产业	20.3	26.1	31.7	32.7	31.2	31.3
第三产业	21.6	30.1	37.8	38.7	35.5	36.0
二、地区生产总值中一、二、三产业比例						
第一产业	28.0	20.5	15.3	14.5	14.5	13.7
第二产业	37.9	42.3	45.7	46.4	45.9	45.2
第三产业	34.1	37.2	39.0	39.1	39.6	41.1
三、固定资产投资与 GDP 之比	51.3	71.0	103.4	88.0	94.8	93.2
社会消费品零售总额与 GDP 之比	42.8	39.9	36.1	35.5	35.9	36.7
四、外贸依存度	15.7	36.1	28.6	31.6	31.4	23.0
出口依存度	12.6	16.5	14.7	17.1	14.1	13.1
五、财政收入占 GDP 比重	6.9	12.3	29.5	32.8	35.2	33.4
金融贷存比	78.6	71.1	76.1	78.4	79.6	83.4
六、工业增加值占 GDP 比重	29.7	33.6	36.2	36.7	36.4	36.0
七、城市居民恩格尔系数	38.7	38.6	39.1	38.1	37.1	36.5
农村居民恩格尔系数	45.9	46.1	40.9	36.7	36.4	35.4
八、农林牧渔业总产值中农林牧渔业比例						
农　　业	59.8	48.9	50.0	48.0	47.5	48.0
林　　业	1.7	1.8	3.3	3.1	3.0	2.8
牧　　业	17.2	20.8	23.0	24.5	23.6	21.5
渔　　业	21.3	24.6	19.4	20.1	21.5	22.3
九、粮食与经济作物播种面积比例						
粮食作物	73.8	79.2	82.0	81.1	80.1	79.4
经济作物	25.6	20.7	18.0	18.8	19.9	20.6
其他作物	0.6	0.1	0.0	0.1	0.0	0.0

连 云 港 的 一 天

表 1-6

指 标	单 位	2000	2005	2010	2011	2012	2013
一、全市每天创造的财富							
地区生产总值(当年价)	万元	6824	12492	32693	38644	43929	48916
农业总产值(当年价)	万元	3855	4768	8844	10316	11678	12993
财 政 收 入	万元	470	1542	9660	12669	15472	16319
发 电 量	万度	715	1401	5512	5626	5756	7265
原 盐	吨	2712	2096	1465	2198	2152	2402
布	万米	2.52	1.32	4.61	4.31	16.99	23.28
磷矿石(折 30%)	吨	383	278	275	268	293	280
纯 碱	吨	2686	3771	3660	3904	3623	3478
化 肥(折纯)	吨	661	516	202	242	257	234
水 泥	吨	1330	2441	9553	8145	15702	24437
啤 酒	千升	161	222	216	197	196	189
二、每天其他经济活动							
全社会货运量	万吨	9.94	15.42	38.18	35.35	40.64	25.12
全社会客运量	万人	13.79	21.74	36.93	39.53	43.69	14.85
固定资产投资额	万元	3493	8865	33815	33998	41642	45610
邮电通讯业务收入	万元	262.2	436.6	740.7	814.3	937.9	1010.4
社会消费品零售额	万元	2611	4988	11799	13705	15767	17961
三、每天人口变动和婚姻							
出生人数	人	211	172	188	183	263	299
死亡人数	人	62	66	120	42	99	51
结婚对数	对	80.6	82.6	161	174	184	182
离婚对数	对	2.8	8.2	17.8	20.7	23.1	27.2

社会经济主要指标年人均水平

表1-7

指　　　　标	单位	2000	2005	2010	2011	2012	2013
一、地区生产总值(当年价格)	元	5450	10873	26987	32119	36470	40416
二、农业总产值(当年价格)	元	3078	3818	7300	8574	9695	10735
三、财政收入	元	377	1235	7974	10529	12845	13484
财政支出	元	403	1294	7961	10665	13648	15235
四、粮食产量	公斤	591	544	767	788	822	803
耕地面积	亩	1.24	1.20	1.28	1.34		
五、社会消费品零售总额	元	2332	3994	9739	11391	13090	14840
六、每千人拥有固定电话机数	部	132.6	307.3	250.5	237.3	235.1	214.3
每千人拥有移动电话机数	部	44.3	163.8	697.5	837.7	869.6	935.4
七、教　　育							
每万人拥有各类专业技术人员	人	217.7	301.9	481.7	494.4	608.1	648.0
每万人拥有高校在校学生	人	35.4	60.4	78.5	77.2	76.8	84.9
八、卫　　生							
每万人拥有医院床位数	张	15.4	18.2	24.6	28.6	35.6	38.7
每万人拥有医生	人	11.7	11.5	12.6	14.6	16.6	17.3
九、人民生活							
在岗职工平均工资	元	6646	15043	33843	38817	44124	46250
城市居民可支配收入	元	6456	10006	19020	21695	24342	26898
城市居民生活消费支出	元	4735	7213	12293	14110	15615	17172
农民纯收入	元	2597	3869	7039	8434	9589	10317
农民生活消费支出	元	1541	2574	4766	5498	6210	6932
城乡居民储蓄	元	2503	5487	12172	14350	16628	19216
城市居民住房总使用面积	平方米	19.05	23.81	25.47	24.42	24.49	24.68
城市居民人均日生活用水量	升	192.40	159.27	103.34	113.11	118.68	11[illegible].3[illegible]
城乡居民人均日生活用电量	度	0.26	0.41	0.96	1.05	1.27	1.48

注:按常住人口计算。

按地区分社会经济主要指标

表 1-8

(2012 年)

地　　　区	全　市	市　区	赣榆县	东海县	灌云县	灌南县
一、人口及土地面积						
年末户籍人口(万人)	520.18	98.21	117.85	120.20	103.58	80.34
年末常住人口(万人)	442.83	110.28	95.24	95.36	79.47	62.48
从业人员(万人)	250.20	52.26	57.36	56.43	47.77	36.38
第一产业	81.80	8.43	18.35	18.61	19.62	16.79
第二产业	78.30	18.69	19.02	17.7	14.05	8.84
第三产业	90.10	25.14	19.99	20.12	14.10	10.75
土地面积(平方公里)	7615	1200	1514	2037	1840	1025
二、地区生产总值(当年价、亿元)	**1785.42**	**603.02**	**376.41**	**320.17**	**249.92**	**235.90**
第一产业	245.26	35.95	55.39	53.25	51.76	41.55
第二产业	807.42	302.53	187.55	144.6	115.56	117.18
# 工业	642.67	239.84	146.39	123.86	87.96	99.62
第三产业	732.74	264.54	133.47	122.32	82.6	77.17
三、固定资产投资						
全社会固定资产投资(万元)	16647714	7206648	2625126	2347571	2234810	2233559
# 规模以上	13501170	6556829	2030765	1872040	1585635	1556108
房地产	1740695	1058949	217098	284312	122140	158403
四、财政、金融						
财政总收入(万元)	5956484	3201608	741285	596482	705113	711996
# 一般预算收入	2333030	1041901	349262	327753	308766	305348
财政支出(万元)	6730315	3321826	959123	773529	859598	816239
年末金融机构存款余款(万元)	17099344	9976942	2195497	2197451	1634885	1094569
# 城乡居民储蓄	8509460	3881992	1426260	1421444	1044862	734902
年末金融机构贷款余款(万元)	14255016	8962448	1707680	1539991	1158182	886714

表 1-8 续表 1　　　　　　　　　　　　(2012 年)

地　　　区	全　市	市　区	赣榆县	东海县	灌云县	灌南县
五、规模以上工业						
工业总产值(当年价、万元)	41010774	13835321	10907489	6205413	5061255	5001296
利税总额(万元)	5093579	2200112	1093291	697854	495424	606898
利润总额	3160934	1391443	621713	449187	350179	348413
六、农　　业						
农业总产值(当年价、万元)	4742442	561697	1317855	1063106	1018157	781627
粮食总产量(吨)	3547290	456216	556886	1121655	793442	619091
棉花总产量(吨)	2837	2014	517	60	216	30
油料总产量(吨)	121148	142	69783	48344	874	2005
七、邮电通信、电力						
邮电通讯业务收入(万元)	368782	153256	65178	70659	44647	34993
固定电话用户(户)	948925	346755	199151	179365	123028	100626
移动电话用户(户)	4142136	1459392	841258	795359	577875	468252
全社会用电量(万千瓦时)	1349388	484067	328174	185588	111302	240257
# 工业	887251	283472	245541	111172	58605	188461
八、批发零售贸易、外经						
社会消费品零售总额(万元)	6555728	2599910	1236395	1208892	895713	614819
进出口总额(万美元)	664117	549380	42135	31717	18287	22598
# 出口总额	378364	284572	32209	26545	16543	18495
新签协议(合同)(个)	147	81	25	25	14	2
协议外资金额(万美元)	113330	72311	17820	17425	5654	120
实际利用外资(万美元)	86987	50903	12004	13802	9759	519

表 1-8 续表 2　　　　(2012 年)

地区	全市	市区	赣榆县	东海县	灌云县	灌南县
九、教育、科技、卫生						
小学毕业升学率(%)	99.4	96.7	100.0	100.0	100.0	100.0
各类专业技术人员数(人)	286963	176993	40532	44107	14127	11204
卫生机构数(个)	2616	641	695	526	401	353
# 医院、卫生院	157	38	37	29	28	25
卫生机构床位数(张)	17500	6952	2801	2753	2370	2624
# 医院、卫生院	16044	5756	2721	2573	2370	2624
卫生技术人员(人)	20453	9224	3568	2883	2349	2429
# 医院、卫生院	15541	6123	3103	2292	2091	1932
# 执业医师、执业助理医师	7647	3514	1317	1076	804	936
十、人民生活						
在岗职工人数(人)	438443	213912	91420	50200	49628	33234
在岗职工平均工资(元)	46250	52073	40806	40323	40085	42458
农村居民人均纯收入(元)	10317	11703	11564	11118	10016	9488
农村居民人均生活消费支出(元)	6932	8570	7643	7825	5560	6425
城市居民人均可支配收入(元)		26898	21506	21719	17617	20479
城市居民人均消费支出(元)		17172	12513	13634	10723	11343
十一、社会治安						
刑事案件立案数(件)	3431	885	803	809	540	394
犯罪人数(人)	4362	1212	918	1012	712	508
民事案件发案数(件)	45917	16924	11828	7728	4813	4624
交通事故(起)	400	105	88	67	81	59
火灾事故(起)	1842	717	350	348	287	140

全市主要年份全面建设小康社会指标

表 1-9

指 标	单位	2005	2006	2007	2008	2009	2010	2011	2012	2013
一、经济发展										
1、人均地区生产总值	元	10873	13149	15611	18505	21144	26987	32119	36470	40416
2、二、三产业增加值占 GDP 比重	%	79.5	81.9	83.4	83.6	83.6	84.7	85.5	85.5	85.5
3、城市化水平	%	37.2	39.0	40.5	42.0	43.5	51.8	53.2	54.4	55.7
4、城镇登记失业率	%	4.1	3.6	3.1	3.0	3.0	2.9	2.5	2.4	2.3
二、生活水平										
5、居民收入										
(1)城镇居民人均可支配收入	元	10006	11475	13254	12268	13886	15790	18483	20816	22985
(2)农村居民人均纯收入	元	3869	4265	4828	5454	6111	7039	8434	9589	10745
6、居民住房										
(1)城镇人均住房建筑面积	m^2	31.8	31.4	31.7	34.7	35.4	35.8	36.9	37.4	39.1
(2)农村人均钢筋、砖木结构住房面积	m^2	24.5	26.0	29.6	31.8	33.5	35.3	41.3	41.3	43.0
7、居民出行										
(1)农村行政村通灰黑公路(或航道)比重	%	100.0	100.0	100.0	100.0	100.0	100.0	100.0	100.0	100.0
(2)城镇人均拥有道路面积	m^2	13.7	16.5	20.2	20.7	21.8	21.3	20.4	20.1	20.3
8、居民信息化普及程度										
(1)百户家庭电话拥有量	部	169.4	200.0	218.8	238.5	249.0	270.5	271.8	281.5	290.9
(2)百户家庭电脑拥有量	台	14.6	18.6	22.7	28.7	34.6	44.4	58.3	64.8	70.8
9、居民文教娱乐服务支出占家庭消费支出比重	%	14.5	20.9	13.6	13.9	13.7	13.6	15.9	16.7	17.1
10、恩格尔系数	%	43.2	36.9	41.8	40.9	38.6	39.1	37.2	36.6	36.0
三、社会发展										
11、R&D 经费支出占 GDP 比重	%	0.55	0.65	0.95	0.95	1.12	1.17	1.25	1.40	1.53
12、高中阶段教育毛入学率	%	45.4	61.0	73.6	92.1	95.1	96.9	96.0	96.9	96.9
13、卫生服务体系健全率	%	77.7	88.8	90.9	99.8	100.0	100.0	100.0	100.0	100.0
14、社会保障										
(1)城镇劳动保障三大保险各自覆盖面	%	91.8	96.2	93.9	93.1	94.5	95.1	96.0	96.1	96.5
(2)新型农村合作医疗覆盖面	%	91.3	93.7	96.5	99.8	99.5	99.1	99.5	99.9	99.9
15、人民群众对社会治安的满意率	%	97.1	96.8	97.7	97.0	97.0	98.6	91.0	93.7	95.1
16、城乡村(居)民依法自治										
(1)城镇社区居委会依法自治达标率	%	92.0	95.0	96.0	96.0	98.0	98.1	96.0	93.3	93.4
(2)农村村委会依法自治达标率	%	95.0	95.0	95.5	96.0	97.0	97.8	95.5	95.3	95.2
四、生态环境										
17、绿化水平										
(1)城市绿化覆盖率	%	37.1	37.5	37.5	35.6	40.7	38.0	38.9	39.6	39.6
(2)森林覆盖率	%	14.7	16.3	16.6	18.0	19.7	22.2	23.5	24.5	25.4
18、环境质量综合指数	分	86.6	82.9	83.5	84.9	86.3	84.0	85.7	83.9	83.8

注:本表历史数据未根据相关资料做相应调整。

全面建设小康社会进程测算表

表 1-10

指标	代码	单位	目标值	2013年实现值	比上年增减值	年均应完成进度		时序进度情况	
						按省定时间	按自定时间	按省定时间	按自定时间
一、经济发展									
1、人均地区生产总值	1	元	≥24000	40416	3946	—	—	√	√
2、二、三产业增加值占 GDP 比重	2	%	≥92	85.5	0.0	2.2	3.2	△	△
3、城市化水平	3	%	55	55.7	1.3	0.2	0.3	√	√
4、城镇登记失业率	4	%	<5	2.3	-0.1	—	—	√	√
二、生活水平									
5、居民收入									
(1)城镇居民人均可支配收入	5	元	≥16000	22985	2169	—	—	√	√
(2)农村居民人均纯收入	6	元	≥8000	10745	1156	—	—	√	√
6、居民住房									
(1)城镇人均住房建筑面积	7	m^2	30	39.1	1.7	—	—	√	√
(2)农村人均钢筋、砖木结构住房面积	8	m^2	40	43.0	1.7	—	—	√	√
7、居民出行									
(1)农村行政村通灰黑公路(或航道)比重	9	%	100	100	0.0	—	—	√	√
(2)城镇人均拥有道路面积	10	m^2	12	20.3	0.2	—	—	√	√
8、居民信息化普及程度									
(1)百户家庭电话拥有量	11	部	200	290.9	9.4	—	—	√	√
(2)百户家庭电脑拥有量	12	台	40	70.8	6.0	—	—	√	√
9、居民文教娱乐服务支出占家庭消费支出比重	13	%	18	17.1	0.4	0.4	0.6	√	△
10、恩格尔系数	14	%	<40	36.0	-0.6	—	—	√	√
三、社会发展									
11、R&D 经费支出占 GDP 比重	15	%	≥1.5	1.53	0.13	0.03	0.05	√	√
12、高中阶段教育毛入学率	16	%	≥90	96.9	0.0	—	—	√	√
13、卫生服务体系健全率	17	%	≥90	100.0	0.0	—	—	√	√
14、社会保障									
(1)城镇劳动保障三大保险各自覆盖面	18	%	≥95	96.5	0.4	—	—	√	√
# 城镇基本养老保险		%	≥95	96.5	-0.2	—	—	√	√
城镇失业保险		%	≥95	97.6	0.0	—	—	√	√
城镇基本医疗保险		%	≥95	95.5	1.4	0.3	0.4	√	√
(2)新型农村合作医疗覆盖面	19	%	≥85	99.9	0.0	—	—	√	√
15、人民群众对社会治安的满意率	20	%	90	95.1	1.4	—	—	√	√
16、城乡村(居)民依法自治									
(1)城镇社区居委会依法自治达标率	21	%	90	93.4	0.1	—	—	√	√
(2)农村村委会依法自治达标率	22	%	95	95.2	-0.1	—	—	√	√
四、生态环境									
17、绿化水平									
(1)城市绿化覆盖率	23	%	40	39.6	0.0	0.1	0.2	△	△
(2)森林覆盖率	24	%	20	25.4	0.9	—	—	√	√
18、环境质量综合指数	25	分	80	83.8	-0.1	—	—	√	√

注:1、表中"—"表示该指标上年总体已达到目标值;空白表示因缺少上年数据或报告年份超过达标年份,没有进度数据;"√"表示当年达到时序进度,总体达标视同当年达到时序进度;"△"表 示未达到时序进度。

2、连云港市省定与市自定实现目标时间分别为 2015 年和 2014 年。

全市主要年份地区生产总值

表 1-11　　(当年价格)　　单位:亿元

年份	地区生产总值	第一产业	第二产业	#工业	第三产业	人均地区生产总值(元)
1978	10.45	4.81	3.84	3.45	1.79	321
1979	11.49	5.47	4.04	3.61	1.98	351
1980	12.56	6.04	4.35	3.86	2.17	381
1981	14.18	7.02	4.74	4.23	2.42	424
1982	17.99	9.41	5.36	4.65	3.22	527
1983	20.26	10.33	6.12	4.98	3.82	585
1984	23.62	11.73	7.01	5.58	4.87	673
1985	29.64	13.78	8.74	6.97	7.12	833
1986	35.43	17.07	10.24	7.96	8.12	981
1987	39.52	18.54	11.78	9.24	9.19	1075
1988	46.20	20.87	13.45	10.93	11.87	1231
1989	49.05	22.13	14.00	11.74	12.93	1280
1990	55.19	25.45	14.70	12.18	15.03	1391
1991	59.51	26.26	15.88	13.07	17.37	1456
1992	68.92	26.62	20.99	17.75	21.31	1660
1993	86.26	32.50	28.58	24.38	25.18	2058
1994	110.61	42.25	35.47	30.68	32.89	2620
1995	139.29	54.14	43.09	35.67	42.06	3240
1996	169.52	63.18	51.17	42.13	55.17	3939
1997	195.86	68.35	62.38	50.21	65.13	4501
1998	216.51	71.91	73.87	58.75	70.73	4916
1999	232.24	74.44	81.11	63.49	76.69	5209
2000	249.07	69.82	94.28	73.95	84.97	5512
2001	269.29	73.86	101.66	78.23	93.77	5884
2002	296.84	77.58	113.41	86.04	105.85	6427
2003	332.75	81.00	129.81	96.55	121.94	7141
2004(旧行业)	391.52	86.34	163.00	120.08	142.18	8551
2004(新行业)	391.52	89.27	163.00	120.08	139.25	8551
2005	495.64	101.31	209.77	166.77	184.56	10873
2006	594.96	112.71	265.82	212.26	216.43	13149
2007	700.54	126.64	318.71	258.57	255.19	15611
2008	825.83	142.30	378.49	303.70	305.04	18505
2009	941.13	154.46	435.61	341.75	351.06	21144
2010	1193.31	182.60	545.07	431.84	465.64	26987
2011	1410.52	204.11	654.28	517.82	552.13	32119
2012	1603.42	232.40	736.14	583.31	634.88	36470
2013	1785.42	245.26	807.42	642.67	732.74	40416

全市主要年份地区生产总值指数

表 1-12

(按可比价格计算,1978 年=100)

年份	地区生产总值	第一产业	第二产业	#工业	第三产业	人均地区生产总值
1978	100.00	100.00	100.00	100.00	100.00	100.00
1979	110.00	113.00	104.20	104.50	109.10	109.40
1980	118.00	122.30	112.00	111.10	112.90	116.60
1981	132.90	140.20	122.70	122.30	124.60	129.30
1982	157.10	162.10	140.20	136.70	164.40	149.80
1983	173.10	170.70	161.90	148.60	194.80	162.60
1984	193.20	180.80	184.20	165.20	242.30	179.20
1985	219.10	181.60	224.80	201.90	323.30	200.50
1986	242.90	208.40	244.20	213.00	344.30	219.00
1987	257.50	220.70	265.70	234.70	356.70	228.10
1988	258.40	211.70	280.10	251.10	368.90	224.10
1989	258.20	217.40	279.80	262.20	351.00	219.30
1990	280.90	226.00	315.00	292.20	399.10	230.70
1991	300.20	242.60	328.70	305.00	434.00	239.00
1992	335.50	243.60	410.60	411.00	509.50	263.10
1993	362.68	252.61	473.83	472.24	543.64	281.85
1994	408.01	271.31	558.65	554.41	615.94	314.90
1995	453.71	290.03	642.45	630.92	691.70	347.31
1996	514.05	323.09	716.33	693.38	815.52	389.32
1997	584.47	345.38	855.29	817.49	937.03	437.64
1998	661.63	369.21	1046.02	998.16	1021.36	489.47
1999	722.50	393.95	1170.50	1107.96	1105.11	528.06
2000	785.35	390.80	1349.59	1281.90	1206.78	566.06
2001	845.04	413.86	1461.60	1367.79	1305.74	601.49
2002	911.80	432.48	1584.38	1466.27	1437.62	643.26
2003	1007.54	449.78	1814.11	1687.68	1594.32	704.37
2004(旧行业)	1147.58	475.87	2138.84	1999.90	1838.25	814.96
2004(新行业)	1147.58	485.31	2138.84	1999.90	1812.74	814.96
2005	1310.54	501.33	2564.47	2389.88	2082.84	933.94
2006	1508.43	531.41	3056.85	2853.52	2401.51	1083.37
2007	1736.20	563.29	3613.19	3395.69	2785.75	1257.79
2008	1963.65	595.96	4137.11	3949.19	3200.83	1431.37
2009	2230.70	619.80	4794.91	4537.61	3687.35	1630.33
2010	2534.08	651.41	5605.25	5345.31	4177.77	1865.10
2011	2863.51	677.47	6479.67	6270.05	4737.59	2120.61
2012	3227.18	716.08	7406.26	7235.63	5367.69	2387.81
2013	3607.98	732.55	8369.07	8241.39	6076.23	2655.25

全市主要年份地区生产总值构成

表 1-13　　(当年价格)　　单位:%

年　　份	地区生产总值	第一产业	第二产业	#工业	第三产业
1978	100	46.1	36.8	33.0	17.1
1979	100	47.6	35.2	31.5	17.2
1980	100	48.1	34.6	22.8	17.3
1981	100	49.5	33.5	29.8	17.0
1982	100	52.3	29.8	25.8	17.9
1983	100	51.0	30.2	24.0	18.8
1984	100	49.7	29.7	23.6	20.6
1985	100	46.5	29.5	23.5	24.0
1986	100	48.2	28.9	22.5	22.9
1987	100	46.9	29.8	23.4	23.3
1988	100	45.2	29.1	23.7	25.7
1989	100	45.1	28.6	23.9	26.3
1990	100	46.1	26.6	22.1	27.3
1991	100	44.1	26.7	22.0	29.2
1992	100	38.6	30.5	25.8	30.9
1993	100	37.7	33.1	28.3	29.2
1994	100	38.2	32.1	27.7	29.7
1995	100	38.9	30.9	25.6	30.2
1996	100	37.3	30.2	24.9	32.5
1997	100	34.9	31.8	25.6	33.3
1998	100	33.2	34.1	27.1	32.7
1999	100	32.1	34.9	27.3	33.0
2000	100	28.0	37.9	29.7	34.1
2001	100	27.4	37.8	29.1	34.8
2002	100	26.1	38.2	29.0	35.7
2003	100	24.3	39.0	29.0	36.7
2004(旧行业)	100	22.1	41.6	30.7	36.3
2004(新行业)	100	22.8	41.6	30.7	35.6
2005	100	20.5	42.3	33.6	37.2
2006	100	18.9	44.7	35.7	36.4
2007	100	18.1	45.5	36.9	36.4
2008	100	17.2	45.8	36.8	37.0
2009	100	16.4	46.3	36.3	37.3
2010	100	15.3	45.7	36.2	39.0
2011	100	14.5	46.4	36.7	39.1
2012	100	14.5	45.9	36.4	39.6
2013	100	13.7	45.2	36.0	41.1

主要年份分地区生产总值

表 1–14　　（当年价格）　　单位：亿元

年份	全市	市区	赣榆县	东海县	灌云县	灌南县
1978	10.45	3.95	2.16	1.89	1.60	0.85
1979	11.49	4.17	2.46	2.09	1.86	0.92
1980	12.56	4.40	2.72	2.50	1.90	1.04
1981	14.18	4.84	3.03	3.08	2.17	1.[illegible]7
1982	17.99	5.79	3.61	3.73	3.23	1.63
1983	20.26	6.75	4.36	4.23	3.31	1.61
1984	23.62	7.88	4.79	5.17	3.78	1.99
1985	29.64	10.69	6.13	6.40	4.31	2.11
1986	35.43	12.24	7.64	7.65	5.06	2.84
1987	39.52	13.57	8.16	7.76	6.25	3.78
1988	46.20	16.25	8.86	8.60	7.79	4.69
1989	49.05	17.99	9.47	9.07	8.30	4.21
1990	55.19	18.75	10.39	10.47	10.53	5.05
1991	59.51	21.13	10.93	10.96	10.72	5.76
1992	68.92	26.86	12.87	12.22	10.16	6.81
1993	86.26	33.34	16.33	17.15	10.46	8.98
1994	110.61	35.77	21.70	26.38	14.63	12.13
1995	139.29	41.70	28.82	34.94	20.69	13.14
1996	169.52	55.62	36.44	38.13	23.89	15.44
1997	195.86	67.45	40.54	42.33	27.29	18.25
1998	216.51	75.08	44.38	47.38	28.86	20.81
1999	232.24	82.08	46.99	49.40	31.04	22.73
2000	249.07	98.74	49.39	51.04	27.89	22.01
2001	269.29	104.05	54.21	55.42	31.72	23.89
2002	296.84	116.59	59.58	59.69	34.56	26.42
2003	332.75	147.79	60.66	58.28	36.92	29.10
2004	391.52	185.07	64.01	67.08	40.95	34.41
2005	495.64	216.82	74.80	77.82	46.48	40.05
2006	594.96	237.87	91.82	92.73	55.93	49.03
2007	700.54	274.64	113.34	114.06	69.98	62.53
2008	825.83	344.45	153.89	137.23	100.41	89.85
2009	941.13	369.54	182.44	162.69	119.36	107.10
2010	1193.31	437.39	223.07	200.14	150.13	140.08
2011	1410.52	507.23	283.07	245.67	192.22	182.33
2012	1603.42	564	331.36	277.3	220.29	210.47
2013	1785.42	603.02	376.41	320.17	249.92	235.90

市区主要年份地区生产总值

表 1-15　　（当年价格）　　单位：亿元

年份	地区生产总值	第一产业	第二产业	#工业	第三产业	人均地区生产总值（元）
1978	3.95	0.42	2.89	2.75	0.64	1139
1979	4.17	0.45	3.00	2.85	0.71	1170
1980	4.40	0.51	3.13	2.94	0.77	1205
1981	4.84	0.54	3.38	3.14	0.92	1289
1982	5.79	0.62	3.66	3.37	1.51	1507
1983	6.75	0.73	3.95	3.51	2.06	1622
1984	7.88	0.76	4.44	3.72	2.67	1793
1985	10.67	1.08	5.45	4.46	4.16	2360
1986	12.24	1.31	6.26	4.75	4.67	2654
1987	13.57	1.54	7.01	5.33	5.02	2840
1988	16.25	1.74	7.69	6.33	6.83	3323
1989	17.99	1.99	8.37	7.08	7.62	3569
1990	18.75	1.70	8.65	7.14	8.39	3641
1991	21.13	1.84	9.33	7.71	9.97	4018
1992	26.86	1.98	12.27	10.48	12.61	4977
1993	33.34	2.19	16.74	14.30	14.42	6078
1994	35.77	2.78	17.65	15.14	15.34	6461
1995	41.70	3.53	20.46	17.65	17.71	7376
1996	55.62	4.78	28.46	24.87	22.38	9646
1997	67.45	5.56	36.18	31.14	25.71	11473
1998	75.08	6.45	40.15	34.83	28.48	12530
1999	82.08	7.48	43.17	37.29	31.43	13449
2000	98.74	8.25	52.95	45.74	37.54	15903
2001	104.05	9.11	55.29	47.49	39.65	16459
2002	116.59	10.21	61.16	52.27	45.22	18132
2003	147.49	11.65	78.76	59.86	57.08	22470
2004	185.07	13.24	97.75	68.42	74.08	23663
2005	216.82	15.03	116.71	81.64	85.08	27273
2006	237.87	13.25	126.74	95.15	97.88	29649
2007	274.64	14.62	148.1	113.42	111.92	33756
2008	344.45	26.68	168.48	140.21	149.29	36830
2009	369.54	26.82	179.04	140.64	163.68	37229
2010	437.39	28.18	221.8	177.23	187.41	42683
2011	507.23	29.94	259.18	205.49	218.11	48147
2012	564.00	31.69	286.41	228.59	245.9	51556
2013	603.02	35.95	302.53	239.84	264.54	54815

社会总产出、地区生产总值

表 1-16　　(2013 年)　　单位:亿元

指　　标	全　市	市　区	赣榆县	东海县	灌云县	灌南县
一、社会总产出	**5677.83**	**1917.67**	**1195.56**	**1315.05**	**1068.73**	**797.87**
第一产业	448.97	65.81	87.14	97.92	94.59	73.37
第二产业	3727.37	1396.60	904.40	701.81	721.57	574.62
工　业	3127.60	1167.20	775.91	626.39	555.37	511.59
建 筑 业	599.77	228.22	128.49	75.42	166.20	63.03
第三产业	1501.49	542.08	204.02	515.32	252.57	149.88
二、地区生产总值	**1785.42**	**603.02**	**376.41**	**320.17**	**249.92**	**235.90**
第一产业	245.26	35.95	55.39	53.25	51.76	41.55
第二产业	807.42	302.53	187.55	144.60	115.56	117.18
工　业	642.67	239.84	146.39	123.86	87.96	99.62
建 筑 业	164.75	62.69	41.16	20.74	27.60	17.56
第三产业	732.74	264.54	133.47	122.32	82.60	77.17
三、人均地区生产总值(元)	**40416**	**54815**	**39612**	**33645**	**31544**	**37844**

表 1-16 续表　　(2013 年)　　单位:亿元

指　　标	市　区	新浦区	海州区	连云区	开发区
一、社会总产出	**1917.67**	**324.73**	**254.34**	**307.24**	**801.64**
第一产业	65.81	12.73	17.66	8.55	1.15
第二产业	1396.60	119.27	151.52	166.14	944.98
工　业	1167.20	87.43	141.67	132.82	949.95
建 筑 业	228.22	31.84	9.85	33.32	34.58
第三产业	542.08	192.73	85.16	132.55	95.80
二、地区生产总值	**603.02**	**121.08**	**71.30**	**87.26**	**252.08**
第一产业	35.95	5.65	9.15	4.44	0.63
第二产业	302.53	26.25	39.22	38.69	204.70
工　业	239.84	15.98	36.54	32.41	195.20
建 筑 业	62.69	10.27	2.68	6.28	9.50
第三产业	264.54	89.18	22.93	44.13	46.75

地区生产总值结构情况

表 1-17　　(2013 年)　　单位:%

指　　标	全　市	市　区	赣榆县	东海县	灌云县	灌南县
地区生产总值	100	100	100	100	100	100
第一产业	13.7	5.9	14.7	16.6	20.7	17.6
第二产业	45.2	50.2	49.8	45.2	46.2	49.7
第三产业	41.1	43.9	35.5	38.2	33.1	32.7

表 1-17 续表　　(2012 年)　　单位:%

指　　标	全　市	市　区	赣榆县	东海县	灌云县	灌南县
地区生产总值	100	100	100	100	100	100
第一产业	14.5	5.6	15.2	18.4	22.9	18.7
第二产业	45.9	50.8	50.1	45.9	46.4	50.0
第三产业	39.6	43.6	34.7	35.7	30.7	31.3

全市居民消费水平

表 1-18

项　　目	2000	2005	2006	2007	2008	2009	2010	2011	2012	2013
一、当年价格居民消费水平(元)	**2336**	**4679**	**5080**	**5621**	**6673**	**7867**	**9869**	**11646**	**13128**	**14485**
农村居民	1701	2892	3000	3367	3835	4757	6070	7202	7999	9051
城镇居民	4653	7598	8460	9037	10715	12035	14055	15675	17541	18924
二、居民年平均人口(万人)	**451.88**	**455.84**	**452.46**	**448.75**	**446.27**	**445.11**	**442.18**	**439.16**	**439.65**	**441.76**
农村居民	354.73	282.72	280.12	270.38	262.19	254.94	231.80	208.82	203.33	198.63
城镇居民	97.15	173.12	172.34	178.37	184.08	190.17	210.38	230.34	236.32	243.13

注:2004 年以后为常住人口。

全市地区生产总值构成项目

表 1-19　　(2013 年)　　单位:亿元

行　　业	地区生产总　值	劳动者报酬	生产税净额	固定资产折　旧	营业盈余
地区生产总值	**1785.42**	**788.73**	**234.99**	**241.54**	**520.16**
农、林、牧、渔业	259.17	209.21	-0.40	15.71	34.65
农业	139.70	112.87	-0.40	8.47	18.76
林业	7.20	5.80		0.44	0.96
牧业	45.19	36.44		2.74	6.01
渔业	53.17	[illegible]		3.22	7.07
农、林、牧、渔服务业	13.91	11.22		0.84	1.85
工业	642.67	127.22	141.27	95.18	279.00
采矿业	15.87	7.86	1.78	1.66	4.57
#开采辅助活动					
制造业	551.16	97.98	148.93	71.10	233.15
#金属制品、机械和设备修理业					
电力、燃气及水的生产和供应业	75.64	21.38	-9.44	22.42	41.28
建筑业	164.75	111.36	21.16	3.40	28.83
房屋建筑业	121.55	83.08	15.21	1.70	21.56
土木工程建筑业	31.50	21.04	4.07	1.40	4.99
建筑安装业	4.37	3.05	0.81	0.14	0.37
建筑装饰和其他建筑业	7.33	4.19	1.07	0.16	1.91
批发和零售业	153.18	57.20	26.27	9.25	60.46
批发业	94.03	27.76	16.68	4.26	45.33
零售业	59.15	29.44	9.59	4.99	15.13
交通运输、仓储和邮政业	99.49	38.38	9.55	22.16	29.40
铁路运输业	18.15	9.95	2.62	3.57	2.01
道路运输业	41.25	15.3	4.02	6.49	15.44
水上运输业	8.12	2.05	0.38	1.21	4.48
航空运输业	0.04	0.08	0	0.3	-0.34
管道运输业					
装卸搬运和运输代理业	26.31	7.99	2.21	9.33	6.78
仓储业	2.96	1.27	0.22	0.82	0.65
邮政业	2.66	1.74	0.1	0.44	0.38

表 1-19 续表　　　　　　　　　　　　　　　　（2013 年）　　　　　　　　　　　　　　　　单位：亿元

行　　　　业	地区生产总　值	劳动者报酬	生产税净额	固定资产折　旧	营业盈余
住宿和餐饮业	24.22	17.04	1.89	3.74	1.55
住宿业	5.33	2.66	0.87	1.29	0.51
餐饮业	18.89	14.38	1.02	2.45	1.04
信息传输、软件和信息技术服务业	26.84	4.10	1.49	9.80	11.45
电信、广播电视和卫星传输服务	24.86	3.49	1.29	9.50	10.58
互联网和相关服务					
软件和信息技术服务业	1.98	0.61	0.20	0.30	0.87
金融业	67.99	20.45	9.18	2.83	35.53
货币金融服务	55.83	16.47	5.47	2.35	31.54
资本市场服务	6.41	0.44	3.12	0.17	2.68
保险业	5.45	3.46	0.53	0.24	1.22
其他金融业	0.30	0.08	0.06	0.07	0.09
房地产业	116.72	34.78	18.46	44.94	18.54
房地产开发经营业	70.37	32.67	17.98	2.36	17.36
物业管理业	2.39	1.28	0.29	0.09	0.73
房地产中介服务业	0.78	0.43	0.10	0.03	0.22
自有房地产经营活动	42.43			42.43	
其他房地产业	0.75	0.40	0.09	0.03	0.23
租赁和商务服务业	35.02	14.00	4.00	6.30	10.72
租赁业	1.95	0.63	0.13	0.90	0.29
商务服务业	33.07	13.37	3.87	5.40	10.43
科学研究和技术服务业	9.82	5.10	0.45	1.86	2.41
水利、环境和公共设施管理业	8.59	4.12	0.22	3.25	1
居民服务、修理和其他服务业	6.52	4.07	0.48	0.65	1.32
教育	59.81	52.31	0.15	6.17	1.18
卫生和社会工作	24.02	19.72	0.07	2.34	1.89
文化、体育和娱乐业	4.36	2.94	0.33	0.66	0.43
公共管理、社会保障和社会组织	82.25	66.73	0.42	13.3	1.8
第一产业	245.26	197.99	–0.4	14.87	32.8
第二产业	807.42	238.58	162.43	98.58	307.83
第三产业	732.74	352.16	72.96	128.09	179.53

表 1-19 续表 2　　(2012 年)　　单位:亿元

行　　业	地区生产总　值	劳动者报酬	生产税净额	固定资产折　旧	营业盈余
地区生产总值	**1603.42**	**716.43**	**223.17**	**213.15**	**450.67**
第一产业	232.40	189.91	−0.55	12.88	30.16
农、林、牧、渔业	232.40	189.91	−0.55	12.88	30.16
农业	124.08	101.64	−0.55	6.88	16.11
林业	6.56	5.35		0.36	0.85
牧业	43.55	35.49		2.41	5.65
渔业	47.55	38.74		2.64	6.17
农、林、牧、渔服务业	10.66	8.69		0.59	1.38
第二产业	736.14	227.31	159.61	85.76	263.46
工业	583.31	113.56	143.32	82.94	243.49
采矿业	15.76	7.40	3.19	1.28	3.89
制造业	492.47	87.55	133.07	63.53	208.32
电力、燃气及水的生产和供应	75.08	18.61	7.06	18.13	31.28
建筑业	152.83	113.75	16.29	2.82	19.97
第三产业	634.88	299.21	64.11	114.51	157.05
交通运输、仓储和邮政业	92.40	35.66	8.86	20.59	27.29
信息传输、计算机服务和软件业	23.26	3.55	1.29	8.49	9.93
电信和其他信息传输服务业	21.54	3.02	1.12	8.23	9.17
计算机服务	1.72	0.53	0.17	0.26	0.76
批发和零售业	134.43	50.37	23.04	8.15	52.87
批发业	81.68	24.11	14.49	3.70	39.38
零售业	52.75	26.26	8.55	4.45	13.49

表 1-19 续表 3　　(2012 年)　　单位:亿元

行业	地区生产总值	劳动者报酬	生产税净额	固定资产折旧	营业盈余
住宿和餐饮业	21.81	15.37	1.69	3.36	1.39
住宿业	4.74	2.37	0.77	1.15	0.45
餐饮业	17.07	13.00	0.92	2.21	0.94
金融业	60.71	18.27	8.18	2.52	31.74
银行业	49.85	14.71	4.88	2.10	28.16
证券业	5.72	0.39	2.78	0.15	2.40
保险业	4.87	3.10	0.47	0.21	1.09
其他金融活动	0.27	0.07	0.05	0.06	0.09
房地产业	103.00	29.76	15.79	41.59	15.86
房地产开发经营业	60.21	27.96	15.38	2.02	14.85
物业管理、中介服务业和其他活动	3.35	1.80	0.41	0.13	1.01
居民自有住房服务业	39.44			39.44	
租赁和商务服务业	30.14	12.05	3.44	5.43	9.22
租赁业	1.68	0.54	0.11	0.78	0.25
商务服务业	28.46	11.51	3.33	4.65	8.97
科学研究、技术服务和地质勘查业	8.68	4.51	0.40	1.64	2.13
水利、环境和公共设施管理业	7.59	3.65	0.19	2.87	0.88
居民服务和其他服务业	5.61	3.50	0.41	0.56	1.14
教育	52.90	46.27	0.13	5.46	1.04
卫生、社会保障和社会福利业	21.25	17.45	0.06	2.07	1.67
文化、体育和娱乐业	3.75	2.53	0.28	0.57	0.37
公共管理和社会组织	69.35	56.27	0.35	11.21	1.52

按支出法计算的地区生产总值

表 1-20　　(当年价格)　　单位:亿元

指　　标	2013	2012	2012为 2011%
地区生产总值	**1785.42**	**1603.42**	**111.4**
一、最终消费	796.64	712.32	111.8
1、居民消费	639.88	577.18	110.9
①农村居民	179.78	162.64	110.5
食品类支出	54.95	51.93	105.8
衣着类支出	10.66	9.14	116.6
居住类支出	27.90	24.67	113.1
家庭设备、用品及服务类支出	10.11	8.68	116.5
医疗保健类支出	8.45	7.73	109.3
交通和通信类支出	14.16	12.41	114.1
文教娱乐用品及服务类支出	29.21	22.92	127.4
银行中介服务支出	2.35	2.16	108.8
保险服务消费支出	0.67	0.59	113.6
自有住房服务虚拟支出	19.08	18.18	105.0
其它商品和服务类支出	2.24	4.23	53.0
②城镇居民	460.10	414.54	111.0
食品类支出	152.46	136.76	111.5
衣着类支出	44.96	41.80	107.6
居住类支出	35.84	33.50	107.0
家庭设备、用品及服务类支出	31.62	29.00	109.0
医疗保健类支出	27.00	24.41	110.6
交通和通信类支出	58.23	50.24	115.9
文教娱乐用品及服务类支出	54.29	45.85	118.4
银行中介服务支出	8.66	8.22	105.4
保险服务消费支出	2.71	2.53	107.1
自有住房服务虚拟支出	23.35	21.91	106.6
实物消费支出	4.02	3.82	105.2
其它商品和服务类支出	16.96	16.50	102.8
2、政府消费	156.76	135.14	116.0
二、资本形成总额	1004.52	901.54	111.4
固定资本形成总额	923.49	845.57	109.2
存货增加	81.03	55.97	144.8
三、货物和服务净流出	-15.74	-10.44	150.8

2

人口与劳动

主 要 年 份 人 口 数

表 2-1

年 份	年末人口(万人)						年平均人口(万人)
	全 市	市 区	赣榆县	东海县	灌云县	灌南县	
1978	323.20	35.91	77.38	79.74	77.80	52.37	321.35
1979	324.15	36.73	77.68	80.44	77.03	52.27	323.68
1980	327.84	37.70	77.93	81.40	77.97	52.84	326.00
1981	334.02	38.96	78.90	83.02	79.30	53.84	330.93
1982	340.91	40.05	80.16	84.83	80.83	55.04	337.47
1983	347.84	45.24	81.02	85.88	79.85	55.85	344.38
1984	353.05	46.58	81.75	86.84	81.08	56.80	350.45
1985	358.24	47.81	82.87	88.13	81.82	57.61	355.65
1986	363.89	49.09	84.07	89.39	82.72	58.62	361.07
1987	371.68	50.47	85.78	91.33	84.14	[illegible]	367.79
1988	378.86	51.87	87.52	92.84	85.50	61.13	375.27
1989	387.52	52.87	89.63	95.09	87.45	62.48	383.19
1990	405.05	54.26	95.10	100.20	90.72	64.77	396.29
1991	412.40	55.18	96.77	102.03	92.24	66.18	408.73
1992	417.54	57.02	97.27	103.67	92.66	66.92	414.97
1993	420.41	56.92	98.24	104.33	93.72	67.20	418.98
1994	423.72	58.04	99.04	104.72	94.43	67.49	422.07
1995	427.78	59.26	99.89	105.43	95.04	68.16	425.75
1996	432.96	60.32	100.89	107.07	96.30	68.39	430.37
1997	437.25	61.53	101.58	107.67	97.08	69.40	435.11
1998	443.53	62.70	102.56	109.18	99.13	69.96	440.39
1999	448.15	64.10	103.66	110.00	100.08	70.31	445.84
2000	455.61	65.00	104.88	112.69	101.77	71.26	451.88
2001	459.64	66.27	105.83	113.39	102.47	71.66	457.62
2002	464.03	67.39	106.83	113.97	103.61	72.23	461.83
2003	467.83	68.33	107.91	114.35	104.53	72.71	465.93
2004	468.81	69.26	107.09	114.43	104.61	73.42	468.32
2005	472.18	70.17	107.69	115.26	105.05	74.01	470.50
2006	479.42	70.96	108.18	117.34	107.50	75.45	475.80
2007	482.23	71.56	108.96	118.48	109.10	74.14	480.83
2008	488.25	80.88	109.95	111.79	110.35	75.28	485.24
2009	490.64	88.69	110.80	113.16	101.52	76.47	489.45
2010	497.73	93.59	112.62	115.10	100.26	76.16	494.19
2011	505.18	95.53	114.07	116.24	101.82	77.52	501.45
2012	510.99	96.65	115.58	118.02	102.01	78.73	508.09
2013	520.18	98.21	117.85	120.20	103.58	80.34	515.59

注:本节除注明外均是户籍人口;2008 年,岗埠农场、浦南镇由东海县划归新浦区;2009 年,板浦镇由灌云县划归海州区。

主要年份人口构成

表 2–2

年 份	年末总人口(万人)	男	女	出生人口(人)	死亡人口(人)	自然增长人口(人)
1978	323.20	163.43	159.77	34963	15746	19217
1979	324.15	163.84	160.31	45962	15116	30846
1980	327.84	165.78	162.06	50203	15583	34621
1981	334.02	169.07	164.95	72407	16315	56093
1982	340.91	172.90	168.01	63511	16435	47076
1983	347.84	176.86	170.98	52689	17839	34851
1984	353.05	180.33	172.72	43455	16962	26494
1985	358.24	183.53	174.71	55516	17640	37876
1986	363.89	186.62	177.27	56001	17295	38706
1987	371.68	190.93	180.75	57522	16881	40640
1988	378.86	194.85	184.01	76818	18576	58242
1989	387.52	199.55	187.97	77864	17627	60237
1990	405.05	207.90	197.15	84765	19378	65387
1991	412.40	212.15	200.25	88448	20109	68339
1992	417.54	214.86	202.68	56394	20002	36393
1993	420.41	216.43	203.98	55011	20488	34524
1994	423.72	218.12	205.60	53560	20344	33217
1995	427.78	220.21	207.57	56284	20138	36146
1996	432.96	222.97	209.99	56809	19324	37485
1997	437.25	224.52	212.73	55171	20319	34852
1998	443.53	229.23	214.30	60994	20258	40736
1999	448.15	231.89	216.26	55596	18948	36648
2000	455.61	235.69	219.92	77362	22504	54858
2001	459.64	237.27	222.37	52979	19705	33274
2002	464.03	239.19	224.83	54070	18993	35077
2003	467.83	241.56	226.27	49220	21064	28156
2004	468.81	243.53	225.28	74212	31953	42259
2005	472.18	244.70	227.48	62898	24156	38742
2006	479.42	248.34	231.08	57070	23852	33218
2007	482.23	250.25	231.98	65142	64637	505
2008	488.25	253.53	234.72	56906	31697	25209
2009	490.64	255.65	234.99	61557	37613	23944
2010	497.73	259.34	238.39	68558	43738	24820
2011	505.18	263.29	241.89	66820	15499	51321
2012	510.99	266.62	244.37	95884	35962	59922
2013	520.18	271.36	248.82	109189	18561	90628

市 区 主 要 年 份 年 末 人 口 情 况

表2-3

年　份	总户数（万户）	总人口（万人）	户均人数（人）	人口密度（人/平方公里）
1949	3.63	15.80	4.35	213.5
1952	4.18	18.31	4.38	247.4
1957	4.72	22.47	4.76	303.6
1962	5.48	24.24	4.42	327.6
1965	5.49	27.23	4.96	368.0
1970	6.35	30.22	4.76	408.4
1975	7.47	34.08	4.56	460.5
1978	8.78	35.91	4.09	485.3
1979	9.32	36.73	3.94	496.4
1980	9.83	37.70	3.84	509.5
1981	10.63	38.96	3.67	526.5
1982	10.97	40.05	3.65	482.5
1983	12.79	45.24	3.54	479.3
1984	13.45	46.58	3.46	493.5
1985	14.12	47.81	3.39	506.6
1986	14.45	49.09	3.40	520.1
1987	15.08	50.47	3.35	534.7
1988	15.74	51.87	3.29	549.5
1989	16.97	52.87	3.12	560.2
1990	16.48	54.26	3.29	574.8
1991	16.98	55.18	3.25	584.6
1992	17.69	57.02	3.22	604.1
1993	17.64	56.92	3.23	603.0
1994	17.83	58.04	3.25	614.9
1995	18.08	59.26	3.28	627.9
1996	18.28	60.32	3.30	639.1
1997	18.83	61.53	3.27	651.9
1998	19.25	62.70	3.26	664.3
1999	19.57	64.10	3.27	679.2
2000	19.95	65.00	3.26	688.7
2001	20.42	66.27	3.25	702.2
2002	20.91	67.39	3.22	714.0
2003	21.20	68.33	3.22	723.9
2004	21.62	69.26	3.20	733.8
2005	22.00	70.17	3.19	743.4
2006	22.28	70.96	3.18	751.8
2007	22.54	71.56	3.18	758.1
2008	25.06	80.88	3.23	699.7
2009	27.29	88.69	3.25	767.3
2010	28.84	93.59	3.25	759.0
2011	29.40	95.53	3.25	796.1
2012	29.57	96.65	3.27	805.5
2013	29.09	98.21	3.38	818.5

年末总人口数及构成

表 2–4

(2013 年)

地　区	年末总人口	男		女	
		人数(人)	比重(%)	人数(人)	比重(%)
全　市	**5201813**	**2713591**	**52.17**	**2488222**	**47.83**
市　区	982064	500568	50.97	481496	49.03
连云区	254717	130126	51.09	124591	48.91
新浦区	485730	247332	50.92	238398	49.08
海州区	241617	123110	50.95	118507	49.05
县小计	4219749	2213023	52.44	2006726	47.56
赣榆县	1178525	619265	52.55	559260	47.45
东海县	1202009	625314	52.02	576695	47.98
灌云县	1035786	542988	52.42	492798	47.58
灌南县	803429	425456	52.96	377973	47.04

总户数、平均人口及人口密度

表 2–5

(2013 年)

地　区	年末总户数(户)	平均每户人数(人)	年平均人口(人)	人口密度(人/平方公里)
全　市	**1394472**	**3.73**	**5155880**	**683.07**
市　区	290941	3.38	974287	818.51
连云区	82642	3.08	254019	439.74
新浦区	139304	3.49	480316	1052.14
海州区	68995	3.50	239953	1520.37
县小计	1103531	3.82	4181594	657.75
赣榆县	343169	3.43	1167156	778.38
东海县	289713	4.15	1191118	590.19
灌云县	263788	3.93	1027948	562.93
灌南县	206861	3.88	795372	784.03

人口自然变动情况

表 2-6 (2013 年)

地　区	出 生(含往年补报)		死　亡		自 然 增 长	
	人数(人)	出生率(‰)	人数(人)	死亡率(‰)	人数(人)	自然增长率(‰)
全　市	**109189**	**21.18**	**18561**	**3.60**	**90628**	**17.58**
市　区	14603	14.99	2468	2.53	12135	12.46
连云区	3516	13.84	809	3.18	2707	10.66
新浦区	6979	14.53	1059	2.20	5920	12.33
海州区	4108	17.12	600	2.50	3508	14.62
县小计	94586	19.26	16093	3.85	78493	15.42
赣榆县	24249	20.78	2510	2.15	21739	18.63
东海县	29973	25.16	6850	5.75	23123	19.41
灌云县	19585	19.05	2270	2.21	17315	16.84
灌南县	20779	26.12	4463	5.61	16316	20.51

人口机械变动情况

表 2-7 (2013 年) 单位:人

地区	迁入人口	#省外迁入	迁出人口	#迁往省外	机械增长人口
全　市	**30096**	**10387**	**59107**	**8669**	**-29011**
市　区	10207	2574	13284	2498	-3077
连云区	2070	680	1897	487	173
新浦区	6459	1555	8499	1769	-2040
海州区	1678	339	2888	242	-1210
县小计	19889	7813	45823	6171	-25934
赣榆县	6044	2323	9354	2469	-3310
东海县	4515	1783	10294	1623	-5779
灌云县	4707	1686	13823	1094	-9116
灌南县	4623	2021	12352	985	-7729

计 划 生 育 情 况

表 2-8　　　　(2013 年)　　　　单位:人

	计划生育率(%)	当年出生率(‰)	育龄妇女人　数	已婚育龄妇女人数	现家庭有一孩的妇女人数	独生子女率(%)
全　市	**91.80**	**13.70**	**1370789**	**982963**	**567615**	**57.75**
市　区	95.00	13.40	245986	176105	128639	73.05
连云区	96.90	13.10	33066	24019	19146	79.71
开发区	96.80	13.40	115392	85300	66765	78.27
新浦区	96.70	13.50	63815	39982	25954	64.91
海州区	96.70	13.60	15774	11403	8252	72.37
徐圩新区	96.40	13.60	10201	8954	5000	55.84
云台山景区	96.30	13.60	7738	6447	3522	54.63
县小计	90.00	13.74	1124803	806858	438976	54.41
赣榆县	90.90	13.70	315283	228187	128415	56.28
东海县	90.70	13.80	323115	210444	115778	55.02
灌云县	90.60	13.70	279452	206217	113812	55.19
灌南县	90.80	13.80	206953	162010	80971	49.98

表 2-8 续表　　　　(2013 年)　　　　单位:人

地　区	有效领证人　数	女性初婚人　数	晚婚率(%)	应落实措施的人数	累计已采取各种节育措施人　数	节育率(%)
全　市	**391893**	**62096**	**45.11**	**889739**	**888409**	**90.38**
市　区	94829	18991	49.32	160557	159983	90.85
连云区	5849	654	79.66	21576	21457	89.33
开发区	58962	1262	65.77	77503	77240	90.55
新浦区	20999	2032	52.71	36923	36842	92.15
海州区	5134	306	85.29	10243	10212	89.56
徐圩新区	3103	14550	45.90	8379	8364	93.41
云台山景区	782	187	2.14	5933	5868	91.02
县小计	297064	43597	43.28	729182	728426	90.28
赣榆县	92072	9811	60.21	211068	210850	92.40
东海县	46676	11534	42.99	181225	180891	85.96
灌云县	84295	13432	35.67	188343	188289	91.31
灌南县	74021	8820	36.44	148546	148396	91.60

分县区年末常住人口

表 2-9 单位:万人

	2004年	2005年	2006年	2007年	2008年	2009年	2010年	2011年	2012年	2013年
连云港市	457.28	454.40	450.52	446.98	445.56	444.65	439.71	438.61	440.69	442.83
市　区	78.71	79.71	80.75	81.97	92.10	99.82	108.63	109.05	109.74	110.28
连云区							26.73	26.83	27.04	27.16
其中:开发区							7.92	7.95	8.03	8.06
其中:连云区							14.51	14.56	14.66	14.73
其中:徐圩区							4.3	4.32	4.35	4.37
新浦区							58.78	58.99	59.29	59.6
海州区							23.12	23.23	23.41	23.52
赣榆县	102.85	101.80	100.63	99.34	97.76	97.18	95.13	94.56	94.81	95.24
东海县	109.61	108.49	107.33	106.03	98.64	98.06	95.35	94.76	94.96	95.36
灌云县	99.55	98.53	97.10	95.84	94.30	87.20	78.32	78.31	78.99	79.47
灌南县	66.55	65.87	64.71	63.80	62.76	62.39	62.28	61.93	62.19	62.48

主要年份城镇化水平

表 2-10 单位:%

年　份	连云港市	市区	连云区	新浦区	海州区	赣榆县	东海县	灌云县	灌南县
1953	9.96								
1964	11.97								
1982	11.83								
1990	17.42	100.00				3.78	3.49	6.26	4.72
2000	28.02	83.88				19.6	18.62	19.15	13.63
2003	34.50	87.45				32.27	23.03	24.51	22.79
2004	36.28	87.81				34.22	24.89	26.39	24.72
2005	37.18	80.00				31.24	28.34	26.26	25.46
2006	39.00	80.01				33.39	30.20	28.22	27.35
2007	40.50	80.03				35.00	31.75	29.78	28.93
2008	42.00	76.02				36.52	33.25	31.29	30.47
2009	43.45	71.22				38.22	34.95	33.89	33.87
2010	51.75	85.40	87.55	86.07	81.52	43.50	41.85	39.18	39.15
2011	53.15	85.95	88.06	86.64	82.03	45.09	43.43	40.80	40.75
2012	54.35	84.57	86.30	84.91	81.71	46.68	45.02	42.31	42.26
2013	55.72	85.01	86.73	85.36	82.14	48.33	46.67	44.02	43.97

注:2005 年起使用最新城乡划分标准。

主要年份从业人员数

表 2-11　　单位:万人

年份	从业人员合计	职工人数	国有经济	集体经济	其他经济	城镇私营企业从业人员和个体劳动者	乡村劳动者	其他从业人员
1978	142.03	28.31	19.38	8.93		0.08	113.64	
1979	141.20	28.90	19.44	9.46		0.09	112.21	
1980	146.02	30.34	20.23	10.11		0.16	115.52	
1981	149.40	31.65	21.61	10.04		0.39	117.36	
1982	155.15	33.47	23.00	10.47		0.52	121.16	
1983	159.56	33.18	22.88	10.30		0.88	125.50	
1984	166.89	34.54	22.80	11.71	0.03	1.75	130.60	
1985	174.75	36.32	23.96	12.33	0.03	1.82	136.61	
1986	182.00	37.75	25.25	12.46	0.04	1.48	142.77	
1987	189.07	39.56	26.92	12.50	0.14	1.74	147.77	
1988	194.17	40.40	27.99	12.23	0.18	1.95	151.82	
1989	199.96	41.01	28.21	12.45	0.35	1.84	157.11	
1990	205.54	42.02	28.71	12.93	0.38	1.94	161.58	
1991	214.31	43.28	29.65	13.12	0.51	1.82	169.21	
1992	216.92	43.63	30.54	12.52	0.57	2.32	170.97	
1993	221.23	45.48	32.19	12.40	0.89	6.15	169.41	0.19
1994	223.16	44.44	31.52	11.58	1.34	8.42	170.17	0.13
1995	222.92	44.84	32.42	10.99	1.61	10.04	167.95	0.09
1996	221.10	45.06	32.42	10.76	1.88	8.03	167.82	0.19
1997	218.94	44.76	32.74	10.20	1.82	7.26	166.73	0.19
1998	219.78	44.18	31.86	9.36	2.96	8.32	166.40	0.88
(新口径)	212.45	36.85	24.62	6.98	5.24	8.32	166.40	0.88
1999	209.61	34.72	23.69	5.95	5.08	6.91	166.88	1.10
2000	208.40	31.94	22.57	5.28	4.10	7.19	168.26	1.01
2001	208.03	29.64	21.22	4.12	4.30	8.34	169.14	0.91
2002	208.19	27.78	18.96	3.62	5.21	8.21	164.75	1.17
2003	209.19	26.84	17.47	3.27	6.1	9.18	165.32	1.32
2004	214.55	26.66	15.79	2.74	8.13	10.05	167.17	1.24
2005	227.60	27.97	15.75	2.43	9.79	13.28	168.24	0.78
2006	241.74	28.91	15.82	2.52	10.58	18.80	170.03	1.5
2007	272.91	29.84	15.91	2.56	11.37	25.34	170.54	1.81
2008	276.10	29.86	15.22	2.08	12.57	28.58	170.6	2.66
2009	290.26	30.19	16.11	1.98	15.21	33.21	170.71	3.11
2010	302.08	30.61	15.49	1.70	13.42	36.21	170.79	3.39
2011	308.18	33.09	15.81	1.64	15.64	39.18	170.90	2.07
2012	249.2	33.48	16.10	1.67	15.71	41.82	171.00	2.02
2013	250.20	43.84	15.38	2.31	26.15	39.28	171.20	3.31

注:1998 年后数据中不含离开本单位仍保留劳动关系的职工。从业人员数 2012 年按国家制度要求改为劳动力抽样调查数,与历年的指标口径不同。

主要年份分三次产业从业人员数

表 2-12　　　　单位：万人

年　份	第一产业	第二产业	工　业	建筑业	第三产业	交通仓储邮电通信业	批发零售贸易餐饮业
1978	111.72	13.29	11.67	1.62	17.02	2.91	4.16
1979	110.72	13.60	11.94	1.65	16.88	2.64	4.32
1980	114.44	14.61	12.77	1.84	16.97	3.13	4.48
1981	115.99	15.64	13.68	1.96	17.77	2.87	5.04
1982	118.17	19.56	16.60	2.96	17.42	3.12	5.36
1983	120.74	20.53	17.04	3.49	18.29	3.85	5.84
1984	122.51	23.61	18.46	5.15	20.77	4.32	6.52
1985	118.46	31.92	24.58	7.34	24.37	5.13	7.06
1986	121.31	35.25	36.30	8.95	25.43	5.77	7.59
1987	124.27	37.00	26.56	10.44	27.80	6.90	8.29
1988	126.99	38.10	27.39	10.79	29.00	7.06	8.82
1989	134.30	36.44	25.69	10.75	29.22	6.86	8.91
1990	138.01	37.14	26.12	11.02	30.39	7.02	9.32
1991	146.02	37.11	26.19	10.92	31.18	7.11	9.68
1992	144.44	38.95	26.85	12.10	33.53	7.38	10.68
1993	140.78	42.91	29.25	13.66	37.54	7.81	12.60
1994	137.42	43.38	30.09	13.29	42.36	8.27	14.46
1995	133.21	45.32	31.65	13.66	44.39	7.57	14.83
1996	132.13	46.38	32.35	14.03	42.59	7.82	13.80
1997	122.62	48.90	32.92	15.98	47.42	8.86	14.48
1998	122.35	48.78	31.97	16.81	48.65	9.05	14.89
（新口径）	122.07	43.98	27.48	16.50	46.40	8.60	13.26
1999	121.83	42.50	25.39	17.11	45.28	7.80	12.94
2000	121.38	42.49	23.99	18.50	45.54	8.06	12.36
2001	118.19	41.47	23.26	18.21	48.37	7.99	12.56
2002	111.11	43.58	25.01	18.57	53.50	8.24	15.01
2003	105.85	47.04	26.64	20.4	56.3	7.68	14.17
2004	103.15	50.32	28.99	21.33	61.08	8.07	13.65
2005	99.68	59.45	34.81	24.64	68.47	8.26	15.15
2006	95.24	71.70	41.97	29.73	74.80	8.87	18.71
2007	93.35	80.52	51.82	28.7	99.04	10.17	20.66
2008	92.81	82.58	54.08	28.5	100.71	10.70	21.56
2009	92.64	91.90	60.84	31.06	105.72	10.90	22.43
2010	92.02	95.85	63.12	32.73	114.21	11.10	23.20
2011	88.02	100.81	66.38	34.43	119.35	11.53	23.70
2012	83.00	77.70			88.50		
2013	81.80	78.30			90.10		

注：1998 年后数据中不含离开本单位仍保留劳动关系的职工。

主要年份职工人数

表2–13　　　　单位:万人

年份	全市	市区	赣榆县	东海县	灌云县	灌南县
1978	28.31	13.64	2.42	3.84	6.25	2.16
1979	28.90	14.61	2.63	3.78	5.82	2.06
1980	30.34	15.62	2.81	3.97	5.83	2.11
1981	31.65	16.56	3.00	4.05	5.84	2.20
1982	33.47	17.66	3.11	4.19	6.22	2.29
1983	33.18	17.59	3.07	4.04	6.00	2.48
1984	34.54	18.47	3.21	4.26	6.11	2.49
1985	36.32	19.41	3.45	4.71	5.94	2.81
1986	37.74	20.18	3.52	4.89	6.30	2.85
1987	39.56	21.51	3.66	4.86	6.40	3.13
1988	40.40	22.05	3.86	4.89	6.32	3.28
1989	41.01	22.36	4.10	4.86	6.42	3.27
1990	42.02	22.70	4.31	5.06	6.50	3.45
1991	43.28	23.13	4.61	5.27	6.63	3.64
1992	43.63	23.17	4.64	5.44	6.68	3.70
1993	45.48	24.23	4.82	5.51	7.01	3.91
1994	44.44	23.26	4.77	5.48	7.00	3.93
1995	44.84	23.51	4.67	5.70	7.04	3.92
1996	45.06	23.36	5.02	5.72	6.93	4.03
1997	44.76	23.00	5.18	5.70	6.93	3.95
1998	44.18	22.84	5.07	5.66	6.84	3.77
1999	43.18	22.08	4.99	5.48	6.94	3.69
2000	40.71	19.95	4.95	5.31	6.73	3.77
2001	37.66	18.39	4.31	5.07	6.04	3.85
2002	34.75	17.38	3.83	4.26	5.49	3.79
2003	32.38	16.13	3.57	3.81	5.20	3.67
2004	31.22	15.61	3.58	3.82	4.92	3.29
2005	31.90	16.10	3.50	4.08	4.92	3.30
2006	31.53	15.68	3.72	4.35	4.98	2.78
2007	29.84	13.93	3.58	4.74	4.51	3.08
2008	29.86	15.17	3.46	3.70	4.35	3.18
2009	30.19	15.81	3.44	3.83	3.93	3.18
2010	30.61	15.98	3.55	3.94	3.82	3.32
2011	33.09	19.06	3.58	4.01	3.01	3.43
2012	33.48	19.32	3.74	3.89	3.07	3.45
2013	43.84	21.39	9.14	5.02	4.96	3.33

注:1998年后数据中不含离开本单位仍保留劳动关系的职工。

主要年份职工年平均工资

表 2-14 单位:元

年份	合计	国有单位	集体单位	其他单位
1978	487	522	415	
1979	525	567	438	
1980	610	666	496	
1981	615	665	509	
1982	643	690	541	
1983	696	738	599	
1984	854	919	722	867
1985	1038	1120	974	1467
1986	1181	1277	984	1750
1987	1293	1403	1058	1583
1988	1536	1682	1207	1856
1989	1625	1783	1270	1558
1990	1838	2059	1357	1608
1991	1966	2168	1518	1863
1992	2255	2506	1667	1822
1993	2811	3075	2120	2896
1994	3891	4351	3663	3519
1995	4663	5114	3411	4313
1996	5175	5697	3740	4470
1997	5578	6144	3883	5100
1998	6547	7105	4694	6436
1999	7083	7556	5009	7367
2000	8006	8543	5382	8432
2001	8982	9522	5716	9587
2002	10075	10663	6389	10553
2003	11262	11719	7005	12257
2004	12713	13754	7367	12512
2005	15043	16512	9112	14161
2006	17760	19683	11700	16337
2007	21482	24066	14584	19353
2008	26596	29621	19024	24186
2009	29548	32497	22539	26990
2010	33843	37386	25286	30832
2011	38817	43526	30788	34861
2012	44124	49535	37499	39248
2013	46250	54063	38775	42263

注:1998 年后数据中不含离开本单位仍保留劳动关系的职工。

城镇非私营单位从业人员数

表 2-15　　　　(2013 年)　　　　单位:人

指　　标	全　市	市　区	赣榆县	东海县	灌云县	灌南县
总　　计	**471543**	**232803**	**99121**	**52410**	**52529**	**34680**
一、按企业、事业、机关分:						
企　　业	341248	184264	73313	29616	35151	18904
事　　业	96333	34832	19763	17083	12580	12075
机　　关	33312	13470	5810	5711	4628	3693
二、按国民经济行业分:						
1、农、林、牧、渔业	9495	6242	143	1783	1323	4
2、采掘业	7202	6667			535	
3、制造业	111004	64289	7709	12888	15471	10647
4、电力、燃气及水的生产和供应业	8639	740[illegible]	351	363	370	147
5、建筑业	113764	36186	57466	4949	13316	1847
6、批发和零售业	13119	8186	879	1260	1561	1233
7、交通运输、仓储和邮政业	25390	21575	405	1083	1383	944
8、住宿和餐饮业	3063	1931	380	661	91	
9、信息传输、计算机服务和软件业	5258	3426	437	880	121	394
10、金融业	16693	10812	1398	1565	1720	1198
11、房地产业	4565	3382	311	248	531	93
12、租赁和商务服务业	14924	10069	1814	2334	267	440
13、科学研究、技术服务和地质勘查业	8499	4233	2723	1316	153	74
14、水利、环境和公共设施管理业	8813	4985	589	1280	965	994
15、居民服务和其他服务业	1860	230	51	809	73	697
16、教育	50797	15423	11483	10923	7035	5933
17、卫生、社会保障和社会福利业	23090	9786	3990	3632	2700	2982
18、文化、体育和娱乐业	2022	1305	348	122	52	195
19、公共管理和社会组织	43346	16668	8644	6314	4862	6858

城镇非私营单位女性从业人员数

表 2-16　　(2013 年)　　单位:人

指标	全市	市区	赣榆县	东海县	灌云县	灌南县
总计	**145193**	**74210**	**20302**	**21367**	**16215**	**13099**
一、按企业、事业、机关分:						
企业	91732	53731	9575	12143	9736	6547
事业	45216	16968	9069	8195	5530	5454
机关	7969	3386	1533	1029	924	1097
二、按国民经济行业分:						
1、农、林、牧、渔业	3547	2591	15	597	344	
2、采掘业	1908	1852			56	
3、制造业	43143	22872	3112	7462	5995	3702
4、电力、燃气及水的生产和供应业	2054	1545	135	176	136	62
5、建筑业	7292	2637	2672	414	1341	228
6、批发和零售业	5261	3061	405	631	588	576
7、交通运输、仓储和邮政业	5465	4381	188	298	357	241
8、住宿和餐饮业	1946	1208	230	432	76	
9、信息传输、计算机服务和软件业	1989	1536	99	210	28	116
10、金融业	8681	5812	979	419	877	594
11、房地产业	1849	1417	160	78	167	27
12、租赁和商务服务业	5381	3508	897	892	59	25
13、科学研究、技术服务和地质勘查业	2196	939	794	416	30	17
14、水利、环境和公共设施管理业	2644	1409	131	297	307	500
15、居民服务和其他服务业	321	67	5	149	10	90
16、教育	25791	8369	5745	5574	3233	2870
17、卫生、社会保障和社会福利业	13600	6089	2096	2053	1570	1792
18、文化、体育和娱乐业	782	513	121	52	11	85
19、公共管理和社会组织	11343	4404	2518	1217	1030	2174

在岗职工人数

表 2–17　　(2013 年)　　单位:人

指标	全市	市区	赣榆县	东海县	灌云县	灌南县
总计	**438443**	**213961**	**91420**	**50200**	**49628**	**33234**
一、按企业、事业、机关分:						
企业	314079	167273	68000	28209	32569	18028
事业	91420	33464	17646	16422	12339	11549
机关	32306	12989	5539	5569	4560	3649
二、按国民经济行业分:						
1、农、林、牧、渔业	8604	5360	143	1774	1323	4
2、采掘业	5968	5433	0	0	535	0
3、制造业	109880	63611	7634	12850	15339	10446
4、电力、燃气及水的生产和供应业	8618	7387	351	363	370	147
5、建筑业	98439	26928	53708	4336	11645	1822
6、批发和零售业	12722	7996	736	1253	1558	1179
7、交通运输、仓储和邮政业	25240	21497	405	1057	1364	917
8、住宿和餐饮业	3049	1917	380	661	91	0
9、信息传输、计算机服务和软件业	5254	3426	437	876	121	394
10、金融业	10550	7429	501	1007	960	653
11、房地产业	4414	3312	311	181	525	85
12、租赁和商务服务业	13803	8981	1809	2313	260	440
13、科学研究、技术服务和地质勘查业	7847	4105	2208	1309	151	74
14、水利、环境和公共设施管理业	8363	4903	565	946	955	994
15、居民服务和其他服务业	1838	222	37	809	73	697
16、教育	49396	14795	10992	10834	6980	5795
17、卫生、社会保障和社会福利业	21446	9391	3478	3362	2531	2684
18、文化、体育和娱乐业	1954	1274	326	107	52	195
19、公共管理和社会组织	41058	15994	7399	6162	4795	6708

从业人员平均工资

表 2-18　　(2013年)　　单位:元

指　标	全　市	市　区	赣榆县	东海县	灌云县	灌南县
总　计	**45097**	**50392**	**39815**	**39766**	**39533**	**41727**
一、按企业、事业、机关分:						
企　业	41925	45721	38524	35795	35983	39646
事　业	51550	64951	44600	44209	43863	42813
机　关	59078	75875	39970	47394	55321	49834
二、按国民经济行业分:						
1、农、林、牧、渔业	30147	23746	8636	34687	57184	29250
2、采掘业	32583	33073	30836		27121	
3、制造业	37486	39737	38604	31994	32788	36645
4、电力、燃气及水的生产和供应业	90698	99535	40214	34133	37177	35721
5、建筑业	39958	42343	38576	42321	38325	44865
6、批发和零售业	36008	39451	27571	28981	31081	33506
7、交通运输、仓储和邮政业	49016	50319	36007	46306	35371	47733
8、住宿和餐饮业	30608	30615	33316	30078	23154	
9、信息传输、计算机服务和软件业	49892	55922	32910	41514	57869	30451
10、金融业	63291	71794	43958	44610	52810	51073
11、房地产业	45874	47261	42863	45281	38702	48796
12、租赁和商务服务业	38000	39432	47821	28881	28089	19103
13、科学研究、技术服务和地质勘查业	58176	81257	34471	38531	39301	26824
14、水利、环境和公共设施管理业	34405	39863	27480	32046	28976	20294
15、居民服务和其他服务业	47499	37370	49098	49965	59014	46596
16、教育	55483	71368	50526	44416	48744	52298
17、卫生、社会保障和社会福利业	49341	55601	44341	48438	42117	43135
18、文化、体育和娱乐业	53926	64599	27467	42615	43365	39770
19、公共管理和社会组织	55194	75135	36029	47246	47531	43058

在岗职工平均工资

表 2-19　　(2013 年)　　单位:元

指标	全市	市区	赣榆县	东海县	灌云县	灌南县
总计	**46250**	**52073**	**40806**	**40323**	**40085**	**42458**
一、按企业、事业、机关分:						
企业	42842	47192	38982	36083	36369	40221
事业	53107	66311	47796	45184	44298	43771
机关	60229	77724	41111	47939	55731	50377
二、按国民经济行业分:						
1、农、林、牧、渔业	31445	24694	8636	34860	57184	29250
2、采掘业	33482	34201	30836		27121	
3、制造业	37451	39746	38491	31898	32815	36483
4、电力、燃气及水的生产和供应业	90858	99746	40214	34133	37177	35721
5、建筑业	40795	45213	38894	43713	38426	45013
6、批发和零售业	36468	40073	28520	28970	31082	33634
7、交通运输、仓储和邮政业	49273	50502	36007	47077	35703	48867
8、住宿和餐饮业	30628	30648	33316	30078	23154	
9、信息传输、计算机服务和软件业	49918	55922	32910	41641	57869	30451
10、金融业	83539	89131	73026	53445	82021	76305
11、房地产业	46197	47681	42885	45833	38577	49471
12、租赁和商务服务业	39181	41362	47912	28944	27608	19103
13、科学研究、技术服务和地质勘查业	60521	82623	35937	38597	39464	26824
14、水利、环境和公共设施管理业	35264	40165	27692	37423	29028	20294
15、居民服务和其他服务业	47624	38261	50946	49897	59014	46596
16、教育	56416	73350	51823	44639	49062	52913
17、卫生、社会保障和社会福利业	51050	56340	47096	50430	43184	45757
18、文化、体育和娱乐业	55074	65480	28465	46103	43365	39770
19、公共管理和社会组织	57198	77001	39972	47769	47807	43679

其他单位从业人员数、平均工资

表 2-20 (2013 年)

指　　　标	全　市	市　区	赣榆县	东海县	灌云县	灌南县
一、在岗职工人数(人)	**278602**	**148673**	**65400**	**22142**	**27339**	**15048**
(一)内资	221676	114250	61958	9890	23667	11911
1、股份合作	2639	2040	144	440	15	
2、联营	75	75				
其中:国有联营	75	75				
集体联营						
3、有限责任公司	151814	80812	34674	6715	19618	9995
其中:国有独资	31961	27148	2133	1165	579	936
4、股份有限公司	61303	30681	24139	1785	3747	951
5、其他	5845	642	3001	950	287	965
其中;私营单位						
(二)港、澳、台商投资	24333	14908	977	6115	906	1427
(三)外商投资	32593	19515	2465	6137	2766	1710
二、在岗职工平均工资(元)	41588	45256	39057	36106	34249	38725
(一)内资	43145	47495	39320	41778	35209	39157
1、股份合作	61032	64169	47025	53101	18067	
2、联营	29966	29966				
其中:国有联营	29966	29966				
集体联营						
3、有限责任公司	42427	46003	39910	41035	35628	37466
其中:国有独资	45573	46965	35566	35627	33707	44751
4、股份有限公司	44686	50672	39129	43014	33056	41467
5、其他	37500	29725	33459	39597	35278	54230
其中;私营单位						
(二)港、澳、台商投资	32578	33213	23867	34330	27144	28128
(三)外商投资	37571	41044	38638	28164	28249	43970

各行业从业人员数和从业人员平均工资

表 2-21

(2013 年)

指 标	从业人员数（人）				从业人员平均工资（元）			
	合计	国有单位	集体单位	其他单位	合计	国有单位	集体单位	其他单位
总 计	**471543**	**164931**	**28010**	**278602**	**45097**	**52243**	**37394**	**41588**
(一)农、林、牧、渔业	9495	9281	4	210	30147	30247	29250	25749
1.农业	8695	8485		210	30103	30210		25749
2.林业	604	604			29873	29873		
3.畜牧业	152	152			30395	30395		
4.渔业	17	13	4		37118	39538	29250	
5.农、林、牧、渔服务业	27	27			45185	45185		
(二)采矿业	7202	934		6268	32583	9317		36895
1.煤炭开采和洗选业	926	926			8948	8948		
5.非金属矿采选业	6002	8		5994	37258	63500		37224
6、开采辅助活动	274			274	29571			29571
(三)制造业	111004	2796	1239	106969	37486	55542	34005	37044
1.农副食品加工业	5304	128		5176	35939	14690		36421
2.食品制造业	2929	15	72	2842	35879	28467	27569	36127
3.饮料制造业	2143		91	2052	32271		30000	32375
5.纺织业	3663			3663	27601			27601
6.纺织服装、鞋、帽制造业	6759		8	6751	27339		26125	27341
7.皮革毛皮羽毛绒及其制品业	2498			2498	28738			28738
8.木材加工及木竹藤棕草制品业	1369			1369	29287			29287
9.家具制造业	274		16	258	23685		27412	23482
10. 造纸及纸制品业	339		1	338	25307		18333	25369
11.印刷业和记录媒介的复制	409	29	33	347	30990	22800	27152	32048
12.文教体育用品制造业	2617		5	2612	30255		26000	30263
13.石油加工、炼焦及核燃料加工业	1065		33	1032	51560		18000	52705
14.化学原料及化学制品制造业	18762	2457	126	16179	44457	60240	24174	42198
15.医药制造业	24788			24788	38541			38541
16.化学纤维制造业	1145			1145	36161			36161
17.橡胶制品业	1663	2	137	1524	34343	48500	25022	35166

表2-21续表1　　　　　　　　(2013年)

指标	从业人员数(人)				从业人员平均工资(元)			
	合计	国有单位	集体单位	其他单位	合计	国有单位	集体单位	其他单位
18、非金属矿物制品业	8189	152	504	7533	36844	24888	45912	36479
19、黑色金属冶炼和压延加工业	2827			2827	37939			37939
20、有色金属冶炼和压延加工业	892			892	50372			50372
21、金属制品业	1277		80	1197	35219		39950	34855
22、通用设备制造业	4500		60	4440	40576		16533	40901
23、专用设备制造业	5079		24	5055	38669		37346	38675
24、汽车制造业	281			281	36958			36958
25、铁路、船舶、航空航天和其他运输设备制造业	1225			1225	40834			40834
26、电气机械及器材制造业	5578		7	5571	38460		23286	38479
27、计算机、通信和其他电子设备制造业	4311			4311	39153			39153
28、仪器仪表制造业	766	13		753	23398	23000		23404
29、其他制造业	48		42	6	11271		9905	20833
30、废弃资源综合利用业	304			304	37734			37734
(四)、电力、热力、燃气及水生产和供应业	8639	2750	418	5471	90698	100740	50835	88668
1、电力、热力生产和供应业	6950	2153	394	4403	103003	119245	52673	99516
2、燃气生产和供应业	286	92		194	37408	42185		35095
3、水的生产和供应业	1403	505	24	874	39756	31709	20667	44953
(五)、建筑业	113764	11538	14010	88216	39958	49105	36902	39235
1、房屋建筑业	75605	1106	10422	64077	39162	42650	38438	39219
2、土木工程建筑业	27529	8364	3080	16085	41931	53670	31661	37938
3、建筑安装业	5299			5299	45548			45548
4、建筑装饰和其他建筑业	5331	2068	508	2755	35394	34531	38191	35560
(六)、批发和零售业	13119	2920	538	9661	36008	33367	25189	37460
1、批发业	6753	2510	362	3881	40941	33826	25924	47078
2、零售业	6366	410	176	5780	30610	30574	23703	30833
(七)、交通运输、仓储和邮政业	25390	2833	2381	20176	49016	46115	41737	50286
2、道路运输业	4280	628	567	3085	40662	47290	48653	37912
3、水上运输业	11076	93	105	10878	53243	48892	32810	53480

表 2-21 续表 2

(2013 年)

指标	从业人员数(人)				从业人员平均工资(元)			
	合计	国有单位	集体单位	其他单位	合计	国有单位	集体单位	其他单位
4、航空运输业	259	208	51		67864	75556	35588	
6、装卸搬运和其他运输代理业	7826	301	1509	6016	49476	60711	40758	51074
7、仓储业	474	137	140	197	40901	39540	33810	47737
8、邮政业	1475	1466	9		39176	39083	50917	
(八)、住宿和餐饮业	3063	930	65	2068	30608	33240	24923	29594
1、住宿业	2360	820	39	1501	31251	33201	29821	30210
2、餐饮业	703	110	26	567	28462	33527	17577	27979
(九)、信息传输、软件和信息技术服务业	5258	927		4331	49892	39078		52081
1、电信、广播电视和卫星传输服务业	4595	927		3668	50497	39078		53220
2、互联网和相关服务	571			571	40664			40664
3、软件和信息技术服务业	92			92	80915			80915
(十)、金融业	16693	3180	1294	12219	63291	72894	62558	60761
1、货币金融服务业	8660	3062	1294	4304	88160	74133	62558	105895
2、资本市场服务业	162			162	89166			89166
3、保险业	7824	89		7735	33879	40326		33800
4、其他金融业	47	29		18	42735	43903		40722
(十一)、房地产业	4565	663		3902	45874	55095		44275
其中:(1)房地产开发经营	2711	239		2472	55271	47953		55970
(2)物业管理	1509	106		1403	22987	35094		22023
(3)房地产中介服务	47	36		11	70041	59053		108000
(十二)、租赁和商务服务业	14924	2670	2187	10067	38000	28312	22963	43777
1、租赁业	547	501		46	24351	23956		28652
2、商务服务业	14377	2169	2187	10021	38505	29304	22963	43844
(十三)、科学研究、技术服务业	8499	4428	22	4049	58176	70583	20818	44794
1、研究和试验发展	1904	1897	7		97010	97313	15857	
2、专业技术服务业	3873	1894	15	1964	53917	50040	23133	57924
3、科技推广和应用服务业	2722	637		2085	37277	52802		32511
(十四)、水利、环境和公共设施管理业	8813	7878	579	356	34405	34315	28019	46759

表 2-21 续表 3　　　　　　　　　　(2013 年)

指　　标	从业人员数(人)				从业人员平均工资(元)			
	合计	国有单位	集体单位	其他单位	合计	国有单位	集体单位	其他单位
1、水利管理业	3001	2935		66	39848	39393		60606
2、生态保护和环境治理业	61	61			39295	39295		
3、公共设施管理业	5751	4882	579	290	31442	31122	28019	43619
(十五)、居民服务、修理和其他服务业	1860	246	66	1548	47499	50659	36939	47448
1、居民服务业	1040	226	32	782	47162	52664	55000	45231
2、机动车、电子产品和日用产品修理业	165	20	34	111	31921	28000	19941	36297
3、其他服务业	655			655	51842			51842
(十六)、教育	50797	49352	243	1202	55483	55961	40794	37925
其中:1、初等教育	19699	19633	66		50783	50667	85152	
2、中等教育	24630	23805		825	56453	56926		42692
3、高等教育	3846	3771		75	83279	83686		29966
(十七)、卫生和社会工作	23090	16475	4840	1775	49341	51970	39083	53368
1、卫生	22860	16248	4837	1775	49322	51979	39082	53368
2、社会工作	230	227	3		51199	51338	40667	
(十八)、文化、体育和娱乐业	2022	1832	83	107	53926	56666	32548	24532
1、新闻和出版业	295	295			51370	51370		
2、广播、电影、电视和影视录音制作业	908	876		32	63331	64632		27750
3、文化艺术业	618	544	74		46715	48653	32707	
4、体育	65	56	9		42000	43796	31222	
5、娱乐业	136	61		75	35345	50435		23195
(十九)、公共管理、社会保障和社会组织	43346	43298	41	7	55194	55207	46220	30143
其中:(1)中国共产党机关	919	919			73128	73128		
(2)国家机构	41475	41434	41		54626	54634	46220	
(3)人民政协、民主党派	212	212			79643	79643		
(4)社会保障	171	171			48570	48570		
(5)群众团体、社会团体和其他成员组织	569	562		7	59709	60079		30143

3

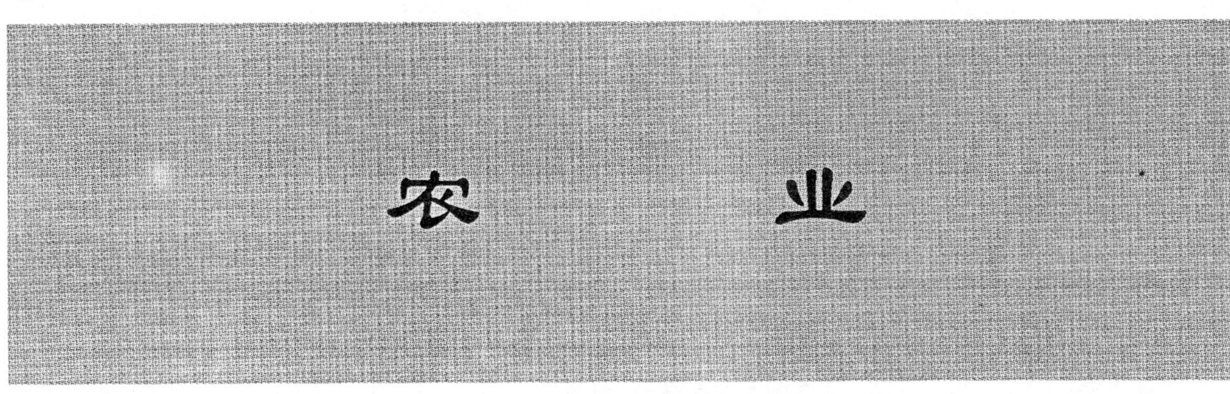

农　　业

农 村 基 本 情 况

表3-1　　(2013年)

指　　标	单位	全市	市区	赣榆县	东海县	灌云县	灌南县
一、农村基层组织							
乡镇个数	个	61	5	15	17	13	11
#镇政府	个	48	4	15	11	8	10
村民小组	个	11857	1008	2617	2804	3318	2110
二、乡村户数 人口							
乡村户数	万户	89.77	8.60	24.48	22.52	19.36	14.81
乡村人口	万人	355.92	32.60	92.05	91.37	80.61	59.29
三、乡村劳动力	万人	188.92	19.84	46.61	48.37	40.98	33.12
(一)按性别分							
男劳动力	万人	99.41	10.32	25.52	25.16	20.99	17.42
女劳动力	万人	89.51	9.52	21.09	23.21	19.99	15.70
(二)按行业分							
农林牧渔业	万人	81.98	7.70	18.86	19.97	19.06	16.39
#种植业	万人	69.90	6.52	13.97	17.68	16.48	15.25
工　业	万人	29.81	3.75	8.08	7.61	6.22	4.15
建筑业	万人	30.06	2.62	10.68	8.43	4.23	4.10
交通运输 仓储 邮电业	万人	7.43	0.80	1.48	2.22	1.08	1.85
批发零售贸易 餐饮业	万人	8.06	1.60	1.67	1.93	1.34	1.52
金融保险业	万人	0.53	0.12	0.11	0.16	0.06	0.08
其他非农行业	万人	17.19	1.81	2.36	3.91	5.52	3.59

主要年份农林牧渔业总产值

表3-2　（当年价格）　单位:万元

年份	全市	市区	赣榆县	东海县	灌云县	灌南县
1978	54752	5788	14754	14630	12868	6712
1980	69437	6311	18371	18804	18050	7901
1981	98649	6676	28375	30912	19874	12812
1983	139201	10436	34155	44552	32183	17875
1984	165967	11957	43290	53826	37647	19246
1985	205903	14009	58070	70883	41682	21259
1986	239075	12875	68413	84207	47933	25648
1987	267056	14124	76785	85798	57990	32359
1988	336100	21701	84436	117814	73260	38889
1989	360760	31171	94456	119863	78797	36473
1990	402461	30896	101537	120770	104844	44378
1991	418029	33271	104388	124195	105034	51141
1992	439509	33589	122078	129349	98948	55545
1993	539101	38782	165053	163725	98909	72632
1994	942010	61628	269782	290021	195750	124829
1995	1113436	87251	385452	378980	293513	153240
1996	1233118	105380	361463	324198	297404	144673
1997	1443301	118638	399831	390212	350176	184444
1998	1504006	126281	414089	405489	356969	201178
1999	1529595	132126	387783	413839	382566	213281
2000	1407111	135339	386509	397354	304125	183784
2001	1490493	130587	424048	417542	320125	198191
2002	1554817	136474	431268	438423	337048	211604
2003	1511573	148448	397343	394325	358578	212879
2004	1643084	160540	404372	453551	394180	230441
2005	1740161	175581	464544	478436	381885	239715
2006	1800246	186001	478679	482773	403096	249697
2007	1962994	182671	516986	528125	459417	275795
2008	2305389	266233	647889	532747	544860	313660
2009	2841647	322916	759478	647575	653548	458130
2010	3228001	355589	844979	731116	752220	544097
2011	3765336	459811	1023000	844367	804956	633202
2012	4262364	534034	1167266	953437	908537	699090
2013	4742442	561697	1317855	1063106	1018157	781627

主要年份农林牧渔业总产值指数

表 3-3　　(1978 年为 100)

年　　份	全　市	市　区	赣榆县	东海县	灌云县	灌南县
1978	100	100	100	100	100	100
1980	127.0	118.1	125.6	127.5	141.9	117.8
1981	136.7	126.2	128.6	144.2	155.2	121.9
1983	167.2	113.2	162.1	172.8	207.6	169.5
1984	196.1	134.3	198.2	195.9	247.8	184.8
1985	216.8	115.0	223.7	232.7	266.7	201.2
1986	236.6	141.7	239.1	250.8	294.1	218.1
1987	245.4	129.0	247.6	263.6	303.4	239.3
1988	257.2	134.3	265.5	274.8	309.8	253.8
1989	256.1	132.8	269.0	267.1	309.5	257.1
1990	261.4	139.1	276.4	265.9	326.0	256.5
1991	281.7	171.5	283.4	276.4	368.6	285.0
1992	292.7	179.1	295.9	289.2	374.1	299.7
1993	323.2	180.9	365.6	338.5	334.0	329.3
1994	394.8	206.9	429.6	412.9	444.5	404.4
1995	464.9	248.5	501.4	477.2	561.5	449.6
1996	441.4	293.0	480.5	429.9	554.8	382.7
1997	507.3	331.5	511.7	470.5	679.6	527.8
1998	535.3	363.2	525.9	496.1	703.1	592.6
1999	566.6	390.3	536.4	518.2	769.3	646.2
2000	534.8	394.9	533.6	509.2	650.5	582.1
2001	567.3	394.6	555.7	535.6	707.6	650.6
2002	595.3	414.0	564.9	565.4	746.7	708.1
2003	598.7	456.3	547.9	544.2	795.8	693.6
2004	641.3	475.3	551.5	587.5	907.7	755.1
2005	679.2	519.8	633.6	619.7	879.4	785.5
2006	706.9	526.3	701.2	611.4	936.8	790.5
2007	737.2	483.1	733.3	683.8	925.7	867.4
2008	789.5	510.2	777.3	712.5	992.4	932.5
2009	844.6	534.4	822	770.4	1067.5	994.5
2010	889.4	543	859	794.3	1133.7	1069.1
2011	928.6	521	902.1	828.9	1194.9	1121.1
2012	974.1	559	936.4	871.2	1257	1153.6
2013	1004.3	544	973.9	901.7	1312.3	1198.6

主要年份农林牧渔业总产值

表 3-4　　(当年价格)　　单位:万元

年　份	合　计	农业产值	林业产值	牧业产值	渔业产值
1978	54752	45456	481	5875	2940
1980	69437	57112	580	7909	3836
1981	98649	78119	1097	14384	5049
1983	139201	110272	1853	18682	8394
1984	165967	127492	2363	26962	9150
1985	205903	151739	3072	37817	13275
1986	239075	181729	4350	39732	13264
1987	267056	201258	4251	41692	19855
1988	336100	233464	4314	68449	29873
1989	360760	247719	3799	71372	37870
1990	402461	275400	5034	80609	41418
1991	418029	281380	5112	83624	47913
1992	439509	281768	7800	90046	59895
1993	539101	327136	10139	124082	77744
1994	942010	562923	11119	244498	123470
1995	1113436	736373	17730	156715	202618
1996	1233118	806859	16140	170757	239362
1997	1443301	895356	19192	250351	278402
1998	1504006	903202	20046	266244	314514
1999	1529595	965446	20935	238280	304934
2000	1407111	841946	23637	241560	299968
2001	1490493	899086	22009	241896	327502
2002	1554817	883158	24939	254036	392684
2003	1511573	703840	25147	282470	376108
2004	1643084	844677	22934	326294	387037
2005	1740161	850837	31312	362399	428483
2006	1800246	901392	34962	336565	451929
2007	1962994	945853	57232	432829	449128
2008	2305389	1092055	70360	529626	520312
2009	2841647	1331508	89755	686841	605465
2010	3228001	1613708	106090	740941	626788
2011	3765336	1807058	115487	920835	757024
2012	4262364	2024439	126239	1007966	915298
2013	4742442	2275794	134096	1021415	1058412

主要年份农林牧渔业总产值指数

表 3–5

(1978=100)

年　　份	农林牧渔业总产值指数	农业产值	林业产值	牧业产值	渔业产值
1978	100	100	100	100	100
1980	112.9	115.5	94.1	114.2	99.4
1981	127.0	124.9	120.2	135.1	129.0
1983	136.7	134.3	99.9	151.1	136.6
1984	196.1	193.3	118.3	235.5	171.7
1985	216.8	211.7	155.1	284.1	165.6
1986	236.6	230.1	181.4	292.0	208.2
1987	245.4	247.2	176.7	257.1	230.8
1988	257.2	248.3	178.0	320.6	235.8
1989	256.1	249.8	145.2	309.9	237.6
1990	261.4	250.5	173.3	327.3	248.9
1991	281.7	265.6	157.6	344.6	309.5
1992	292.7	268.6	187.6	376.9	333.5
1993	323.2	284.6	232.6	464.6	382.7
1994	394.8	341.8	289.5	587.9	472.3
1995	464.9	381.1	336.5	738.4	615.0
1996	441.4	404.0	319.7	408.9	741.7
1997	507.3	454.4	869.8	526.5	831.4
1998	535.3	468.5	908.4	576.9	911.0
1999	566.6	502.7	925.0	578.7	971.9
2000	534.8	455.1	1093.2	597.2	941.7
2001	567.3	491.8	1082.8	605.4	991.4
2002	595.3	497.1	1251.4	637.1	1137.0
2003	598.7	449.2	1360.9	683.7	1147.8
2004	641.3	506.7	1269.2	697.5	1235.4
2005	679.2	510.4	1732.9	774.7	1367.7
2006	706.9	528.0	1732.3	710.3	1544.7
2007	737.2	566.8	1737.2	803.9	1470.5
2008	789.5	603.6	2001.3	845.7	1586.7
2009	844.6	635	2228	944	1646.5
2010	889.4	675	2533.2	993.1	1671.2
2011	928.6	697.3	2577.2	1043.3	1755.2
2012	974.1	730.1	2682.9	1077.7	1862.3
2013	1004.3	749.1	2715.1	1060.3	1957.3

主要年份主要农产品产量

表 3–6

年份	粮食（万吨）	棉花（万吨）	油料（万吨）	肉类总产量（万吨）	猪牛羊禽	禽蛋（万吨）	水产品（万吨）
1978	120.24	0.62	5.49	4.42	3.42	0.93	5.68
1980	137.21	0.50	5.74	4.94	4.02	0.98	5.95
1981	144.90	1.26	6.60	5.32	4.45	1.05	5.73
1983	198.98	2.42	9.70	6.94	5.74	2.07	5.99
1984	207.33	2.77	10.93	7.46	6.42	2.29	6.51
1985	212.57	2.48	14.23	8.25	7.07	3.10	6.61
1986	223.83	1.98	15.08	8.54	7.26	3.65	8.06
1987	223.52	2.41	14.78	8.73	6.97	3.40	8.19
1988	218.46	3.12	15.09	9.84	8.05	4.64	8.15
1989	225.31	3.51	12.58	10.26	8.29	3.78	8.98
1990	233.38	2.28	12.73	10.64	8.60	4.24	10.01
1991	243.64	3.82	12.89	11.21	8.80	4.51	10.86
1992	240.17	3.22	10.53	13.66	10.76	4.90	12.68
1993	227.17	3.06	12.04	15.80	12.34	5.70	14.62
1994	235.08	4.31	13.83	18.90	14.67	7.72	17.20
1995	256.86	5.19	12.94	22.82	18.00	9.62	22.70
1996	269.72	5.14	12.56	24.95	18.49	11.52	26.59
1997	280.04	5.05	12.03	26.28	20.13	11.85	28.49
1998	251.93	5.60	12.48	15.97	12.80	8.72	32.36
1999	280.98	3.96	12.72	16.99	13.00	8.42	34.28
2000	207.03	2.73	14.85	18.47	15.10	8.52	34.80
2001	226.34	5.02	16.78	18.70	15.67	11.56	37.71
2002	230.64	4.10	15.31	19.10	16.10	11.96	39.80
2003	203.47	3.00	10.92	19.57	16.50	12.58	39.91
2004	260.29	4.82	13.52	21.48	17.62	11.42	44.67
2005	248.00	1.89	10.30	22.55	18.51	11.76	49.03
2006	274.38	2.11	9.99	19.05	18.73	14.80	52.66
2007	293.09	1.17	8.19	17.44	17.17	10.30	55.16
2008	320.12	0.73	10.78	20.49	19.22	10.95	54.41
2009	334.54	0.37	11.46	23.91	23.19	12.75	58.00
2010	339.36	0.39	11.17	27.85	27.05	12.88	61.00
2011	345.98	0.39	11.64	29.47	28.69	12.76	65.20
2012	361.35	0.28	11.78	30.60	29.91	13.51	70.00
2013	354.73	0.28	12.11	29.72	29.03	11.17	75.05

农业总产值

表 3-7　　(2013 年)(当年价格)　　单位:万元

县区	合计	农业	林业	牧业	渔业	农林牧渔服务业
合计	**4742442**	**2275794**	**134096**	**1021415**	**1058412**	**252725**
市区	561679	275276	12503	106523	132879	34516
#新浦区	147487	93912	3973	26258	17085	6259
海州区	178673	118251	3769	40914	4739	11000
连云区	85972	6133	2184	1703	75532	420
赣榆县	1317855	416273	37170	194058	656121	14233
东海县	1063106	605881	41943	233298	98092	83892
灌云县	1018157	511224	25232	298000	111453	72248
灌南县	781627	467140	17248	189536	59867	47836

农业总产值构成

表 3-8　　(2013 年)(当年价格)　　单位:%

县区	合计	农业	林业	牧业	渔业	农林牧渔服务业
合计	**100**	**48.0**	**2.8**	**21.5**	**22.3**	**5.3**
市区	100	49.0	2.2	19.0	23.7	6.1
#新浦区	100	63.7	2.7	17.8	11.6	4.2
海州区	100	66.2	2.1	22.9	2.7	6.2
连云区	100	7.1	2.5	2.0	87.9	0.5
赣榆县	100	31.6	2.8	14.7	49.8	1.1
东海县	100	57.0	3.9	21.9	9.2	7.9
灌云县	100	50.2	2.5	29.3	10.9	7.1
灌南县	100	59.8	2.2	24.2	7.7	6.1

农　业　增　加　值

表 3-9　　(2013 年)(当年价格)　　单位:万元

指　　标	总产值	中间消耗	中间物资消　耗	对非物资生产部门劳务支出	增加值	增加值率(%)
总　　计	**4742442**	**2150753**	**2037164**	**268027**	**2591689**	**54.6**
农　　业	2275794	878814	878814	170715	1396980	61.4
林　　业	134096	62131	62131	7667	71965	53.7
牧　　业	1021415	569529	569529	39963	451886	44.2
渔　　业	1058412	526689	526689	49682	531723	50.2
农林牧渔服务业	252725	113590			139135	55.1

分地区农业增加值

表 3-10　　(2013 年)(当年价格)　　单位:万元

地　　区	总　计	农　业	林　业	牧　业	渔　业	农林牧渔服务业
合　　计	**2591689**	**1396980**	**71965**	**451886**	**531723**	**139135**
市　　区	299433	165297	7179	37174	65426	24357
#新　浦　区	79306	56677	2914	8783	6864	4068
海　州　区	94772	70250	1885	11865	2464	8308
连　云　区	44598	2889	1035	1171	39083	420
赣　榆　县	696411	249390	18306	101201	319006	8508
东　海　县	606921	372263	24089	105089	54949	50531
灌　云　县	561740	324340	10751	122003	60553	44093
灌　南　县	427184	285690	11640	86419	31789	11646

农业总产值分项情况

表 3-11　　(2013 年)　　单位:万元

指　　标	按现行价格计算
农业总产值	**4742442**
一 、农业产值	2275794
1、谷物及其他作物	1086659
2、蔬菜及园艺作物	972099
3、水果、坚果、饮料和香料作物	215859
4、中药材	1177
二 、林业产值	134096
三 、牧业产值	1021415
牲畜饲养	224436
猪的饲养	545494
家禽	231304
狩猎和捕捉动物	
其他畜牧业	20181
四 、渔业产值	1058412
海水产品	615316
淡水产品	443096
五、农林牧渔服务业产值	252725

农 作 物 播 种 面 积

表 3-12 (2013 年) 单位:千公顷

指　　标	全　市	市　区	赣榆县	东海县	灌云县	灌南县
农作物播种面积						
一、粮食作物	498.68	64.53	78.63	157.12	111.21	87.19
1.夏收粮食	240.33	30.88	39.13	75.33	50.37	44.62
#小　麦	235.96	30.23	36.52	75.23	49.78	44.20
2.秋收粮食	258.35	33.65	39.50	81.79	60.84	42.57
#稻　谷	203.94	30.04	28.30	64.07	45.97	35.56
玉　米	38.61	2.40	7.50	12.01	12.13	4.57
豆　类	9.62	1.06	1.87	2.70	2.32	1.67
薯　类	6.18	0.15	1.83	3.01	0.42	0.77
二、油料作物	26.44	0.04	14.84	10.33	0.36	0.87
1.花　生	25.34	0.03	14.84	10.33	0.09	0.05
2.油 菜 籽	1.08	0.01			0.26	0.81
3.芝　麻	0.02				0.01	0.01
三、棉　花	2.23	1.68	0.32	0.03	0.18	0.02
四、麻　类						
五、糖　料						
六、烟　叶	0.02			0.02		
七、药　材						
八、蔬 菜 类	86.04	8.38	13.34	23.52	21.38	19.42
九、瓜 果 类(果用瓜)	14.52	0.48	1.63	10.60	0.92	0.89
十、其他农作物	0.27		0.01	0.25		0.01

农 作 物 总 产 量 和 单 产

表 3-13 (2013 年)

指　　标	全　市	市　区	赣榆县	东海县	灌云县	灌南县
一、农作物总产量(吨)						
(一)粮食作物	3547290	456216	556886	1121655	793442	619091
1.夏收粮食	1378566	183054	218321	428934	290848	257409
#小　麦	1353426	178742	203636	428435	287579	255034
2.秋收粮食	2168724	273162	338565	692721	502594	361682
#稻　谷	1859449	254757	265553	583934	424924	330281
玉　米	240015	14430	53213	79266	69141	23965
豆　类	25517	2683	6377	7533	5656	3268
薯　类(干品)	43743	1292	13422	21988	2873	4168
(二) 油料作物	121148	142	69783	48344	874	2005
#花　生	118631	124	69783	48344	286	94
油 菜 籽	2497	18			572	1907
(三)棉 花(皮 棉)	2837	2014	517	60	216	30
二、农作物单产(公斤/公顷)						
(一) 粮食作物	7113	7070	7082	7139	7135	7100
1.夏收粮食	5736	5928	5579	5694	5774	5769
#小　麦	5736	5913	5576	5695	5777	5770
2.秋收粮食	8395	8118	8571	8470	8261	8496
#稻　谷	9118	8481	9383	9114	9244	9288
玉　米	6216	6013	7095	6600	5700	5244
豆　类	2652	2682	3410	2790	2438	1957
薯　类(干品)	7078	8613	7334	7305	6840	5413
(二) 油料作物	4582	3550	4702	4680	2428	2305
#花　生	4682	4133	4702	4680	3178	1880
油 菜 籽	2312	1800			2200	2354
(三)棉 花(皮 棉)	1272	1199	1616	2000	1200	1500

畜 牧 业 生 产 情 况

表3-14

(2013年)

指　　标	单位	全　市	市　区	赣榆县	东海县	灌云县	灌南县
一、年末存栏头数							
1、大牲畜	万头	6.73	0.31	1.51	3.21	1.37	0.33
#牛	万头	6.13	0.31	1.48	2.77	1.33	0.24
驴	万头	0.45		0.01	0.40	0.01	0.03
2、生猪	万头	158.89	12.53	37.70	36.10	27.15	45.41
其中:能繁母猪	万头	19.25	1.83	4.39	3.54	2.51	6.98
3、羊	万只	18.65	2.09	5.92	4.09	5.44	1.11
4、家禽	万只	1524.76	275.40	462.58	310.32	286.50	189.96
二、畜产品总产量							
1、猪牛羊出栏数							
生猪	万头	290.33	32.62	67.46	71.91	51.31	67.03
牛	万头	10.65	0.21	2.45	3.39	4.19	0.41
羊	万只	38.94	2.23	12.65	9.97	13.07	1.02
2、肉类及其他总产量	吨	297231	46700.00	66765	79539	53517	50710
①大牲畜肉产量	吨	19708	349.00	4652	6741	6967	999
#牛肉产量	吨	19567	349.00	4652	6700	6907	959
②猪肉产量	吨	207384	20339.00	50200	53800	37800	45245
③羊肉产量	吨	6279	379.00	1821	1968	1961	150
④禽肉产量	吨	57109	25577.00	10092	11326	6344	3770
⑤兔肉产量	吨	2321	56.00		1274	445	546
⑥其他肉产量	吨	4430			4430		
3、奶类产量	吨	22721	9000.00	870	6162	5342	1347
4、绵羊毛产量	公斤	14446			13063	1383	
5、蜂蜜产量	吨	209	5.00		28	166	10
6、禽蛋产量	吨	111725	6951.00	16788	47291	28385	12310

乡（镇）基本情况

表 3-15

(2013 年)

乡　　镇	年末总人口（人）	年末耕地面积（公顷）	城镇建成区面积（公顷）	全社会固定资产投资完成额（万元）	各类科技人员（人）
赣榆县					
青口镇	207241	2222	1500	397795	2926
柘汪镇	56461	2033	450	430000	132
石桥镇	63979	3299	182	240338	1141
金山镇	50716	3584	226	86200	762
黑林镇	45216	2615	152	36972	497
厉庄镇	37339	2901	129	56410	633
海头镇	85566	2945	480	312684	1253
塔山镇	63106	4730	110	108940	1123
赣马镇	87315	4550	160	133396	1308
班庄镇	100658	7069	525	178590	1367
城头镇	82230	6448	521	127767	1418
城西镇	46230	3113	252	56769	1168
宋庄镇	33424	1501	213	72034	521
沙河镇	118689	7235	403	132570	1838
墩尚镇	77846	4440	548	235630	1197
东海县					
牛山街道办事处	157998	2138	2740	390050	2815
石榴街道办事处	58519	4840	680	120000	1342

表 3-15 续表 1 (2013 年)

乡 镇	年末总人口（人）	年末耕地面积（公顷）	城镇建成区面积（公顷）	全社会固定资产投资完成额（万元）	各类科技人员（人）
白塔埠镇	60231	6053	390	120000	1020
黄川镇	62443	4665	119	48000	461
石梁河镇	63178	3496	539	127413	485
青湖镇	60888	6131	299	51803	663
温泉镇	53788	4032	178	68000	618
双店镇	51980	7000	360	50400	50
桃林镇	73552	9551	465	132000	1015
洪庄镇	35040	4450	325	48000	293
安峰镇	67336	7486.6	436	120000	1035
房山镇	73943	9211	268	120000	1345
平明镇	74299	10160	286	120000	1854
驼峰乡	59629	7160	538	124545	785
李埝乡	39314	2892	220	35775	378
山左口乡	45809	4571	215	93050	395
石湖乡	26762	4019	157	48000	288
曲阳乡	38820	3967	360	49920	335
张湾乡	35214	5821	291	73020	401
灌云县					
伊山镇	158540	3874	778	114742	4769
杨集镇	120373	9529	61	132692	1635
燕尾港镇	14212	78	1012	43498	147
同兴镇	82393	8849	303	199891	904
四队镇	70462	5989	431	165431	839
圩丰镇	47279	5114	145	22765	426
龙苴镇	85716	8535	180	179184	816
下车镇	94522	8154	488	140153	1485
图河乡	62731	4026	80	43500	342

表 3-15 续表 2　　　　　　　　　　　　　(2013 年)

乡　　镇	年末总人口(人)	年末耕地面　积(公顷)	城镇建成区面　积(公顷)	全社会固定资产投资完成额(万元)	各类科技人　员(人)
东王集乡	66204	5653	135	160112	680
侍 庄 乡	52706	2400	216	145000	482
小 伊 乡	65102	5454	54	88421	533
南 岗 乡	107670	9678	180	169125	1895
灌 南 县					
新 安 镇	198800	7624	1830	102675	3580
堆沟港镇	86166	6332	1344	62359	1627
田 楼 镇	77900	5764	77	103366	1269
北陈集镇	39510	3437	52	7208	492
张 店 镇	39017	3791	28	9684	449
三 口 镇	62305	5516	214	63495	663
孟兴庄镇	61717	4853	50	26132	755
汤 沟 镇	30359	2006	250	30593	655
百 禄 镇	65491	6323	31	40231	958
新 集 镇	71302	8127	135	20590	1140
李 集 乡	73145	5053	230	20013	706
市　　区					
浦 南 镇	53748	5460	555	79130	670
新 坝 镇	31248	4484	140	66000	501
锦 屏 镇	30926	2201	42	65200	571
板 浦 镇	67531	4917	390	69320	1600

表3-15续表3　　(2013年)

乡　镇	乡(镇)村企业(个)	企业实交税金总额(万元)	粮食产量(吨)	棉花产量(吨)	肉类总产量(吨)	水产品产量(吨)
赣榆县						
青口镇	1425	22465	31654	77	1694	69100
柘汪镇	396	14000	19703		4820	99310
石桥镇	207	8711	22487		7623	72418
金山镇	565	10058	26894		7865	602
黑林镇	684	472	20742		2833	842
厉庄镇	70	1636	17183		2432	2731
海头镇	362	27135	28000		4130	74512
塔山镇	550	1621	41498		2790	2590
赣马镇	1218	3250	62025		10020	2452
班庄镇	439	5471	48091		6857	6957
城头镇	447	4507	59254		11909	2198
城西镇	282	1026	32250	45	1920	2450
宋庄镇	164	1034	17576	158	334	25076
沙河镇	1735	10463	90686	2	5739	2263
墩尚镇	487	3764	60789	253	3820	62504
东海县						
牛山街道办事处	3899	16915	30814		4987	2515
石榴街道办事处	378	5967	32474		7263	758

表 3-15 续表 4　　(2013 年)

乡　　镇	乡（镇）村企业（个）	企业实交税金总额（万元）	粮食产量（吨）	棉花产量（吨）	肉类总产量（吨）	水产品产量（吨）
白塔埠镇	450	9785	64642		3960	1470
黄川镇	293	6150	55179		8317	542
石梁河镇	296	5233	31511		7850	9673
青湖镇	102	927	55505	20	9022	6611
温泉镇	412	751.4	33727		3671	2711
双店镇	95	2130	37077		9360	1750
桃林镇	679	3059	41449	21	9891	3002
洪庄镇	75	987	24270		3620	1562
安峰镇	846	6516	78817		14971	6399
房山镇	429	2929	96595		7850	7260
平明镇	421	7854	137631		5521	2797
驼峰乡	712	5462	72879		8341	4594
李埝乡	242	3200	11579		10336	296
山左口乡	117	7442	23475	9	5200	1290
石湖乡	136	981	30608		3360	1699
曲阳乡	695	1480	34848		3100	2130
张湾乡	65	929	70232		4527	2967
灌云县						
伊山镇	2357	38857	52194	7	7068	903
杨集镇	130	2612	90646	51	14099	3466
燕尾港镇	79	9367	1286	112	498	10096
同兴镇	570	4869	90041	434	9787	2245
四队镇	576	5530	62503	81	8960	4706
圩丰镇	193	5474	69048	19	5581	3656
龙苴镇	629	3948	98617		15314	2093
下车镇	416	4320	95233	1	11680	2544
图河乡	392	1901	72860	121	6850	1610

表 3-19 续表 6　　　　(2009 年)

乡　　镇	乡(镇)村企业(个)	企业实交税金总额(万元)	粮食产量(吨)	棉花产量(吨)	肉类总产量(吨)	水产品产量(吨)
东王集乡	458	2714	68992		8622	734
侍庄乡	560	5750	32000		907	1221
小伊乡	198	602	66512	134	5081	2646
南岗乡	348	13997	95882	81	12902	579
灌南县						
新安镇	182	5827	84756		5940	2200
堆沟港镇	441	12464	88104		7254	9936
田楼镇	330	3504	72524		9780	2230
北陈集镇	50	733	34572		6644	915
张店镇	47	1109	31147		2100	1189
三口镇	143	3111	60391		4731	3841
孟兴庄镇	111	2400	46464	10	8710	3980
汤沟镇	139	1299	20128		360	97
百禄镇	175	3111	52919	5	8509	2988
新集镇	405	2363	77856	6	8997	3127
李集乡	180	1523	50231		9847	2627
市区						
浦南镇	109	3102	73527		6140	7850
新坝镇	121	1489	75230	69	7020	2186
锦屏镇	221	2457	26376	12	2320	986
板浦镇	1276	7358	45231	154	4108	307

表 3-15 续表 6　　(2013 年)

乡　　镇	地区生产总值(万元)	人均地区生产总值(元)	财政收入(万元)	农民人均纯收入(元)
赣榆县				
青口镇	513490	24777	86964	19280
柘汪镇	686444	121578	46178	16003
石桥镇	148187	23162	10813	14208
金山镇	116871	23044	12029	12682
黑林镇	41336	9142	2017	7776
厉庄镇	82694	22147	3090	11125
海头镇	287267	33573	39896	20280
塔山镇	78640	12462	4833	9978
赣马镇	223022	25542	12807	19669
班庄镇	151716	15072	6170	11902
城头镇	133880	16281	7170	12722
城西镇	67632	14629	3573	13000
宋庄镇	73596	22019	3670	16667
沙河镇	155370	13091	6848	10950
墩尚镇	237126	30461	13569	16381
东海县				
牛山街道办事处	570434	36104	36210	13252
石榴街道办事处	228010	38963	9276	10899

表 3-15 续表 7

(2013 年)

乡　　镇	地区生产总值（万元）	人均地区生产总值（元）	财政收入（万元）	农民人均纯收入（元）
白塔埠镇	197342	32764	10067	11370
黄川镇	121902	19522	5409	11967
石梁河镇	112833	17860	7916	9525
青湖镇	87962	14447	5073	10893
温泉镇	159011	29563	15380	10911
双店镇	91171	17540	3914	11262
桃林镇	208894	28401	8660	9457
洪庄镇	68696	19605	4211	9286
安峰镇	179101	26598	17236	10812
房山镇	206482	27924	10200	11836
平明镇	231842	31204	15524	11789
驼峰乡	155088	26009	7345	1181[illegible]
李埝乡	78453	19955	3445	8072
山左口乡	115995	25321	8297	8310
石湖乡	82619	30872	5357	10195
曲阳乡	85494	22023	3600	9517
张湾乡	74332	21109	3894	11488
灌云县				
伊山镇	421626	26594	24800	11558
杨集镇	253420	21053	21791	10098
燕尾港镇	69187	48682	21430	11646
同兴镇	183375	22256	12436	9879
四队镇	139605	19813	8762	10724
圩丰镇	94327	19951	6489	10813
龙苴镇	166013	19368	8077	9014
下车镇	176240	18645	11372	10794
图河乡	121120	19308	5879	11312

表 3-15 续表 8　　　　　　　　　　(2013 年)

乡　　镇	地区生产总值(万元)	人均地区生产总值(元)	财政收入(万元)	农民人均纯收入(元)
东王集乡	87539	13223	7642	11423
侍庄乡	107744	20442	63147	10207
小伊乡	116248	17856	4376	9842
南岗乡	173790	16141	14468	9700
灌南县				
新安镇	499219	25112	45956	12075
堆沟港镇	374875	43506	33642	13278
田楼镇	206487	26507	23073	11055
北陈集镇	78090	19765	8602	10005
张店镇	127367	32644	8735	9800
三口镇	197342	31674	12297	10907
孟兴庄镇	172867	28010	10856	11510
汤沟镇	121650	40070	12150	10963
百禄镇	160272	24472	12151	9915
新集镇	211692	29689	17827	10589
李集乡	183498	25087	14242	12100
市　　区				
浦南镇	70113	13045	10730	15300
新坝镇	48881	15643	3629	11186
锦屏镇	73573	23790	4905	12186
板浦镇	68092	10083	9293	12318

4

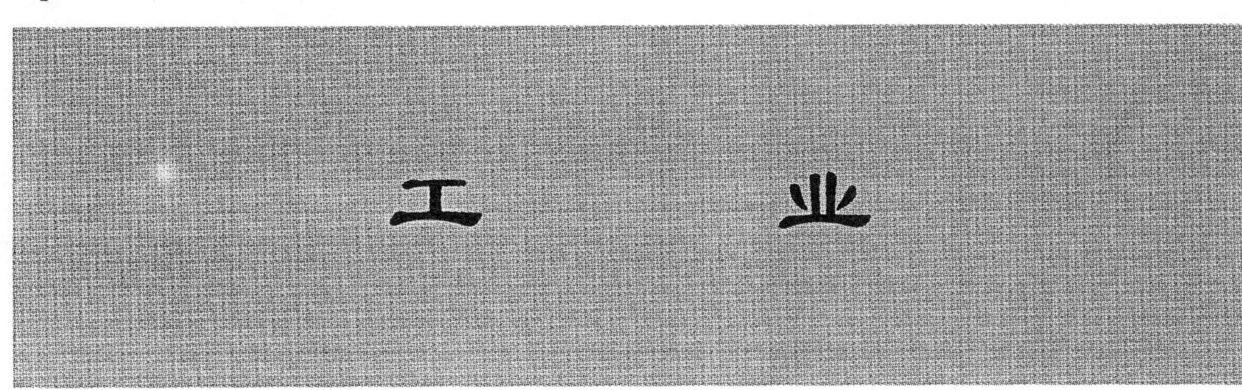

全市及分县规模以上工业企业单位数

表 4-1　　(2013 年)　　单位:个

年　　份	全　市	市　区	赣榆县	东海县	灌云县	灌南县
总　　计	**1649**	**315**	**471**	**429**	**246**	**188**
一、按登记注册类型分组:						
内资企业	1435	213	440	381	235	166
国有企业	12	10		1		1
中央企业	2	2				
地方企业	10	8		1		1
集体企业	3	2			1	
股份合作企业	2	2				
联营企业						
国有联营企业						
集体联营企业						
国有与集体联营企业						
其他联营企业						
有限责任公司	227	49	19	9	100	50
国有独资公司	8	4	1	1	2	
其他有限责任公司	219	45	18	8	98	50
股份有限公司	19	10	3	1	4	1
私营企业	1139	137	406	363	128	105
私营独资企业	262	7	104	100	49	2
私营合作企业	4	1	1	2		
私营有限责任公司	839	122	290	250	75	102
私营股份有限公司	34	7	11	11	4	1
其他企业	33	3	12	7	2	9
港、澳、台商投资企业	72	29	8	18	4	13
合资经营企业(港或澳、台资)	29	17	3	5		4
合作经营企业(港或澳、台资)						
港澳台商独资经营企业	38	8	5	13	4	8
港澳台商投资股份有限公司	4	4				
其他港澳台商投资企业	1					1
外商投资企业	142	73	23	30	7	9
中外合资经营企业	70	40	7	14	2	7
中外合作经营企业	1	1				
外资企业	67	30	16	14	5	2
外商投资股份有限公司	4	2		2		

表 4-1 续表　　　　(2013 年)　　　　单位:万元

指　　标	全　市	市　区	赣榆县	东海县	灌云县	灌南县
二、按经济组织类型分组						
独资企业	382	57	125	128	59	13
国有企业	12	10		1		1
集体企业	3	2			1	
私营独资企业	262	7	104	100	49	2
港澳台商独资经营企业	38	8	5	13	4	8
外资企业	67	30	16	14	5	2
合作、合伙企业	41	7	13	9	2	10
股份合作企业	2	2				
国有联营企业						
集体联营企业						
国有与集体联营企业						
其他联营企业						
私营合伙企业	4	1	1	2		
合作经营企业(港或澳、台资)						
中外合作经营企业	1	1				
其他企业(内资)	33	3	12	7	2	9
其他港澳台商投资企业	1					1
其他外商投资企业						
股份有限公司	61	23	14	14	8	2
股份有限公司(内资)	19	10	3	1	4	1
私营股份有限公司	34	7	11	11	4	1
港澳台商投资股份有限公司	4	4				
外商投资股份有限公司	4	2		2		
有限责任公司	1165	228	319	278	177	163
国有独资公司	8	4	1	1	2	
私营有限责任公司	839	122	290	250	75	102
合资经营企业(港或澳、台资)	29	17	3	5		4
中外合资经营企业	70	40	7	14	2	7
其他有限责任公司	219	45	18	8	98	50
三、在总计中:亏损企业	159	79	12	11	12	45
在总计中:国有控股企业	47	38	2	2	3	2
在总计中:农村工业	14	1	1	8		4
在总计中:轻工业	652	108	232	163	105	44
重工业	997	207	239	266	141	144
在总计中:大型企业	23	14	2	1	2	4
中型企业	119	44	18	22	22	13
小型企业	1437	236	432	393	221	155
微型企业	70	21	19	13	1	16

全市及分县规模以上工业总产值

表 4-2　　(2013 年)　　单位:万元

指　　标	全　市	市　区	赣榆县	东海县	灌云县	灌南县
总　　计	**41010774**	**13835321**	**10907489**	**6205413**	**5061255**	**5001296**
一、按登记注册类型分组:						
内资企业	31721340	6434231	10323443	5187070	4909817	4866779
国有企业	245560	210672		10334		24555
中央企业	155994	155994				
地方企业	89567	54678		10334		24555
集体企业	20237	15955			4282	
股份合作企业	9524	9524				
联营企业						
国有联营企业						
集体联营企业						
国有与集体联营企业						
其他联营企业						
有限责任公司	8804947	3211348	2525414	109039	1965589	993558
国有独资公司	294012	164273	1952	34844	92943	
其他有限责任公司	8510936	3047075	2523461	74196	1872646	993558
股份有限公司	1480986	1318502	38708	63042	55802	4932
私营企业	20877352	1660307	7666858	4960925	2858649	3730611
私营独资企业	3382800	42452	1335942	1386567	612960	4880
私营合作企业	82341	7387	9122	65832		
私营有限责任公司	16553601	1545176	5984186	3351148	1952767	3720325
私营股份有限公司	858610	65292	337610	157379	292923	5407
其他企业	282735	7923	92464	43730	25494	113124
港、澳、台商投资企业	1825564	1011323	40582	666847	42109	64704
合资经营企业(港或澳、台资)	479162	180147	20541	250702		27773
合作经营企业(港或澳、台资)						
港澳台商独资经营企业	651716	138519	20041	416145	42109	34901
港澳台商投资股份有限公司	692657	692657				
其他港澳台商投资企业	2029					2029
外商投资企业	7463870	6389768	543464	351497	109330	69812
中外合资经营企业	3930678	3289550	367600	173377	51378	48773
中外合作经营企业	2188	2188				
外资企业	2971295	2544488	175864	171952	57952	21039
外商投资股份有限公司	559710	553542		6168		

表 4-2 续　　　　　　　　　　(2013 年)　　　　　　　　　　单位:万元

指　　标	全　市	市　区	赣榆县	东海县	灌云县	灌南县
二、按经济组织类型分组						
独资企业	7271607	2952086	1531847	1984997	717303	85375
国有企业	245560	210672		10334		24555
集体企业	20237	15955			4282	
私营独资企业	3382800	42452	1335942	1386567	612960	4880
港澳台商独资经营企业	651716	138519	20041	416145	42109	34901
外资企业	2971295	2544488	175864	171952	57952	21039
合作、合伙企业	378817	27022	101586	109562	25494	115153
股份合作企业	9524	9524				
国有联营企业						
集体联营企业						
国有与集体联营企业						
其他联营企业						
私营合伙企业	82341	7387	9122	65832		
合作经营企业(港或澳、台资)						
中外合作经营企业	2188	2188				
其他企业(内资)	282735	7923	92464	43730	25494	113124
其他港澳台商投资企业	2029					2029
其他外商投资企业						
股份有限公司	3591962	2629993	376317	226589	348725	10339
股份有限公司(内资)	1480986	1318502	38708	63042	55802	4932
私营股份有限公司	858610	65292	337610	157379	292923	5407
港澳台商投资股份有限公司	692657	692657				
外商投资股份有限公司	559710	553542		6168		
有限责任公司	29768388	8226220	8897740	3884265	3969733	4790429
国有独资公司	294012	164273	1952	34844	92943	
私营有限责任公司	16553601	1545176	5984186	3351148	1952767	3720325
合资经营企业(港或澳、台资)	479162	180147	20541	250702		27773
中外合资经营企业	3930678	3289550	367600	173377	51378	48773
其他有限责任公司	8510936	3047075	2523461	74196	1872646	993558
三、在总计中:亏损企业	1258134	680880	118787	115375	67130	275963
在总计中:国有控股企业	2947025	2583115	185624	45177	100252	32858
在总计中:农村工业	259294	2505	14130	217560		25099
在总计中:轻工业	11702302	5261673	2197267	2275762	1642253	325347
重工业	29308473	8573647	8710223	3929652	3419002	4675949
在总计中:大型企业	11401646	6232208	1886740	55586	585027	2642085
中型企业	12031752	4881819	3833278	823040	1562659	930956
小型企业	17218855	2554202	5105559	5264229	2909833	1385032
微型企业	358521	167091	81913	62559	3737	43222

主要工业产品产量

表 4-3 (2013 年)

产品名称	单位	全市	市区	赣榆县	东海县	灌云县	灌南县
磷矿石(折含五氧化二磷 30%)	吨	102200	102200				
原盐	吨	876703	876703				
小麦粉	吨	474076			474075.7		
大米	吨	905509		237239	648322	13210	6738
饲料	吨	405347	218621	95253	91473		
其中:配合饲料	吨	193897	162724		31173		
混合饲料	吨	1187	1187				
精制食用植物油	吨	377233	341523		35710		
鲜、冷藏肉	吨	97990	8907	21319	67325.8	438.52	
糖果	吨	17437		17437			
冷冻饮品	吨	1126				1126.3	
食品添加剂	吨	8426	8426				
发酵酒精(折 96 度,商品量)	千升	447129.26	4975	315257	78739		48158
饮料酒	千升	83582	68928		301		14353
其中:白酒(折 65 度,商品量)	千升	14353					14353
啤酒	千升	68928	68928				
纱	吨	20642	12026			5310	3306
棉纱	吨	18291	10695			5310	2286
棉混纺纱	吨	1330	1330				
化学纤维纱	吨	1020					1020

表 4-3 续表 1 (2013 年)

产品名称	单位	全市	市区	赣榆县	东海县	灌云县	灌南县
布	万米	8497	6160	2337			
其中:棉布	万米	6160	6160				
棉混纺布	万米	2337		2337			
印染布	万米	2615				2615	
毛机织物(呢绒)	万米	1187	1187				
蚕丝	吨	209		127			82
服装	万件	10084	151	2696	6728	364	145
梭织服装	万件	8873	151	2696	5753	274	
西服套装	万件	125	125				
针织服装	万件	1211			975	90	145
人造板	立方米	1166360		363072	383872	285017	134399
其中:胶合板	立方米	759478		363072	247882	40960	107564
纤维板	立方米	406882			135990	244057	26835
机制纸及纸板(外购原纸加工除外)	吨	53106	15760	10347		26999	
箱纸板	吨	26999				26999	
纸制品	吨	21991	3094		5858	13039	
其中:瓦楞纸箱	吨	21991	3094		5858	13039	
硫酸(折 100%)	吨	78800	52643		26157		
盐酸(氯化氢,含量 31%)	吨	19336	19336				
烧碱(折 100%)	吨	453919	453919				
其中:离子膜法烧碱(折 100%)	吨	116236	116236				
纯碱(碳酸钠)	吨	1269345	1269345				
冰乙酸(冰醋酸)	吨	3306		3306			
合成氨(无水氨)	吨	95865	95865				

表 4-3 续表 2　　　　(2013 年)

产品名称	单位	全市	市区	赣榆县	东海县	灌云县	灌南县
农用氮、磷、钾化学肥料总计(折纯)	吨	85496	85496				
氮肥(折含 N100%)	吨	74330	74330				
磷肥(折五氧化二磷 100%)	吨	11166	11166				
化学农药原药(折有效成分 100%)	吨	5007	1161	1016	2134		696
其中:杀虫剂原药	吨	3294.7	1161		2134		
杀菌剂原药	吨	696.18					696
初级形态的塑料	吨	8643		8643			
多晶硅	千克	105440	105440				
化学药品原药	吨	24820	294	23917		609	
中成药	吨	1372.92	1373				
化学纤维用浆粕	吨	111692	111692				
化学纤维	吨	7723	7723				
合成纤维	吨	7723	7723				
丙纶纤维	吨	552	552				
氨纶纤维	吨	7171	7171				
塑料制品	吨	24320	7480	13994		2846	
其中:塑料薄膜	吨	14257	4476	9781			
水泥	吨	8919398	2662483	967878	5289037		
商品混凝土	立方米	1662813	1559709			103104	
水泥混凝土排水管	千米	35		35			
预应力混凝土桩	米	3060235	3060235				

表 4-3 续表 3 (2013 年)

产品名称	单位	全市	市区	赣榆县	东海县	灌云县	灌南县
平板玻璃	重量箱	1098316			1098316		
玻璃包装容器	吨	5765		5765			
耐火材料制品	吨	841	841				
石墨及炭素制品	吨	58016			58016		
粗钢	吨	9429914.34		3585569			5844345
铸铁件	吨	447					447
钢材	吨	4488172	48345				4439827
线材(盘条)	吨	675951	48345				627606
无缝钢管	吨	1073					1073
其他钢材	吨	3811148					3811148
用外购国产钢材再加工生产的钢材	吨	2696					2696
铁合金	吨	69116				69116	
铜材	吨	9473.42				7875	1598
金属集装箱	立方米	5550693	5550693				
金属切削机床	台	462	462				
铸造机械	台	82					82

表 4-3 续表 4　　　　　　　　　　(2013 年)

产 品 名 称	单位	全 市	市 区	赣榆县	东海县	灌云县	灌南县
齿轮	吨	801				801	
模具	套	280	280				
民用钢质船舶	载重吨	2095661				252900	1842761
高压开关板	面	890	890				
低压开关板	面	938	938				
通信及电子网络用电缆	对千米	14019		14019			
电力电缆	千米	4486			4486		
太阳能电池	千瓦	433729		433729			
电光源	万只	61042			61042		
半导体分立器件	万只	114324	114324				
电子元件	万只	208		208			
自来水生产量	万立方米	7966	7165				801

历年主要工业产品产量

表 4–4

指　　标	单位	1990	1995	2000	2005	2010	2011	2012	2013
原　煤	万吨	51.91	74.83	100.64	108.05	4.5367			
原　盐	万吨	151.64	187.69	99.26	76.49	53.49	80.23	78.54	87.67
纱	万吨	0.82	1.31	1.49	2.43	2.20	2.17	1.76	2
布	万米	3268	4433	921	482	1683	1573	6201	8497
机制纸及纸板	万吨	3.23	5.02	0.37	1.70	4.78	4.02	4.36	5.31
磷矿石(折 30%)	万吨	30.11	12.88	14.03	10.15	10.04	9.79	10.69	10.22
硫　酸	万吨	4.72	9.23	15.30	25.38	20.68	16.83	11.38	7.88
纯　碱	万吨	12.15	48.04	98.29	137.65	133.61	142.49	132.24	126.93
农用化肥	万吨	14.65	14.60	24.18	18.82	7.36	8.85	9.40	9
水　泥	万吨	34.37	75.82	48.69	89.08	348.70	297.30	573.11	891.94
变压器	万千伏安	56.43	87.00	150.00	79.86				0.00
啤　酒	万千升	2.23	5.56	5.90	8.11	7.90	7.21	7.15	6.89
发电量	亿度	8.90	32.02	26.16	51.13	201.18	205.36	210.09	265.18

规模以上工业企业主要经济效益指标

表 4-5　　(2013 年)　　单位:%

指标	总资产贡献率	资产负债率	成本费用利润率	产品销售率
总计	**23.62**	**56.29**	**8.41**	**98.49**
一、按登记注册类型分组:				
内资企业	23.28	57.84	8.46	98.57
国有企业	-0.73	39.85	-4.66	95.43
中央企业	-6.60	21.86	-9.47	90.81
地方企业	9.29	70.57	3.54	103.49
集体企业	24.65	57.82	5.42	98.35
股份合作企业	7.49	43.55	3.82	101.47
联营企业				
国有联营企业				
集体联营企业				
国有与集体联营企业				
其他联营企业				
有限责任公司	15.95	68.61	9.67	99.00
国有独资公司	3.83	60.87	2.01	97.67
其他有限责任公司	17.39	69.53	9.97	99.05
股份有限公司	15.65	44.96	17.89	94.06
私营企业	35.18	49.28	7.49	98.75
私营独资企业	52.38	32.84	9.62	99.22
私营合作企业	47.21	67.78	9.55	98.18
私营有限责任公司	32.75	52.44	7.00	98.67
私营股份有限公司	32.31	37.30	8.72	98.38
其他企业	31.86	49.14	12.93	97.89
港、澳、台商投资企业	20.04	43.98	10.57	99.34
合资经营企业(港或澳、台资)	14.91	38.18	7.15	100.94
合作经营企业(港或澳、台资)				
港澳台商独资经营企业	9.33	48.37	3.10	97.80
港澳台商投资股份有限公司	35.57	42.63	21.99	99.68
其他港澳台商投资企业	7.64	68.65	-0.24	98.60
外商投资企业	27.03	53.49	7.70	97.96
中外合资经营企业	21.37	62.66	6.64	98.84
中外合作经营企业	-3.29	61.90	-5.50	100.00
外资企业	27.44	41.90	5.85	98.51
外商投资股份有限公司	60.83	36.01	32.41	88.94

表 4-5 续表 1　　　　单位:%

指　　标	总资产贡献率	资　产负债率	成本费用利润率	产　品销售率
二、按经济组织类型分组				
独资企业	29.04	40.44	6.89	98.67
国有企业	-0.73	39.85	-4.66	95.43
集体企业	24.65	57.82	5.42	98.35
私营独资企业	52.38	32.84	9.62	99.22
港澳台商独资经营企业	9.33	48.37	3.10	97.80
外资企业	27.44	41.90	5.85	98.51
合作、合伙企业	32.01	50.87	11.66	98.06
股份合作企业	7.49	43.55	3.82	101.47
国有联营企业				
集体联营企业				
国有与集体联营企业				
其他联营企业				
私营合伙企业	47.21	67.78	9.55	98.18
合作经营企业(港或澳、台资)	0.00	0.00	0.00	0.00
中外合作经营企业	-3.29	61.90	-5.50	100.00
其他企业(内资)	31.86	49.14	12.93	97.89
其他港澳台商投资企业	7.64	68.65	-0.24	98.60
其他外商投资企业				
股份有限公司	24.95	42.90	18.19	95.38
股份有限公司(内资)	15.65	44.96	17.89	94.06
私营股份有限公司	32.31	37.30	8.72	98.38
港澳台商投资股份有限公司	35.57	42.63	21.99	99.68
外商投资股份有限公司	60.83	36.01	32.41	88.94
有限责任公司	22.34	61.72	7.73	98.83
国有独资公司	3.83	60.87	2.01	97.67
私营有限责任公司	32.75	52.44	7.00	98.67
合资经营企业(港或澳、台资)	14.91	38.18	7.15	100.94
中外合资经营企业	21.37	62.66	6.64	98.84
其他有限责任公司	17.39	69.53	9.97	99.05
三、在总计中:亏损企业	-2.45	63.03	-6.77	97.80
在总计中:国有控股企业	10.57	72.84	14.51	99.73
在总计中:农村工业	21.79	29.29	8.75	98.62
在总计中:轻工业	29.58	46.27	11.57	97.89
重工业	21.30	60.20	7.23	98.73
在总计中:大型企业	20.41	60.51	12.01	97.83
中型企业	25.50	53.92	6.25	98.59
小型企业	27.44	52.13	7.67	98.87
微型企业	9.89	50.96	6.00	98.30

表 4–5 续表 2 单位:%

指　　标	总资产贡献率	资　产负债率	成本费用利 润 率	产　品销 售 率
四、按行业分组				
有色金属矿采选业	–8.60	98.92	–2.83	100.00
非金属矿采选业	8.25	52.66	6.66	99.04
其他采矿业	20.35	80.35	13.10	100.00
农副食品加工业	28.53	57.69	8.02	99.53
食品制造业	17.90	46.99	6.66	98.14
酒、饮料和精制茶制造业	23.84	56.07	9.32	99.07
纺织业	23.17	42.91	8.42	99.59
纺织服装、服饰业	55.46	33.46	9.98	99.34
皮革、毛皮、羽毛及其制品和制鞋业	25.75	52.12	4.57	100.19
木材加工和木、竹、藤、棕、草制品业	20.73	51.56	5.40	98.86
家具制造业	21.43	50.56	8.66	100.53
造纸和纸制品业	45.42	43.39	8.37	99.29
印刷和记录媒介复制业	20.34	68.56	8.20	99.53
文教、工美、体育和娱乐用品制造业	41.00	34.31	10.20	98.77
石油加工、炼焦和核燃料加工业	24.89	67.69	1.50	99.04
化学原料和化学制品制造业	19.33	55.61	5.59	98.08
医药制造业	37.93	33.90	22.00	94.19
化学纤维制造业	28.35	50.94	5.77	98.19
橡胶和塑料制品业	29.90	35.99	9.34	98.85
非金属矿物制品业	28.46	55.28	7.84	98.39
黑色金属冶炼和压延加工业	36.74	49.21	5.71	98.42
有色金属冶炼和压延加工业	34.69	57.25	4.20	98.80
金属制品业	36.83	41.99	8.02	98.63
通用设备制造业	12.71	64.93	9.12	103.61
专用设备制造业	21.47	48.17	10.65	100.91
汽车制造业	31.86	29.10	9.38	99.98
铁路、船舶、航空航天和其他运输设备制造业	35.06	50.12	7.04	99.04
电气机械和器材制造业	13.57	50.51	7.81	99.23
计算机、通信和其他电子设备制造业	33.57	48.54	8.01	97.85
仪器仪表制造业	10.01	68.10	4.16	101.68
其他制造业	28.76	49.86	4.26	97.78
废弃资源综合利用业	13.41	56.91	6.81	97.72
电力、热力生产和供应业	12.30	78.45	37.05	99.88
燃气生产和供应业	35.54	44.80	13.88	99.86
水的生产和供应业	2.67	65.71	6.44	99.62

规模以上工业企业主要经济指标

表 4-6　　(2013 年)　　单位:万元

指标	企业单位数(个)	#亏损企业	工业总产值	工业销售产值
总计	**1649**	**159**	**41010774**	**40392486**
一、按登记注册类型分组:				
内资企业	1435	109	31721340	31266967
国有企业	12	3	245560	234346
中央企业	2	1	155994	141655
地方企业	10	2	89567	92691
集体企业	3	1	20237	19902
股份合作企业	2		9524	9663
联营企业				
国有联营企业				
集体联营企业				
国有与集体联营企业				
其他联营企业				
有限责任公司	227	31	8804947	8717278
国有独资公司	8	3	294012	287159
其他有限责任公司	219	28	8510936	8430119
股份有限公司	19	2	1480986	1393083
私营企业	1139	71	20877352	20615912
私营独资企业	262	2	3382800	3356257
私营合作企业	4		82341	80839
私营有限责任公司	839	66	16553601	16334122
私营股份有限公司	34	3	858610	844694
其他企业	33	1	282735	276783
港、澳、台商投资企业	72	21	1825564	1813561
合资经营企业(港或澳、台资)	29	10	479162	483686
合作经营企业(港或澳、台资)				
港澳台商独资经营企业	38	8	651716	637409
港澳台商投资股份有限公司	4	2	692657	690465
其他港澳台商投资企业	1	1	2029	2001
外商投资企业	142	29	7463870	7311959
中外合资经营企业	70	17	3930678	3885037
中外合作经营企业	1	1	2188	2188
外资企业	67	11	2971295	2926922
外商投资股份有限公司	4		559710	497812

表 4-6 续表 1　　(2013 年)　　单位:万元

指　　标	企　业 单位数 (个)	#亏损企业	工业总产值	工业销售产值
二、按经济组织类型分组				
独资企业	382	25	7271607	7174836
国有企业	12	3	245560	234346
集体企业	3	1	20237	19902
私营独资企业	262	2	3382800	3356257
港澳台商独资经营企业	38	8	651716	637409
外资企业	67	11	2971295	2926922
合作、合伙企业	41	3	378817	371474
股份合作企业	2		9524	9663
国有联营企业				
集体联营企业				
国有与集体联营企业				
其他联营企业				
私营合伙企业	4		82341	80839
合作经营企业(港或澳、台资)				
中外合作经营企业	1	1	2188	2188
其他企业(内资)	33	1	282735	276783
其他港澳台商投资企业	1	1	2029	2001
其他外商投资企业				
股份有限公司	61	7	3591962	3426054
股份有限公司(内资)	19	2	1480986	1393083
私营股份有限公司	34	3	858610	844694
港澳台商投资股份有限公司	4	2	692657	690465
外商投资股份有限公司	4		559710	497812
有限责任公司	1165	124	29768388	29420123
国有独资公司	8	3	294012	287159
私营有限责任公司	839	66	16553601	16334122
合资经营企业(港或澳、台资)	29	10	479162	483686
中外合资经营企业	70	17	3930678	3885037
其他有限责任公司	219	28	8510936	8430119
三、在总计中:亏损企业	**159**	**159**	**1258134**	**1230406**
在总计中:国有控股企业	47	11	2947025	2939199
在总计中:农村工业	14	2	259294	255709
在总计中:轻工业	652	49	11702302	11455730
重工业	997	110	29308473	28936757
在总计中:大型企业	23	2	11401646	11154168
中型企业	119	15	12031752	11861992
小型企业	1437	133	17218855	17023916
微型企业	70	9	358521	352410

表4-6续表2　　(2013年)　　单位:万元

指标	企业 单位数（个）	#亏损企业	工业总产值	工业销售产值
四、按行业分组	**1649**	**159**	**41010774**	**40392486**
有色金属矿采选业	3	2	53863	53863
非金属矿采选业	20	1	428317	424220
其他采矿业	1		47203	47203
农副食品加工业	168	11	3247875	3232478
食品制造业	29	3	263319	258422
酒、饮料和精制茶制造业	22	2	403156	399397
纺织业	38	2	333657	332302
纺织服装、服饰业	91	5	773829	768728
皮革、毛皮、羽毛及其制品和制鞋业	13	1	177658	177988
木材加工和木、竹、藤、棕、草制品业	46	10	553427	547094
家具制造业	10	1	53407	53689
造纸和纸制品业	25	1	247757	245993
印刷和记录媒介复制业	20	2	101823	101340
文教、工美、体育和娱乐用品制造业	46	1	372690	368100
石油加工、炼焦和核燃料加工业	5		1978736	1959794
化学原料和化学制品制造业	272	43	7405125	7262688
医药制造业	65	9	3337946	3143924
化学纤维制造业	7	2	260767	256049
橡胶和塑料制品业	54	6	457644	452399
非金属矿物制品业	285	19	3939460	3876045
黑色金属冶炼和压延加工业	53	6	5939092	5845084
有色金属冶炼和压延加工业	28	8	1445593	1428255
金属制品业	61	2	1371828	1353022
通用设备制造业	38	4	866956	898251
专用设备制造业	73	5	1201221	1212105
汽车制造业	20	1	333913	333860
铁路、船舶、航空航天和其他运输设备制造业	18	0	1577527	1562331
电气机械和器材制造业	67	5	1379506	1368905
计算机、通信和其他电子设备制造业	29	4	1111814	1087884
仪器仪表制造业	6		54077	54985
其他制造业	6		54270	53067
废弃资源综合利用业	10	2	127754	124846
电力、热力生产和供应业	12		1021799	1020598
燃气生产和供应业	3		62576	62487
水的生产和供应业	5	1	25191	25095

表 4-6 续表 3　　(2013 年)　　单位:万元

指标	资产合计	流动资产合计	应收帐款净额	产成品存货	固定资产净值
总计	**23272594**	**10018521**	**2555437**	**2140905**	**9574773**
一、按登记注册类型分组:					
内资企业	18296725	7293276	1823776	1626965	7891042
国有企业	201483	84616	13794	34370	104802
中央企业	127069	50449	7420	19264	70049
地方企业	74414	34167	6374	15105	34753
集体企业	5815	4316	501	1077	1416
股份合作企业	9721	8645	3152	1119	206
联营企业					
国有联营企业					
集体联营企业					
国有与集体联营企业					
其他联营企业					
有限责任公司	8688621	3178362	921015	739680	3971058
国有独资公司	920651	346295	29726	64210	383962
其他有限责任公司	7767970	2832068	891289	675470	3587096
股份有限公司	2175231	908399	207889	69298	702831
私营企业	7025966	3023742	659939	752531	3058239
私营独资企业	859915	335199	75085	61525	452995
私营合作企业	21941	13164	2474	2165	8777
私营有限责任公司	5769422	2496639	558985	628027	2422286
私营股份有限公司	374688	178740	23395	60815	174181
其他企业	189888	85196	17487	28889	52490
港、澳、台商投资企业	1513771	846778	316014	115879	425728
合资经营企业(港或澳、台资)	346512	191290	54985	40750	110651
合作经营企业(港或澳、台资)					
港澳台商独资经营企业	622280	264898	115462	38988	195486
港澳台商投资股份有限公司	544255	390099	145303	35934	119591
其他港澳台商投资企业	724	490	264	207	
外商投资企业	3462098	1878468	415647	398062	1258003
中外合资经营企业	2023841	1210625	205317	235419	623892
中外合作经营企业	1398	480	136		820
外资企业	1110769	474697	157685	121755	542737
外商投资股份有限公司	326091	192666	52510	40888	90554

表 4-6 续表 4　　(2013 年)　　单位:万元

指　　标	资产合计	流动资产合计	应收帐款净额	产成品存货	固定资产净值
二、按经济组织类型分组					
独资企业	2800262	1163726	362528	257714	1297437
国有企业	201483	84616	13794	34370	104802
集体企业	5815	4316	501	1077	1416
私营独资企业	859915	335199	75085	61525	452995
港澳台商独资经营企业	622280	264898	115462	38988	195486
外资企业	1110769	474697	157685	121755	542737
合作、合伙企业	223672	107974	23512	32381	62293
股份合作企业	9721	8645	3152	1119	206
国有联营企业					
集体联营企业					
国有与集体联营企业					
其他联营企业					
私营合伙企业	21941	13164	2474	2165	8777
合作经营企业(港或澳、台资)					
中外合作经营企业	1398	480	136		820
其他企业(内资)	189888	85196	17487	28889	52490
其他港澳台商投资企业	724	490	264	207	
其他外商投资企业					
股份有限公司	3420265	1669905	429096	206935	1087156
股份有限公司(内资)	2175231	908399	207889	69298	702831
私营股份有限公司	374688	178740	23395	60815	174181
港澳台商投资股份有限公司	544255	390099	145303	35934	119591
外商投资股份有限公司	326091	192666	52510	40888	90554
有限责任公司	16828395	7076916	1740301	1643876	7127886
国有独资公司	920651	346295	29726	64210	383962
私营有限责任公司	5769422	2496639	558985	628027	2422286
合资经营企业(港或澳、台资)	346512	191290	54985	40750	110651
中外合资经营企业	2023841	1210625	205317	235419	623892
其他有限责任公司	7767970	2832068	891289	675470	3587096
三、在总计中:亏损企业	**2140863**	**814925**	**148641**	**223858**	**704006**
在总计中:国有控股企业	6803916	1913568	558221	526427	3361824
在总计中:农村工业	150101	70753	15726	14140	50782
在总计中:轻工业	6526892	3600698	922251	588751	2025802
重工业	16745702	6417823	1633186	1552154	7548971
在总计中:大型企业	10493407	4194018	1102160	734189	4355466
中型企业	5172153	2388280	594509	607617	2087936
小型企业	7321604	3303180	824744	774315	3064916
微型企业	285430	133043	34024	24785	66455

表 4-6 续表 5　　(2013 年)　　单位:万元

指　　标	资　产 合　计	流动资产 合　计	应收帐款 净　额	产成品 存　货	固定资产 净　值
四、按行业分组	**23272594**	**10018521**	**2555437**	**2140905**	**9574773**
有色金属矿采选业	18350	14062	1537	2010	1258
非金属矿采选业	701167	324402	23107	62008	242060
其他采矿业	41874	17573	7843	5967	24302
农副食品加工业	1372933	869431	154099	137712	395017
食品制造业	136342	66768	18348	23512	56566
酒、饮料和精制茶制造业	314744	136635	17107	47364	89368
纺织业	165190	68284	14232	24237	73512
纺织服装、服饰业	214187	79798	19160	22325	110271
皮革、毛皮、羽毛及其制品和制鞋业	71878	46151	17019	11000	21163
木材加工和木、竹、藤、棕、草制品业	228150	102489	27714	31818	91227
家具制造业	34783	10557	2573	3859	20659
造纸和纸制品业	68825	33402	5798	6480	25079
印刷和记录媒介复制业	70998	47421	8582	3726	13950
文教、工美、体育和娱乐用品制造业	120603	40122	8361	11952	71329
石油加工、炼焦和核燃料加工业	591731	330150	31093	71488	251458
化学原料和化学制品制造业	3506967	1403810	313814	371020	1588175
医药制造业	2365301	1527862	540413	180040	580911
化学纤维制造业	104935	22975	5778	8218	70073
橡胶和塑料制品业	210122	91609	22985	24734	102939
非金属矿物制品业	1697396	757747	213346	133450	759523
黑色金属冶炼和压延加工业	1699677	617733	125601	150081	877172
有色金属冶炼和压延加工业	391411	180112	50867	41102	95765
金属制品业	449898	209927	49414	53133	139292
通用设备制造业	891281	628757	293636	117593	158869
专用设备制造业	877013	540956	128701	170615	212944
汽车制造业	123349	43891	7439	10074	69329
铁路、船舶、航空航天和其他运输设备制造业	517062	230420	64269	39227	242330
电气机械和器材制造业	1099829	589846	160294	64885	220229
计算机、通信和其他电子设备制造业	408294	254526	80079	46364	117032
仪器仪表制造业	29114	22703	2285	2773	5050
其他制造业	18753	14123	7911	561	3230
废弃资源综合利用业	94040	51223	8752	8456	39185
电力、热力生产和供应业	4468155	599149	115738	248941	2708755
燃气生产和供应业	28970	13481	6707	618	14513
水的生产和供应业	139274	30429	836	3565	82242

表 4-6 续表 6　　(2013 年)　　单位:万元

指　　标	负债合计	所有者权益合计	主营业务收入	主营业务成本	主营业务税金及附加
总　　计	**13100692**	**10139521**	**40836646**	**33947710**	**359919**
一、按登记注册类型分组:					
内资企业	10582944	7686997	31367258	26068209	317006
国有企业	80291	121192	226416	203845	1148
中央企业	27778	99291	138032	128013	828
地方企业	52513	21901	88384	75831	320
集体企业	3362	2453	19680	16047	227
股份合作企业	4234	5487	9673	7832	56
联营企业					
国有联营企业					
集体联营企业					
国有与集体联营企业					
其他联营企业					
有限责任公司	5961468	2727154	8711303	7253585	81303
国有独资公司	560427	360225	294159	238457	2935
其他有限责任公司	5401041	2366929	8417144	7015127	78368
股份有限公司	977962	1197269	1385346	729622	13332
私营企业	3462309	3538975	20741253	17652580	203863
私营独资企业	282389	570384	3363600	2794964	38554
私营合作企业	14873	7068	80839	70188	1340
私营有限责任公司	3025296	2726586	16455049	14090325	153892
私营股份有限公司	139751	234937	841765	697103	10078
其他企业	93319	94467	273588	204699	17077
港、澳、台商投资企业	665831	847940	1842461	1322456	13319
合资经营企业(港或澳、台资)	132301	214211	488133	424222	2595
合作经营企业(港或澳、台资)					
港澳台商独资经营企业	301001	321279	664603	597801	3443
港澳台商投资股份有限公司	232032	312223	687695	298522	7277
其他港澳台商投资企业	497	227	2029	1911	5
外商投资企业	1851918	1604584	7626927	6557044	29594
中外合资经营企业	1268164	755677	4030497	3649097	12032
中外合作经营企业	865	533	2188	1992	
外资企业	465452	639721	3082093	2779484	9181
外商投资股份有限公司	117437	208654	512150	126471	8381

表 4-6 续表 7　　(2013 年)　　单位:万元

指　　标	负债合计	所有者权益合计	主营业务收入	主营业务成本	主营业务税金及附加
二、按经济组织类型分组					
独资企业	1132494	1655029	7356392	6392141	52552
国有企业	80291	121192	226416	203845	1148
集体企业	3362	2453	19680	16047	227
私营独资企业	282389	570384	3363600	2794964	38554
港澳台商独资经营企业	301001	321279	664603	597801	3443
外资企业	465452	639721	3082093	2779484	9181
合作、合伙企业	113788	107782	368317	286623	18478
股份合作企业	4234	5487	9673	7832	56
国有联营企业					
集体联营企业					
国有与集体联营企业					
其他联营企业					
私营合伙企业	14873	7068	80839	70188	1340
合作经营企业(港或澳、台资)					
中外合作经营企业	865	533	2188	1992	
其他企业(内资)	93319	94467	273588	204699	17077
其他港澳台商投资企业	497	227	2029	1911	5
其他外商投资企业					
股份有限公司	1467182	1953083	3426955	1851718	39068
股份有限公司(内资)	977962	1197269	1385346	729622	13332
私营股份有限公司	139751	234937	841765	697103	10078
港澳台商投资股份有限公司	232032	312223	687695	298522	7277
外商投资股份有限公司	117437	208654	512150	126471	8381
有限责任公司	10387229	6423627	29684982	25417228	249821
国有独资公司	560427	360225	294159	238457	2935
私营有限责任公司	3025296	2726586	16455049	14090325	153892
合资经营企业(港或澳、台资)	132301	214211	488133	424222	2595
中外合资经营企业	1268164	755677	4030497	3649097	12032
其他有限责任公司	5401041	2366929	8417144	7015127	78368
三、在总计中:亏损企业	**1349295**	**791569**	**1242103**	**1198381**	**5453**
在总计中:国有控股企业	4955902	1848013	2947448	2406816	18469
在总计中:农村工业	43962	104980	258861	221703	1850
在总计中:轻工业	3020061	3493855	11523631	8582839	126788
重工业	10080632	6645666	29313015	25364871	233131
在总计中:大型企业	6349309	4144098	11353959	8594390	107094
中型企业	2789046	2383107	12126507	10619203	85571
小型企业	3816868	3504735	17007546	14424797	165273
微型企业	145469	107581	348634	309320	1982

表 4-6 续表 8　　(2013 年)　　单位:万元

指　　标	负债合计	所有者权益合计	主　营业务收入	主　营业务成本	主营业务税金及附加
四、按行业分组	**13100692**	**10139521**	**40836646**	**33947710**	**359919**
有色金属矿采选业	18152	198	53199	53633	8
非金属矿采选业	369203	331021	428836	350174	4905
其他采矿业	33648	8227	47203	37326	383
农副食品加工业	792077	578774	3291653	2896610	19596
食品制造业	64063	72280	255762	214625	1808
酒、饮料和精制茶制造业	176465	138279	393830	301834	22996
纺织业	70891	93515	334589	286043	2865
纺织服装、服饰业	71656	136399	775819	623565	10286
皮革、毛皮、羽毛及其制品和制鞋业	37459	34419	178966	153735	1810
木材加工和木、竹、藤、棕、草制品业	117625	110524	538719	476657	4131
家具制造业	17587	17196	53711	43252	495
造纸和纸制品业	29863	38962	248821	209038	2327
印刷和记录媒介复制业	48678	22320	100656	82169	1030
文教、工美、体育和娱乐用品制造业	41379	79224	373270	304182	5725
石油加工、炼焦和核燃料加工业	400542	91189	1966279	1799922	26643
化学原料和化学制品制造业	1950361	1556607	7374059	6494444	40798
医药制造业	801915	1563386	3138294	1433501	39808
化学纤维制造业	53456	51480	263459	240201	379
橡胶和塑料制品业	75632	134490	458058	368712	5339
非金属矿物制品业	938250	756759	3905755	3366209	34046
黑色金属冶炼和压延加工业	836471	861912	5930647	5133323	57559
有色金属冶炼和压延加工业	224065	167346	1475507	1355279	5985
金属制品业	188892	261006	1372188	1172707	11178
通用设备制造业	578752	312529	845227	688010	6730
专用设备制造业	422480	454533	1268448	1055849	7327
汽车制造业	35895	87454	342157	288708	2634
铁路、船舶、航空航天和其他运输设备制造业	259128	243153	1569306	1387425	10815
电气机械和器材制造业	555474	540375	1377547	1180491	10126
计算机、通信和其他电子设备制造业	198178	210116	1112285	944439	6484
仪器仪表制造业	19825	9288	46024	38122	153
其他制造业	9351	9402	53067	44898	1334
废弃资源综合利用业	53522	40518	138983	119287	998
电力、热力生产和供应业	3505259	962896	1032582	732176	12354
燃气生产和供应业	12977	15992	67901	54560	506
水的生产和供应业	91521	47753	23842	16606	359

表 4-6 续表 9　　(2013 年)　　单位:万元

指　　标	营业费用	管理费用	财务费用	利息支出	利润总额
总　　计	**1712363**	**1416173**	**435066**	**441170**	**3160934**
一、按登记注册类型分组:					
内资企业	1209087	1096719	402753	388422	2438255
国有企业	9441	21907	1503	1339	-11290
中央企业	7087	16233	287	263	-14456
地方企业	2354	5674	1216	1076	3166
集体企业	954	1310	141	53	1000
股份合作企业	584	628	220	220	354
联营企业					
国有联营企业					
集体联营企业					
国有与集体联营企业					
其他联营企业					
有限责任公司	292232	333329	136995	154728	778124
国有独资公司	16119	29415	17640	15805	6136
其他有限责任公司	276113	303914	119355	138923	771988
股份有限公司	257432	150144	21011	33001	207457
私营企业	639338	578145	239695	196486	1433043
私营独资企业	105488	82307	49960	35867	291899
私营合作企业	737	1110	532	288	6932
私营有限责任公司	501818	469510	177122	148919	1067439
私营股份有限公司	31295	25218	12082	11411	66773
其他企业	9105	11255	3188	2596	29568
港、澳、台商投资企业	211997	112804	12739	11962	176607
合资经营企业(港或澳、台资)	11603	14663	4490	4244	32633
合作经营企业(港或澳、台资)					
港澳台商独资经营企业	13558	21692	9005	6622	20108
港澳台商投资股份有限公司	186781	76391	-761	1096	123871
其他港澳台商投资企业	55	58	6		-5
外商投资企业	291279	206649	19574	40786	546072
中外合资经营企业	67591	58410	7276	28447	251889
中外合作经营企业	33	209	81	81	-127
外资企业	38310	74897	13850	12133	170006
外商投资股份有限公司	185344	73133	-1632	126	124305

表 4-6 续表 10　　　　　　　　　　　　　(2013 年)　　　　　　　　　　　　　单位:万元

指　　　标	营业费用	管理费用	财务费用		利润总额
				利息支出	
二、按经济组织类型分组					
独资企业	167752	202114	74459	56014	471723
国有企业	9441	21907	1503	1339	-11290
集体企业	954	1310	141	53	1000
私营独资企业	105488	82307	49960	35867	291899
港澳台商独资经营企业	13558	21692	9005	6622	20108
外资企业	38310	74897	13850	12133	170006
合作、合伙企业	10514	13260	4026	3185	36721
股份合作企业	584	628	220	220	354
国有联营企业					
集体联营企业					
国有与集体联营企业					
其他联营企业					
私营合伙企业	737	1110	532	288	6932
合作经营企业(港或澳、台资)					
中外合作经营企业	33	209	81	81	-127
其他企业(内资)	9105	11255	3188	2596	29568
股份有限公司	55	58	6		-5
股份有限公司(内资)					
私营股份有限公司	660852	324886	30700	45633	522406
港澳台商投资股份有限公司	257432	150144	21011	33001	207457
外商投资股份有限公司	31295	25218	12082	11411	66773
有限责任公司	186781	76391	-761	1096	123871
国有独资公司	185344	73133	-1632	126	124305
私营有限责任公司	873245	875912	325882	336338	2130084
合资经营企业(港或澳、台资)	16119	29415	17640	15805	6136
中外合资经营企业	501818	469510	177122	148919	1067439
其他有限责任公司	11603	14663	4490	4244	32633
其他港澳台商投资企业	67591	58410	7276	28447	251889
其他外商投资企业	276113	303914	119355	138923	771988
三、在总计中:亏损企业	**34698**	**79427**	**22090**	**16894**	**-91601**
在总计中:国有控股企业	65426	132860	116225	143161	398828
在总计中:农村工业	5270	6359	2975	2833	20682
在总计中:轻工业	979554	595575	83629	88490	1186463
重工业	732809	820598	351438	352680	1974471
在总计中:大型企业	972970	538988	108106	166198	1229744
中型企业	254368	345841	96861	93008	708621
小型企业	478959	522586	227656	180495	1202728
微型企业	6066	8757	2444	1469	19841

表 4-6 续表 11 （2013 年） 单位：万元

指　　标	营业费用	管理费用	财务费用		利润总额
				利息支出	
四、按行业分组	1712363	1416173	435066	441170	3160934
有色金属矿采选业	961	251	-103	121	-1552
非金属矿采选业	19769	30673	12223	9833	27936
其他采矿业	473	3042	555	371	5424
农副食品加工业	72614	49781	15958	23134	243530
食品制造业	11630	9735	2087	1053	15920
酒、饮料和精制茶制造业	15959	14206	7351	6938	31684
纺织业	7731	8791	3492	2188	25836
纺织服装、服饰业	29821	26428	15877	13067	69450
皮革、毛皮、羽毛及其制品和制鞋业	5493	6796	4196	3404	7778
木材加工和木、竹、藤、棕、草制品业	12801	12049	6665	4274	27439
家具制造业	2475	1[illegible]8	1317	856	4240
造纸和纸制品业	7545	7115	4155	3395	19064
印刷和记录媒介复制业	3613	4058	2226	2014	7551
文教、工美、体育和娱乐用品制造业	14010	10353	5021	1939	34055
石油加工、炼焦和核燃料加工业	27278	22870	17248	17073	27921
化学原料和化学制品制造业	152681	255143	55734	53411	390353
医药制造业	747570	364243	7357	9633	562243
化学纤维制造业	1530	5089	2433	2310	14372
橡胶和塑料制品业	19469	17892	7995	6903	38744
非金属矿物制品业	77695	96532	48319	40648	281945
黑色金属冶炼和压延加工业	242770	135907	40525	37497	317678
有色金属冶炼和压延加工业	26424	21367	9752	9296	59388
金属制品业	39752	33069	15951	10873	101232
通用设备制造业	35668	40574	14540	12753	71637
专用设备制造业	30226	43433	14285	11792	121781
汽车制造业	12120	6985	2721	2908	29133
铁路、船舶、航空航天和其他运输设备制造业	20496	40170	8122	7995	102461
电气机械和器材制造业	41035	45533	3655	13406	99611
计算机、通信和其他电子设备制造业	19103	52325	9611	10381	82377
仪器仪表制造业	1907	3889	160	159	1832
其他制造业	2354	1363	964	623	2113
废弃资源综合利用业	3590	4334	1665	296	8773
电力、热力生产和供应业	326	33917	91604	119904	318865
燃气生产和供应业	2959	1681	-142	183	8199
水的生产和供应业	2516	4693	1549	542	1924

表 4-6 续表 12　　(2013 年)　　单位:万元

指　　标	亏损企业亏损总额	利税总额	本年应交增值税
总　　计	**91601**	**5093579**	**1571400**
一、按登记注册类型分组:			
内资企业	56342	3890955	1134469
国有企业	17551	-2662	7369
中央企业	16707	-8634	4989
地方企业	844	5972	2380
集体企业	30	1410	183
股份合作企业		508	99
联营企业			
国有联营企业			
集体联营企业			
国有与集体联营企业			
其他联营企业			
有限责任公司	12513	1233278	373578
国有独资公司	3061	19431	10305
其他有限责任公司	9452	1213848	363273
股份有限公司	218	320780	99991
私营企业	25873	2279622	641883
私营独资企业	1120	415778	85255
私营合作企业		10071	1799
私营有限责任公司	24546	1742897	520802
私营股份有限公司	207	110877	34026
其他企业	158	58018	11366
港、澳、台商投资企业	15736	293771	103838
合资经营企业(港或澳、台资)	2544	47664	12430
合作经营企业(港或澳、台资)			
港澳台商独资经营企业	11854	51519	27968
港澳台商投资股份有限公司	1334	194533	63386
其他港澳台商投资企业	5	55	55
外商投资企业	19524	908853	333093
中外合资经营企业	11299	414815	150805
中外合作经营企业	127	-127	
外资企业	8097	293964	114773
外商投资股份有限公司		200201	67515

表 4-6 续表 13　　(2013 年)　　单位:万元

指　　标	亏损企业亏损总额	利税总额	本年应交增值税
二、按经济组织类型分组			
独资企业	38651	760009	235549
国有企业	17551	-2662	7369
集体企业	30	1410	183
私营独资企业	1120	415778	85255
港澳台商独资经营企业	11854	51519	27968
外资企业	8097	293964	114773
合作、合伙企业	290	68525	13320
股份合作企业		508	99
国有联营企业			
集体联营企业			
国有与集体联营企业			
其他联营企业			
私营合伙企业		10071	1799
合作经营企业(港或澳、台资)			
中外合作经营企业	127	-127	
其他企业(内资)	158	58018	11366
股份有限公司	5	55	55
股份有限公司(内资)			
私营股份有限公司	1758	826390	264917
港澳台商投资股份有限公司	218	320780	99991
外商投资股份有限公司	207	110877	34026
有限责任公司	1334	194533	63386
国有独资公司		200201	67515
私营有限责任公司	50902	3438654	1057615
合资经营企业(港或澳、台资)	3061	19431	10305
中外合资经营企业	24546	1742897	520802
其他有限责任公司	2544	47664	12430
其他港澳台商投资企业	11299	414815	150805
其他外商投资企业	9452	1213848	363273
三、在总计中:亏损企业	**91601**	**-68093**	**17971**
在总计中:国有控股企业	22953	577825	160146
在总计中:农村工业	23	29882	7350
在总计中:轻工业	15957	1868700	555098
重工业	75645	3224879	1016303
在总计中:大型企业	25193	2003462	666348
中型企业	14341	1231129	436816
小型企业	48190	1832069	463209
微型企业	3878	26919	5027

表 4-6 续表 14　　(2013 年)　　单位:万元

指　　标	亏损企业 亏损总额	利税总额	本年应交 增值税
四、按行业分组	**91601**	**5093579**	**1571400**
有色金属矿采选业	1567	-1539	5
非金属矿采选业	533	48068	15170
其他采矿业		8149	2342
农副食品加工业	2820	376870	113738
食品制造业	1540	23381	5653
酒、饮料和精制茶制造业	1564	68251	13571
纺织业	82	36105	7396
纺织服装、服饰业	637	105732	25994
皮革、毛皮、羽毛及其制品和制鞋业	18	15179	5585
木材加工和木、竹、藤、棕、草制品业	4070	43073	11499
家具制造业	237	6598	1578
造纸和纸制品业	97	27997	6606
印刷和记录媒介复制业	890	12460	3878
文教、工美、体育和娱乐用品制造业	102	47527	7745
石油加工、炼焦和核燃料加工业		130323	75759
化学原料和化学制品制造业	40158	627335	196000
医药制造业	2121	894224	292170
化学纤维制造业	631	27500	12749
橡胶和塑料制品业	1312	55958	11808
非金属矿物制品业	17610	443866	127864
黑色金属冶炼和压延加工业	7120	587267	212016
有色金属冶炼和压延加工业	2044	126644	61272
金属制品业	377	155128	42718
通用设备制造业	915	100995	22240
专用设备制造业	1091	177902	48789
汽车制造业	212	37060	5294
铁路、船舶、航空航天和其他运输设备制造业		173318	60043
电气机械和器材制造业	2478	146469	36732
计算机、通信和其他电子设备制造业	355	127839	38978
仪器仪表制造业		2808	824
其他制造业		4771	1324
废弃资源综合利用业	348	12314	2524
电力、热力生产和供应业		430482	99047
燃气生产和供应业		10223	1513
水的生产和供应业	674	3305	978

国有工业企业主要经济指标

表 4–7　　(2013 年)　　单位:万元

指　　标	企业单位数(个)	#亏损企业	工业总产值(现价)	工业销售产值(现价)
总　　计	**47**	**11**	**2947025**	**2939199**
非金属矿采选业	3		197819	195510
农副食品加工业	3	1	13967	12942
食品制造业	2		22464	18960
印刷和记录媒介复制业	2		6254	5939
化学原料和化学制品制造业	9	4	220072	221609
医药制造业	1		6550	6546
化学纤维制造业	1		32522	32990
非金属矿物制品业	8	3	287536	281165
金属制品业	1		458034	448263
通用设备制造业	2		438285	470199
专用设备制造业	3	2	15543	16242
铁路、船舶、航空航天和其他运输设备制造业	2		51963	37549
电气机械和器材制造业	3		189176	185547
计算机、通信和其他电子设备制造业	2	1	28008	26906
电力、热力生产和供应业	4		965545	965545
水的生产和供应业	1		13288	13288

表 4-7 续表 1　　　　(2013 年)　　　　单位:万元

指　　标	资产合计	流动资产合计	应收帐款净额	产成品存货	固定资产净值平均余额
总　　计	**6803916**	**1913568**	**558221**	**526427**	**3361824**
非金属矿采选业	627038	291986	17029	55931	216622
农副食品加工业	12689	6659	925	3605	5781
食品制造业	27793	12115	6006	4045	10010
印刷和记录媒介复制业	9921	5828	715	186	3321
化学原料和化学制品制造业	298025	78736	9518	27698	146444
医药制造业	20802	7664	2868	1129	2548
化学纤维制造业	66921	15523	5047	3523	50368
非金属矿物制品业	164250	49029	9177	12779	69087
金属制品业	71522	50421	9799	17669	18463
通用设备制造业	733824	558559	278821	99637	100365
专用设备制造业	22224	10634	2279	3981	5735
铁路、船舶、航空航天和其他运输设备制造业	41250	30878	6801	11134	9339
电气机械和器材制造业	205978	160316	91107	23050	30163
计算机、通信和其他电子设备制造业	60479	37465	8732	12790	13170
电力、热力生产和供应业	4356369	578861	109132	245946	2627089
水的生产和供应业	84831	18894	266	3325	53319

表 4–7 续表 2　　(2013 年)　　单位:万元

指　　标	负债合计	所有者权益合计	主　营业务收入	主　营业务成本	主营业务税金及附加
总　　计	**4955902**	**1848013**	**2947448**	**2406816**	**18469**
非金属矿采选业	341766	285273	200336	161853	2418
农副食品加工业	12279	409	12258	11402	54
食品制造业	18463	9330	18960	14797	21
印刷和记录媒介复制业	5051	4870	5591	3377	63
化学原料和化学制品制造业	160565	137460	218844	205058	788
医药制造业	11065	9737	6546	5418	
化学纤维制造业	27950	38971	32846	27743	151
非金属矿物制品业	121384	42865	288195	258449	695
金属制品业	33168	38355	482090	434766	295
通用设备制造业	508671	225153	419041	348901	1343
专用设备制造业	9879	12345	17466	15992	99
铁路、船舶、航空航天和其他运输设备制造业	22154	19096	34689	27177	230
电气机械和器材制造业	169647	36331	193805	182771	69
计算机、通信和其他电子设备制造业	23810	36669	26906	14569	164
电力、热力生产和供应业	3429703	926667	976609	685874	11787
水的生产和供应业	60349	24482	13268	8668	294

表 4-7 续表 3　　　　　　　　　　　　　　　　（2013 年）　　　　　　　　　　　　　　　　单位：万元

指　　标	营业费用	管理费用	财务费用		利润总额
				利息支出	
总　　计	**65426**	**132860**	**116225**	**143161**	**398828**
非金属矿采选业	11462	25012	10875	9294	5408
农副食品加工业	296	831	239	183	-192
食品制造业	2316	1174	6	7	228
印刷和记录媒介复制业	1150	428	127	147	439
化学原料和化学制品制造业	7235	21360	3253	3082	-18067
医药制造业	891	591	-24		100
化学纤维制造业	1067	2174	1299	1345	742
非金属矿物制品业	4944	5628	2824	2656	17903
金属制品业	5001	1840	728	426	39544
通用设备制造业	18381	25834	6514	6554	29044
专用设备制造业	496	1332	270	265	-636
铁路、船舶、航空航天和其他运输设备制造业	2581	2282	295	283	2319
电气机械和器材制造业	5707	4063	687	787	1554
计算机、通信和其他电子设备制造业	1508	5174	-104	56	5529
电力、热力生产和供应业		31172	89329	118039	313028
水的生产和供应业	2392	3964	-93	40	1885

表 4-7 续表 4 (2013 年) 单位:万元

指　　标	亏损企业 亏损总额	利税总额	本年应交 增值税
总　　计	**22953**	**577825**	**160146**
非金属矿采选业		15042	7161
农副食品加工业	534	-138	
食品制造业		402	154
印刷和记录媒介复制业		1028	525
化学原料和化学制品制造业	19941	-10435	6733
医药制造业		101	1
化学纤维制造业		2371	1479
非金属矿物制品业	1623	32307	13710
金属制品业		58743	18904
通用设备制造业		39180	8792
专用设备制造业	718	-424	113
铁路、船舶、航空航天和其他运输设备制造业		4428	1879
电气机械和器材制造业		2588	964
计算机、通信和其他电子设备制造业	137	6773	1080
电力、热力生产和供应业		422851	97821
水的生产和供应业		3009	832

集体工业企业主要经济指标

表 4–8　　(2013 年)　　单位:万元

指　　标	企业单位数(个)	#亏损企业	工业总产值(现价)	工业销售产值(现价)
合　　计	**3**	**1**	**20237**	**19902**
农副食品加工业	1		4282	4282
食品制造业	1	1	9673	9681
非金属矿物制品业	1		6281	5939

表 4–8 续表 1　　(2013 年)　　单位:万元

指　　标	资产合计	流动资产平均余额	应收帐款净额	产成品存货	固定资产净值平均余额
合　　计	**5815**	**4316**	**501**	**1077**	**1416**
农副食品加工业	511	299	21	201	212
食品制造业	662	596	278	74	66
非金属矿物制品业	4641	3421	202	802	1138

表 4–8 续表 2　　(2013 年)　　单位:万元

指　　标	负债合计	所有者权益合计	主营业务收入	主营业务成本	主营业务税金及附加
合　　计	**3362**	**2453**	**19680**	**16047**	**227**
农副食品加工业	194	317	4282	3212	6
食品制造业	659	3	9023	8406	136
非金属矿物制品业	2509	2133	6374	4429	85

表 4–8 续表 3　　(2013 年)　　单位:万元

指　　标	营业费用	管理费用	财务费用	利息支出	利润总额
合　　计	**954**	**1310**	**141**	**53**	**1000**
农副食品加工业	257	214	148	53	446
食品制造业	310	201			–30
非金属矿物制品业	387	895	–6		584

表 4–8 续表 4　　(2013 年)　　单位:万元

指　　标	亏损企业亏损总额	利税总额	本年应交增值税
合　　计	**30**	**1410**	**183**
农副食品加工业		511	58
食品制造业	30	224	117
非金属矿物制品业		676	7

“三资”工业企业主要经济指标

表 4-9　　(2013 年)　　单位:万元

指　　标	企业单位数(个)	#亏损企业	工业总产值(现价)	工业销售产值(现价)
总　计	**214**	**50**	**9289434**	**9125519**
非金属矿采选业	1		47407	47407
开采辅助活动	1		47203	47203
农副食品加工业	28	5	1774237	1773703
食品制造业	6	1	58642	58335
酒、饮料和精制茶制造业	1	1	19522	19758
纺织业	9		119288	119047
纺织服装、服饰业	11	4	140283	140249
皮革、毛皮、羽毛及其制品和制鞋业	4	1	48745	49105
木材加工和木、竹、藤、棕、草制品业	7	3	80100	80924
家具制造业	1		3890	3890
印刷和记录媒介复制业	2		3847	3612
文教、工美、体育和娱乐用品制造业	7	1	40682	40353
石油加工、炼焦和核燃料加工业	1		5462	5369
化学原料和化学制品制造业	30	10	2373660	2326689
医药制造业	5		1187897	1121483
化学纤维制造业	5	2	243394	239024
橡胶和塑料制品业	7	2	78909	77367
非金属矿物制品业	36	6	581530	566705
黑色金属冶炼和压延加工业	1	1	5760	4962
有色金属冶炼和压延加工业	3	2	562786	548589
金属制品业	6		489303	479678
通用设备制造业	5	2	27468	28130
专用设备制造业	9	1	369352	382186
汽车制造业	1		5312	5180
电气机械和器材制造业	6	3	92425	89942
计算机、通信和其他电子设备制造业	8	2	737169	721563
仪器仪表制造业	2		10490	10490
废弃资源综合利用业	4	2	64378	64378
电力、热力生产和供应业	4		39122	39122
燃气生产和供应业	1		24410	24410
水的生产和供应业	2	1	6762	6666

表 4-9 续表 1　　(2013 年)　　单位:万元

指　　标	资　产 合　计	流动资产 合　计	应收帐款 净　额	产成品 存　货	固定资产 净　值 平均余额
总　　计	**4975869**	**2725245**	**731661**	**513941**	**1683731**
非金属矿采选业	16709	10448	854	988	6261
开采辅助活动	41874	17573	7843	5967	24302
农副食品加工业	928845	697066	114945	100892	181450
食品制造业	49710	23087	7305	9198	20888
酒、饮料和精制茶制造业	20533	5607		2851	11198
纺织业	84769	28501	4361	10493	39242
纺织服装、服饰业	57543	32652	4049	13200	18249
皮革、毛皮、羽毛及其制品和制鞋业	27854	14969	5327	5215	8994
木材加工和木、竹、藤、棕、草制品业	48986	18348	8969	7147	25427
家具制造业	4625	2643	677	216	
印刷和记录媒介复制业	9915	7620	644	310	1972
文教、工美、体育和娱乐用品制造业	22786	10910	1597	5761	8314
石油加工、炼焦和核燃料加工业	13807	9683	4213	3329	4001
化学原料和化学制品制造业	1213235	550705	141057	126041	466366
医药制造业	800336	542431	183787	63214	194323
化学纤维制造业	98737	21762	5668	7541	65270
橡胶和塑料制品业	57047	32901	8720	10063	15258
非金属矿物制品业	504546	209934	64836	35291	240881
黑色金属冶炼和压延加工业	6367	6082	2315	3532	285
有色金属冶炼和压延加工业	110858	51922	28846	16836	57880
金属制品业	212656	100589	24535	30204	37868
通用设备制造业	18914	5680	1658	1557	9412
专用设备制造业	106115	55982	22525	9799	38875
汽车制造业	4250	3074	644	1542	917
电气机械和器材制造业	73233	28743	8259	8939	31970
计算机、通信和其他电子设备制造业	256738	167753	59211	23290	74114
仪器仪表制造业	4944	2416	1067	490	2430
废弃资源综合利用业	64546	42257	6965	7527	18800
电力、热力生产和供应业	66230	8559	4766	2165	49569
燃气生产和供应业	20191	11338	5542	271	7921
水的生产和供应业	28971	4013	479	74	21293

表 4-9 续表 2　　(2013 年)　　单位:万元

指　　标	负债合计	所有者权益合计	主营业务收入	主营业务成本	主营业务税金及附加
总　　计	**2517748**	**2452524**	**9469388**	**7879500**	**42914**
非金属矿采选业	4717	11992	47407	41806	365
开采辅助活动	33648	8227	47203	37326	383
农副食品加工业	606860	321985	1830921	1686764	2352
食品制造业	18650	31060	58100	47030	425
酒、饮料和精制茶制造业	18488	2045	14269	11550	1655
纺织业	31413	53356	121710	108234	485
纺织服装、服饰业	24417	29164	141531	111815	1684
皮革、毛皮、羽毛及其制品和制鞋业	9645	18209	49615	44914	328
木材加工和木、竹、藤、棕、草制品业	23502	25484	74206	67170	595
家具制造业	623	4001	3911	3371	18
印刷和记录媒介复制业	1488	8427	3612	1885	47
文教、工美、体育和娱乐用品制造业	9048	13738	41975	36212	502
石油加工、炼焦和核燃料加工业	6119	7688	1854	1162	161
化学原料和化学制品制造业	609917	603319	2447153	2236812	7476
医药制造业	324238	476098	1134421	357637	16329
化学纤维制造业	50066	48671	246587	224927	305
橡胶和塑料制品业	27924	29123	75385	57155	944
非金属矿物制品业	245596	257317	582309	508056	4022
黑色金属冶炼和压延加工业	6119	249	4962	4860	
有色金属冶炼和压延加工业	47843	63015	577331	558320	339
金属制品业	99922	112734	516299	463187	358
通用设备制造业	9674	9239	28857	24650	140
专用设备制造业	39640	66475	402114	358846	540
汽车制造业	1512	2738	5230	4201	35
电气机械和器材制造业	32090	41143	89725	81616	555
计算机、通信和其他电子设备制造业	126518	130220	764675	667542	2084
仪器仪表制造业	2501	2444	9429	7775	21
废弃资源综合利用业	45562	18984	73826	64578	398
电力、热力生产和供应业	34527	31704	39393	32449	203
燃气生产和供应业	10751	9440	29824	23157	135
水的生产和供应业	14732	14239	5556	4496	31

表 4-9 续表 3　　(2013 年)　　单位:万元

指　　标	营业费用	管理费用	财务费用	利息支出	利润总额
总　　计	**503276**	**319454**	**32313**	**52748**	**722679**
非金属矿采选业	402	136	33	33	4666
开采辅助活动	473	3042	555	371	5424
农副食品加工业	27365	14731	–5239	10342	110420
食品制造业	2853	5236	1025	613	2116
酒、饮料和精制茶制造业	316	946	663	737	–696
纺织业	2558	2893	672	274	6795
纺织服装、服饰业	5075	7350	4133	3626	11507
皮革、毛皮、羽毛及其制品和制鞋业	788	2612	480	58	1325
木材加工和木、竹、藤、棕、草制品业	897	1694	503	189	3352
家具制造业	146	244	72		59
印刷和记录媒介复制业	1157	265	–19		279
文教、工美、体育和娱乐用品制造业	1403	2443	377	97	1204
石油加工、炼焦和核燃料加工业	215	90	26	26	201
化学原料和化学制品制造业	44935	41728	13102	18445	113858
医药制造业	373681	147643	–2918	805	249945
化学纤维制造业	1350	4687	2295	2178	13568
橡胶和塑料制品业	4472	6827	732	965	5532
非金属矿物制品业	13351	18303	8380	7083	27716
黑色金属冶炼和压延加工业	45	501	–59	4	–383
有色金属冶炼和压延加工业	1280	3132	1509	1491	15045
金属制品业	5126	4397	406	560	43651
通用设备制造业	691	1761	311	124	1441
专用设备制造业	3896	5580	1180	870	32836
汽车制造业		387	–13		724
电气机械和器材制造业	2154	3456	1243	1143	875
计算机、通信和其他电子设备制造业	4536	31409	–370	1026	60878
仪器仪表制造业	554	932	14	63	125
废弃资源综合利用业	2572	3473	1396	139	1058
电力、热力生产和供应业	116	2219	1149	800	4608
燃气生产和供应业	744	999	–236	183	4897
水的生产和供应业	125	341	912	502	–346

表 4–9 续表 4　　　　（2013 年）　　　　单位：万元

指　　标	亏损企业 亏损总额	利税总额	本年应交 增值税
总　　计	**35259**	**1202624**	**436931**
非金属矿采选业		7252	2221
开采辅助活动		8149	2342
农副食品加工业	968	196951	84173
食品制造业	1308	3218	677
酒、饮料和精制茶制造业	696	1712	753
纺织业		9897	2617
纺织服装、服饰业	597	19804	6612
皮革、毛皮、羽毛及其制品和制鞋业	18	1819	167
木材加工和木、竹、藤、棕、草制品业	932	5386	1439
家具制造业		501	424
印刷和记录媒介复制业		710	384
文教、工美、体育和娱乐用品制造业	102	2026	319
石油加工、炼焦和核燃料加工业		523	161
化学原料和化学制品制造业	10361	193813	72410
医药制造业		395544	129270
化学纤维制造业	631	26234	12361
橡胶和塑料制品业	791	8863	2387
非金属矿物制品业	13110	50483	18746
黑色金属冶炼和压延加工业	383	–383	
有色金属冶炼和压延加工业	1350	41340	25957
金属制品业		63309	19300
通用设备制造业	511	1936	356
专用设备制造业	56	49734	16358
汽车制造业		960	202
电气机械和器材制造业	2228	4609	3179
计算机、通信和其他电子设备制造业	197	92689	29728
仪器仪表制造业		279	133
废弃资源综合利用业	348	3724	2248
电力、热力生产和供应业		5626	814
燃气生产和供应业		6132	1101
水的生产和供应业	674	–218	94

分地区规模以上工业企业主要经济指标

表 4–10　　(2013 年)　　单位:万元

指　　标	全　市	市　区	赣榆县	东海县	灌云县	灌南县
企业单位数(个)	1649	315	471	429	246	188
#亏损企业数(个)	159	79	12	11	12	45
工业总产值(现价)	41010774	13835321	10907489	6205413	5061255	5001296
工业销售产值(现价)	40392486	13552519	10753429	6125156	4997979	4963404
#出口交货值	1407740	689990	394080	212513	52646	58512
资产合计	23272594	14186511	3078649	2146812	1471467	2389156
流动资产合计	10018521	6120148	1357446	929803	422447	1188677
应收帐款	2555437	1574058	309259	294182	89032	288906
存　货	2140905	1311969	275814	154704	108611	289808
产成品	789179	421339	130898	83127	41029	112786
固定资产合计	9574773	5235337	1427158	1023876	1004354	884049
固定资产净值	9490991	5222101	1421073	1001938	1004379	841500
负债合计	13100692	8408291	1494680	1022967	691400	1483354
所有者权益合计	10139521	5772179	1583025	1113302	779993	891022
主营业务收入	40836646	13892918	10799061	6187384	4980167	4977116
主营业务成本	33947710	10921503	8972291	5389357	4264524	4400034
主营业务税金及附加	359919	72188	148397	52112	39007	48215
营业费用	1712363	927284	508065	100821	123257	52936
管理费用	1416173	689841	326095	122663	170577	106997
财务费用	435066	129053	177893	74653	30487	22981
#利息支出	441170	188451	140842	71913	20939	19026
利润总额	3160934	1391443	621713	449187	350179	348413
亏损企业亏损额	91601	59226	2208	16152	585	13431
利税总额	5093579	2200112	1093291	697854	495424	606898
本年应交增值税	1571400	735692	322808	196555	106208	210136

表 4-10 续表　　(2013 年)　　单位:万元

指　　标	市　区	市　直	新浦区	海州区	连云区	开发区	徐　圩
企业单位数(个)	315	6	38	63	61	138	9
#亏损企业数(个)	79	1	6	14	22	32	4
工业总产值(现价)	13835321	1714513	563739	1108725	910691	9480055	57597
工业销售产值(现价)	13552519	1651530	559536	1079167	908890	9295895	57503
#出口交货值	689990	25301	12712	94157	27410	515220	15190
资产合计	14186511	5341073	352314	1501383	1160895	5583373	247473
流动资产合计	6120148	1076427	221011	859423	446122	3442206	74960
应收帐款	1574058	173548	68709	138572	112103	1073829	7297
存　货	1311969	350728	46664	210343	118423	568032	17779
产成品	421339	31132	21295	73461	38541	249569	7341
固定资产合计	5235337	2935166	71433	210770	423012	1582077	12880
固定资产净值	5222101	2935644	69770	206717	421744	1575322	12906
负债合计	8408291	3857333	215622	709499	696118	2799591	130128
所有者权益合计	5772179	1483739	136692	789807	460814	2783782	117345
主营业务收入	13892918	1684317	546172	1112890	925769	9567764	56006
主营业务成本	10921503	983158	474024	899014	834896	7679831	50581
主营业务税金及附加	72188	22618	3717	7183	2638	35748	284
营业费用	927284	201975	11801	48510	19619	642772	2607
管理费用	689841	141951	21371	69557	35746	416774	4442
财务费用	129053	95128	3058	4562	10651	13767	1886
#利息支出	188451	124356	3084	14091	8979	36087	1854
利润总额	1391443	417606	30948	91978	30175	824196	-3461
亏损企业亏损额	59226	16707	517	8743	13495	15683	4081
利税总额	2200112	615132	46504	137436	60023	1343646	-2630
本年应交增值税	735692	174633	11453	38252	27134	483675	547

分地区规模以上国有工业企业主要经济指标

表 4-11　　(2013 年)　　单位:万元

指　　标	全　市	市　区	赣榆县	东海县	灌云县	灌南县
企业单位数(个)	47	38	2	2	3	2
#亏损企业数(个)	11	10	1			
工业总产值(现价)	2947025	2583115	185624	45177	100252	32858
工业销售产值(现价)	2939199	2580031	179983	44752	98625	35809
#出口交货值	39921	39837	84			
资产合计	6803916	6409642	197379	33935	128120	34840
流动资产合计	1913568	1714775	150130	13465	24601	10595
应收帐款	558221	461529	89618	120	5913	1041
存　货	526427	495252	20363	896	2378	7539
产成品	121645	102892	14962	546	79	3167
固定资产合计	3361824	3187439	29221	19582	103519	22062
固定资产净值	3362038	3187653	29221	19582	103519	22062
负债合计	4955902	4641939	165623	17937	101619	28784
所有者权益合计	1848013	1767702	31756	15998	26502	6056
主营业务收入	2947448	2579882	188267	44675	98625	35999
主营业务成本	2406816	2076917	179665	36249	82830	31155
主营业务税金及附加	18469	17222	71	528	627	21
营业费用	65426	56550	5374	1832	1509	161
管理费用	132860	121611	2858	1820	3991	2580
财务费用	116225	109698	365	1735	3413	1014
#利息支出	143161	136686	470	1743	3273	991
利润总额	398828	387852	792	2519	6253	1412
亏损企业亏损额	22953	22816	137			
利税总额	577825	559845	1836	5024	8747	2373
本年应交增值税	160146	154476	973	1977	1868	853

表 4-11 续表　　(2013 年)　　单位:万元

指　　标	市　区	市　直	新浦区	海州区	连云区	开发区	徐　圩
企业单位数(个)	38	5	3	3	7	17	3
#亏损企业数(个)	10	1	1	1	3	3	1
工业总产值(现价)	2583115	1180930	14789	46761	89411	1233243	17981
工业销售产值(现价)	2580031	1180316	14085	32544	84376	1251140	17571
#出口交货值	39837	25301	3553	3027		7956	
资产合计	6409642	5036016	13556	30788.8	191692	1118945	18644
流动资产合计	1714775	894933	8457	24020	46651	729479	11236
应收帐款	461529	123461	1046	4018	9805	318916	4283
存　货	495252	313765	5547	9678	10034	152824	3403
产成品	102892	17352	2750	6229	3778	70321	2463
固定资产合计	3187439	2853231	4828	3130	79590	242806	3853
固定资产净值	3187653	2853709	4828	3130	79590	242517	3879
负债合计	4641939	3746133	9530	22422	134285	717473	12096
所有者权益合计	1767702	1289882	4026	8367	57407	401472	6548
主营业务收入	2579882	1198715	13307	28431	83798	1238777	16854
主营业务成本	2076917	880103	11616	20819	73066	1076380	14933
主营业务税金及附加	17222	14421	56	167	216	2302	61
营业费用	56550	17007	305	2737	4324	30809	1368
管理费用	121611	70190	1021	2916	4704	42170	611
财务费用	109698	96918	223	241	2417	9766	134
#利息支出	136686	124291	173	217	2258	9740	7
利润总额	387852	294944	407	2101	-1021	91723	-302
亏损企业亏损额	22816	16707	3	310	4052	1211	534
利税总额	559845	416778	907	3553	1341	137019	249
本年应交增值税	154476	107137	444	1266	2146	42994	490

分地区规模以上集体工业企业主要经济指标

表 4–12　　(2013 年)　　单位:万元

指标	全市	市区	赣榆县	东海县	灌云县	灌南县
企业单位数(个)	3	2			1	
#亏损企业数(个)	1	1				
工业总产值((现价)	20237	15955			4282	
工业销售产值(现价)	19902	15620			4282	
#出口交货值						
资产合计	5815	5303			511	
流动资产合计	4316	4017			299	
应收帐款	501	480			21	
存　货	1077	876			201	
产成品	943	784			160	
固定资产合计	1416	1204			212	
固定资产净值	1416	1204			212	
负债合计	3362	3168			194	
所有者权益合计	2453	2136			317	
主营业务收入	19680	15397			4282	
主营业务成本	16047	12835			3212	
主营业务税金及附加	227	221			6	
营业费用	954	697			257	
管理费用	1310	1096			214	
财务费用	141	-6			148	
#利息支出	53				53	
利润总额	1000	554			446	
亏损企业亏损额	30	30				
利税总额	1410	900			511	
本年应交增值税	183	125			58	

表 4-12 续表　　(2013 年)　　单位:万元

指　　标	市　区	市　直	新浦区	海州区	连云区	开发区	徐　圩
企业单位数(个)	2			2			
#亏损企业数(个)	1			1			
工业总产值(现价)	15955			15955			
工业销售产值(现价)	15620			15620			
#出口交货值							
资产合计	5303			5303			
流动资产合计	4017			4017			
应收帐款	480			480			
存　货	876			876			
产成品	784			784			
固定资产合计	1204			1204			
固定资产净值	1204			1204			
负债合计	3168			3168			
所有者权益合计	2136			2136			
主营业务收入	15397			15397			
主营业务成本	12835			12835			
主营业务税金及附加	221			221			
营业费用	697			697			
管理费用	1096			1096			
财务费用	-6			-6			
#利息支出							
利润总额	554			554			
亏损企业亏损额	30			30			
利税总额	900			900			
本年应交增值税	125			125			

分地区规模以上“三资”工业企业主要经济指标

表 4-13　　(2013 年)　　单位:万元

指　　标	全　市	市　区	赣榆县	东海县	灌云县	灌南县
企业单位数(个)	214	102	31	48	11	22
#亏损企业数(个)	50	29	2	8		11
工业总产值(现价)	9289434	7401090	584046	1018343	151438	134516
工业销售产值(现价)	9125519	7261074	581780	1002883	152243	127540
#出口交货值	941721	541190	191668	171598	15247	22019
资产合计	4975869	3800903	287174	679829	61835	146128
流动资产合计	2725245	2206588	103871	317388	24980	72419
应收帐款	731661	551702	25413	122814	7532	24200
存　货	513941	405550	22116	52976	6442	26857
产成品	213810	173834	6450	23113.2	2568	7844
固定资产合计	1683731	1216307	98372	275941	36415	56696
固定资产净值	1660632	1215582	98354	255612	36441	54643
负债合计	2517748	2011846	160540	248670	21850	74842
所有者权益合计	2452524	1785095	126634	429524	39986	71286
主营业务收入	9469388	7583541	576977	1024006	153902	130962
主营业务成本	7879500	6263343	460688	903787	131468	120214
主营业务税金及附加	42914	26560	8901	6286	879	287
营业费用	503276	451819	26727	18758	3868	2104
管理费用	319454	258431	19780	27127	5822	8293
财务费用	32313	354	14431	15300	1517	712
#利息支出	52748	25654	11976	14166	613	340
利润总额	722679	615220	47309	51884	10009	-1743
亏损企业亏损额	35259	16421	445	14026	0	4367
利税总额	1202624	1015152	74167	98667	13361	1277
本年应交增值税	436931	373272	17956	40497	2473	2733

表 4-13 续表　　(2013 年)　　单位:万元

指　　标	市　区	市　直	新浦区	海州区	连云区	开发区	徐　圩
企业单位数(个)	102	1	8	15	21	56	1
#亏损企业数(个)	29		3	7	6	13	
工业总产值(现价)	7401090	533583	106248	203012	321027	6233661	3560
工业销售产值(现价)	7261074	471214	106905	200157	325013	6154399	3386
#出口交货值	541190		1276	27428	21841	488013	2632
资产合计	3800903	305057	70962	244687	490992	2687523	1682
流动资产合计	2206588	181494	35669	100366	232616	1655673	771
应收帐款	551702	50088	4954	23436	83970	389257	-2
存　货	405550	36963	13238	25931	47925	281284	209
产成品	173834	13780	5277	10425	19434	124738	180
固定资产合计	1216307	81934	26189	60833	176293	870328	730
固定资产净值	1215582	81934	26189	60661	176293	869774	730
负债合计	2011846	111200	43292	129368	288829	1437088	2069
所有者权益合计	1785095	193857	27670	115319	198201	1250435	-387
主营业务收入	7583541	485602	102632	203929	323241	6464751	3386
主营业务成本	6263343	103055	86611	185713	281092	5604413	2459
主营业务税金及附加	26560	8197	932	2359	1599	13473	
营业费用	451819	184968	3064	6034	8671	248685	397
管理费用	258431	71761	3256	9754	13936	159570	153
财务费用	354	-1790	178	2634	4765	-5744	311
#利息支出	25654	65	480	2303	4115	18380	310
利润总额	615220	122662	8491	89	20166	463753	59
亏损企业亏损额	16421		367	6958	3929	5168	
利税总额	1015152	198354	11626	8214	32237	764662	59
本年应交增值税	373272	67496	2203	5766	10396	287412	

分地区规模以上私营工业企业主要经济指标

表 4–14　　(2013 年)　　单位:万元

指　　标	全　市	市　区	赣榆县	东海县	灌云县	灌南县
企业单位数(个)	1139	137	406	363	128	105
#亏损企业数(个)	71	32	9	1	6	23
工业总产值(现价)	20877352	1660307	7666858	4960925	2858649	3730611
工业销售产值(现价)	20615912	1636337	7541711	4899897	2827905	3710060
#出口交货值	305225	41884	178483	40914	22858	21086
资产合计	7025966	1637179	1834143	1317813	720062	1516769
流动资产合计	3023742	850306	688010	537002	227461	720963
应收帐款	659939	133099	153312	165635	39512	168381
存　货	752531	276096	148600	83333	62781	181721
产成品	325886	90038	76068	51574	31620	76586
固定资产合计	3058239	333395	983790	680314	465786	594954
固定资产净值	3014680	323915	977741	680667	465786	566571
负债合计	3462309	908635	685649	667184	265049	935791
所有者权益合计	3538975	726466	1148494	642879	454938	566198
主营业务收入	20741253	1686733	7575142	4934306	2830065	3715006
主营业务成本	17652580	1482761	6147463	4296201	2427274	3298880
主营业务税金及附加	203863	6662	106625	42812	22355	25409
营业费用	639338	33204	424061	71865	73448	36761
管理费用	578145	66774	264450	87608	90612	68702
财务费用	239695	18317	136392	52042	16961	15983
#利息支出	196486	16690	104514	50995	10881	13405
利润总额	1433043	82705	494034	385794	199385	271125
亏损企业亏损额	25873	17505	1626	721	179	5841
利税总额	2279622	142404	812752	576644	289387	458436
本年应交增值税	641883	52642	211726	148039	67617	161859

表 4-14 续表　　(2013 年)　　单位:万元

指　　标	市　区	市　直	新浦区	海州区	连云区	开发区	徐　圩
企业单位数(个)	137		20	29	26	58	4
#亏损企业数(个)	32		2	3	10	15	2
工业总产值(现价)	1660307		255081	413407	421248	536591	33981
工业销售产值(现价)	1636337		244889	403599	421056	532751	34043
#出口交货值	41884		2561	8209	5568	12987	12559
资产合计	1637179		164829	450850	434133	362824	224543
流动资产合计	850306		110839	326301	145522	205706	61938
应收帐款	133099		31343	46296	14082	38433	2944
存　货	276096		20087	135131	55731	51923	13224
产成品	90038		8501	41910	13357	22469	3803
固定资产合计	333395		22499	76953	149224	77305	7414
固定资产净值	323915		20863	75535	148014	72088	7414
负债合计	908635		105410	200172	246524	242171	114358
所有者权益合计	726466		59419	248600	187608	120654	110185
主营业务收入	1686733		247482	430665	439978	535146	33462
主营业务成本	1482761		222935	343127	408720	477003	30976
主营业务税金及附加	6662		1404	2468	780	1794	217
营业费用	33204		4615	7229	5452	15121	788
管理费用	66774		8882	22540	14185	17593	3575
财务费用	18317		2133	6743	2118	5882	1441
#利息支出	16690		1898	6693	1882	4679	1537
利润总额	82705		8240	49281	8892	19436	-3144
亏损企业亏损额	17505		147	768	4186	8932	3473
利税总额	142404		13944	67783	21805	41799	-2927
本年应交增值税	52642		3913	16031	12133	20565	0

资产总计最大的50家企业

表4-15　　(2013年)　　单位:万元

序号	企业名称	序号	企业名称
1	江苏核电有限公司	26	金桥益海(连云港)氯碱有限公司
2	江苏新海发电有限公司	27	连云港启创铝制品有限公司
3	江苏省镔鑫特钢材料有限公司	28	沙索益海(连云港)醇工业有限公司
4	江苏新海石化有限公司	29	益海(连云港)精细化学工业有限公司
5	连云港兴鑫钢铁有限公司	30	江苏和利瑞科技发展有限公司
6	江苏金桥盐化集团有限责任公司	31	江苏名洋船业有限公司
7	罗盖特(中国)精细化工有限公司	32	江苏明盛化工有限公司
8	韩华新能源科技有限公司	33	连云港润众制药有限公司
9	益海(连云港)粮油有限公司	34	益海嘉里(连云港)化工有限公司
10	江苏恒瑞医药股份有限公司	35	大陆汽车电子(连云港)有限公司
11	江苏康缘集团有限责任公司	36	江苏远征化工有限公司
12	连云港亚新钢铁有限公司	37	江苏海中洲船业有限公司
13	江苏豪森药业集团有限公司	38	连云港和利通船舶重工有限公司
14	连云港华乐合金有限公司	39	江苏耀中铝车轮有限公司
15	江苏华电灌云风力发电有限公司	40	中复神鹰碳纤维有限责任公司
16	晶海洋半导体材料(东海)有限公司	41	中联巨龙(连云港)水泥有限公司
17	江苏正大天晴药业股份有限公司	42	江苏金茂源生物化工有限责任公司
18	连云港中复连众复合材料集团有限公司	43	连云港恒成船业有限公司
19	中国石化集团南京化学工业有限公司连云港碱厂	44	连云港宝诚化工有限公司
20	连云港腾翔金属材料有限公司	45	东海县龙源生物质发电有限公司
21	台玻东海玻璃有限公司	46	江苏天明机械集团有限公司
22	连云港市自来水有限责任公司	47	连云港鹰游纺机有限责任公司
23	益海(连云港)油化工业有限公司	48	重山风力设备(连云港)有限公司
24	连云港金信利不锈钢有限公司	49	江苏盛吉化工有限公司
25	连云港杜钟氨纶有限公司	50	连云港美尔美图船业有限公司

工业总产值最高的 50 家企业

表 4-16　　(2013 年)　　单位:万元

序号	企　业　名　称	序号	企　业　名　称
1	江苏新海石化有限公司	26	连云港健发磁性材料有限公司
2	江苏省镔鑫特钢材料有限公司	27	连云港北港镍业有限公司
3	连云港兴鑫钢铁有限公司	28	连云港市兆昱新材料实业有限公司
4	益海(连云港)粮油有限公司	29	国电联合动力技术(连云港)有限公司
5	连云港金信利不锈钢有限公司	30	江苏海中洲船业有限公司
6	江苏恒瑞医药股份有限公司	31	连云港腾翔金属材料有限公司
7	罗盖特(中国)精细化工有限公司	32	日出东方太阳能股份有限公司
8	连云港亚新钢铁有限公司	33	甲乙(连云港)粘胶有限公司
9	江苏核电有限公司	34	连云港中复连众复合材料集团有限公司
10	江苏豪森药业集团有限公司	35	连云港海赣科技有限公司
11	大陆汽车电子(连云港)有限公司	36	连云港福润食品有限公司
12	益海(连云港)油化工业有限公司	37	江苏名洋船业有限公司
13	连云港启创铝制品有限公司	38	连云港胜华船舶修造有限公司
14	江苏康缘集团有限责任公司	39	连云港润众制药有限公司
15	江苏正大天晴药业股份有限公司	40	江苏星辰新材料科技有限公司
16	连云港五洲船舶重工有限公司	41	连云港神舟新能源有限公司
17	沙索益海(连云港)醇工业有限公司	42	江苏明盛化工有限公司
18	韩华新能源科技有限公司	43	江苏紫鑫铜业有限公司
19	东方国际集装箱(连云港)有限公司	44	中复神鹰碳纤维有限责任公司
20	江苏新海发电有限公司	45	江苏远征化工有限公司
21	重山风力设备(连云港)有限公司	46	连云港兴怡紧固件有限公司
22	江苏金茂源生物化工有限责任公司	47	连云港键坤实业有限公司
23	江苏华尔化工有限公司	48	连云港天明装备有限公司
24	连云港华乐合金有限公司	49	江苏德源药业有限公司
25	连云港宏鹏金属制品有限公司	50	连云港鹰游纺机有限责任公司

主营业务收入最高的 50 家企业

表 4–17　　(2013 年)　　单位:万元

序号	企业名称	序号	企业名称
1	江苏新海石化有限公司	26	连云港健发磁性材料有限公司
2	江苏省镔鑫特钢材料有限公司	27	连云港市兆昱新材料实业有限公司
3	连云港兴鑫钢铁有限公司	28	连云港北港镍业有限公司
4	益海(连云港)粮油有限公司	29	江苏海中洲船业有限公司
5	连云港金信利不锈钢有限公司	30	连云港宏鹏金属制品有限公司
6	罗盖特(中国)精细化工有限公司	31	甲乙(连云港)粘胶有限公司
7	连云港亚新钢铁有限公司	32	连云港腾翔金属材料有限公司
8	江苏恒瑞医药股份有限公司	33	连云港润众制药有限公司
9	大陆汽车电子(连云港)有限公司	34	日出东方太阳能股份有限公司
10	江苏核电有限公司	35	连云港海赣科技有限公司
11	江苏豪森药业集团有限公司	36	连云港福润食品有限公司
12	益海(连云港)油化工业有限公司	37	江苏名洋船业有限公司
13	连云港启创铝制品有限公司	38	连云港胜华船舶修造有限公司
14	连云港五洲船舶重工有限公司	39	连云港神舟新能源有限公司
15	沙索益海(连云港)醇工业有限公司	40	江苏星辰新材料科技有限公司
16	江苏正大天晴药业股份有限公司	41	江苏明盛化工有限公司
17	韩华新能源科技有限公司	42	连云港中复连众复合材料集团有限公司
18	东方国际集装箱(连云港)有限公司	43	江苏紫鑫铜业有限公司
19	江苏康缘集团有限责任公司	44	中复神鹰碳纤维有限责任公司
20	江苏新海发电有限公司	45	连云港兴怡紧固件有限公司
21	重山风力设备(连云港)有限公司	46	江苏远征化工有限公司
22	江苏金茂源生物化工有限责任公司	47	连云港鹰游纺机有限责任公司
23	连云港华乐合金有限公司	48	连云港天明装备有限公司
24	江苏华尔化工有限公司	49	江苏德源药业有限公司
25	国电联合动力技术(连云港)有限公司	50	连云港键坤实业有限公司

利润总额最高的50家企业

表4-18　　(2013年)　　单位:万元

序号	企业名称	序号	企业名称
1	江苏核电有限公司	26	罗盖特(中国)精细化工有限公司
2	连云港兴鑫钢铁有限公司	27	连云港海赣科技有限公司
3	江苏恒瑞医药股份有限公司	28	沙索益海(连云港)醇工业有限公司
4	江苏正大天晴药业股份有限公司	29	连云港胜华船舶修造有限公司
5	江苏豪森药业集团有限公司	30	连云港兴怡紧固件有限公司
6	益海(连云港)粮油有限公司	31	连云港北港镍业有限公司
7	连云港润众制药有限公司	32	连云港启创铝制品有限公司
8	连云港亚新钢铁有限公司	33	连云港腾翔金属材料有限公司
9	大陆汽车电子(连云港)有限公司	34	江苏星辰新材料科技有限公司
10	江苏康缘集团有限责任公司	35	江苏名洋船业有限公司
11	益海(连云港)油化工业有限公司	36	中复神鹰碳纤维有限责任公司
12	东方国际集装箱(连云港)有限公司	37	甲乙(连云港)粘胶有限公司
13	连云港天明装备有限公司	38	连云港健发磁性材料有限公司
14	重山风力设备(连云港)有限公司	39	连云港鹰游纺机有限责任公司
15	日出东方太阳能股份有限公司	40	赣榆县万通管桩配件有限公司
16	江苏华尔化工有限公司	41	江苏太平洋石英股份有限公司
17	江苏新海石化有限公司	42	江苏明盛化工有限公司
18	江苏金茂源生物化工有限责任公司	43	江苏佳宇资源利用股份有限公司
19	连云港中复连众复合材料集团有限公司	44	江苏耀中铝车轮有限公司
20	连云港市兆昱新材料实业有限公司	45	连云港浩林铜业有限公司
21	江苏海中洲船业有限公司	46	江苏远征化工有限公司
22	连云港五洲船舶重工有限公司	47	江苏省镔鑫特钢材料有限公司
23	江苏新海发电有限公司	48	江苏天明机械集团有限公司
24	江苏德源药业有限公司	49	江苏东成生物科技集团有限公司
25	韩华新能源科技有限公司	50	江苏齐天铁塔制造有限公司

利税总额最高的50家企业

表4-19　　(2013年)　　单位:万元

序号	企业名称	序号	企业名称
1	江苏核电有限公司	26	江苏金茂源生物化工有限责任公司
2	连云港兴鑫钢铁有限公司	27	连云港中复连众复合材料集团有限公司
3	江苏恒瑞医药股份有限公司	28	江苏海中洲船业有限公司
4	江苏正大天晴药业股份有限公司	29	连云港海赣科技有限公司
5	江苏豪森药业集团有限公司	30	连云港胜华船舶修造有限公司
6	益海(连云港)粮油有限公司	31	江苏名洋船业有限公司
7	连云港润众制药有限公司	32	中复神鹰碳纤维有限责任公司
8	江苏新海石化有限公司	33	甲乙(连云港)粘胶有限公司
9	连云港亚新钢铁有限公司	34	连云港北港镍业有限公司
10	大陆汽车电子(连云港)有限公司	35	连云港兴怡紧固件有限公司
11	江苏康缘集团有限责任公司	36	连云港金信利不锈钢有限公司
12	益海(连云港)油化工业有限公司	37	连云港腾翔金属材料有限公司
13	东方国际集装箱(连云港)有限公司	38	连云港鹰游纺机有限责任公司
14	江苏省镔鑫特钢材料有限公司	39	江苏星辰新材料科技有限公司
15	重山风力设备(连云港)有限公司	40	连云港福润食品有限公司
16	连云港启创铝制品有限公司	41	连云港健发磁性材料有限公司
17	罗盖特(中国)精细化工有限公司	42	江苏新海发电有限公司
18	连云港天明装备有限公司	43	连云港华乐合金有限公司
19	江苏华尔化工有限公司	44	江苏明盛化工有限公司
20	韩华新能源科技有限公司	45	连云港浩林铜业有限公司
21	沙索益海(连云港)醇工业有限公司	46	连云港宏鹏金属制品有限公司
22	江苏德源药业有限公司	47	江苏东成生物科技集团有限公司
23	连云港五洲船舶重工有限公司	48	赣榆县万通管桩配件有限公司
24	连云港市兆昱新材料实业有限公司	49	江苏紫鑫铜业有限公司
25	日出东方太阳能股份有限公司	50	江苏佳宇资源利用股份有限公司

从业人员最多的50家企业

表4–20　　(2013年)　　单位:万元

序号	企业名称	序号	企业名称
1	江苏恒瑞医药股份有限公司	26	连云港柏兴无纺布制品有限公司
2	连云港五洲船舶重工有限公司	27	晶海洋半导体材料(东海)有限公司
3	江苏康缘集团有限责任公司	28	连云港艾业无纺布制品有限公司
4	江苏正大天晴药业股份有限公司	29	江苏德邦化学工业集团有限公司
5	江苏豪森药业集团有限公司	30	江苏太平洋石英股份有限公司
6	江苏金桥盐化集团有限责任公司	31	江苏新海石化有限公司
7	江苏省镔鑫特钢材料有限公司	32	罗盖特(中国)精细化工有限公司
8	连云港兴鑫钢铁有限公司	33	国电联合动力技术(连云港)有限公司
9	日出东方太阳能股份有限公司	34	江苏明盛化工有限公司
10	连云港亚新钢铁有限公司	35	福泰克(连云港)电线有限公司
11	中国石化集团南京化学工业有限公司连云港碱厂	36	连云港味之素冷冻食品有限公司
12	连云港鹰游纺机有限责任公司	37	江苏远征化工有限公司
13	连云港中复连众复合材料集团有限公司	38	韩华新能源科技有限公司
14	江苏核电有限公司	39	东方国际集装箱(连云港)有限公司
15	江苏新海发电有限公司	40	禧玛诺(连云港)实业有限公司
16	江苏华尔化工有限公司	41	番禺珠江钢管(连云港)有限公司
17	东海uS纺织有限公司	42	连云港东港针织有限公司
18	大陆汽车电子(连云港)有限公司	43	连云港启创铝制品有限公司
19	江苏汤沟两相和酒业有限公司	44	连云港康达智精密技术有限公司
20	连云港鲜禾制鞋有限公司	45	连云港味之素如意食品有限公司
21	连云港东霞制衣有限公司	46	连云港茉织华服饰有限公司
22	连云港神舟新能源有限公司	47	江苏名洋船业有限公司
23	连云港华乐合金有限公司	48	连云港美步楼梯制造有限公司
24	连云港锦豪船业有限公司	49	国成功能服饰(连云港)有限公司
25	益海(连云港)粮油有限公司	50	中复神鹰碳纤维有限责任公司

大中型工业企业一览表

表 4–21　　(2013 年)　　单位:万元

企业名称	企业规模	隶属关系	注册类型	工业总产值
一、大型工业企业(23 户)				
江苏省镔鑫特钢材料有限公司	大型	其他	私营有限责任公司	1703069
连云港兴鑫钢铁有限公司	大型	其他	私营有限责任公司	1680936
益海(连云港)粮油有限公司	大型	其他	中外合资经营	1315529
江苏恒瑞医药股份有限公司	大型	地(区、市、州、盟)	股份有限公司	704266
连云港亚新钢铁有限公司	大型	其他	其他有限责任公司	633472
江苏核电有限公司	大型	中央	其他有限责任公司	601207
江苏豪森药业集团有限公司	大型	其他	港澳台商投资股份有限公司	585191
大陆汽车电子(连云港)有限公司	大型	其他	外资企业	574890
江苏康缘集团有限责任公司	大型	地(区、市、州、盟)	其他有限责任公司	538101
江苏正大天晴药业股份有限公司	大型	省(自治区、直辖市)	外商投资股份有限公司	533583
连云港五洲船舶重工有限公司	大型	其他	私营有限责任公司	500058
江苏新海发电有限公司	大型	省(自治区、直辖市)	股份有限公司	338211
江苏华尔化工有限公司	大型	其他	私营有限责任公司	273211
连云港华乐合金有限公司	大型	其他	私营有限责任公司	261122
日出东方太阳能股份有限公司	大型	其他	股份有限公司	205602
连云港中复连众复合材料集团有限公司	大型	中央	其他有限责任公司	198792
连云港神舟新能源有限公司	大型	县(区、市、旗)	其他有限责任公司	183672
连云港鹰游纺机有限责任公司	大型	地(区、市、州、盟)	其他有限责任公司	147490
中国石化集团南京化学工业有限公司连云港碱厂	大型	中央	国有	116980
江苏金桥盐化集团有限责任公司	大型	地(区、市、州、盟)	国有独资公司	111244
连云港锦豪船业有限公司	大型	其他	私营有限责任公司	84970
晶海洋半导体材料(东海)有限公司	大型	其他	港澳台商独资	55586
江苏汤沟两相和酒业有限公司	大型	其他	其他内资	54467
二、中型工业企业(118 户)				
江苏新海石化有限公司	中型	其他	其他有限责任公司	1939658
连云港金信利不锈钢有限公司	中型	其他	私营有限责任公司	760182
罗盖特(中国)精细化工有限公司	中型	其他	外资企业	648733
益海(连云港)油化工业有限公司	中型	其他	中外合资经营	558498
连云港启创铝制品有限公司	中型	其他	外资企业	540959
韩华新能源科技有限公司	中型	其他	其他有限责任公司	462259
东方国际集装箱(连云港)有限公司	中型	其他	中外合资经营	458034
重山风力设备(连云港)有限公司	中型	其他	外资企业	316260

表 4-21 续表 1　　(2013 年)　　单位:万元

企业名称	企业规模	隶属关系	注册类型	工业总产值
江苏金茂源生物化工有限责任公司	中型	其他	中外合资经营	295696
连云港北港镍业有限公司	中型	其他	私营有限责任公司	241640
国电联合动力技术(连云港)有限公司	中型	中央	其他有限责任公司	239493
江苏海中洲船业有限公司	中型	其他	私营有限责任公司	227092
连云港腾翔金属材料有限公司	中型	其他	私营有限股份公司	216954
甲乙(连云港)粘胶有限公司	中型	其他	外资企业	203281
连云港海赣科技有限公司	中型	其他	私营有限责任公司	196015
连云港福润食品有限公司	中型	其他	港澳台商独资	191889
江苏名洋船业有限公司	中型	其他	私营有限责任公司	191856
连云港胜华船舶修造有限公司	中型	其他	私营有限责任公司	190693
连云港润众制药有限公司	中型	其他	其他有限责任公司	184227
江苏明盛化工有限公司	中型	其他	私营有限责任公司	181416
中复神鹰碳纤维有限责任公司	中型	其他	其他有限责任公司	167959
江苏远征化工有限公司	中型	其他	私营有限责任公司	167666
连云港兴怡紧固件有限公司	中型	其他	私营有限责任公司	167234
连云港天明装备有限公司	中型	其他	私营有限责任公司	152024
江苏德源药业有限公司	中型	其他	私营有限责任公司	148323
江苏和利瑞科技发展有限公司	中型	其他	其他有限责任公司	135026
连云港恒成船业有限公司	中型	其他	私营有限责任公司	116021
连云港宝诚化工有限公司	中型	其他	其他有限责任公司	109785
连云港美尔美图船业有限公司	中型	其他	私营有限责任公司	102926
连云港伍江数码科技有限公司	中型	其他	港澳台商投资股份有限公司	92975
连云港科田化工有限公司	中型	其他	其他有限责任公司	92397
江苏双宏化工有限公司	中型	其他	其他有限责任公司	92175
江苏太平洋石英股份有限公司	中型	乡	与港澳台商合资经营	86095
江苏耀中铝车轮有限公司	中型	其他	私营独资	81826
江苏金桥盐化集团日晒制盐有限公司	中型	其他	国有独资公司	81380
江苏盛吉化工有限公司	中型	其他	其他有限责任公司	76567
江苏德邦化学工业集团有限公司	中型	地(区、市、州、盟)	中外合资经营	71014
赣榆县文峰木业有限公司	中型	其他	私营独资	64563
连云港桃盛熔融石英有限公司	中型	其他	与港澳台商合资经营	63693

表 4-21 续表 2　　(2013 年)　　单位:万元

企业名称	企业规模	隶属关系	注册类型	工业总产值
连云港致远化工有限公司	中型	其他	其他有限责任公司	62387
贵强碳化硅粉体材料(东海)有限公司	中型	其他	私营有限责任公司	56329
江苏利昂实业有限公司	中型	其他	其他有限责任公司	55389
连云港市盛昌照明电器有限公司	中型	其他	私营有限责任公司	54892
益海(连云港)精细化学工业有限公司	中型	地(区、市、州、盟)	中外合资经营	50653
连云港东港针织有限公司	中型	乡	与港澳台商合资经营	46808
连云港市云海电源有限公司	中型	其他	私营有限责任公司	42513
连云港智聚光电器材有限公司	中型	其他	港澳台商独资	42101
连云港正大农牧发展有限公司	中型	其他	与港澳台商合资经营	41173
江苏东浦管桩有限公司	中型	其他	私营有限责任公司	40460
连云港和利通船舶重工有限公司	中型	其他	其他有限责任公司	39479
连云港远洋流体装卸设备有限公司	中型	中央	国有	39014
连云港市欣森木业有限公司	中型	其他	私营有限责任公司	37977
江苏中金玛泰医药包装有限公司	中型	其他	中外合资经营	37816
东海县旭日照明电器有限公司	中型	其他	私营有限责任公司	35977
连云港索欧服饰有限公司	中型	其他	其他有限责任公司	35539
汉高华威电子有限公司	中型	地(区、市、州、盟)	中外合资经营	34995
东海宲豐纺织有限公司	中型	其他	外资企业	34412
连云港杜钟氨纶有限公司	中型	地(区、市、州、盟)	中外合资经营	32522
江苏力达宁化工有限公司	中型	其他	私营有限股份公司	30144
江苏天明机械集团有限公司	中型	其他	私营有限责任公司	30012
福泰克(连云港)电线有限公司	中型	其他	外资企业	30007
连云港美步楼梯制造有限公司	中型	其他	私营有限责任公司	29298
连云港永盛工艺品有限公司	中型	其他	其他有限责任公司	27241
江苏湛蓝科技开发有限公司	中型	其他	其他有限责任公司	26615
连云港水表有限公司	中型	地(区、市、州、盟)	其他有限责任公司	26600
东海县慧峰熔融石英厂	中型	其他	私营独资	25706
东海县宏达石英材料有限公司	中型	其他	私营有限责任公司	24932
连云港中化化学品有限公司	中型	县(区、市、旗)	国有	24555
连云港柏兴无纺布制品有限公司	中型	其他	外资企业	23330
连云港市国盛化工有限公司	中型	其他	私营有限责任公司	23030

表 4-21 续表 3　　(2013 年)　　单位:万元

企业名称	企业规模	隶属关系	注册类型	工业总产值
连云港圣野硅产有限公司	中型	其他	私营有限责任公司	22464
连云港华洋玩具有限公司	中型	其他	其他有限责任公司	20966
连云港鲜禾制鞋有限公司	中型	其他	外资企业	20864
连云港市金囤农化有限公司	中型	其他	私营有限责任公司	20312
禧玛诺(连云港)实业有限公司	中型	其他	外商投资股份有限公司	19959
连云港市利晶石英晶体有限公司	中型	其他	私营有限责任公司	19702
中国江苏三得利食品有限公司	中型	地(区、市、州、盟)	中外合资经营	19522
连云港黄海机械股份有限公司	中型	其他	私营有限股份公司	18998
连云港艾业无纺布制品有限公司	中型	其他	外资企业	18495
连云港味之素冷冻食品有限公司	中型	其他	中外合资经营	18434
连云港海德益食品有限公司	中型	其他	私营有限责任公司	18094
江苏苏云医疗器材有限公司	中型	其他	与港澳台商合资经营	17537
江苏道博化工有限公司	中型	其他	私营有限责任公司	15870
东海力音电子有限公司	中型	其他	港澳台商独资	14900
连云港新磷矿化有限责任公司	中型	地(区、市、州、盟)	其他有限责任公司	14308
连云港花茂日用品有限公司	中型	其他	港澳台商独资	14221
番禺珠江钢管(连云港)有限公司	中型	县(区、市、旗)	私营有限责任公司	14171
连云港市自来水有限责任公司	中型	地(区、市、州、盟)	其他有限责任公司	13288
连云港康达智精密技术有限公司	中型	其他	外资企业	13238
连云港北方变速器有限公司	中型	中央	其他有限责任公司	12950
连云港茉织华服饰有限公司	中型	其他	私营有限股份公司	12775
江苏中鹏新材料股份有限公司	中型	其他	股份有限公司	12018
灌云县建豪制衣有限公司	中型	其他	其他有限责任公司	11816
连云港市黄化制钙有限公司	中型	地(区、市、州、盟)	其他有限责任公司	11177
赣榆富利来纺织有限公司	中型	其他	私营独资	10988
连云港东霞制衣有限公司	中型	其他	私营有限责任公司	10028
连云港福东正佑照明电器有限公司	中型	乡	中外合资经营	10025
连云港味之素如意食品有限公司	中型	其他	中外合资经营	9957
赣榆县德兴海洋食品有限公司	中型	其他	私营有限责任公司	9705
连云港连利水表有限公司	中型	地(区、市、州、盟)	中外合资经营	9579
江苏堂皇集团连云港家纺有限公司	中型	其他	私营有限责任公司	9489

表 4-21 续表 4　　(2013 年)　　单位:万元

企业名称	企业规模	隶属关系	注册类型	工业总产值
连云港高发玩具礼品有限公司	中型	其他	外资企业	8736
江苏雅仕保鲜产业有限公司	中型	其他	私营独资	8666
台玻东海玻璃有限公司	中型	其他	外资企业	8017
连云港市永旺玻璃制品有限公司	中型	其他	私营有限责任公司	7329
连云港泰宇服装有限公司	中型	其他	私营有限责任公司	7124
舜天(赣榆)工贸有限公司	中型	其他	与港澳台商合资经营	6887
连云港宏杨木业有限公司	中型	其他	外资企业	6839
连云港东米食品有限公司	中型	其他	国有	6548
江苏阳云丰服装有限公司	中型	其他	与港澳台商合资经营	6389
连云港市鑫玛鞋业有限公司	中型	其他	私营有限责任公司	6274
国成功能服饰(连云港)有限公司	中型	其他	外资企业	6252
连云港今世好服饰有限公司	中型	其他	港澳台商独资	6051
连云港光鼎电子有限公司	中型	县(区、市、旗)	中外合资经营	5860
连云港艾信无纺布制品有限公司	中型	其他	私营有限责任公司	5804
连云港祥禾制衣有限公司	中型	其他	港澳台商独资	4731
灌南县宏益纺织有限公司	中型	其他	私营有限责任公司	4695
江苏迪安化工有限公司	中型	其他	其他有限责任公司	3317

分县区历年工业企业能源综合消耗量

表 4-22 单位:吨标准煤

年份	全市	市区	赣榆县	东海县	灌云县	灌南县
2005	2328028	1720571	179608	239917	114081	73852
2006	3382350	2713805	285296	205265	113465	64519
2007	3353069	2610589	289143	229616	126240	97481
2008	3506577	2597110	333987	242935	191397	141149
2009	4030479	2580984	569292	365617	151050	363536
2010	4825594	2589130	988916	344706	151481	751361
2011	6211173	2921511	1618143	349642	155562	1166315
2012	6338884	2956485	1652103	319808	164541	1245946
2013	7362349	3622430	1816100	368277	213178	1342364

工业企业主要能源消费量

表 4-23　　　　(2013 年)　　　　单位:吨

指　标	全　市	市　区	赣榆县	东海县	灌云县	灌南县
原煤	6054865	5539194	30272	58949	109499	316952
洗精煤	417181	3678	351727			61776
其它洗煤	52427	52427				
煤制品	7061		7061			
焦炭	1879524	107754	890484			881286
发生炉煤气(万立方米)	1489	1489				
天然气(万立方米)	8945	8595			350	
液化天然气	3	3				
原油	2399610	30	2399580			
汽油	1406	1283	15	12		96
煤油	4	4				
柴油	25197	23586	224	612	1	774
燃料油	1730				61	1669
液化石油气	11421	21		661	10739	
润滑油	38	38				
其它石油制品	116	116				
热力(百万千焦)	12002738	11625537	196413	44652		136137
电力(万千瓦时)	1255113	463309	311764	235972	90834	153233
煤矸石用于燃料	13967	13518	449			
城市垃圾用于燃料	271432	271432				
生物质废料用于燃料	260428	8362	145843	94668		11555
折标准煤合计(吨标准煤)	12290037	5252219	5098220	382310	213365	1343923

主要能源品种分行业消费量

表 4-24 (2013 年) 单位:吨

指标	原煤	焦碳	石油	汽油	柴油	热力(百万千焦)	电力(万千瓦时)
总计	**6054865**	**1879524**	**2399610**	**1406**	**25197**	**12002738**	**1255113**
其中:轻工业	414542	216		359	1210	1310768	183940
重工业	5640323	1879308	2399610	1048	23987	10691971	1071173
有色金属矿采选业					120		683
非金属矿采选业	61750				367		11059
开采辅助活动	158						1327
农副食品加工业	125443			59	749	30065	44332
食品制造业	26408			7			5342
酒、饮料和精制茶制造业	29603				2		8579
纺织业	1816			2	1		9498
纺织服装、服饰业	1252			10		5830	13658
皮革、毛皮、羽毛及其制品和制鞋业	2798			42	49		2576
木材加工和木、竹、藤、棕、草制品业	14539			18	130		17313
家具制造业							483
造纸和纸制品业	6232				36		4917
印刷和记录媒介复制业				21	38		2358
文教、工美、体育和娱乐用品制造业	7025			5			4339
石油加工、炼焦和核燃料加工业			2399580				15129
化学原料和化学制品制造业	1430190	107538		65	13065	10542194	221525

表 4-24 续表　　(2013 年)　　单位:吨

指　　标	原煤	焦碳	石油	汽油	柴油	热　力(百万千焦)	电　力(万千瓦时)
医药制造业	28869			101	136	855135	24131
化学纤维制造业	126354			22		339695	13243
橡胶和塑料制品业	245			26	17	37909	14787
非金属矿物制品业	58308			33	5064	45126	178703
黑色金属冶炼和压延加工业	62651	1766310		13	1413		316271
有色金属冶炼和压延加工业	17556	4710			116		16487
金属制品业	16			63	567		58953
通用设备制造业	2140			63	126		15163
专用设备制造业	15260	750		236	175	146784	20242
汽车制造业				18			6927
铁路、船舶、航空航天和其他运输设备制造业		216	30		293		9717
电气机械和器材制造业	2272			31	157		30446
计算机、通信和其他电子设备制造业	621			172	0		15945
仪器仪表制造业				17	34		463
其他制造业							263
废弃资源综合利用业	692						1619
电力、热力生产和供应业	4032668			299	2518		163242
燃气生产和供应业							897
水的生产和供应业				82	26		4497

工业企业综合能耗分行业

表 4-25 (2013年)

指标	2013年		2012年	
	综合能耗（吨标准煤）	工业总产值（万元）	综合能耗（吨标准煤）	工业总产值（万元）
总计	**7362349**	**41305931**	**6453504**	**34354674**
其中:轻工业	585085	11509563	524041	9568945
重工业	6777264	29796367	5929463	24785729
有色金属矿采选业	1015	48074	1636	59859
非金属矿采选业	57968	415738	76469	402123
开采辅助活动	1744	47203	2192	56023
农副食品加工业	148495	3218082	143866	2803142
食品制造业	30089	268164	26434	213832
酒、饮料和精制茶制造业	33124	409129	40455	419023
纺织业	13250	322218	11795	283608
纺织服装、服饰业	17893	749172	14885	565400
皮革、毛皮、羽毛及其制品和制鞋业	5206	180357	5284	174001
木材加工和木、竹、藤、棕、草制品业	42307	565352	32901	438322
家具制造业	593	46902	590	25947
造纸和纸制品业	10540	233742	9786	171177
印刷和记录媒介复制业	2958	87557	2481	69257
文教、工美、体育和娱乐用品制造业	10351	330229	7157	248946
石油加工、炼焦和核燃料加工业	184485	2058857	175801	1609125
化学原料和化学制品制造业	1592323	7445104	1515463	5999486

表4-25续表1　　　　　　　　　　(2013年)

指　　　　　标	2013年		2012年	
	综合能耗(吨标准煤)	工业总产值(万元)	综合能耗(吨标准煤)	工业总产值(万元)
医药制造业	80836	3333790	72530	2736317
化学纤维制造业	118130	270767	101692	216440
橡胶和塑料制品业	19688	470004	21263	415122
非金属矿物制品业	268062	3979989	242828	3129099
黑色金属冶炼和压延加工业	2515413	6093334	2402588	4421995
有色金属冶炼和压延加工业	51276	1467526	137297	1911668
金属制品业	73246	1344375	54859	955394
通用设备制造业	20390	872003	24904	757085
专用设备制造业	41804	1220570	36468	1060378
汽车制造业	13169	352455	9852	288546
铁路、船舶、航空航天和其他运输设备制造业	30867	1605897	33293	1651734
电气机械和器材制造业	39531	1429623	37331	1171416
计算机、通信和其他电子设备制造业	20455	1131399	18470	928259
仪器仪表制造业	573	54056	647	68986
其他制造业	323	37111	300	25298
废弃资源综合利用业	2612	116524	3001	189446
电力、热力生产和供应业	1907393	1018117	1183255	824922
燃气生产和供应业	1103	60519	723	43438
水的生产和供应业	5137	21993	5010	19861

工业企业能耗分县区

表 4–26　　(2013 年)

指标	全市		市区	
	综合能耗(吨标准煤)	工业总产值(万元)	综合能耗(吨标准煤)	工业总产值(万元)
总计	**7362349**	**41305931**	**3622430**	**14159417**
其中:轻工业	585085	11509563	329264	5334580
重工业	6777264	29796367	3293165	8824837
有色金属矿采选业	1015	48074	1015	48074
非金属矿采选业	57968	415738	48717	178154
开采辅助活动	1744	47203	1744	47203
农副食品加工业	148495	3218082	103663	1531467
食品制造业	30089	268164	24164	137724
酒、饮料和精制茶制造业	33124	409129	7917	22316
纺织业	13250	322218	4231	82446
纺织服装、服饰业	17893	749172	794	19652
皮革、毛皮、羽毛及其制品和制鞋业	5206	180357	326	25099
木材加工和木竹藤棕草制品业	42307	565352	1289	100264
家具制造业	593	46902	0	0
造纸和纸制品业	10540	233742	3662	40760
印刷和记录媒介复制业	2958	87557	422	20586
文教、工美、体育和娱乐用品制造业	10351	330229	11	3020
石油加工、炼焦和核燃料加工业	184485	2058857	9	29199
化学原料和化学制品制造业	1592323	7445104	1210127	2738988

表 4-26 续表 1　　　　　　　　　　(2013 年)

指　　标	全　市		市　区	
	综合能耗(吨标准煤)	工业总产值(万元)	综合能耗(吨标准煤)	工业总产值(万元)
医药制造业	80836	3333790	51582	2746534
化学纤维制造业	118130	270767	117733	260158
橡胶和塑料制品业	19688	470004	7436	135198
非金属矿物制品业	268062	3979989	44713	737877
黑色金属冶炼和压延加工业	2515413	6093334	71839	288975
有色金属冶炼和压延加工业	51276	1467526	20042	611025
金属制品业	73246	1344375	13399	576697
通用设备制造业	20390	872003	7293	497419
专用设备制造业	41804	1220570	32804	823112
汽车制造业	13169	352455	104	8163
铁路、船舶、航空航天和其他运输设备制造业	30867	1605897	1892	87416
电气机械和器材制造业	39531	1429623	6506	454089
计算机、通信和其他电子设备制造业	20455	1131399	12547	783155
仪器仪表制造业	573	54056	573	54056
其他制造业	323	37111		
废弃资源综合利用业	2612	116524	372	55264
电力、热力生产和供应业	1907393	1018117	1819998	974065
燃气生产和供应业	1103	60519	615	24410
水的生产和供应业	5137	21993	4889	16852

表 4-26 续表 2　　　　　　　　　　　　(2013 年)

指　　标	新浦区		海州区	
	综合能耗(吨标准煤)	工业总产值(万元)	综合能耗(吨标准煤)	工业总产值(万元)
总　　计	**35712**	**612680**	**247353**	**1160814**
其中:轻工业	6676	101402	27918	371376
重工业	29036	511278	219436	789439
有色金属矿采选业				
非金属矿采选业	3195	14308		
开采辅助活动				
农副食品加工业	1573	24663	649	22007
食品制造业	509	5761	12988	41989
酒、饮料和精制茶制造业			7483	19522
纺织业	14	11468	1890	37399
纺织服装、服饰业				
皮革、毛皮、羽毛及其制品和制鞋业	78	5140		
木材加工和木竹藤棕草制品业	87	28339	842	39988
家具制造业				
造纸和纸制品业	2915	2505	36	2097
印刷和记录媒介复制业			92	3273
文教、工美、体育和娱乐用品制造业				
石油加工、炼焦和核燃料加工业				
化学原料和化学制品制造业			180695	109462

表 4-26 续表 3　　　　　　　　　　　　(2013 年)

指　　　　　标	新浦区		海州区	
	综合能耗（吨标准煤）	工业总产值（万元）	综合能耗（吨标准煤）	工业总产值（万元）
医药制造业			58	23118
化学纤维制造业			498	4590
橡胶和塑料制品业	232	25665	2413	32301
非金属矿物制品业	17140	254298	2356	59907
黑色金属冶炼和压延加工业			4161	22732
有色金属冶炼和压延加工业				
金属制品业	70	16464	55	6955
通用设备制造业	612	11442	2411	41554
专用设备制造业	100	18542	25191	397161
汽车制造业			67	5761
铁路、船舶、航空航天和其他运输设备制造业			202	39014
电气机械和器材制造业	828	149077	4172	213573
计算机、通信和其他电子设备制造业	1439	13238	333	4390
仪器仪表制造业	112	26600	147	9610
其他制造业				
废弃资源综合利用业	104	2767		
电力、热力生产和供应业	6704	2402		
燃气生产和供应业			615	24410
水的生产和供应业				

表 4-26 续表 4　　　　　　　　　　(2013 年)

指　　　标	连云区		开发区	
	综合能耗(吨标准煤)	工业总产值(万元)	综合能耗(吨标准煤)	工业总产值(万元)
总　　计	**182782**	**922318**	**924161**	**9717084**
其中:轻工业	4183	91742	275794	4191182
重工业	178598	830576	648368	5525903
有色金属矿采选业			1015	48074
非金属矿采选业	194	47407	25	5194
开采辅助活动	1744	47203		
农副食品加工业	2235	37758	98274	1436932
食品制造业	551	20924	10117	69050
酒、饮料和精制茶制造业				
纺织业			573	25910
纺织服装、服饰业	794	19652		
皮革、毛皮、羽毛及其制品和制鞋业			248	19959
木材加工和木竹藤棕草制品业	67	2685	293	29253
家具制造业				
造纸和纸制品业	213	8230	303	16509
印刷和记录媒介复制业			330	17313
文教、工美、体育和娱乐用品制造业			11	3020
石油加工、炼焦和核燃料加工业	9	29199		
化学原料和化学制品制造业	92319	141990	458218	2370556

表 4-26 续表 5　　　　　　　　　　(2013 年)

指　　　标	连云区		开发区	
	综合能耗(吨标准煤)	工业总产值(万元)	综合能耗(吨标准煤)	工业总产值(万元)
医药制造业	44	3157	44399	2186676
化学纤维制造业			117235	255568
橡胶和塑料制品业	1075	38939	3716	38292
非金属矿物制品业	2180	103895	23037	319778
黑色金属冶炼和压延加工业	67679	266243		
有色金属冶炼和压延加工业	11656	37073	8387	573952
金属制品业	64	2852	13211	550426
通用设备制造业			4270	444423
专用设备制造业	590	9877	6924	397532
汽车制造业	36	2402		
铁路、船舶、航空航天和其他运输设备制造业	927	35453	762	12950
电气机械和器材制造业	75	2420	1431	89019
计算机、通信和其他电子设备制造业			10774	765527
仪器仪表制造业	17	891	297	16955
其他制造业				
废弃资源综合利用业	259	49506	9	2992
电力、热力生产和供应业	55	14565	119710	17681
燃气生产和供应业				
水的生产和供应业			593	3546

表 4-26 续表 6　　　　　　　　　　(2013 年)

指　　　　标	赣榆县		东海县	
	综合能耗(吨标准煤)	工业总产值(万元)	综合能耗(吨标准煤)	工业总产值(万元)
总　　　计	**1816100**	**10848512**	**368277**	**6242967**
其中:轻工业	46256	2015100	82148	2246405
重工业	1769844	8833412	286129	3996561
有色金属矿采选业				
非金属矿采选业	584	64880	6831	91323
开采辅助活动				
农副食品加工业	10165	725622	27240	854109
食品制造业	197	29846	1297	22549
酒、饮料和精制茶制造业	5881	220728	10315	46299
纺织业	1243	74565	2211	89193
纺织服装、服饰业	3095	292333	10315	343709
皮革、毛皮、羽毛及其制品和制鞋业	14	10910	945	53528
木材加工和木竹藤棕草制品业	9448	113764	9844	230726
家具制造业	514	40804		
造纸和纸制品业	1084	34932	984	90432
印刷和记录媒介复制业	447	22816	2089	44156
文教、工美、体育和娱乐用品制造业	1343	197384	379	25434
石油加工、炼焦和核燃料加工业	184475	2029658		
化学原料和化学制品制造业	28292	1247883	11877	251662

表 4-26 续表 7 (2013 年)

指标	赣榆县		东海县	
	综合能耗（吨标准煤）	工业总产值（万元）	综合能耗（吨标准煤）	工业总产值（万元）
医药制造业	12486	193475	33	3281
化学纤维制造业			397	10609
橡胶和塑料制品业	7720	203583	1054	31289
非金属矿物制品业	21671	467691	196882	2664837
黑色金属冶炼和压延加工业	1402354	3048689		
有色金属冶炼和压延加工业	648	241549	2144	77514
金属制品业	52690	592227	4615	97909
通用设备制造业	6613	298668	607	21457
专用设备制造业	2334	89297	4918	148062
汽车制造业	1162	30871	4819	219435
铁路、船舶、航空航天和其他运输设备制造业	89	9302	1728	27898
电气机械和器材制造业	5408	264580	26274	685820
计算机、通信和其他电子设备制造业	3791	253935	4074	90152
仪器仪表制造业				
其他制造业	123	24801	199	12310
废弃资源综合利用业	1200	5957		
电力、热力生产和供应业	50931	14759	36205	9275
燃气生产和供应业				
水的生产和供应业	100	3003		

表 4-26 续表 8　　　　　　　　　　　　　　　(2013 年)

指　　标	灌云县		灌南县	
	综合能耗(吨标准煤)	工业总产值(万元)	综合能耗(吨标准煤)	工业总产值(万元)
总　　计	**213178**	**5001194**	**1342364**	**5053841**
其中:轻工业	70300	1612434	57117	301044
重工业	142878	3388760	1285248	4752797
有色金属矿采选业				
非金属矿采选业	1836	81380		
开采辅助活动				
农副食品加工业	7317	102076	111	4807
食品制造业	1500	65147	2931	12900
酒、饮料和精制茶制造业	518	39111	8493	80674
纺织业	4059	65080	1506	10935
纺织服装、服饰业	3182	88547	507	4931
皮革、毛皮、羽毛及其制品和制鞋业	1223	43879	2697	46941
木材加工和木竹藤棕草制品业	6029	65524	15696	55074
家具制造业	62	3527	18	2572
造纸和纸制品业	4809	67618		
印刷和记录媒介复制业				
文教、工美、体育和娱乐用品制造业	8590	100315	29	4077
石油加工、炼焦和核燃料加工业				
化学原料和化学制品制造业	105432	2242704	236595	963867

表 4-26 续表 9　　　　　　　　　　　　(2013 年)

指　　　　　标	灌云县		灌南县	
	综合能耗(吨标准煤)	工业总产值(万元)	综合能耗(吨标准煤)	工业总产值(万元)
医药制造业	12189	371033	4545	19467
化学纤维制造业				
橡胶和塑料制品业	3479	99934		
非金属矿物制品业	3491	99839	1304	9745
黑色金属冶炼和压延加工业	8802	265297	1032418	2490373
有色金属冶炼和压延加工业	1828	130651	26614	406788
金属制品业	2326	73436	216	4106
通用设备制造业	1245	42104	4633	12356
专用设备制造业	1545	112381	202	47719
汽车制造业	6680	86133	404	7853
铁路、船舶、航空航天和其他运输设备制造业	24781	626584	2377	854697
电气机械和器材制造业	467	17468	877	7665
计算机、通信和其他电子设备制造业			44	4157
仪器仪表制造业				
其他制造业				
废弃资源综合利用业	1040	55303		
电力、热力生产和供应业	259	20017		
燃气生产和供应业	488	36109		
水的生产和供应业			149	2138

工 业 企 业 水 消 费 综 合 表

表 4-27　　(2013 年)　　单位:立方米

指　　标	2013年	2012年
取水总量	**264469300**	**243323000**
陆地地表水	181113600	164352300
地下水	7127900	6943100
自来水	28870900	26054200
海水	47294600	45754800
其他水	62400	218600
其中:雨水收集利用	10600	6500
再生水(中水)	51300	16900
重复用水量	916684800	772039900
河湖海冷却直排水量	35636000	28524000
废水排放量	29965700	28225600

表 4-27 续表　　　　(2013 年)　　　　单位:立方米

指　　　　标	付费水(立方米)	金额(千元)
取水总量	**233047500**	**128785**
陆地地表水	151082700	37874
地下水	6728000	5060
自来水	28869900	85697
海水	46366300	151
其他水	500	2
其中:雨水收集利用		
再生水(中水)		
重复用水量		
河湖海冷却直排水量		
废水排放量		

工业企业水消费分县区

表 4-28　　(2013 年)　　单位:立方米

指　标	全　市	市　区	赣榆县	东海县	灌云县	灌南县
取水总量	**264469300**	**232205900**	**8255000**	**6340400**	**1298000**	**16370000**
陆地地表水	181113600	165922500	2320700	2649400	167300	10053700
地下水	7127900	314500	2818800	1601600	262400	2130600
自来水	28870900	18660000	3079800	2078700	868400	4184000
海水	47294600	47258900	35700			
其他水	62400	50100		10600		1700
其中:雨水收集利用	10600			10600		
再生水(中水)	51300	49900				1400
重复用水量	916684800	909904700	747100	453200	4400	5575400
河湖海冷却直排水量	35636000	33926700	209800	39600		1459900
废水排放量	29965700	19398800	2563100	4069700	51600	3882500

全 社 会 用 电 情 况

表 4-29　　　　　　　　　　(2013 年)　　　　　　　　　　单位:万千瓦时

指　　标	全　市	市　区	赣榆县	东海县	灌云县	灌南县
A:全社会用电合计	**1349388**	**484067**	**328174**	**185588**	**111302**	**240257**
第一产业	43656	10075	14940	6586	3117	8938
第二产业	905047	293641	248034	113510	59529	190333
第三产业	161351	94983	19334	23005	12541	11488
B:城乡居民生活合计	239334	85368	45866	42487	36115	29498
其中:城镇	103191	61142	10786	11248	10778	9237
乡村	136143	24226	35080	31239	25337	20261
一、农、林、牧、渔业	43656	10075	14940	6586	3117	8938
二、工业	887251	283472	245541	111172	58605	188461
1. 轻工业用电	180583	64741	32933	35819	9966	37124
2. 重工业用电	706668	218731	212608	75353	48639	151337
三、建筑业合计	17796	10169	2493	2338	924	1872
四、交通运输、仓储邮政业	27826	20633	1333	4373	781	706
五、信息传输、计算机服务和软件业	11238	4700	2159	1797	1455	1127
六、商业、住宿和饮食业	50124	27300	6720	7810	4268	4026
七、金融、房地产、商务及居民服务业	24902	17397	2546	2002	1694	1263
八、公共事业及管理组织	47261	24953	6576	7023	4343	4366

5

重点服务业

全市重点服务业企业按类型分主要经济指标

表 5-1 单位:亿元

指标	单位数(个)	固定资产原价			本年折旧		
		2013年	2012年	增长(%)	2013年	2012年	增长(%)
总　计	**533**	**430.3**	**376.6**	**14.3**	**31.1**	**25.0**	**24.4**
一、按登记注册类型分组							
内资企业	525	407.0	354.6	14.8	29.5	23.5	25.5
国有企业	31	15.2	12.4	21.9	1.5	1.1	37.3
集体企业	13	3.0	2.1	45.4	0.5	0.4	21.5
股份合作企业	4	0.8	0.7	19.5	0.1	0.1	-17.2
有限责任公司	99	208.9	177.4	17.8	14.1	11	28.1
股份有限公司	22	121.7	109.4	11.3	7.7	6.2	23.8
私营企业	275	51.0	47.5	7.3	5.2	4.3	19.8
港、澳、台商投资企业	5	21.1	19.8	6.5	1.3	1.2	9.4
外商投资企业	3	2.2	2.2	0.1	0.2	0.3	-7
二、按企业控股情况分组							
国有控股	102	335.7	292.2	14.9	22.2	17.7	25.1
集体控股	24	4.7	3.6	29.4	0.8	0.6	39.8
私人控股	302	55	49.8	10.5	5.7	4.8	19.4
港澳台商控股	3	8.1	7.8	3.5	0.3	0.3	5
外商控股	2	0	0	0	0	0	66.7
三、按隶属关系分组							
中央	15	52.8	48.6	8.6	3.4	2.3	49.2
省	13	42.7	38.7	10.2	4.3	4.5	-4.9
市	46	193.9	174.8	10.9	8	7	14.3
县、区	49	28.9	19.1	51.5	3.6	1.2	216.2
四、按是否是亏损企业							
亏损企业	85	41.6	39.2	6.1	3.4	3.5	-4.2
不亏损企业	448	388.7	337.4	15.2	27.7	21.4	29.1

注:重点服务业单位标准是年营业收入在1000万元及以上或平均人数在50人及以上的服务业法人单位。具体包括服务业9个行业门类和2个行业中类,即:交通运输、仓储和邮政业,信息传输、软件和信息技术服务业,租赁和商务服务业,科学研究和技术服务业,水利、环境和公共设施管理业,居民服务、修理和其他服务业,教育,卫生和社会工作,文化、体育和娱乐业;以及物业管理、房地产中介服务等行业。按此标准,2013年全市符合国家重点服务业标准的单位达到533家。

表 5-1 续表 1

单位:亿元

指　　标	单位数(个)	资产总计			所有者权益合计		
		2013年	2012年	增长(%)	2013年	2012年	增长(%)
总　计	**533**	**2402.5**	**1692.0**	**42**	**1176.4**	**767.4**	**53.3**
一、按登记注册类型分组							
内资企业	525	2384.3	1673.8	42.4	1167.8	759.9	53.7
国有企业	31	78.7	67.7	16.2	22.4	17.6	27.1
集体企业	13	3.4	3.1	11.1	0.5	0.5	7.5
股份合作企业	4	0.6	0.6	8	0.2	0	797.5
有限责任公司	99	1941	1282.8	51.3	1021.8	630.7	62
股份有限公司	22	143.6	125.8	14.2	64.3	58	10.8
私营企业	275	205	183.5	11.7	50.2	45.8	9.7
港、澳、台商投资企业	5	15.9	15.8	0.4	7	6.1	15.1
外商投资企业	3	2.3	2.4	-2	1.6	1.4	7.4
二、按企业控股情况分组							
国有控股	102	2118.5	1437.6	47.4	1100.2	697.7	57.7
集体控股	24	17.3	16	8	3.8	3.2	19.3
私人控股	302	216.5	193.6	11.9	53.8	49	9.7
港澳台商控股	3	7	7.1	-1.2	5.6	5.1	11.5
外商控股	2	0.1	0.1	11.1	0.1	0.1	14.4
三、按隶属关系分组							
中央	15	73.7	68	8.4	11.9	11.1	7.6
省	13	30.2	29	4.3	16.2	15.2	6.5
市	46	1276.8	913.8	39.7	589.1	405.4	45.3
县、区	49	671.3	400.6	67.6	417.4	240.8	73.3
四、按是否是亏损企业							
亏损企业	85	74.1	70.8	4.6	19.7	19	3.8
不亏损企业	448	2328.4	1621.2	43.6	1156.6	748.4	54.5

表 5-1 续表 2 单位:亿元

指标	单位数(个)	营业收入			营业成本		
		2013年	2012年	增长(%)	2013年	2012年	增长(%)
总　计	**533**	**425.3**	**357.7**	**18.9**	**327.6**	**282.0**	**16.1**
一、按登记注册类型分组							
内资企业	525	409.4	341	20.1	315.9	268.9	17.5
国有企业	31	36.6	21.3	72.3	31.3	18.1	73.1
集体企业	13	3.1	2.3	32.9	2.1	1.4	54.5
股份合作企业	4	0.8	0.8	-1.2	0.7	0.7	5.2
有限责任公司	99	225.3	186.7	20.6	178.1	151.8	17.4
股份有限公司	22	47.3	46.3	2.3	25.7	28.5	-10
私营企业	275	84.6	73.7	14.8	69	61	13.1
港、澳、台商投资企业	5	12.7	13.4	-5.2	9.3	10.5	-11.4
外商投资企业	3	3.1	3.2	-3.1	2.4	2.6	-7.9
二、按企业控股情况分组							
国有控股	102	299.7	248.6	20.5	229.6	196.2	17
集体控股	24	7.6	6.3	20	5.2	4.2	24.7
私人控股	302	90.5	78.9	14.6	73.1	64.5	13.4
港澳台商控股	3	4.7	5.3	-11.4	2.9	3.7	-22.8
外商控股	2	0.7	0.6	20.8	0.6	0.6	7.5
三、按隶属关系分组							
中央	15	54.1	36.1	49.7	46.6	32.4	43.8
省	13	25.4	24.2	5	12.5	12	4.7
市	46	190.1	170.2	11.7	150.6	141	6.8
县、区	49	31.5	18.8	67.9	22.3	12.2	82.5
四、按是否是亏损企业							
亏损企业	85	31.2	28.5	9.6	27.2	25.5	6.6
不亏损企业	448	394.1	329.2	19.7	300.4	256.5	17.1

表 5-1 续表 3

单位:亿元

指标	单位数(个)	营业税金及附加			管理费用中税金		
		2013年	2012年	增长(%)	2013年	2012年	增长(%)
总　计	**533**	**6.5**	**8**	**-18.6**	**0.9**	**1.1**	**-14.8**
一、按登记注册类型分组							
内资企业	525	6.4	7.8	-17.9	0.9	1.1	-15
国有企业	31	0.2	0.3	-39.8	0	0	54.6
集体企业	13	0.1	0.1	-24.3	0	0	-78.2
股份合作企业	4	0	0	-97.5	0	0	0
有限责任公司	99	3.9	4.7	-17.5	0.7	0.9	-21.3
股份有限公司	22	1	1.3	-23.4	0.1	0.1	3.7
私营企业	275	1.1	1.2	-9.0	0.1	0.1	36.6
港、澳、台商投资企业	5	0.1	0.2	-41.9	0	0	-3.7
外商投资企业	3	0	0	-3.2	0	0	0
二、按企业控股情况分组							
国有控股	102	4.7	5.9	-19.6	0.7	0.9	-20.4
集体控股	24	0.1	0.2	-33.9	0	0	-24
私人控股	302	1.2	1.4	-8.8	0.1	0.1	28.3
港澳台商控股	3	0	0.1	-86.3	0	0	1
外商控股	2	0	0	21.4	0	0	7440
三、按隶属关系分组							
中央	15	0.4	0.5	-25.7	0	0	33.3
省	13	0.6	0.6	3.5	0	0	111.8
市	46	2.9	4.2	-31.8	0.2	0.2	20.1
县、区	49	0.9	0.6	52.4	0.1	0.4	-76.8
四、按是否是亏损企业							
亏损企业	85	0.3	0.4	-30.1	0	0	-5.2
不亏损企业	448	6.2	7.6	-17.9	0.9	1	-15.2

表 5-1 续表 4

单位:亿元

指　　标	单位数(个)	营业利润			利润总额			应交增值税		
		2013年	2012年	增长(%)	2013年	2012年	增长(%)	2013年	2012年	增长(%)
总　计	**533**	**48.3**	**24.1**	**100.6**	**50.5**	**34.2**	**47.7**	**4.4**	**1.2**	**253.6**
一、按登记注册类型分组										
内资企业	525	46.1	22.5	105.4	48.3	32.5	48.4	4.1	1.2	241.8
国有企业	31	1.3	-0.3	539	1.5	1.6	-7.2	0.1	0	377.2
集体企业	13	0.1	0	610.9	0.2	0	1312.3	0.1	0.1	15
股份合作企业	4	0	0	-579.6	0	0	-541.7	0	0	208.3
有限责任公司	99	30.3	10.2	197.5	31.8	17.7	80.2	2.9	0.4	551.4
股份有限公司	22	8.1	7.6	6.1	8.6	8.1	5.5	0.1	0.1	-14.1
私营企业	275	4.9	3.8	26.4	4.9	4	23.2	0.8	0.5	83.4
港、澳、台商投资企业	5	1.8	1.4	34.4	1.8	1.4	34.6	0.2	0	861.1
外商投资企业	3	0.3	0.2	34.2	0.3	0.3	33.1	0	0	0
二、按企业控股情况分组										
国有控股	102	38.2	16.3	134.6	40.2	26.1	54.3	3	0.5	456.9
集体控股	24	1	0.5	77.2	1.2	0.7	70.4	0.2	0.1	137.3
私人控股	302	5.3	4.5	19.3	5.5	4.6	18.9	0.8	0.4	102.8
港澳台商控股	3	1.4	1.1	28.4	1.4	1.1	29.5	0.1	0	25233.3
外商控股	2	0	0	354.4	0	0	335.1	0	0	0
三、按隶属关系分组										
中央	15	2.2	1.4	51.3	2.5	2.3	8.4	0	0	-15.4
省	13	5.2	5.1	3	5.3	5.1	3.7	0.1	0	62.8
市	46	23.6	7.2	226.2	24.8	15.3	61.8	2.7	0.3	769.3
县、区	49	6.3	2.1	205.2	6.5	2.6	151.3	0.1	0.1	21
四、按是否是亏损企业										
亏损企业	85	-3	-2.7	-12.9	-2.1	-1.4	-48.4	0.2	0	468.6
不亏损企业	448	51.3	26.7	91.9	52.6	35.6	47.8	4.1	1.2	246.3

表 5-1 续表 5　　单位:亿元

指标	单位数(个)	应付职工薪酬(本年贷方累计发生额)			从业人员期末人数(人)	从业人员平均人数(人)
		2013年	2012年	增长(%)		
总计	**533**	**47**	**40.7**	**15.5**	**76245**	**75994**
一、按登记注册类型分组						
内资企业	525	46.2	39.9	15.6	75289	75031
国有企业	31	4.5	3.8	16.1	6157	6211
集体企业	13	1.5	1.3	14.5	4309	4355
股份合作企业	4	0.2	0.2	19.6	491	511
有限责任公司	99	23.3	20.4	14.2	30338	30464
股份有限公司	22	6.6	6.5	1.9	8998	8990
私营企业	275	7.8	6	29.5	19167	18741
港、澳、台商投资企业	5	0.7	0.6	13	779	788
外商投资企业	3	0.1	0.1	2.9	177	175
二、按企业控股情况分组						
国有控股	102	30.9	28.1	10	38642	38900
集体控股	24	2.3	2	13.7	5273	5320
私人控股	302	8.1	6.3	28.6	20216	19766
港澳台商控股	3	0.4	0.3	18.4	392	399
外商控股	2	0.4	0.5	-34	672	689
三、按隶属关系分组						
中央	15	3	2.6	14.9	3238	3243
省	13	2.3	2.1	7.6	3154	3238
市	46	23.5	21.9	7.4	27472	27672
县、区	49	3.4	2.4	42.3	9657	9587
四、按是否是亏损企业						
亏损企业	85	4.1	3.1	31	8625	8535
不亏损企业	448	42.9	37.6	14.2	67620	67459

全市重点服务业企业按门类分主要经济指标

表 5-2 单位:亿元

指标	门类代码	单位数(个)	固定资产原价			本年折旧		
			2013年	2012年	增长(%)	2013年	2012年	增长(%)
总计		**533**	**430.3**	**376.6**	**14.3**	**31.1**	**25**	**24.4**
交通运输、仓储和邮政业	G	235	219.4	201.1	9.1	12.9	11.1	16.4
信息传输、软件和信息技术服务业	I	14	98.3	90.7	8.4	7.3	6.8	8
房地产业	K	32	0.7	0.6	8.1	0	0	50.2
租赁和商务服务业	L	77	90.9	67.2	35.2	8.9	5.9	51.4
科学研究和技术服务业	M	92	7.3	4.9	47.9	0.7	0.5	55
水利、环境和公共设施管理业	N	9	2.3	1.5	57.3	0.1	0.1	2
居民服务、修理和其他服务业	O	13	0.8	0.8	-3.6	0.1	0.1	29.4
教育	P	37	4.1	3.8	8.7	0.4	0.2	56.6
卫生和社会工作	Q	17	4	3.4	19.3	0.3	0.3	15
文化、体育和娱乐业	R	7	2.6	2.6	-0.5	0.3	0	516.4

表 5-2 续表 1　　　　单位:亿元

指标	门类代码	单位数(个)	资产总计			所有者权益合计		
			2013年	2012年	增长(%)	2013年	2012年	增长(%)
总计		**533**	**2402.5**	**1692**	**42**	**1176.4**	**767.4**	**53.3**
交通运输、仓储和邮政业	G	235	655.2	515.9	27	257.4	212.5	21.1
信息传输、软件和信息技术服务业	I	14	55.8	54.5	2.3	16.5	16.3	1.2
房地产业	K	32	5.3	4	32.4	1.4	1.2	16.1
租赁和商务服务业	L	77	1467.8	972	51	787.5	457.7	72.1
科学研究和技术服务业	M	92	196.6	125.6	56.5	103.8	70.3	47.6
水利、环境和公共设施管理业	N	9	3.7	2.8	34.5	1.5	1.3	12.8
居民服务、修理和其他服务业	O	13	1.4	1.4	0.6	0.8	0.8	5.8
教育	P	37	4.6	5.3	-12.6	2.4	2.8	-14.4
卫生和社会工作	Q	17	7.2	5.9	21.9	3.2	2.7	18.8
文化、体育和娱乐业	R	7	4.9	4.6	6.6	1.9	1.9	2.6

表 5-2 续表 2　　单位:亿元

指　　标	门类代码	单位数(个)	营业收入			营业成本		
			2013年	2012年	增长(%)	2013年	2012年	增长(%)
总　　计		**533**	**425.3**	**357.7**	**18.9**	**327.6**	**282**	**16.1**
交通运输、仓储和邮政业	G	235	227.4	202.8	12.2	193	172.8	11.7
信息传输、软件和信息技术服务业	I	14	35.9	33.2	8	18.1	19.6	-7.4
房地产业	K	32	3.7	3.5	6.4	2.6	2.4	5.4
租赁和商务服务业	L	77	111	78.6	41.1	78.3	57.9	35.2
科学研究和技术服务业	M	92	30.2	24.8	21.9	23	18.6	23.5
水利、环境和公共设施管理业	N	9	1.6	1.3	20.3	1	0.8	18.3
居民服务、修理和其他服务业	O	13	4.4	3.5	25.9	3.5	3	17.6
教育	P	37	3.4	3.1	10.7	2.2	1.8	24
卫生和社会工作	Q	17	5.5	4.8	13.6	4.2	3.6	15.6
文化、体育和娱乐业	R	7	2.2	2.1	7	1.7	1.6	11.4

表 5-2 续表 3 单位:亿元

指　　标	门类代码	单位数(个)	营业税金及附加			管理费用中税金		
			2013年	2012年	增长(%)	2013年	2012年	增长(%)
总　　计		**533**	**6.5**	**8**	**-18.6**	**0.9**	**1.1**	**-14.8**
交通运输、仓储和邮政业	G	235	1.2	3.2	-61.4	0.5	0.5	5
信息传输、软件和信息技术服务业	I	14	1.1	1	10.3	0	0	67.6
房地产业	K	32	0.2	0.1	25.6	0	0	15.3
租赁和商务服务业	L	77	3.3	2.9	13.7	0.3	0.5	-42.2
科学研究和技术服务业	M	92	0.5	0.5	-3.8	0	0	-5.1
水利、环境和公共设施管理业	N	9	0.1	0	23.7	0	0	-37.5
居民服务、修理和其他服务业	O	13	0.1	0.1	18.6	0	0	174.9
教育	P	37	0.1	0.1	13.8	0	0	-25.4
卫生和社会工作	Q	17	0	0	-17.4	0	0	22
文化、体育和娱乐业	R	7	0	0.1	-55.1	0	0	74.1

表 5-2 续表 4　　单位:亿元

指　　标	门类代码	单位数（个）	营业利润			利润总额			应交增值税		
			2013年	2012年	增长（%）	2013年	2012年	增长（%）	2013年	2012年	增长（%）
总　　计		**533**	**48.3**	**24.1**	**100.6**	**50.5**	**34.2**	**47.7**	**4.4**	**1.2**	**253.6**
交通运输、仓储和邮政业	G	235	9.2	6.6	38.5	10.6	9.2	16.1	3.4	0.7	397.8
信息传输、软件和信息技术服务业	I	14	6	5.6	7.4	6.2	5.9	6.2	0.1	0.1	23.5
房地产业	K	32	0.1	0.1	69.7	0.2	0.1	99.5	0	0	-45.9
租赁和商务服务业	L	77	19.2	7.2	165.1	19.8	12.2	61.7	0.4	0.2	88.4
科学研究和技术服务业	M	92	12.8	3.8	233.1	12.9	6.1	109.5	0.3	0.1	200.4
水利、环境和公共设施管理业	N	9	0.2	0.1	69.4	0.2	0.1	66.3	0	0	23.5
居民服务、修理和其他服务业	O	13	0.2	0.1	171.6	0.1	0	192.2	0	0	-15.3
教育	P	37	0.1	0.1	96	0.2	0.1	42.8	0.1	0.1	0.9
卫生和社会工作	Q	17	0.5	0.5	10.5	0.3	0.4	-24.4	0	0	0
文化、体育和娱乐业	R	7	0	0	812.9	0	0	303	0	0	386

表 5-2 续表 5

单位:亿元

指　　标	门类代码	单位数(个)	应付职工薪酬(本年贷方累计发生额)			从业人员期末人数(人)	从业人员平均人数(人)
			2013年	2012年	增长(%)		
总　　计		**533**	**47**	**40.7**	**15.5**	**76245**	**75994**
交通运输、仓储和邮政业	G	235	26	24	8.4	33211	32970
信息传输、软件和信息技术服务业	I	14	2	1.9	6.5	3606	3617
房地产业	K	32	1.1	0.9	28.8	5233	4998
租赁和商务服务业	L	77	8.5	6	40.9	15227	15631
科学研究和技术服务业	M	92	3.7	3.1	20.1	6940	6895
水利、环境和公共设施管理业	N	9	0.3	0.3	32.2	810	785
居民服务、修理和其他服务业	O	13	1.6	1.6	0.5	2772	2776
教育	P	37	1.7	1.4	25.5	4453	4420
卫生和社会工作	Q	17	1.4	1	36.6	3032	2950
文化、体育和娱乐业	R	7	0.5	0.5	5.4	961	952

全市重点服务业企业按大类分主要经济指标

表 5-3　　　　单位:亿元

指标	大类代码	单位数(个)	固定资产原价			本年折旧		
			2013年	2012年	增长(%)	2013年	2012年	增长(%)
总计		**533**	**430.3**	**376.6**	**14.3**	**31.1**	**25**	**24.4**
道路运输业	54	110	13.3	12.6	5.9	1.8	1.3	37.4
水上运输业	55	19	149.7	141.9	5.5	8.2	7.3	13.2
航空运输业	56	2	1	0.9	8.7	0.1	0.1	18.7
装卸搬运和运输代理业	58	86	48.4	40.8	18.5	1.9	1.8	3.8
仓储业	59	12	4.8	3.1	56.9	0.4	0.2	85.9
邮政业	60	6	2.1	1.9	15.3	0.6	0.5	22.3
电信、广播电视和卫星传输服务	63	9	98.2	90.6	8.3	7.3	6.8	8
互联网和相关服务	64	2	0	0	5.4	0	0	-19.4
软件和信息技术服务业	65	3	0.1	0.1	28.9	0	0	48.5
物业管理	7020	32	0.7	0.6	8.1	0	0	50.2
租赁业	71	3	0.8	0.8	-0.1	0.1	0.1	61.1
商务服务业	72	74	90.1	66.4	35.6	8.7	5.8	51.3
研究和试验发展	73	2	0.9	0.9	-2.7	0.1	0.1	-25.2
专业技术服务业	74	28	2.6	1	157.6	0.4	0.2	118.8
科技推广和应用服务业	75	62	3.8	3	26.1	0.2	0.2	24.7
水利管理业	76	2	0.6	0.1	383.1	0	0	-23.4
公共设施管理业	78	7	1.7	1.3	28.8	0.1	0.1	14
居民服务业	79	7	0.5	0.5	0.8	0.1	0.1	57.9
机动车、电子产品和日用产品修理业	80	5	0.3	0.3	-10.7	0	0	-24.3
其他服务业	81	1	0	0	0	0	0	50
教育	82	37	4.1	3.8	8.7	0.4	0.2	56.6
卫生	83	17	4	3.4	19.3	0.3	0.3	15
新闻和出版业	85	1	0.7	0.8	-3	0	0	1.5
广播、电视、电影和影视录音制作业	86	2	1.8	1.8	0.5	0.2	0	2085.6
文化艺术业	87	1	0	0	0	0	0	79.6
娱乐业	89	3	0	0	11.2	0	0	-40.3

表 5-3 续表 1　　　　单位：亿元

指　　　标	大类代码	单位数（个）	资产总计			所有者权益合计		
			2013年	2012年	增长(%)	2013年	2012年	增长(%)
总　计		**533**	**2402.5**	**1692**	**42**	**1176.4**	**767.4**	**53.3**
道路运输业	54	110	24.5	24.5	-0.1	8	7.5	6.6
水上运输业	55	19	430.9	344.5	25.1	142	147.5	-3.7
航空运输业	56	2	1.7	1.6	10.6	0.5	0.8	-41.5
装卸搬运和运输代理业	58	86	154	107.8	42.9	100.6	50.6	98.7
仓储业	59	12	41.6	35.2	18.3	4.9	4.7	4
邮政业	60	6	2.3	2.3	1	1.4	1.3	8.4
电信、广播电视和卫星传输服务	63	9	54.1	53.4	1.3	15.6	15.5	0.4
互联网和相关服务	64	2	0.2	0.2	12.2	0.1	0.1	4.3
软件和信息技术服务业	65	3	1.5	0.9	54.5	0.9	0.8	16
物业管理	7020	32	5.3	4	32.4	1.4	1.2	16.1
租赁业	71	3	0.7	0.7	1.5	0.2	0.2	8.5
商务服务业	72	74	1467.1	971.3	51	787.3	457.5	72.1
研究和试验发展	73	2	7.5	7.7	-3.3	6.2	5.8	6.7
专业技术服务业	74	28	181.2	110.6	63.8	91.1	58.5	55.7
科技推广和应用服务业	75	62	8	7.3	9	6.5	6	9
水利管理业	76	2	0.7	0.6	11.8	0.6	0.5	15.2
公共设施管理业	78	7	3	2.1	41.2	0.9	0.8	11.2
居民服务业	79	7	0.8	0.8	5.7	0.6	0.5	1
机动车、电子产品和日用产品修理业	80	5	0.5	0.6	-9.2	0.2	0.2	11.8
其他服务业	81	1	0	0	47.5	0	0	102.7
教育	82	37	4.6	5.3	-12.6	2.4	2.8	-14.4
卫生	83	17	7.2	5.9	21.9	3.2	2.7	18.8
新闻和出版业	85	1	1.1	1.2	-7.6	0.2	0.2	-3.5
广播、电视、电影和影视录音制作业	86	2	3.7	3.3	11.9	1.7	1.6	3.1
文化艺术业	87	1	0	0	10.5	0	0	47.2
娱乐业	89	3	0.1	0.1	-1.2	0	0	-2.3

表 5-3 续表 2

单位:亿元

指　　标	大类代码	单位数(个)	营业收入			营业成本		
			2013年	2012年	增长(%)	2013年	2012年	增长(%)
总　计		**533**	**425.3**	**357.7**	**18.9**	**327.6**	**282**	**16.1**
道路运输业	54	110	31.9	29.8	7.3	27.5	25.5	7.6
水上运输业	55	19	97.9	92.2	6.1	80.1	77.3	3.6
航空运输业	56	2	0.3	0.3	21.9	0.5	1	–42.7
装卸搬运和运输代理业	58	86	73.6	70.1	4.9	64.3	60.1	7
仓储业	59	12	20.1	7.2	180.1	17.5	6.1	186
邮政业	60	6	3.6	3.2	12.3	3.1	2.8	9.5
电信、广播电视和卫星传输服务	63	9	33.8	31.6	6.9	16.3	18.3	–11
互联网和相关服务	64	2	0.4	0.4	–13.7	0.3	0.4	–14.2
软件和信息技术服务业	65	3	1.8	1.2	44.6	1.5	0.8	73.4
物业管理	7020	32	3.7	3.5	6.4	2.6	2.4	5.4
租赁业	71	3	0.9	0.5	76.8	0.7	0.4	95.3
商务服务业	72	74	110.1	78.1	40.9	77.6	57.5	34.9
研究和试验发展	73	2	5.4	6	–10.1	4.1	4.6	–9.7
专业技术服务业	74	28	18.4	14.2	29.6	13.9	10.5	31.6
科技推广和应用服务业	75	62	6.5	4.6	39.3	5	3.5	42.6
水利管理业	76	2	0.4	0.3	26.2	0.3	0.2	38.5
公共设施管理业	78	7	1.2	1	18.3	0.6	0.6	9.8
居民服务业	79	7	2	1.7	18.9	1.4	1.4	6.1
机动车、电子产品和日用产品修理业	80	5	1.6	1.2	37.9	1.5	1.1	37.1
其他服务业	81	1	0.7	0.6	22.8	0.6	0.5	8.2
教育	82	37	3.4	3.1	10.7	2.2	1.8	24
卫生	83	17	5.5	4.8	13.6	4.2	3.6	15.6
新闻和出版业	85	1	0.9	0.8	18	0.6	0.5	35.7
广播、电视、电影和影视录音制作业	86	2	1.1	1.1	3	1	1	2.5
文化艺术业	87	1	0	0	8	0	0	10
娱乐业	89	3	0.1	0.2	–20	0.1	0.1	–12.4

表 5-3 续表 3

单位:亿元

指标	大类代码	单位数(个)	营业税金及附加			管理费用中税金		
			2013年	2012年	增长(%)	2013年	2012年	增长(%)
总计		**533**	**6.5**	**8**	**−18.6**	**0.9**	**1.1**	**−14.8**
道路运输业	54	110	0.3	0.6	−49	0	0	−36.7
水上运输业	55	19	0.7	1.9	−62.7	0	0	−45.7
航空运输业	56	2	0	0	−49.4	0	0	1900
装卸搬运和运输代理业	58	86	0.2	0.7	−69.8	0.5	0.4	13.5
仓储业	59	12	0	0.1	−88.1	0	0	−47
邮政业	60	6	0	0	20.6	0	0	21.3
电信、广播电视和卫星传输服务	63	9	1.1	0.9	10.9	0	0	68.9
互联网和相关服务	64	2	0	0	−9.2	0	0	13.6
软件和信息技术服务业	65	3	0	0	−38	0	0	26.8
物业管理	7020	32	0.2	0.1	25.6	0	0	15.3
租赁业	71	3	0	0	−76.2	0	0	0
商务服务业	72	74	3.3	2.9	14.1	0.3	0.5	−42.2
研究和试验发展	73	2	0	0.1	−68.2	0	0	0
专业技术服务业	74	28	0.3	0.3	8.3	0	0	−20.2
科技推广和应用服务业	75	62	0.1	0.1	30.3	0	0	18.3
水利管理业	76	2	0	0	29.1	0	0	−87.5
公共设施管理业	78	7	0	0	19.9	0	0	15.1
居民服务业	79	7	0.1	0.1	18.3	0	0	95.9
机动车、电子产品和日用产品修理业	80	5	0	0	3.9	0	0	74.3
其他服务业	81	1	0	0	22.8	0	0	7440
教育	82	37	0.1	0.1	13.8	0	0	−25.4
卫生	83	17	0	0	−17.4	0	0	22
新闻和出版业	85	1	0	0	−100	0	0	0
广播、电视、电影和影视录音制作业	86	2	0	0	−27.1	0	0	83.3
文化艺术业	87	1	0	0	11.9	0	0	45.2
娱乐业	89	3	0	0	−19.9	0	0	81.3

表 5-3 续表 4　　单位:亿元

指标	大类代码	单位数（个）	营业利润			利润总额			应交增值税		
			2013年	2012年	增长（%）	2013年	2012年	增长（%）	2013年	2012年	增长（%）
总计		**533**	**48.3**	**24.1**	**100.6**	**50.5**	**34.2**	**47.7**	**4.4**	**1.2**	**253.6**
道路运输业	54	110	0.7	0.4	51	1.3	0.9	51.8	0.6	0.3	116.8
水上运输业	55	19	5	4.1	21.3	5.4	4.3	27.2	2.2	0.1	1501.7
航空运输业	56	2	–0.4	–0.8	49.6	–0.4	0	–1129.2	0	0	255.8
装卸搬运和运输代理业	58	86	3.5	3.4	4.1	3.9	3.7	3.8	0.5	0.2	101.1
仓储业	59	12	0.4	–0.5	174.4	0.4	0.4	13.4	0	0	146.9
邮政业	60	6	0	0	95.5	0	–0.1	90.6	0	0	–48.4
电信、广播电视和卫星传输服务	63	9	5.9	5.5	7.1	6	5.7	5.4	0	0	9.2
互联网和相关服务	64	2	0	0	–25.3	0	0	–50.2	0	0	–1.9
软件和信息技术服务业	65	3	0.2	0.1	22.9	0.2	0.2	37.6	0	0	43.4
物业管理	7020	32	0.1	0.1	89.7	0.2	0.1	99.5	0	0	–45.9
租赁业	71	3	0	0.1	–8.2	0	0.1	–22.6	0	0	145.7
商务服务业	72	74	19.2	7.2	166.4	19.7	12.2	62.1	0.4	0.2	85.7
研究和试验发展	73	2	0.8	0.7	13.8	0.8	0.7	17	0	0	0
专业技术服务业	74	28	11.1	2.5	339.6	11.2	4.8	131.5	0.3	0	461.5
科技推广和应用服务业	75	62	0.9	0.6	40.3	0.9	0.6	40.2	0.1	0.1	27.6
水利管理业	76	2	0	0	17.9	0	0	18.2	0	0	0
公共设施管理业	78	7	0.1	0.1	110.3	0.1	0.1	101.6	0	0	23.5
居民服务业	79	7	0.1	0	72.2	0.1	0	85.8	0	0	17.2
机动车、电子产品和日用产品修理业	80	5	0.1	0	375.3	0.1	0	385.7	0	0	–21.3
其他服务业	81	1	0	0	363.7	0	0	344.4	0	0	0
教育	82	37	0.1	0.1	96	0.2	0.1	42.8	0.1	0.1	0.9
卫生	83	17	0.5	0.5	10.5	0.3	0.4	–24.4	0	0	0
新闻和出版业	85	1	0	0	16	0	0	–41.4	0	0	0
广播、电视、电影和影视录音制作业	86	2	0	0	159.8	0	0	160.1	0	0	386
文化艺术业	87	1	0	0	3.4	0	0	3.4	0	0	0
娱乐业	89	3	0	0	34.3	0	0	28.4	0	0	0

表 5-3 续表 5　　单位:亿元

指　　标	大类代码	单位数(个)	应付职工薪酬(本年累计)			从业人员年末人数(人)	从业人员平均人数(人)
			2013年	2012年	增长(%)		
总　计		**533**	**47**	**40.7**	**15.5**	**76245**	**75994**
道路运输业	54	110	3.9	3.2	22.3	8146	8109
水上运输业	55	19	12.6	11.8	7	12304	12111
航空运输业	56	2	0.3	0.2	5.5	259	265
装卸搬运和运输代理业	58	86	7.1	6.9	1.9	9859	9801
仓储业	59	12	0.4	0.4	–3	635	630
邮政业	60	6	1.8	1.4	24.7	2008	2054
电信、广播电视和卫星传输服务	63	9	1.9	1.8	5.3	3392	3409
互联网和相关服务	64	2	0	0	–15.4	23	31
软件和信息技术服务业	65	3	0.1	0.1	31.8	191	177
物业管理	7020	32	1.1	0.9	28.8	5233	4998
租赁业	71	3	0.1	0.1	35.3	155	155
商务服务业	72	74	8.4	6	41	15072	15476
研究和试验发展	73	2	0.8	0.6	27.3	608	603
专业技术服务业	74	28	1.6	1.4	11.7	2575	2550
科技推广和应用服务业	75	62	1.3	1.1	27.4	3757	3742
水利管理业	76	2	0.1	0	59	186	186
公共设施管理业	78	7	0.3	0.2	27	624	599
居民服务业	79	7	1.2	1	15.2	1845	1834
机动车、电子产品和日用产品修理业	80	5	0.1	0.1	53.7	272	270
其他服务业	81	1	0.4	0.5	–34.4	655	672
教育	82	37	1.7	1.4	25.5	4453	4420
卫生	83	17	1.4	1	36.6	3032	2950
新闻和出版业	85	1	0.1	0.1	6.3	275	272
广播、电视、电影和影视录音制作业	86	2	0.4	0.3	5.9	499	496
文化艺术业	87	1	0	0	–12.5	60	55
娱乐业	89	3	0	0	1.9	127	129

全市重点服务业企业按区县分主要经济指标

表 5-4 单位:亿元

指标	单位数(个)	固定资产原价			本年折旧		
		2013年	2012年	增长(%)	2013年	2012年	增长(%)
总计	**533**	**430.3**	**376.6**	**14.3**	**31.1**	**25**	**24.4**
市区	246	362.3	337.5	7.6	25.4	22.5	12.9
新浦区	74	149.2	130.4	14.5	11.5	10.0	15.7
海州区	21	16.0	14.6	9.6	3.0	2.7	12.7
连云区	74	159.4	157.9	–6.1	8.8	8.1	–7.7
开发区	77	37.6	34.6	8.4	2.1	1.8	17.5
赣榆县	109	20.5	10.7	90.6	1.3	0.8	63.9
东海县	102	14.7	10.6	38.2	1.1	1.0	7.5
灌云县	45	24.7	10.3	140.8	2.7	0.4	634.5
灌南县	31	8.1	7.5	8.2	0.6	0.3	123.9

注:新浦区资料包括云台山风景区,连云区资料包括徐圩新区。

表 5-4 续表 1　　单位：亿元

指　　标	单位数（个）	资产总计			所有者权益合计		
		2013年	2012年	增长(%)	2013年	2012年	增长(%)
总　　计	**533**	**2402.5**	**1692**	**42**	**1176.4**	**767.4**	**53.3**
市　区	246	1609.4	1224.3	31.5	718.4	529.3	35.7
新浦区	74	504.8	303.6	66.3	253.6	123.2	105.8
海州区	21	28.4	25.9	9.7	12.3	12.2	1.6
连云区	74	769.0	599.9	16.1	315.5	272.0	2.6
开发区	77	307.2	294.9	4.2	137.0	122.0	12.3
赣榆县	109	380.2	262.1	45.0	172.2	90.8	89.7
东海县	102	125.9	39.8	216.2	63.7	13.9	359
灌云县	45	129.4	63.5	103.9	105.1	48.2	118.2
灌南县	31	157.6	102.3	54.1	117	85.2	37.2

表 5-4 续表 2

单位:亿元

指　　标	单位数(个)	营业收入			营业成本		
		2013年	2012年	增长(%)	2013年	2012年	增长(%)
总　　计	**533**	**425.3**	**357.7**	**18.9**	**327.6**	**282**	**16.1**
市　区	246	341.6	298.4	14.5	268.4	241.0	11.4
新浦区	74	111	88.3	25.7	76.2	62.7	21.5
海州区	21	5.8	7.2	-19.3	4.3	6.7	-35.5
连云区	74	154.6	148.5	-18.5	130.0	124.8	-14.2
开发区	77	70.2	54.3	29.3	57.9	46.8	23.7
赣榆县	109	27.2	21.2	28.5	17.0	12.8	33.1
东海县	102	23.6	13.9	69.8	17.6	10.7	64.5
灌云县	45	20.2	17.6	14.4	15.5	13.1	17.9
灌南县	31	12.7	6.6	91.5	9.1	4.4	104.6

表 5-4 续表 3 单位:亿元

指　　标	单位数（个）	营业税金及附加			管理费用中税金		
		2013年	2012年	增长(%)	2013年	2012年	增长(%)
总　　计	**533**	**6.5**	**8**	**–18.6**	**0.9**	**1.1**	**–14.8**
市　区	246	4.5	6.5	–30.8	0.3	0.1	
新浦区	74	2.7	2.9	–4.6	0.2	0.1	3.0
海州区	21	0.2	0.2	–12	0	0	78.0
连云区	74	1.3	2.7	–0.9	0.1	0.1	48.4
开发区	77	0.3	0.7	–53.6	0	0	–7.5
赣榆县	109	0.6	0.5	20.3	0.1	0.1	80.8
东海县	102	0.6	0.4	69.8	0.1	0.1	44.9
灌云县	45	0.6	0.5	8	0.4	0.4	14.8
灌南县	31	0.2	0.1	145.7	0	0.4	–95.5

表 5-4 续表 4

单位:亿元

指　　标	单位数（个）	营业利润			利润总额			应交增值税		
		2013年	2012年	增长（%）	2013年	2012年	增长（%）	2013年	2012年	增长（%）
总　　计	**533**	**48.3**	**24.1**	**100.6**	**50.5**	**34.2**	**47.7**	**4.4**	**1.2**	**253.6**
市　区	246	34.8	16.7	108.4	36.7	25.1	46.2	3.5	0.6	
新浦区	74	21.8	8.2	165.8	22.7	12.2	86.1	0.5	0.2	159.1
海州区	21	0	–0.1	123.8	0	0.1	–61.7	0.1	0.1	–9.9
连云区	74	8.2	8.2	–1197.9	9.0	8.7	–6.3	2.3	0.2	302.2
开发区	77	4.6	0.3	1248.2	4.8	4.2	13.8	0.7	0.2	292.4
赣榆县	109	5.0	4.2	20.6	5.2	4.3	20.2	0.2	0.1	121.9
东海县	102	3.0	0.9	247.2	3.1	1.8	77.9	0.4	0.3	31.4
灌云县	45	2.1	1.8	16	2.1	1.9	15.6	0.2	0.2	57.5
灌南县	31	3.4	0.5	540.1	3.4	1.1	220.7	0.1	0	115.3

表 5-4 续表 5

单位:亿元

指　　标	单位数(个)	应付职工薪酬(本年累计)			从业人员年末人数(人)	从业人员年末人数(人)
		2013年	2012年	增长(%)		
总　　计	**533**	**47.0**	**40.7**	**15.5**	**76245**	**75994**
市　区	246	34.0	31.4	8.3	46774	46771
新浦区	74	11.4	9.7	18.1	19195	19318
海州区	21	0.7	0.4	60.9	2193	2180
连云区	74	19.5	19.2	-15.1	21859	21914
开发区	77	2.5	2.1	18.4	3527	3359
赣榆县	109	5.4	3.6	49.3	10552	10430
东海县	102	4.1	3.2	25.3	10224	10202
灌云县	45	1.3	0.8	63.7	3485	3474
灌南县	31	2.2	1.7	31.8	5210	5117

6

交通运输、邮电

全市交通运输基本情况

表 6-1

	单 位	2005	2007	2008	2009	2010	2011	2012	2013
一、铁 路									
铁路营业里程	公里	84	84	84	84	84	84	84	84
港口铁路专用线	米	107498	117716	68964	68964	68964	68964	68964	68964
火车站点个数	个				12	12	12	12	12
# 客运站	个				3	3	3	3	3
货运站	个				9	9	9	9	9
二、公 路									
1、全社会公路总里程	公里	4835	9981	10920	10832	11223	11313	11507	11771
# 等级公路	公里	4491	9661	10603	10636	11049	11221	11415	11679
# 高速公路	公里	239	282	282	286	336	349	349	349
一级公路	公里	56	173	191	201	246	285	335	482
# 国 道	公里	493	493	563	563	612	612	612	697
省 道	公里	310	354	284	284	281	294	330	390
2、公路密度									
以国土面积计算	公里/百平方公里				144.43	149.64	150.83	153.42	154.56
以人口数量计算	公里				22.08	22.87	22.73	23.12	22.84
3、公路桥梁	座	412	628	706	2492	2726	2740	2832	2960
	米	1.99	3.11	4.33	14.71	17.88	18.46	19.30	21.18
三、港 口									
1、生产用码头泊位	个	98	158	161	180	180	180	180	189
码头长度	米	7897	12051	16261	15777	16437	16077	16437	19579
内河码头泊位	个	66	121	121	121	121	121	121	120
沿海码头泊位	个	32	37	40	59	59	59	62	69
# 万吨级	个	27	34	39	40	40	40	41	52
2、沿海港口吞吐能力	万吨	3577	4560	6045	8527	9213	9123	9857	13295
3、港口国际旅客航线	条	2	2	2	2	2	2	2	2
四、内 河									
内河航道总里程	公里	1138	1138	1106	1106	1114	1114	1114	1114
# 等级航道	公里	442	504	442	446	504	504	502	502
通机动船里程	公里	922	922	922	922	929	929	929	929
五、民 航									
民航机场	个	1	1	1	1	1	1	1	1
航线	条	7	9	11	12	15	16	18	21
起降架次	次	1835	2677	3216	3747	5540	5408	6229	8668

全社会公路总里程

表 6-2　　(2013 年)　　单位:公里

	全 市	市 区	赣榆县	东海县	灌云县	灌南县
全社会公路总里程	**11771**	**1530**	**2827**	**2931**	**2564**	**1919**
一、按公路等级分						
1、等级公路	11679	1469	2827	2931	2564	1888
# 高速公路	349	122	91	43	67	26
一级公路	482	161	106	127	15	73
二级公路	1950	294	448	448	439	321
三级公路	680	85	160	261	121	53
四级公路	8218	807	2022	2052	1922	1415
2、等外公路	92	61	0	0	0	31
二、按行政等级分						
国　道	697	208	219	112	122	36
省　道	390	53	38	121	72	106
县　道	2002	253	504	461	435	349
乡　道	3603	376	761	983	968	515
村　道	5079	640	1305	1254	967	913
专用公路						
三、按路面技术状况分						
1、有铺装路面(高级)	10078	1312	2401	2415	2062	1888
# 沥青路	1679	416	303	367	226	367
水泥路	8399	896	2098	2048	1836	1521
2、简易铺装路面(次高级)	53	53				
3、未铺装路面	1640	165	426	516	502	31
4、晴雨通车里程						
绿化里程	5609	141	165	2352	2490	461
养护里程	6151	141	166	2888	2492	464
四、桥梁情况						
数量(座)	2960	446	930	567	455	562
延长(米)	211820	63149	56473	28094	40437	23667
五、乡镇通公路情况						
1、乡镇数(个)	83	22	15	19	13	14
通公路比重(%)	100.0	100.0	100.0	100.0	100.0	100.0
2、村委会数(个)	1415	153	437	310	304	211
通公路比重(%)	100.0	100.0	100.0	100.0	100.0	100.0

注:公路总里程含等外公路

交通运输行业营业户数及从业人员

表 6-3

	营业户数(户)		从业人员(人)	
	2013年	2012年	2013年	2012年
一、道路运输部门				
道路货物运输	38359	22556	89700	88000
# 汽车运输	38359	22556		
道路旅客运输	19	18	3642	3576
道路运输服务	146	150	3117	2956
汽车维修	1270	1174	4597	4361
二、水路运输部门				
内河:货物运输	20	20	2326	2337
沿海:货物运输	18	18	1004	1007
旅客运输	2	2	42	42
三、港口生产单位				
内河港口	6	6	118	118

全市港口码头总体情况

表 6-4　　(2013 年)

	码头个数(个)	泊位个数(个)	泊位长度(米)	泊位年通过能力(万吨)
一、生产性码头	**87**	**189**	**19579**	**14251**
1、内河码头	35	120	5269	956
# 1000 吨级及以上	1	6	330	138
500 吨级	1	15	747	250
300 吨级	22	69	2447	511
300 吨级以下	13	30	1745	57
2、沿海码头	52	69	14310	13295
# 万吨级以上	35	52	12391	12514
二、非生产性码头				
沿海码头	2	2	297	

注:因 2013 年全市开展港口经营许可证规范整治,对 300 吨级以下内河码头进行整合,导致其数据有较大幅度变动。

连云港港码头泊位及库场情况

表 6–5

	单　位	1990	1995	2000	2005	2010	2011	2012	2013
一、港口码头									
1、码头泊位	个	24	30	34	37	61	61	62	62
2、生产用码头									
总延长	米	3858	4824	5803	6421	11553	11553	11827	11715
泊位数	个	18	25	30	32	59	59	56	51
# 万吨级以上	个	13	20	25	27	40	40	43	44
年吞吐能力		1645	2025	2265	3577	9213	9213	9587	13295
3、非生产用码头									
总延长	米	650	449	449	470	297	297	741	297
泊位数	个	5	4	4	5	2	2	4	2
二、铁路专用线									
总延长	米	59254	70514	90554	107498	68964	68964	65090	67095
# 装卸线	米	10379	11335	14093	16445	28728	28728	28729	33604
三、仓库堆场									
1、生产用库场									
总面积	平方米	431339	578144	812966	242454	3713273	3713273	4892393	4839406
容　量	吨	96.80	119.74	180.71	971.71	1495.44	1495.44	1658.27	1841.50
(1)仓　库:总面积	平方米	45992	61844	90619	100843	169371	169371	195491	217832
容　量	吨	3.18	4.04	7.23	23.16	41.20	41.20	21.48	21.48
(2)圆筒仓:总容积	立方米		102900	102900	144621	144621	144621	144621	144621
容　量	吨		7.06	7.06	10.46	10.46	10.46		
(5)堆　场:总面积	平方米	385100	516300	722347	2323698	3543902	3543902	4696902	4621574
容　量	吨	93.62	118.64	166.42	938.09	1443.79	1443.79	1636.79	1820.02
#煤　场:总面积	平方米	193801	201161	265143	363000	495540	495540	495540	404000
容　量	吨	68.55	72.23	94.52	220.00	166.00	166.00	166.00	172.00
集装箱堆场:总面积	平方米		61042	61042	406957	398013	398013	1909834	1909834
堆存能力	标准箱		6782	6782	57447	159605	159605	260605	260605
2、非生产用库场总面积	平方米	19478	172192	173890	13151	40487	40487	41087	41087
机械库场	平方米					6353	6353		
材料库场	平方米					550	550		
3、出租、外借的仓库堆场	平方米					5760	5760		

连云港港设施及装备情况

表 6-6

	单位	2006	2008	2009	2010	2011	2012	2013
一、港务船舶								
1、工作船:艘　数	艘	17	17	19	19	19	21	21
总吨位	吨	6910	7105	7175	7175	7175	8167	8167
载客量	座	15	15	35	35	35	35	35
功　率	千瓦	30769	33622	35534	35534	35534	45094	45094
# 拖轮:艘　数	艘	14	15	15	15	15	17	17
总吨位	吨	4396	4859	4859	4859	4859	5851	5851
功　率	千瓦	28519	32423	32343	32343	32343	41903	41903
交通船:艘 数	艘	1	1	3	3	3		
总吨位	吨	23	23	93	93	93		
载客量	座	15	15	35	35	35		
功　率	千瓦	99	99	2011	2011	2011		
2、工程技术船:艘　数	艘	5	8	6	6	6	6	6
总吨位	吨	2414	2414	7318	7318	7318	7318	5341
功　率	千瓦	12790	2635	7635	7635	7635	7635	3815
二、机车车辆								
机车合计:台　数	台	6	7	7	7	7	10	10
功　率	千瓦	11400	11805	11805	11805	11805	19330	19330
三、装械机械								
1、生产用装卸机械:台(组)数	台	968	1061	1415	935	935	1355	1460
长　　度	米	18282	18489	12830	9867	9867		
(1)起重机械类	台	193	221	246	188	188	236	251
# 固定式起重机	台			38	14	14		
轮胎起重机	台	112	125	103	94	94	116	124
门座起重机	台	63	77	71	67	67	85	90
(2)输送机械类:台(组)数	台	97	99	84	47	47	116	126
长　　度	米	18282	18489	12830	9867	9867	26621	29721
(3)装卸搬运机械类	台	550	597	881	557	557	753	816
(4)专用机械类	台	128	144	204	143	143	238	267
2、非生产用装卸机械合计	台		258	264	257	257	292	400

全市内河航运航道情况

表 6-7　　(2013 年)　　单位:公里

	全 市	市 区	赣榆县	东海县	灌云县	灌南县
内河航道总里程	**1113.68**	**226.41**	**152.45**	**118.07**	**440.08**	**176.67**
一、基本情况						
通机动船里程	929.42	226.41	127.38	57.97	340.99	176.67
水深 1 米以上里程	1103.78	226.41	152.45	118.07	430.18	176.67
通航闸数(个)	76	8	2	5	56	5
# 套　闸	10	2	0	0	7	1
航道养护船舶(个)	12	3	0	0	3	2
跨河桥梁(个)	273	89	53	40	60	31
# 碍　航	145	48	36	22	25	14
不通航乡镇数(个)	45	1	12	17	6	9
二、按航道水深划分						
2.5m 以上	359.36	51.60	0.00	23.40	161.05	123.31
2.4—2.2m	59.56	10.60	0.00	30.30	7.70	10.96
2.1—1.5m	535.14	113.39	152.45	54.67	172.23	42.40
1.4—1.0m	149.72	50.82	0.00	9.70	89.20	0.00
1.0m 以下	9.90	0.00	0.00	0.00	9.90	0.00
三、按航道等级划分						
1、等级航道	1113.68	226.41	152.45	118.07	440.08	176.67
一级航道						
二级航道						
三级航道	117.87	30.10	0.00	2.40	57.96	27.41
四级航道	93.45	0.00	0.00	16.50	21.94	55.01
五级航道	90.95	21.50	0.00	3.50	58.55	7.40
六级航道	64.24	14.31	0.00	0.00	6.00	43.93
七级航道	135.34	46.88	19.99	11.50	56.97	0.00
2、等外航道	611.83	113.62	132.46	84.17	238.66	42.92

内河港口设施及装备情况

表 6–8

	单位	2008	2010	2012	2013
一、生产用装卸机械	**台**	**156**	**166**	**166**	**166**
300 吨级及以上码头泊位前沿装卸机械	台	36	46	46	49
起重机械	台	33	43	43	43
普通门座起重机	台	1	1	1	4
固定式起重机	台	28	38	38	38
轮胎起重机	台	3	3	3	3
汽车起重机	台	1	1	1	1
输送机械	台	3	3	3	3
带式(皮带)输送机	台	1	1	1	1
斗式提升机	台	1	1	1	1
埋刮板机	台	1	1	1	1
专用机械	台	0	0	0	0
300 吨级以下码头泊位前沿装卸机械	台	76	76	76	76
库场机械	台	36	36	36	36
水平运输	台	8	8	8	8
二、生产用仓库面积	**平方米**	**2415**	**2415**	**2415**	**2415**
生产用仓库容积	立方米	5430	5430	5430	5430
堆场面积	平方米	51700	59700	59700	59700
煤场面积	平方米	1000	1000	1000	1000
矿石堆场面积	平方米	2600	2600	2600	2600
其他堆场面积	平方米	48100	48100	48100	48100
堆场容量吨数	吨	55300	55300	55300	55300/0
煤场容量吨数	吨	1000	1000	1000	1000
矿石堆场容量吨数	吨	5500	5500	5500	5500

水路运输船舶拥有量

表 6-9

	单位	2013	内 河	沿 海	2012
一、机动船					
艘数	艘	1477	1242	235	1378
总吨	吨位	236237		236237	260986
总载重量	吨位	852753	477638	375115	607877
载客量	客位	515	0	515	728
标准箱位	标箱	0	0	0	0
功率	千瓦	323317	163211	160106	303240
1、客　船					
艘数	艘	7		7	6
总吨	吨位	609		609	560
总载重量	吨位	667		667	278
载客量	客位	515		515	728
功率	千瓦	1887		1887	2497
2、客货船(远洋)					
艘数	艘	0			1
总吨	吨位				16071
总载重量	吨位				6526
载客量	客位				300
标准箱位	标箱				293
功率	千瓦				6320
3、货　船					
艘数	艘	1435	1228	207	1338
总吨	吨位	227408		227408	253070
总载重量	吨位	852086	477638	374448	607599
标准箱位	标箱	0	0	0	0
功率	千瓦	263982	161558	102424	249043
4、拖　船					
艘数	艘	35	14	21	34
总吨	吨位	8220		8220	7356
功率	千瓦	57448	1653	55795	51700
二、驳 船					
艘数	艘	328	326	2	277
净载重量	吨位	124975	107988	16987	114375

主要年份全社会客货运输量

表 6–10

年　份	全社会客运量（万人）	公　路客运量	全社会货运量（万吨）	公　路货运量	铁路客运发送量（万人）	铁路货运发送量（万吨）
1978	1150	1013	477	133	137	301
1980	1728	1602	633	240	126	342
1981	1891	1762	645	214	129	374
1982	2190	2049	682	211	141	414
1983	3054	2895	1395	772	159	463
1984	3143	2965	1532	792	178	493
1985	3180	3018	2452	1659	161	529
1986	3331	3173	2666	1769	157	532
1987	3672	3501	2713	1860	170	595
1988	3550	3370	3026	2263	179	562
1989	3350	3182	3027	2173	167	589
1990	3044	2905	2701	2091	137	457
1991	3350	3198	1507	1010	149	372
1992	4442	4260	3142	2331	179	493
1993	3760	3552	3146	2374	206	388
1994	3964	3751	3175	2246	207	445
1995	3610	3382	4947	3973	218	501
1996	4458	4265	3741	2719	182	516
1997	3153	2952	2654	1780	192	551
1998	4506	4303	3360	2582	195	542
1999	4817	4618	4265	3380	195	539
2000	5034	4820	3629	2739	209	626
2001	5138	4936	4094	2913	198	923
2002	5297	5104	4318	2962	189	1101
2003	5429	5245	4452	3062	179	1155
2004	6137	5912	4837	3328	217	1247
2005	6831	6551	5628	3843	266	1485
2006	7936	7759	6464	4566	155	1588
2007	9006	8768	7193	5229	175	1516
2008	14935	14681	10967	8514	223	1936
2009	12322	12040	11242	7670	241	3022
2010	13481	13158	13937	9651	267	3405
2011	14428	14419	12901	11279	267	4094
2012	15948	15923	14832	13107	250	4298
2013	5419	5381	9169	7554	262	4122

注：1、全社会客运量及货运量均包含公路、铁路、水运及民航数据，历史数据按此口径有所调整；

2、2013 年数据根据交通部组织开展的全国运输业统计专项调查数据推算，口径较以前有明显调整，仅供参考。

全社会客货运输（吞吐）量

表 6-11　　(2013 年)

指　　标	单　位	合　计	公　路	水　路	铁　路	民　航	港　口
地方交通客运量	万人	5419.25	5381	38.25			
旅客周转量	万人公里	364602	349595	15007			
地方交通货运量	万吨	8302.49	7554	748.49			
货物周转量	万吨公里	2251823	1466593	785230			
境内铁路客运发送量	万人	262.24			262.24		
境内铁路货运总量	万吨	5493.08			5493.08		
# 发送量	万吨	4122.15			4122.15		
旅客吞吐量	人	729059				607306	121753
# 离港量	人	387665				326816	60849
货物吞吐量	万吨	20165.45				0.39	20165.06
集装箱吞吐量	万标箱	548.77					548.77

注:2013 年数据根据交通部专项调查数据推算,仅供参考。

表 6-11 续　　(2012 年)

指　　标	单　位	合　计	公　路	水　路	铁　路	民　航	港　口
地方交通客运量	万人	15948	15923	25.00			
旅客周转量	万人公里	648601	642864	5737			
地方交通货运量	万吨	14832	13107	1725			
货物周转量	万吨公里	2101527	889298	1212229			
境内铁路客运发送量	万人	250.20			250.20		
境内铁路货运总量	万吨	5692.13			5692.13		
# 发送量	万吨	4297.83			4297.83		
旅客吞吐量	人	645810				523890	121920
# 离港量	人	335578				273944	61634
货物吞吐量	万吨	18527.89				0.36	18527.53
集装箱吞吐量	万标箱	502.01					502.01

连云港境内铁路客运发送量

表 6-12　　单位:万人

	2007	2009	2010	2011	2012	2013
客运发送量	**174.51**	**241.01**	**266.91**	**267.43**	**250.20**	**262.24**
连云港东			42.96	46.82	45.38	45.97
连云港			152.96	154.56	146.38	156.32
东海县			70.99	66.05	58.44	59.95

连云港境内铁路货运量

表 6-13　　单位:万吨

	2011年		2012年		2013年	
	发送量	到达量	发送量	到达量	发送量	到达量
合　　计	**4113.13**	**1511.88**	**4297.83**	**1394.31**	**4122.15**	**1370.93**
连云港口		124.18	272.45	124.89		
连　云	675.36	66.86	718.72	23.68	915.58	34.22
墟沟北	236.01		2807.96	583.45	2515.77	692.36
墟　沟	248.52	11.52	232.19	24.87	189.43	12.45
连云港东	2877.53	1013.03	181.49	307.52	396.01	218.99
盐　坨	11.70	28.12	11.45	16.70	13.72	17.32
新浦东	14.53	36.89	18.09	40.58	19.42	34.41
连云港	0.06	140.49	0.08	174.53	0.00	278.06
白塔埠		7.73	0.10	12.72	0.04	18.57
东海县	23.01	38.87	26.36	28.14	40.62	20.21
阿湖镇	26.42	44.19	28.96	57.24	31.56	44.33

注:阿湖镇站位于东海县洪庄镇境内。

主要年份连云港港口吞吐量

表 6–14

年　　份	港口货物吞吐量（万吨）	# 进口	出口	# 外贸	内贸	港口集装箱吞吐量（万标箱）	大陆桥集装箱运量（标准箱）
1978	594	196	398	199	395		
1980	739	225	514	293	446		
1981	756	259	497	332	424		
1982	806	278	528	355	451		
1983	858	315	543	399	459		
1984	900	349	551	449	451		
1985	929	367	562	523	406		
1986	948	345	603	536	412		
1987	894	338	556	541	353		
1988	1114	377	737	690	424		
1989	1126	378	748	643	483		
1990	1137	294	843	624	513	0.86	
1991	1213	260	953	699	514	1.44	
1992	1359	336	1023	717	642	1.55	50
1993	1417	268	1149	672	745	2.33	
1994	1589	342	1247	845	744	5.03	61
1995	1716	466	1250	1065	651	6.55	257
1996	1583	404	1179	998	586	8.96	12118
1997	1652	424	1228	1034	618	11.31	30016
1998	1776	433	1343	1014	762	9.16	12194
1999	2017	533	1484	998	1019	11.05	10514
2000	2708	771	1937	1454	1255	12.00	4893
2001	3058	1078	1980	1877	1181	15.75	7526
2002	3316	1307	2009	2002	1314	20.51	4175
2003	3752	1574	2178	2409	1343	30.11	5350
2004	4352	2219	2133	2760	1592	50.23	8329
2005	6016	3132	2884	3893	2123	100.00	9514
2006	7232	3627	3605	4480	2752	130.23	49892
2007	8507	4206	4301	4983	3524	200.31	59366
2008	10061	5256	4805	5509	4552	300.05	63946
2009	11378	7312	4066	6606	4772	303.18	58390
2010	13506	8759	4747	7804	5702	387.10	85366
2011	16628	10669	5959	9158	7470	485.19	106403
2012	18528	11702	6826	9681	8847	502.01	78149
2013	20165	13132	7033	10599	9566	548.77	104520

连云港港口货物吞吐量

表 6-15　　(2013 年)　　单位:万吨

	合计			进港		出港	
		外贸	内贸		外贸		外贸
港口货物吞吐量	**20165.06**	**10599.12**	**9565.94**	**13131.64**	**8770.32**	**7033.42**	**1828.80**
较 2012 年增减%	8.8	9.5	8.1	12.2	10.6	3.0	4.6
按物类分:							
1. 煤炭及制品	2134.85	558.86	1575.99	1271.33	504.58	863.52	54.28
2. 石油、天然气及制品	134.59	13.95	120.64	95.05	9.89	39.54	4.06
3. 金属矿石	8685.17	6422.11	2263.06	6811.64	6420.91	1873.53	1.20
4. 钢铁	381.75	238.72	143.03	38.08	1.15	343.67	237.58
5. 矿物性建筑材料	56.87	0.00	56.87	56.37	0.00	0.50	0.00
6. 水泥	44.21	44.21	0.00	0.00	0.00	44.21	44.21
7. 木材	332.88	332.88	0.00	113.67	113.67	219.21	219.21
8. 非金属矿石	156.19	152.91	3.28	139.07	136.66	17.11	16.24
9. 化肥及农药	79.94	64.87	15.07	37.37	29.16	42.57	35.72
10. 盐	51.45	24.71	26.74	29.77	21.08	21.68	3.63
11. 粮食	390.21	386.95	3.26	386.40	386.40	3.81	0.56
12. 机械、设备、电器	248.66	219.26	29.40	44.61	15.26	204.04	203.99
13. 化工原料及制品	179.89	107.70	72.19	102.55	67.18	77.34	40.52
14. 有色金属	316.64	255.57	61.07	239.25	238.42	77.39	17.16
15. 轻工、医药产品	26.96	26.96	0.00	26.96	26.96	0.00	0.00
16. 农林牧渔业产品	46.45	42.98	3.47	45.27	42.06	1.18	0.92
17. 其他	5630.90	1706.47	3924.43	2695.71	756.94	2935.20	949.53

连云港港口货物集运情况

表 6-16 (2013 年) 单位:万吨

	合计	铁路	公路	水运	内贸	外贸
港口集运货物总计	**14374.86**	**604.17**	**1975.47**	**11795.22**	**3651.76**	**8143.46**
较 2012 年增减%	11.4	–39.6	–2.0	19.2	57.8	7.5
1. 煤炭及制品	1889.40	516.46	63.77	1309.17	784.99	524.19
2. 石油、天然气及制品	5.61	0.00	0.00	5.61	0.62	4.99
3. 金属矿石	6454.49	3.98	141.87	6308.65	433.25	5875.40
4. 钢铁	460.31	27.14	372.24	60.93	55.62	5.31
5. 矿物性建筑材料	409.30	0.00	0.00	409.30	409.30	0.00
6. 水泥	103.63	0.00	37.73	65.90	65.90	0.00
7. 木材	202.35	0.00	99.80	102.56	0.00	102.56
8. 非金属矿石	145.76	1.50	12.13	132.13	0.00	132.13
9. 化肥及农药	69.72	10.51	29.96	29.25	0.00	29.25
10. 盐	29.18	1.06	4.11	24.01	4.30	19.71
11. 粮食	372.38	0.00	0.21	372.17	0.00	372.17
12. 机械、设备、电器	54.96	0.00	54.32	0.65	0.32	0.33
13. 化工原料及制品	104.99	1.32	57.82	45.85	12.14	33.72
14. 有色金属	264.21	17.08	37.51	209.62	1.00	208.62
15. 轻工、医药产品	16.53	0.00	0.00	16.53	0.00	16.53
16. 农林牧渔业产品	41.92	0.00	3.94	37.98	2.28	35.69
17. 其他货类	3750.12	25.12	1060.08	2664.92	1882.04	782.88
附:总计中集装箱(万标箱)	350.48	4.48	73.16	272.83	111.17	161.66

连云港港口货物疏运情况

表 6-17　　(2013 年)　　单位:万吨

	合 计	铁 路	公 路	水 运	内 贸	外 贸
港口集运货物总计	**13748.59**	**3554.95**	**4403.00**	**5790.64**	**4070.61**	**1720.03**
较 2012 年增减%	-0.8	-2.5	18.9	-11.1	-2.0	-27.2
1. 煤炭及制品	1659.22	458.89	373.04	827.29	780.38	46.90
2. 石油、天然气及制品	7.21	3.76	3.45	0.00	0.00	0.00
3. 金属矿石	5927.51	2573.37	2224.54	1129.60	1083.47	46.13
4. 钢铁	493.25	0.71	57.78	434.76	278.49	156.27
5. 矿物性建筑材料	409.30	0.00	409.30	0.00	0.00	0.00
6. 水泥	110.21	0.00	65.90	44.31	0.00	44.31
7. 木材	245.88	0.00	82.84	163.04	0.00	163.04
8. 非金属矿石	115.04	92.13	0.93	21.98	0.00	21.98
9. 化肥及农药	69.45	16.86	18.50	34.09	0.00	34.09
10. 盐	23.47	0.00	18.40	5.07	0.00	5.07
11. 粮食	386.13	181.26	204.39	0.47	0.00	0.47
12. 机械、设备、电器	177.42	0.00	0.30	177.12	0.00	177.12
13. 化工原料及制品	92.37	0.00	21.14	71.24	14.00	57.24
14. 有色金属	258.96	87.60	116.70	54.65	3.04	51.61
15. 轻工、医药产品	17.04	0.00	17.04	0.00	0.00	0.00
16. 农林牧渔业产品	23.77	0.00	19.45	4.32	0.00	4.32
17. 其他货类	3732.38	140.37	769.30	2822.71	1911.23	911.48
附:总计中集装箱(万标箱)	350.31	10.50	68.07	271.74	109.42	162.32

连云港港口集装箱吞吐量

表 6-18 (2013 年)

	箱数（标箱）	进港	出港	重量（万吨）	进港	出港
总计	**5487698**	**2750903**	**2736795**	**5452.50**	**2646.98**	**2805.51**
1.国际航线	**3066148**	**1519674**	**1546474**	**1244.34**	**501.23**	**743.10**
中国台湾	108375	47497	60878	134.28	37.32	96.97
日本	132409	79779	52630	125.67	46.02	79.65
韩国	187038	96965	90074	220.43	105.18	115.25
亚洲其他	1351932	668785	683147	446.14	177.56	268.58
俄罗斯	122	40	82	0.23	0.08	0.15
美国	1286271	626609	659663	317.58	135.07	182.51
2.国内支线	**205660**	**113976**	**91684**	**396.71**	**252.77**	**143.93**
上海	75205	41575	33630	142.77	90.76	52.01
青岛	9	0	9	0.01	0.00	0.01
宁波	130446	72401	58045	253.92	162.01	91.91
3.国内航线	**2215891**	**1117253**	**1098638**	**3811.45**	**1892.98**	**1918.47**
天津	65463	34742	30721	50.51	32.10	18.41
营口	497	497		1.19	1.19	0.00
大连	20438	10806	9632	22.60	13.74	8.86
上海	56831	26750	30081	110.46	47.41	63.06
江苏其他	1677	662	1015	3.34	0.71	2.63
宁波	18342	12542	5800	20.07	11.28	8.79
泉州	2164	1315	849	4.11	2.32	1.79
青岛	1229480	616428	613053	2254.38	1110.88	1143.49
日照	17427	2691	14736	35.28	4.04	31.24
广东其他	672668	348952	323716	1194.27	614.14	580.13
海南其他	130904	61869	69035	115.25	55.17	60.08

全社会内河港口吞吐量

表 6-19　　单位:万吨

年　份	全 市	市 区	赣榆县	东海县	灌云县	灌南县
1996	157.70	39.70	1.60	13.80	27.20	75.40
1999	136.80	14.40	0.10	8.50	28.30	85.50
2000	113.00			3.20	22.50	68.00
2001	106.00	18.00		3.00	2.00	83.00
2002	187.00	118.00		6.00	4.00	59.00
2003	162.70	15.00		18.50	18.20	110.00
2004	262.00	25.00		23.30	22.50	190.00
2005	300.10	26.00		19.20	19.90	234.00
2006	309.99	60.14		63.85	32.10	153.90
2007	448.01	39.50		68.51	60.00	280.00
2008	517.11	42.96		89.15	82.00	303.00
2009	550.30	45.38		86.25	83.77	334.90
2010	880.73	50.38		125.05	156.00	549.30
2011	959.55	54.89		136.24	169.96	598.46
2012	1798.97	91.86		86.84	123.92	335.95
2013	1972.69	81.10		136.11	193.94	294.09

注:本表总计包含灌河数据。

内河港口货物分类吞吐量

表 6-20　　单位:万吨

	2013	进　港	出　港	2012	进　港	出　港
内河港口吞吐量	**705.24**	**401.20**	**304.04**	**638.57**	**499.92**	**138.65**
1、干散货	630.11	390.84	239.28	585.89	481.11	104.78
# 煤炭及制品	20.28		20.28	16.24		16.24
金属矿石	9.22	9.22		7.51	7.51	
散水泥	15.76		15.76	13.60		13.60
散粮	28.40	6.30	22.10	30.04	11.35	18.69
散化肥	9.37	9.37		7.89	7.89	
2、件杂货	75.13	10.36	64.76	52.68	18.81	33.87
# 木材	6.24	6.24		4.82	4.82	
粮食	17.09		17.09	19.45	4.01	15.44
化肥	2.81	2.81		14.56	8.18	6.38
水泥	15.19		15.19	9.59		9.59

注:本表不包含灌河数据。

灌河港口货物吞吐量

表 6-21　　(2013 年)　　单位:万吨

	合计	进港	出港
港口货物吞吐量	**1267.45**	**998.55**	**268.90**
1、干散货	710.05	710.05	
煤炭及制品	50.70	50.70	
金属矿石	424.05	424.05	
散水泥	65.90	65.90	
散粮			
散化肥			
2、件杂货	557.40	288.50	268.90
木材			
粮食			
化肥			
水泥			
3、其他			

灌河港口货物吞吐量

表 6-21 续　　(2012 年)　　单位:万吨

	合计	进港	出港
港口货物吞吐量	**1160.40**	**890.55**	**269.85**
1、干散货	623.75	589.70	34.05
煤炭及制品	56.80	56.80	
金属矿石	438.50	438.50	
散水泥			
散粮			
散化肥			
2、件杂货	536.65	300.85	235.80
木材			
粮食			
化肥			
水泥	51.25	51.25	
3、其他			

连云港港轮渡进出港旅客人数

表 6-22　　　　单位:人次

	2004	2005	2007	2008	2009	2010	2011	2012	2013
进出港旅客总数	**64**	**44283**	**72964**	**102432**	**115992**	**135119**	**141593**	**121920**	**121753**
1、**按构成分**									
国内旅客	64	9526	17576	30033	44139	60248	79028	96499	96230
港澳台胞		3069	3807	4106	3774	39995	3051	1720	1290
外国人		31688	51581	68293	68079	70144	59514	23701	24233
2、**按航线分**									
国际航线	64	44283	72964	102432	115992	135119	141593	121920	121753
仁川	64	44283	68483	60480	55862	58526	66027	59632	55930
平泽	0	0	4481	41952	60130	76593	75566	62288	65823
旅客发送量	**64**	**21565**	**36692**	**51128**	**57941**	**67469**	**72329**	**61634**	**60849**
1、**按构成分**									
国内旅客	64	4690	9077	14979	22106	30743	39611	48738	48145
港澳台胞		1555	1988	2103	1891	1850	1478	1102	644
外国人		15320	25627	34046	33944	34876	31240	11794	12060
2、**按航线分**									
国际航线			36692	51128	57941	67469	72329	61634	60849
仁川	64	21565	34260	29490	28100	29021	32690	29997	27858
平泽			2432	21638	29841	38448	39639	31637	32991
旅客到达量		**22718**	**36272**	**51304**	**58051**	**67650**	**69264**	**60286**	**60904**
1、**按构成分**									
国内旅客		4836	8499	15054	22033	29505	39417	47761	48085
港澳台胞		1514	1819	2003	1883	38145	1573	618	646
外国人		16368	25954	34247	34135	35268	28274	11907	12173
2、**按航线分**									
国际航线			36272	51304	58051	67650	69264	60286	60904
仁川	64	22718	34223	30990	27762	29505	33337	29635	28072
平泽			2049	20314	30289	38145	35927	30651	32832

注:连云港远洋客轮运输开始于 2004 年,主要经营连云港—仁川、连云港—平泽两条线路。

全市机动车保有量

表 6-23　　单位:辆

指　标	2013年	# 进口	# 个人	# 新注册	2012年
机动车保有量	**681138**	**6835**	**624724**	**5121**	**667943**
一、汽　车	**285905**	**6816**	**236567**	**3518**	**273056**
1、载客汽车	213926	6741	181384	2577	202836
# 大型	3532	42	203	4	3482
中型	4634	205	2354		4645
小型	198632	6460	172262	2537	187687
微型	7128	34	6565	36	7022
# 双层	27		3		27
卧铺	115		21		111
铰接	40		2		40
越野	3079	2363	2111	37	2958
专用客车	261	4	61	2	251
2、载货汽车	54822	37	39983	826	52462
# 重型	23486	6	13808	397	22583
中型	9126	2	7412	73	8595
轻型	22186	29	18741	356	21255
微型	24		22		29
# 厢式	7811	1	6244	86	7584
封闭	700	1	423	9	681
罐式	499	1	198		495
平板	136		64	2	126
自卸	5656		4226	127	5481
特殊结构	480		180	18	452
仓栅	2082		1666	40	2012
半挂牵引	10214	3	3907	121	9974
3、三轮汽车	8323	9	8263	65	8956
低速汽车	1743	9	1635	8	1858
二、摩 托 车	**384911**	19	**384167**	**1459**	**384759**
普通	369916	18	369178	1440	369674
轻便	14995	1	14989	19	15085
三、挂　车	**10321**		**3990**	**144**	**10127**
全挂车	78		35		111
半挂车	10243		3955	144	10016

全市分县区机动车保有量

表 6-24　　　　(2013 年)　　　　单位:辆

指　　标	全 市	赣榆县	东海县	灌云县	灌南县
机动车保有量	**681138**	**140568**	**166442**	**116539**	**73976**
一、汽　车	**285905**	**58997**	**66011**	**45412**	**30423**
1、载客汽车	213926	40868	46955	30898	23618
大型	3532	373	332	331	354
中型	4634	629	982	804	556
小型	198632	38252	43945	28805	22008
微型	7128	1614	1696	958	700
2、载货汽车	54822	13865	13406	10278	5539
重型	23486	5804	5070	3931	1753
中型	9126	1576	2489	1791	1007
轻型	22186	6477	5837	4554	2776
微型	24	8	10	2	3
3、三轮汽车	8323	2812	609	3531	787
低速汽车	1743	942	467	163	135
二、摩 托 车	**384911**	**79857**	**98207**	**69444**	**42891**
普通	369916	79500	96260	66549	41365
轻便	14995	357	1947	2895	1526
三、挂　车	**10321**	**1714**	**2224**	**1683**	**661**
重型	10218	1674	2202	1677	658
中型	103	40	22	6	3
轻型					
四、营运车辆	**79190**	**18277**	**15301**	**18904**	**9378**
# 公路客运	1499	119	314	382	192
公交客运	1514	200	133	301	158
出租客运	2287	204	214	151	200
旅游客运	268	40	24	28	2
货　　运	70109	17081	13063	17740	8644
租　　赁	1006	55	931	44	20
危化运输	756	205	161	99	20
教　　练	1751	373	461	159	142
五、非营运车辆	**601886**	**122278**	**151117**	**97624**	**64561**
# 消　　防	29	4	4	6	1
救　　护	378	110	81	62	71
工程救险	376	24	250	18	7

公　路　旅　客　营　运

表 6–25 (2013 年)

指　标	单 位	合 计	按标记吨位分		
			大 型	中 型	小 型
公路营运载客汽车	**辆**	**1312**	**764**	**508**	**40**
	客位	45152	34107	10466	579
# 卧铺客车	辆	29	29	0	0
	客位	1137	1137	0	0
# 班车客运客车	辆	1147	599	508	40
	客位	37093	26048	10466	579
旅游客车	辆	146	146	0	0
	客位	7136	7136	0	0
包车客车	辆	19	19	0	0
	客位	923	923	0	0

公　路　货　物　营　运

表 6–26 (2013 年)

指　标	单 位	总 计	个 体	大 型	重 型
公路营运载货汽车	**辆**	**44008**	**27310**	**24017**	**22494**
	吨位	496876	266276	480084	471591
1、按车型结构分					
栏板货车	辆	15482	14000	9045	8256
	吨位	106105	97293	93772	89850
厢式车	辆	7663	6269	4601	4180
	吨位	65206	32108	60867	58754
罐车	辆	210	45	169	160
	吨位	2040	510	1920	1880
2、按经营范围分					
普通载货汽车	辆	21958	19210	13031	11870
	吨位	151922	115072	137162	131444
专用载货汽车	辆	1397	1104	784	726
	吨位	21429	14839	19397	19040

车 辆 拥 有 量

按车长分			按等级分		安装 GPS 的车辆
特大型	大型	中型	高级	中级	
4	**449**	**623**	**458**	**416**	**1312**
217	21975	16698	21583	8741	45152
0	29	0	22	7	29
0	1137	0	850	287	1137
4	310	597	348	361	1147
217	14904	15710	16073	6192	37093
0	120	26	96	50	146
0	6148	988	4796	2340	7136
0	19	0	14	5	19
0	923	0	714	209	923

车 辆 拥 有 量

按 标 记 吨 位 分					安装 GPS 的车辆
个体	中型	个体	小型	个体	
14465	**1095**	**990**	**8445**	**7809**	**3869**
251113	3654	2940	13138	12223	65725
7950	802	800	5635	5250	1280
86038	2706	2350	9627	8905	13565
3520	252	190	2810	2559	968
28200	828	590	3511	3318	10063
45	41				610
510	120				12221
10913	523	513	8404	7784	1837
101248	1697	1650	13063	12174	15838
602	572	477	41	25	2032
13500	1957	1290	75	49	49887

营业性交通运输客货运输量

表 6-27

(2013 年)

	单 位	全 市	市 区	赣榆县	东海县	灌云县	灌南县
一、客运情况							
1、客运量	万人	5419.25	3171.55	330.66	811.55	381.36	724.13
陆运	万人	5381.00	3133.30	330.66	811.55	381.36	724.13
水运	万人	38.25	38.25				
2、旅客周转量	万人公里	364602	470290	43041	58101	47211	39228
陆运	万人公里	349595	455283	43041	58101	47211	39228
水运	万人公里	15007	15007				
二、货运情况							
1、货运量	万吨	9169.36	4312.19	1513.65	1502.38	1197.71	643.43
陆运	万吨	7554.00	3052.92	1513.65	1426.85	1085.49	475.09
水运	万吨	1615.36	1259.27		75.53	112.22	168.34
2、货运周转量	万吨公里	2251823	1123697	247618	424065	248706	207737
陆运	万吨公里	1466593	421777	247618	405472	221472	170254
水运	万吨公里	785230	701920		18593	27234	37483
三、平均运输距离							
1、旅客运输							
陆运	公里	64.97	145.30	130.17	71.59	123.80	54.17
水运	公里	392.34	392.34				
2、货物运输							
陆运	公里	194.15	138.16	163.59	284.17	204.03	358.36
水运	公里	486.10	557.40		246.17	242.68	222.66
四、集装箱运输							
1、公路标准集装箱	万个	135.50					
货运量	万吨	780.31					
2、水路标准集装箱	万个	255.85					
货运量	万吨	1639.77					

城市客运情况主要指标

表 6-28　　(2013 年)

	单　位	全 市	市 区	赣榆县	东海县	灌云县	灌南县
一、城市客运							
运营车辆	辆	1009	780	60	75	68	26
# 公共汽车	辆	1009	780	60	75	68	26
# 当年新增工交	辆	121	71	0	0	50	0
标准运营车数	标台	1125	917	60	64	58	26
运营线路网长度	公里	1934	1330	158	166	235	45
公交专用车道长度	公里	48	48	0	0	0	0
客运总量	万人次	12358	10437	615	613	513	180
二、出租汽车							
运营车数	辆	2376	1611	203	212	150	200
客运总量	万人次	7878	5513	730	641	381	613

交通基础设施全行业投资完成情况

表 6-29　　(2013 年)　　单位:亿元

	总　计	公路建设	航道建设	港口建设	客货运站	铁路建设	民航及其他
“十一五”合计	**338.05**	**159.43**	**37.58**	**135.01**	**1.84**	**0.30**	**3.89**
2006年	46.02	22.76	0.15	22.71	0.40		
2007年	62.98	30.07	6.75	25.91	0.25		
2008年	71.83	31.33	11.93	28.26	0.30		
2009年	76.81	36.02	11.64	27.72	0.56		0.86
2010年	80.42	39.24	7.10	30.41	0.33	0.30	3.03
“十二五”合计	**258.88**	**84.90**	**5.42**	**126.53**	**9.86**	**10.77**	21.41
2011年	77.58	22.33	4.42	38.87	3.02	3.60	5.34
2012年	83.74	25.39	1.00	43.65	2.74		10.95
2013年	97.56	37.17		44.00	4.10	7.17	5.12

民航连云港机场主要指标

表 6–30

年度	起降架次	旅客吞吐量（人）	#出港	#过站	货邮行吞吐量（吨）	#出港	#货物	换算旅客（人）
1985		8453			69			9215
1986		12970			89			13956
1987		13071			112			14320
1988		13495			102			14626
1989		11347			102			12483
1990		19736			171			21632
1991		28607			196			30781
1992		31932			241			34611
1993		15731			156			17467
1994		62100	30738		796	406		70948
1995		98363	48771		1087	443		110438
1996		108413	54909		1173	543		121445
1997		89032	45857		1184	596		102190
1998		75369	38700		1086	604		87436
1999		41257	20594		802	471		50161
2000		46904	23318		961	645		57580
2001		39742	20180		708	477		47606
2002		35341	16932		608	405		42095
2003		45020	22162		663	500		52383
2004		82290	41092		920	616		92512
2005	1835	95975	46497		934	611		106347
2006	2177	154753	75717	1491	1117	650	541	167160
2007	2677	199515	105055	17637	1488	944	789	216044
2008	3216	208630	109469	19037	1981	1323	993	230641
2009	3747	291059	162449	40309	2244	1403	944	315992
2010	5548	423031	241629	64664	2945	1780	1149	455753
2011	5408	460784	254819	57514	3378	1944	1375	498317
2012	6229	483768	273944	67054	3611	2032	1388	523890
2013	8668	563584	326816	98518	3935	2128	1463	607306

主要年份邮电通讯主要指标

表 6-31 (2013 年)

年份	邮电通讯业务收入(万元)	邮政速递业务收入	固定电话用户数(户)	城市电话	移动电话用户数(万户)
1978	251		6043	3839	
1980	325		9150	5916	
1981	416		9809	3682	
1982	506		10561	7293	
1983	561		11971	8370	
1984	630		12588	9052	
1985	741		14427	10614	
1986	806		16385	12078	
1987	987	301	18666	14109	
1988	1130	353	21606	16768	
1989	1285	451	25323	19996	
1990	1573	543	29360	23730	
1991	4125	791	37360	31332	
1992	6354	1048	52779	46084	
1993	9770	1340	74267	65937	
1994	13959	2066	116521	97521	
1995	19645	2605	162598	123183	
1996	28824	3403	216139	144143	1.18
1997	36985	5121	253615	154443	2.33
1998	50769	5291	334059	184257	3.84
1999	67126	6680	477183	272903	8.64
2000	95711	8639	605975	321000	20.24
2001	119544	9534	732662	364362	32.88
2002	105486	10869	696907	341519	48.76
2003	124113	11026	892000	441843	54.06
2004	126500	11563	1222345	645628	62.43
2005	159343	12219	1400700	785300	74.67
2006	173888	13938	1449466	761707	108.54
2007	209447	17383	1445300	782461	148.2
2008	251594	20433	1372128	724109	181.61
2009	248021	27429	1339172	767264	246.6
2010	270359	27485	1101524	507992	306.68
2011	297209	28671	1040840	567671	367.40
2012	342351	48400	1036105	521980	383.22
2013	368782	55749	948925	446261	414.21

邮政速递业务主要指标

表 6-32

(2013 年)

指　　标	单位	全　市	市　区	赣榆县	东海县	灌云县	灌南县
一、邮政局所总数	处	132	30	24	31	29	18
二、邮路总长度	公里	2325	1189	190	340	340	266
农村投递路线长度	公里	1136	0	190	340	340	266
三、已通邮的行政村	个	1435	140	422	346	302	225
提供投递服务的乡镇	个	83	11	18	21	19	14
邮政信报箱群	处	1213	121	132	631	230	99
信报箱格口数	个	210150	166977	6306	13628	17530	5822
四、邮政业务总收入	万元	55749	26792	7520	14036	4846	2507
#邮政速递业务收入	万元	23550	16465	3306	1670	1443	667
邮政业务总量	万元	64500	31025	8708	16254	5612	2903
五、主要经营业务量							
函　件	万 件	1579.94	956.90	94.36	239.63	146.60	138.72
包　裹	万件	11.53		1.57	1.30	0.51	0.22
机　要	件	14868	12856	580	707	434	291
报　纸	万份	6294.13	3027.48	849.71	1586.12	547.59	283.24
杂　志	万份	286.67	154.49	42.06	41.29	27.94	20.88
集邮票	万枚	20.31	8.37	3.73	2.98	3.02	2.21
集邮品	册	59272	33184	6244	4758	6782	8262
特快专递	万件	2243.27		3.59	4.22	2.79	1.73
# 代理快递	万件	21.00	8.93	3.59	4.22	2.79	1.73
物　流	万件	220.50					
代理汇兑	万笔	33.86	9.37	5.87	7.09	6.07	5.68
代理储蓄业务收入	万元	15482	3785	3250	3479	3436	2323
六、邮政储蓄期末余额	亿元	99.13	21.78	21.07	20.59	21.18	14.52
# 定期期末余额	亿元	55.78	15.40	11.38	9.25	11.45	8.29

注:1、本资料按原口径统计,即除包括邮政外,还包括邮政速递公司数据。
2、邮政业务总收入为全社会口径,包括社会速递公司数据。

通 讯 业 务 主 要 指 标

表 6–33　　(2013 年)

指　　标	单位	全　市	市　区	赣榆县	东海县	灌云县	灌南县
一、业务收入							
邮政通讯业务总收入	万元	368782	153256	65178	70659	44647	34993
# 通讯业务收入	万元	313033	126464	57659	56623	39801	32486
二、电话业务							
固定电话用户	户	948925	346755	199151	179365	123028	100626
# 农村电话用户	户	502664	73839	144352	129662	88027	66784
城市电话用户	户	446261	272916	54799	49703	35001	33842
移动电话年末用户	户	4142136	1459392	841258	795359	577875	468252
#3G 移动电话用户	户	1238336	484799	249112	221195	159030	124200
三、互联网业务							
全部互联网用户数	万户	300.58	113.70	60.28	57.35	38.46	30.79
# 固定宽带接入用户	万户	80.31	33.10	16.18	14.76	8.89	7.38
移动电话上网用户	万户	220.28	80.60	44.09	42.60	29.58	23.41
电信网络视讯用户	万户	109.93	30.65	30.98	21.40	4.98	21.93

通 讯 业 务 主 要 指 标

表 6–33 续表　　(2012 年)

指　　标	单位	全　市	市　区	赣榆县	东海县	灌云县	灌南县
通讯业务收入	万元	293951	121163	52730	52618	37172	30268
固定电话用户	户	1036105	395810	209409	187230	134014	109642
移动电话年末用户	户	3832213	1360080	762514	731948	550234	427437
全部互联网用户数	万户	281.32					
# 固定宽带接入用户	万户	69.78	29.92	13.63	12.28	7.47	6.49

注:本表数据包括移动、电信、联通、铁通及市广电网络公司数据。

7

固定资产投资和建筑业

全社会固定资产投资完成情况

表 7-1　　(2013 年)　　单位:万元

	2013年	2012年	增减%
总　　计	**16647714**	**13531937**	**23.0**
#工业投资	9420268	7596530	24.0
一、规模以上投资	13501170	11141312	22.1
#工业投资	8493299	6900357	23.1
1、城镇投资	12694797	10390798	23.1
#房地产投资	1740695	1622296	7.3
#工业投资	7867617	6284957	25.2
2、农村投资	806373	750514	7.4
#工业投资	625682	615400	1.7
二、规模以下投资	3046337	2390625	27.4
#工业投资	926969	696173	33.2

分县区全社会投资完成情况

表 7-2　　(2013 年)　　单位:万元

	市　区	赣榆县	东海县	灌云县	灌南县
总　　计	**7206648**	**2625126**	**2347571**	**2234810**	**2233559**
#工业投资	3165199	1806858	1597328	1377665	1473218
一、规模以上投资	6556829	2030765	1872040	1585635	1556108
#工业投资	2888099	1616059	1510810	1241242	1237089
1、城镇投资	6491089	1748930	1655620	1376681	1522684
#房地产投资	1058949	217098	284312	122140	158403
#工业投资	2880230	1374329	1327735	1065824	1219499
2、农村投资	65740	281835	216420	208954	33424
#工业投资	7869	241730	183075	175418	17590
二、规模以下投资	649819	594361	475531	649175	677451
#工业投资	277100	190799	86518	136423	236129

注：规模以上投资指城镇计划总投资或实际需要总投资在 500 万元以上的项目或单位及农村计划总投资或实际需要总投资在 500 万元以上的项目或单位及全部房地产投资。其余为规模以下投资。

主要年份全社会固定资产投资完成额

表 7-3 单位:万元

年份	全市	市区	赣榆县	东海县	灌云县	灌南县
1979	10692	8375	413	508	337	1059
1980	13347	10331	972	1106	549	389
1981	13063	11011	626	432	585	409
1982	19354	14906	1374	857	1407	810
1983	23888	20109	1415	965	1044	355
1984	35084	28624	1784	1917	2012	747
1985	53275	44306	1905	3229	2826	1009
1986	89170	64929	5057	10786	3724	4674
1987	136708	106688	8018	11509	4343	6150
1988	149354	100017	22403	13591	5592	7751
1989	104718	70316	18975	3294	5206	6927
1990	106764	71762	11947	10517	5041	7497
1991	102070	55426	14106	16653	7062	8823
1992	180282	109900	22604	25260	13193	9325
1993	356145	205307	76833	40823	12537	20645
1994	421577	206672	97130	71587	27947	18241
1995	607286	298630	145373	91891	49459	21933
1996	596143	288512	120500	92733	65635	28763
1997	655189	323205	97484	76434	112837	45229
1998	838307	448650	107848	101222	101366	79221
1999	1088270	606276	139176	121657	135102	86059
2000	1278297	704041	165218	163487	141682	103869
2001	1518275	920743	176793	175180	140184	105375
2002	1805422	1148402	192875	186262	160826	117057
2003	2123858	1281550	244380	228195	222538	147195
2004	2463014	1292928	327407	321898	291989	228792
2005	3235953	1473498	501304	484647	418828	357676
2006	4238887	1813212	701722	630586	568297	525070
2007	5846184	2200618	1065641	918735	879421	781769
2008	7776820	2856412	1385318	1117484	1235656	1181950
2009	10000980	3374262	1788839	1584112	1679156	1574611
2010 老口径	12342481	4088923	2203860	1916424	2066637	2066637
2010 新口径	9943569	3525965	1760573	1595012	1523003	1539016
2011 新口径	12409297	4868834	2063816	1880279	1795300	1801068
2012 老口径	15199404	6107865	2484834	2269497	2168722	2168486
2012 新口径	13531937	5822754	2145993	1929279	1820509	1813403
2013	16647714	7206648	2625126	2347571	2234810	2233559

全市规模以上投资增减情况

表 7–4

指　标　名　称	2013年	2012年	增长(%)
一、计划总投资(万元)			
1 建设项目计划总投资	30508492	29332419	4.0
其中: 本年新开工项目	11659160	10806583	7.9
2 自开始建设至本年底累计完成投资	17782729	15206349	16.9
二、自年初累计完成投资(万元)	11760475	9519016	23.6
其中: 本月完成投资	865183	989507	–12.6
其中: 本年新开工	6876761	5301072	29.7
其中: 国有经济控股	3211245	2405725	33.5
其中: 住宅	15844	38993	–59.4
其中: 基础设施投资	2477150	1909699	29.7
其中: 民间投资	8107038	6519170	24.4
其中:技改投资	2789987		
1 按构成分			
建筑工程	5876618	4672894	25.8
安装工程	918339	677056	35.6
设备工器具购置	4508675	3505358	28.6
其中: 用于更新的设	117278	114317	2.6
其他费用	456843	663708	–31.2
其中:建设用地费	296426	476137	–37.7
2 按建设性质分			
其中:(1)新　建	8301352	7524682	10.3
(2)扩　建	925322	682126	35.7
(3)改　建	2475379	1264966	95.7
3 按登记注册类型分			
内资企业	11233710	8799925	27.7

表 7-4 续表 1

指　标　名　称	2013年	2012年	增长(%)
国有企业	2380307	1683289	41.4
集体企业	107013	71005	50.7
股份合作企业			
联营企业	10760	17400	–38.2
国有联营企业	3860		
集体联营企业			
国有与集体联营企业	6900	17400	–60.3
其他联营企业			
有限责任公司	1994727	1853301	7.6
国有独资公司	487673	403403	20.9
其他有限责任公司	1507054	1449898	3.9
股份有限公司	131185	166938	–21.4
私营企业	6523544	4968842	31.3
私营独资企业	1924347	2088581	–7.9
私营合伙企业	280800	649289	–56.8
私营有限责任公司	3879746	2125773	82.5
私营股份有限公司	438651	105199	317.0
其他企业	86174	39150	120.1
港、澳、台商投资企业	269927	389293	–30.7
合资经营企业(港或澳、台资)	54043	60274	–10.3
合作经营企业(港或澳、台资)			
港、澳、台商独资经营企业	215384	264933	–18.7
港、澳、台商投资股份有限公司	500	64086	–99.2
其他港、澳、台商投资企业			
外商投资企业	256838	326198	–21.3

表 7–4 续表 2

指　标　名　称	2013年	2012年	增长(%)
中外合资经营企业	163592	276723	–40.9
中外合作经营企业			
外资企业	93246	49475	88.5
外商投资股份有限公司			
其他外商投资企业			
个体经营		3600	–100.0
个体户		3600	–100.0
个人合伙			
4、按产业分			
①第一产业	176104	149553	17.8
②第二产业	8494021	6910623	22.9
工业	8493299	6900357	23.1
能源工业	535047	333262	60.6
原材料工业	3349396	2985191	12.2
机电工业	2436308	1766847	37.9
轻纺工业	2365306	1791168	32.1
③第三产业	3090350	2458840	25.7
5、按国民经济行业分			
农、林、牧、渔业	176104	149553	17.8
农业	65746	90133	–27.1
林业	6000		
畜牧业	62913	23861	163.7
渔业	18338	22471	–18.4
农、林、牧、渔服务业	23107	13088	76.6
采矿业	9400	37963	–75.2

表 7-4 续表 3

指标名称	2013年	2012年	增长(%)
黑色金属矿采选业		13700	-100.0
有色金属矿采选业		17740	-100.0
非金属矿采选业	9400	6523	44.1
开采辅助活动			
其他采矿业			
制造业	7928991	6486586	22.2
农副食品加工业	432224	299870	44.1
食品制造业	122615	62027	97.7
酒、饮料和精制茶制造业	137005	15612	777.6
烟草制品业			
纺织业	55640	137803	-59.6
纺织服装、服饰业	198989	118570	67.8
皮革、毛皮、羽毛及其制品和制鞋业	37667	40669	-7.4
木材加工和木、竹、藤、棕、草制品业	218767	199790	9.5
家具制造业	85850	77951	10.1
造纸和纸制品业	37683	40517	-7.0
印刷和记录媒介复制业	35202	3600	877.8
文教、工美、体育和娱乐用品制造业	69863	114490	-39.0
石油加工、炼焦和核燃料加工业	89198	44400	100.9
化学原料和化学制品制造业	1789515	1444333	23.9
医药制造业	390567	306620	27.4
化学纤维制造业	23961	12468	92.2
橡胶和塑料制品业	145426	221291	-34.3
非金属矿物制品业	769649	958259	-19.7
黑色金属冶炼和压延加工业	571433	336453	69.8
有色金属冶炼和压延加工业	99384	178996	-44.5
金属制品业	528103	436734	20.9
通用设备制造业	314445	146566	114.5

表 7–4 续表 4

指　标　名　称	2013年	2012年	增长(%)
专用设备制造业	443570	311469	42.4
汽车制造业	184718	165944	11.3
铁路、船舶、航空航天和其他运输设备制造业	80263	74503	7.7
电气机械和器材制造业	719604	401788	79.1
计算机、通信和其他电子设备制造业	131351	186313	–29.5
仪器仪表制造业	34254	43530	–21.3
其他制造业	62630	68490	–8.6
废弃资源综合利用业	119415	35710	234.4
金属制品、机械和设备修理业		1820	–100.0
电力、热力、燃气及水生产和供应业	554908	375808	47.7
电力、热力生产和供应业	424245	264742	60.3
燃气生产和供应业	21604	24120	–10.4
水的生产和供应业	109059	86946	25.4
建筑业	722	10266	–93.0
房屋建筑业	697	4620	–84.9
土木工程建筑业	25	1646	–98.5
建筑安装业			
建筑装饰和其他建筑业		4000	–100.0
批发和零售业	151224	176974	–14.6
批发业	74200	65680	13.0
零售业	77024	111294	–30.8
交通运输、仓储和邮政业	675383	553032	22.1
铁路运输业			
道路运输业	192838	203661	–5.3
水上运输业	334477	255055	31.1

表 7–4 续表 5

指 标 名 称	2013年	2012年	增长(%)
装卸搬运和运输代理业	32186	32130	0.2
仓储业	115882	59186	95.8
邮政业		3000	–100.0
住宿和餐饮业	180940	119077	52.0
住宿业	78055	105197	–25.8
餐饮业	102885	13880	641.3
信息传输、软件和信息技术服务业	112219	72193	55.4
电信、广播电视和卫星传输服务	58456	58373	0.1
互联网和相关服务			
软件和信息技术服务业	53763	13820	289.0
金融业	34719	19807	75.3
货币金融服务	9989	7067	41.4
资本市场服务		12740	–100.0
保险业			
其他金融业	24730		
房地产业	276969	236183	17.3
房地产业	276969	236183	17.3
租赁和商务服务业	251368	233684	7.6
租赁业			
商务服务业	251368	233684	7.6
科学研究和技术服务业	45739	28177	62.3
研究和试验发展	35000		
专业技术服务业	9000	20480	–56.1
科技推广和应用服务业	1739	7697	–77.4
水利、环境和公共设施管理业	1055423	782164	34.9
水利管理业	146914	162839	–9.8
生态保护和环境治理业	3972	12730	–68.8
公共设施管理业	904537	606595	49.1

表 7-4 续表 6

指 标 名 称	2013年	2012年	增长(%)
居民服务、修理和其他服务业	23500	8813	166.7
居民服务业	12800	4513	183.6
机动车、电子产品和日用产品修理业	10700	4300	148.8
其他服务业			
教育	165541	95665	73.0
教育	165541	95665	73.0
卫生和社会工作	44175	48021	-8.0
卫生	31800	38991	-18.4
社会工作	12375	9030	37.0
文化、体育和娱乐业	39146	55822	-29.9
新闻和出版业			
广播、电视、电影和影视录音制作业	5844	13384	-56.3
文化艺术业	14600	0	
体育	15642	23230	-32.7
娱乐业	3060	19208	-84.1
公共管理、社会保障和社会组织	34004	29228	16.3
中国共产党机关			
国家机构	34004	29228	16.3
人民政协、民主党派			
社会保障			
群众团体、社会团体和其他成员组织			
基层群众自治组织			
国际组织			
国际组织			
三、本年新增固定资产(万元)	8371903	7129871	17.4
四、项目个数(个)			

表 7–4 续表 7

指　标　名　称	2013年	2012年	增长(%)
1、施工项目个数	1222	1325	–7.8
其中:本年新开工	803	832	–3.5
2、本年投产项目个数	793	836	–5.1
五、房屋建筑面积(平方米)			
1、本年施工房屋面积	15530183	16155959	–3.9
其中:住宅	123000	610795	–79.9
2、本年竣工房屋面积	8045415	7280629	10.5
其中:住宅	123000	267700	–54.1
3、本年竣工房屋价值	1169142	931468	25.5
其中:住宅	13587	10350	31.3
六、本年资金来源合计	11830889	11158545	6.0
1、上年末结余资金	0	0	
2、本年资金来源小计	11830889	11158545	6.0
(1)国家预算资金	137054	185006	–25.9
其中:中央预算资金	5428	16000	–66.1
(2)国内贷款	1119308	853042	31.2
(3)债券	0	0	
(4)利用外资	244388	253666	–3.7
其中:外商直接投资	215997	193335	11.7
(5)自筹资金	10244353	9800615	4.5
其中:企、事业单位自有资金	3130006	4949084	–36.8
其中:股东投入资金	294705	269075	9.5
其中:借入资金	30960	45347	–31.7
(6)其他资金来源	85786	66216	29.6
七、各项应付款合计	824910	104254	691.3
其中:工程款	158812	83342	90.6

全市规模以上工业投资增减情况

表 7-5

指　标　名　称	2013年	2012年	增长(%)
一、计划总投资(万元)			
1、建设项目计划总投资	19648408	20980588	-6.4
其中:本年新开工项目	6682108	7473084	-10.6
2、自开始建设至本年底累计完成投资	11973501	10317918	16.1
二、自年初累计完成投资(万元)	8493299	6900357	23.1
其中:本年新开工	4856371	3939341	23.3
1、按构成分			
建筑工程	3132640	2501040	25.3
安装工程	809718	541375	49.6
设备工器具购置	4268132	3354125	27.3
其中:用于更新的设备	66195	87876	-24.7
其他费用	282809	503817	-43.9
其中:建设用地费	174559	367905	-52.6
2、按建设性质分			
(1)新建	5125245	5124983	0.0
(2)扩建	859553	584613	47.0
(3)改建	2473679	1143519	116.3
(7)单独购置	5326		
3、按登记注册类型分			
内资企业	7986000	6278081	27.2
国有企业	201799	196257	2.8
集体企业	16668	27875	-40.2
联营企业		17400	-100.0
国有与集体联营企业		17400	-100.0
有限责任公司	1524581	1324083	15.1

表 7–5 续表 1

指　标　名　称	2013年	2012年	增长(%)
国有独资公司	215451	67240	220.4
其他有限责任公司	1309130	1256843	4.2
股份有限公司	131185	164438	–20.2
私营企业	6106356	4531678	34.8
私营独资企业	1694056	1834119	–7.6
私营合伙企业	242784	597278	–59.4
私营有限责任公司	3736350	2016182	85.3
私营股份有限公司	433166	84099	415.1
其他企业	5411	16350	–66.9
港、澳、台商投资企业	269427	304763	–11.6
合资经营企业(港或澳、台资)	54043	60274	–10.3
合作经营企业(港或澳、台资)			
港、澳、台商独资经营企业	215384	190319	13.2
港、澳、台商投资股份有限公司		54170	–100.0
其他港、澳、台商投资企业			
外商投资企业	237872	317513	–25.1
中外合资经营企业	163592	271069	–39.7
中外合作经营企业			
外商独资企业	74280	46444	59.9
4、按国民经济行业分			
工业	8493299	6900357	23.1
农副食品加工业	432224	299870	44.17
食品制造业	122615	62027	97.7
酒、饮料和精制茶制造业	137005	15612	777.6

表 7–5 续表 2

指　标　名　称	2013年	2012年	增长(%)
纺织业	55640	137803	–59.6
纺织服装和服饰业	198989	118570	67.8
皮革、毛皮、羽毛(绒)及其制品业	37667	40669	–7.4
木材加工及木、竹、藤、棕、草制	218767	199790	9.5
家具制造业	85850	77951	10.1
造纸及纸制品业	37683	40517	–7.0
印刷业和记录媒介的复制	35202	3600	877.8
文教体育用品制造业	69863	114490	–39.0
石油加工、炼焦及核燃料加工业	89198	44400	100.9
化学原料及化学制品制造业	1789515	1444333	23.9
医药制造业	390567	306620	27.4
化学纤维制造业	23961	12468	92.2
橡胶和塑料制品业	145426	221291	–34.3
非金属矿制品业	769649	958259	–19.7
黑色金属冶炼和压延加工业	571433	336453	69.8
有色金属冶炼和压延加工业	99384	178996	–44.5
金属制品业	528103	436734	20.9
通用设备制造业	314445	146566	114.5
专用设备制造业	443570	311469	42.4
汽车制造业	184718	165944	11.3
铁路、船舶、航空航天等制造业	80263	74503	7.7
电气机械及器材制造业	719604	401788	79.1
计算机、通信和其他电子设备制造业	131351	186313	–29.5
仪器仪表制造业	34254	43530	–21.3
其他制造业	62630	68490	–8.6

表 7-5 续表 3

指　标　名　称	2013年	2012年	增长(%)
废弃资源综合利用业	119415	35710	234.4
金属制品、机械和设备修理业		1820	-100.0
三、本年新增固定资产(万元)	6459389	5439527	18.8
四、项目个数(个)			
1、施工项目个数	826	928	-11.0
其中:本年新开工	565	623	-9.3
2、本年投产项目个数	587	606	-3.1
五、本年资金来源合计	8212870	8235849	-0.3
1、上年末结余资金			
2、本年资金来源小计	8212870	8235849	-0.3
(1)国家预算资金	42167	40531	4.0
其中:中央预算资金		6000	-100.0
(2)国内贷款	986797	645609	52.9
(3)债券			
(4)利用外资	244388	252643	-3.3
其中:外商直接投资	215997	193335	11.7
(5)自筹资金	6901201	7251210	-4.8
其中:企、事业单位自有资金	2348691	3483108	-32.6
其中:股东投入资金	281985	255210	10.5
其中:借入资金	27470	42547	-35.4
(6)其他资金来源	38317	45856	-16.4
六、各项应付款合计	697914	45689	1427.5
其中:工程款	91618	29256	213.2

规模以上投资完成情况

表 7-6　　(2013 年)

指　标　名　称	全　市	城　镇	农　村
一、计划总投资(万元)			
1、建设项目计划总投资	30508492	27135369	13287789
其中:本年新开工项目	11659160	11597448	5775486
2、自开始建设至本年底累计完成投资	17782729	17202691	8761855
二、自年初累计完成投资(万元)	11760475	11535285	6523544
其中:本月完成投资	865183	808095	560615
其中:本年新开工	6876761	6836491	4050054
其中:国有经济控股	3211245	2986055	
其中:住宅	15844	15844	8600
其中:基础设施投资	2477150	2349504	180424
其中:民间投资	8107038	8107038	6523544
其中:技改投资	2789987	2745397	2239563
1、按构成分			
建筑工程	5876618	5701811	2361829
安装工程	918339	912976	635709
设备工器具购置	4508675	4463855	3268213
其中:用于更新的设备	117278	117278	48015
其他费用	456843	456643	257793
其中:建设用地费	296426	296226	160335
2、按建设性质分			
其中:(1)新建	8301352	8240044	4044283
其中:(2)扩建	925322	806030	504025
其中:(3)改建	2475379	2430789	1943845
3、按登记注册类型分			
内资企业	11233710	11008520	6523544
国有企业	2380307	2327414	
集体企业	107013	107013	

表 7-6 续表 1　　(2013 年)

指标名称	全市	城镇	农村
股份合作企业			
联营企业	10760	10760	
国有联营企业	3860	3860	
集体联营企业			
国有与集体联营企业	6900	6900	
其他联营企业			
有限责任公司	1994727	1822430	
国有独资公司	487673	368381	
其他有限责任公司	1507054	1454049	
股份有限公司	131185	131185	
私营企业	6523544	6523544	6523544
私营独资企业	1924347	1924347	1924347
私营合伙企业	280800	280800	280800
私营有限责任公司	3879746	3879746	3879746
私营股份有限公司	438651	438651	438651
其他企业	86174	86174	
港、澳、台商投资企业	269927	269927	
合资经营企业(港或澳、台资)	54043	54043	
合作经营企业(港或澳、台资)			
港、澳、台商独资经营企业	215384	215384	
港、澳、台商投资股份有限公司	500	500	
其他港、澳、台商投资企业			
外商投资企业	256838	256838	
中外合资经营企业	163592	163592	
中外合作经营企业			
外资企业	93246	93246	

表7–6续表2　　(2013年)

指　标　名　称	全　市	城　镇	农　村
4、按产业分			
①第一产业	176104	176104	131520
②第二产业	8494021	8303314	6106356
工业	8493299	8302592	6106356
能源工业	535047	415755	168454
原材料工业	3349396	3349396	2819346
机电工业	2436308	2364893	1560759
轻纺工业	2365306	2365306	1709130
③第三产业	3090350	3055867	285668
5、按国民经济行业分			
农、林、牧、渔业	176104	176104	131520
农业	65746	65746	51108
林业	6000	6000	6000
畜牧业	62913	62913	39347
渔业	18338	18338	15338
农、林、牧、渔服务业	23107	23107	19727
采矿业	9400	9400	9400
非金属矿采选业	9400	9400	9400
制造业	7928991	7857576	5984462
农副食品加工业	432224	432224	337530
食品制造业	122615	122615	107773
酒、饮料和精制茶制造业	137005	137005	114559
纺织业	55640	55640	55640
纺织服装、服饰业	198989	198989	194517
皮革、毛皮、羽毛及其制品和制鞋业	37667	37667	37667
木材加工和木、竹、藤、棕、草制品业	218767	218767	107457
家具制造业	85850	85850	84850

表 7-6 续表 3　　　　　　　　　　　　(2013 年)

指　标　名　称	全　市	城　镇	农　村
造纸和纸制品业	37683	37683	37683
印刷和记录媒介复制业	35202	35202	34422
文教、工美、体育和娱乐用品制造业	69863	69863	50393
石油加工、炼焦和核燃料加工业	89198	89198	89198
化学原料和化学制品制造业	1789515	1789515	1384168
医药制造业	390567	390567	174411
化学纤维制造业	23961	23961	3451
橡胶和塑料制品业	145426	145426	145426
非金属矿物制品业	769649	769649	723124
黑色金属冶炼和压延加工业	571433	571433	567543
有色金属冶炼和压延加工业	99384	99384	37098
金属制品业	528103	528103	323789
通用设备制造业	314445	269855	237005
专用设备制造业	443570	443570	328740
汽车制造业	184718	184718	152568
铁路、船舶、航空航天和其他运输设备制造业	80263	80263	51043
电气机械和器材制造业	719604	692779	356271
计算机、通信和其他电子设备制造业	131351	131351	79113
仪器仪表制造业	34254	34254	32230
其他制造业	62630	62630	29380
废弃资源综合利用业	119415	119415	107413
电力、热力、燃气及水生产和供应业	554908	435616	112494
电力、热力生产和供应业	424245	304953	60552
燃气生产和供应业	21604	21604	18704
水的生产和供应业	109059	109059	33238
建筑业	722	722	
房屋建筑业	697	697	

表 7-6 续表 4　　　　　　　　　　　　　(2013 年)

指　标　名　称	全　市	城　镇	农　村
土木工程建筑业	25	25	
批发和零售业	151224	147864	59124
批发业	74200	70840	12570
零售业	77024	77024	46554
交通运输、仓储和邮政业	675383	675013	81286
道路运输业	192838	192468	17440
水上运输业	334477	334477	19350
装卸搬运和运输代理业	32186	32186	4575
仓储业	115882	115882	39921
住宿和餐饮业	180940	180940	25904
住宿业	78055	78055	17319
餐饮业	102885	102885	8585
信息传输、软件和信息技术服务业	112219	94089	
电信、广播电视和卫星传输服务	58456	58456	
软件和信息技术服务业	53763	35633	
金融业	34719	34719	1489
货币金融服务	9989	9989	1489
其他金融业	24730	24730	
房地产业	276969	276969	41761
房地产业	276969	276969	41761
租赁和商务服务业	251368	251368	40539
商务服务业	251368	251368	40539
科学研究和技术服务业	45739	44700	
研究和试验发展	35000	35000	
专业技术服务业	9000	9000	
科技推广和应用服务业	1739	700	
水利、环境和公共设施管理业	1055423	1055423	20740

表 7-6 续表 5 (2013 年)

指标名称	全市	城镇	农村
水利管理业	146914	146914	
生态保护和环境治理业	3972	3972	
公共设施管理业	904537	904537	20740
居民服务、修理和其他服务业	23500	23500	9000
居民服务业	12800	12800	
机动车、电子产品和日用产品修理业	10700	10700	9000
其他服务业			
教育	165541	157557	425
教育	165541	157557	425
卫生和社会工作	44175	44175	4000
卫生	31800	31800	4000
社会工作	12375	12375	
文化、体育和娱乐业	39146	39146	1400
新闻和出版业			
广播、电视、电影和影视录音制作业	5844	5844	
文化艺术业	14600	14600	
体育	15642	15642	1400
娱乐业	3060	3060	
公共管理、社会保障和社会组织	34004	30404	
中国共产党机关			
国家机构	34004	30404	
三、本年新增固定资产(万元)	8371903	8326576	5212655
四、项目个数(个)			
1、施工项目个数	1222	1210	754
其中:本年新开工	803	799	529
2、本年投产项目个数	793	788	534

表 7-6 续表 6　　　　　　　　　　(2013 年)

指　标　名　称	全　市	城　镇	农　村
五、房屋建筑面积(平方米)			
1、本年施工房屋面积	15530183	15311016	9144514
其中:住宅	123000	123000	36000
2、本年竣工房屋面积	8045415	7933185	5245903
其中:住宅	123000	123000	36000
3、本年竣工房屋价值	1169142	1147013	625855
其中:住宅	13587	13587	4100
六、本年资金来源合计	11830889	11603759	6343465
1、上年末结余资金			
2、本年资金来源小计	11830889	11603759	6343465
(1)国家预算资金	137054	137054	5148
其中:中央预算资金	5428	5428	
(2)国内贷款	1119308	1059308	812297
(3)债券			
(4)利用外资	244388	244388	
其中:外商直接投资	215997	215997	
(5)自筹资金	10244353	10077593	5484876
其中:企、事业单位自有资金	3130006	3072706	1304751
其中:股东投入资金	294705	294705	215865
其中:借入资金	30960	30960	30560
(6)其他资金来源	85786	85416	41144
七、各项应付款合计	824910	824910	531697
其中:工程款	158812	158812	60444

分地区规模以上固定资产投资完成情况

表 7-7　　(不含房地产)(2013 年)　　单位:万元

指　　标	全　市	市　区	赣榆县	东海县	灌云县	灌南县
一、计划总投资(万元)						
1、建设项目计划总投资	30508492	19729873	3442154	2263497	2486389	2586579
其中:本年新开工项目	11659160	5501529	1834095	1644101	1468835	1210600
2、自开始建设至本年底累计完成投资	17782729	9189370	2544588	2073111	1967475	2008185
二、自年初累计完成投资(万元)	11760475	5324309	1822766	1673189	1476173	1464038
其中:本月完成投资	865183	355993	120025	167951	126241	94973
其中:本年新开工	6876761	2615497	1292419	1457382	864832	646631
其中:国有经济控股	3211245	2667047	183191	27100	214466	119441
其中:住宅	15844		3700		8600	3544
其中:基础设施投资	2477150	1859775	230422	76674	192860	117419
其中:民间投资	8240600	2553642	1634575	1465045	1242741	1344597
1、按构成分						
建筑工程	5876618	3777896	634657	619200	562974	281891
安装工程	918339	257547	360324	68277	56833	175358
设备工器具购置	4508675	1102826	742111	920002	795784	947952
其中:用于更新的设备	117278	92855	24423			
其他费用	456843	186040	85674	65710	60582	58837
2、按建设性质分						
其中:(1)新建	8301352	4480443	911360	1262478	691438	955633
其中:(2)扩建	925322	386695	337110	135760	65757	
其中:(3)改建	2475379	439215	550696	274951	704653	505864
3、按登记注册类型分						
内资企业	11233710	5098429	1817766	1405943	1457207	1454365
国有企业	2380307	1870643	164143	27100	203452	114969
集体企业	107013	41066	30681	35266		

表 7-7 续表 1　　　(不含房地产)(2013 年)　　　单位:万元

指　　标	全　市	市　区	赣榆县	东海县	灌云县	灌南县
联营企业	10760	10760				
有限责任公司	1994727	1621356	26839		18214	328318
国有独资公司	487673	468625	19048			
其他有限责任公司	1507054	1152731	7791		18214	328318
股份有限公司	131185	97204	7089			26892
私营企业	6523544	1400777	1588401	1314639	1235541	984186
私营独资企业	1924347	717870	15100	569777	564349	57251
私营合伙企业	280800	193730	32165	54905		
私营有限责任公司	3879746	478517	1450851	689957	671192	589229
私营股份有限公司	438651	10660	90285			337706
其他企业	86174	56623	613	28938		
港、澳、台商投资企业	269927	80910	5000	174344		9673
合资经营企业(港或澳、台资)	54043	44370				9673
港、澳、台商独资经营企业	215384	36038	5000	174344		2
港、澳、台商投资股份有限公司	500	500				
外商投资企业	256838	144970		92902	18966	
中外合资经营企业	163592	77390		86202		
外资企业	93246	67580		6700	18966	
4、按产业分						
①第一产业	176104	17400	56048	27945	33004	41707
②第二产业	8494021	2912152	1579762	1544683	1197014	1260410
工业	8493299	2912127	1579065	1544683	1197014	1260410
能源工业	535047	305574	182520	21601	12498	12854
原材料工业	3349396	848995	660079	526404	642228	671690
机电工业	2436308	1019069	311237	587110	152950	365942
轻纺工业	2365306	803147	397661	495998	379089	289411

表 7-7 续表 2　　　　（不含房地产）（2013 年）　　　　单位：万元

指　　标	全　市	市　区	赣榆县	东海县	灌云县	灌南县
③第三产业	3090350	2394757	186956	100561	246155	161921
5、按国民经济行业分						
农、林、牧、渔业	176104	17400	56048	27945	33004	41707
农业	65746	8400	14888	6238		36220
林业	6000		6000			
畜牧业	62913	9000	11860	18707	18966	4380
渔业	18338		2500	3000	12838	
农、林、牧、渔服务业	23107		20800		1200	1107
采矿业	9400			9400		
非金属矿采选业	9400			9400		
制造业	7928991	2528765	1457552	1513682	1181436	1247556
农副食品加工业	432224	51850	30000	189775	109037	51562
食品制造业	122615	15060		34000	61820	11735
酒、饮料和精制茶制造业	137005	21600	72800	7503	9960	25142
纺织业	55640	4360	16000	18250	17030	
纺织服装、服饰业	198989	17500	72698	69569	23730	15492
皮革、毛皮、羽毛及其制品和制鞋业	37667		5170		22050	10447
木材加工和木、竹、藤、棕、草制品业	218767	137810	19980	6000	14176	40801
家具制造业	85850	8000	54250		23600	
造纸和纸制品业	37683	7720	5800	9700	14463	
印刷和记录媒介复制业	35202	29010	5100			1092
文教、工美、体育和娱乐用品制造业	69863	19470	11078	39315		
石油加工、炼焦和核燃料加工业	89198		89198			
化学原料和化学制品制造业	1789515	517124	169147	10950	566240	526054
医药制造业	390567	283551	24060		63072	19884
化学纤维制造业	23961	20510				3451

表 7-7 续表 3　　(不含房地产)(2013 年)　　单位:万元

指　　标	全　市	市　区	赣榆县	东海县	灌云县	灌南县
橡胶和塑料制品业	145426	11010	54722	26056	27320	26318
非金属矿物制品业	769649	82188	120919	495404	71138	
黑色金属冶炼和压延加工业	571433	175395	238600	20050		137388
有色金属冶炼和压延加工业	99384	62286	24000		4850	8248
金属制品业	528103	226641	116630	89170	55380	40282
通用设备制造业	314445	93353	31000	10490	37017	142585
专用设备制造业	443570	317715	17130	74093	19648	14984
汽车制造业	184718	50770	28128	66300	25000	14520
铁路、船舶、航空航天和其他运输设备制造业	80263	56000	18200			6063
电气机械和器材制造业	719604	171455	86750	346857	9505	105037
计算机、通信和其他电子设备制造业	131351	72961	13399	200	6400	38391
仪器仪表制造业	34254	30174				4080
其他制造业	62630	33250	25380			4000
废弃资源综合利用业	119415	12002	107413			
电力、热力、燃气及水生产和供应业	554908	383362	121513	21601	15578	12854
电力、热力生产和供应业	424245	302674	87472	21601	12498	
燃气生产和供应业	21604	2900	5850			12854
水的生产和供应业	109059	77788	28191		3080	
建筑业	722	25	697			
房屋建筑业	697		697			
土木工程建筑业	25	25				
批发和零售业	151224	121845	4720	5749	11840	7070
批发业	74200	63770	3360			7070
零售业	77024	58075	1360	5749	11840	
交通运输、仓储和邮政业	675383	431500	25592	27314	141600	49377

表7-7 续表4　　(不含房地产)(2013年)　　单位:万元

指　　标	全　市	市　区	赣榆县	东海县	灌云县	灌南县
道路运输业	192838	134623	5750	21000	31465	
水上运输业	334477	207511	12287		95329	19350
装卸搬运和运输代理业	32186	27611		4575		
仓储业	115882	61755	7555	1739	14806	30027
住宿和餐饮业	180940	158136	7046	12800	2958	
住宿业	78055	60736	1561	12800	2958	
餐饮业	102885	97400	5485			
信息传输、软件和信息技术服务业	112219	112219				
电信、广播电视和卫星传输服务	58456	58456				
软件和信息技术服务业	53763	53763				
金融业	34719	26219	8500			
货币金融服务	9989	1489	8500			
其他金融业	24730	24730				
房地产业	276969	231664	6850		25846	12609
房地产业	276969	231664	6850		25846	12609
租赁和商务服务业	251368	190569	26926	25200	1023	7650
商务服务业	251368	190569	26926	25200	1023	7650
科学研究和技术服务业	45739	39039	6000		700	
研究和试验发展	35000	34998			2	
专业技术服务业	9000	3000	6000			
科技推广和应用服务业	1739	1039			700	
水利、环境和公共设施管理业	1055423	864513	65001	21998	33363	70548
水利管理业	146914	102493	18530		14618	11273
生态保护和环境治理业	3972	1787	2185			
公共设施管理业	904537	760233	44286	21998	18745	59275
居民服务、修理和其他服务业	23500	8500	6000		9000	

表 7-7 续表 5　　　　　　　　(不含房地产)(2013 年)　　　　　　　　单位:万元

指　　标	全　市	市　区	赣榆县	东海县	灌云县	灌南县
居民服务业	12800	6800	6000			
机动车、电子产品和日用产品修理业	10700	1700			9000	
教育	165541	153345	1071		10700	425
教育	165541	153345	1071		10700	425
卫生和社会工作	44175	12950	24800		6425	
卫生	31800	1300	24800		5700	
社会工作	12375	11650			725	
文化、体育和娱乐业	39146	17404		7500		14242
广播、电视、电影和影视录音制作业	5844	5844				
文化艺术业	14600	8500		6100		
体育	15642			1400		14242
娱乐业	3060	3060				
公共管理、社会保障和社会组织	34004	26854	4450		2700	
国家机构	34004	26854	4450		2700	
三、本年新增固定资产(万元)	8371903	2879528	1820991	1118724	1047614	1505046
四、项目个数(个)						
1、施工项目个数	1222	445	194	213	205	165
其中:本年新开工	803	249	147	178	136	93
2、本年投产项目个数	793	255	135	164	140	99
五、房屋建筑面积(平方米)						
1、本年施工房屋面积	15530183	5581734	956517	2922649	2681358	3387925
其中:住宅	123000		39000		36000	48000
2、本年竣工房屋面积	8045415	2248482	484659	1968929	1275972	2067373
其中:住宅	123000		39000		36000	48000
六、本年资金来源合计	11830889	5802527	2071595	1718209	1480044	758514
1、上年末结余资金						
2、本年资金来源小计	11830889	5802527	2071595	1718209	1480044	758514
(1)国家预算资金	137054	61337	54756		15961	5000
其中:中央预算资金	5428		3178		2250	
(2)国内贷款	1119308	252085	367898	397370	12695	89260
(3)债券						
(4)利用外资	244388	92362	5001	147025		
其中:外商直接投资	215997	68972		147025		
(5)自筹资金	10244353	5353633	1623343	1170314	1432809	664254
其中:企、事业单位自有资金	3130006	1875439	64120	1133694	56753	
其中:股东投入资金	294705	29050		18190		247465
其中:借入资金	30960	8510	1000	18430	1360	1660
(6)其他资金来源	85786	43110	20597	3500	18579	
七、各项应付款合计	824910	500	11700	17226	662	794822
其中:工程款	158812	500	11700	9470	212	136930

市区分地区规模以上固定资产投资完成情况

表 7-8　　(不含房地产)(2013 年)　　单位:万元

指　　标	连云港市	市　区	市辖区	连云区	新浦区
一、计划总投资(万元)					
1、建设项目计划总投资	30508492	19729873	3573411	4498218	2604202
其中:本年新开工项目	11659160	5501529		1442540	1176874
2、自开始建设至本年底累计完成投资	17782729	9189370	767368	2537909	1827606
二、自年初累计完成投资(万元)	11760475	5324309	274788	1096641	1198272
其中:本月完成投资	865183	355993	38292		40178
其中:本年新开工	6876761	2615497		635881	636682
其中:国有经济控股	3211245	2667047	274788	875690	720108
其中:住宅	15844				
其中:基础设施投资	2477150	1859775	274788	558739	514603
其中:民间投资	8240600	2553642		218951	478164
1、按构成分					
建筑工程	5876618	3777896	132398	1027537	905427
安装工程	918339	257547	6454	12500	65046
设备工器具购置	4508675	1102826	134064	39017	132428
其中:用于更新的设备	117278	92855			58023
其他费用	456843	186040	1872	17587	95371
2、按建设性质分					
其中:(1)新建	8301352	4480443		1086915	1151772
其中:(2)扩建	925322	386695	274788	4400	18000
其中:(3)改建	2475379	439215			28500
3、按登记注册类型分					
内资企业	11233710	5098429	274788	1048441	1187272
国有企业	2380307	1870643		811491	711108
集体企业	107013	41066			27866
股份合作企业					
联营企业	10760	10760			
国有联营企业	3860	3860			
集体联营企业					
国有与集体联营企业	6900	6900			
其他联营企业					

表 7-8 续表 1　　(不含房地产)(2013 年)　　单位:万元

指　　标	海州区	市开发区	徐圩新区	科教园区
一、计划总投资(万元)				
1、建设项目计划总投资	893842	2208598	5863413	88189
其中:本年新开工项目	524774	1276598	1046743	34000
2、自开始建设至本年底累计完成投资	586843	1816154	1623985	29505
二、自年初累计完成投资(万元)	430993	1518086	787729	17800
其中:本月完成投资	31525	244998		1000
其中:本年新开工	215475	904130	218104	5225
其中:国有经济控股	22644	409103	356115	8599
其中:住宅				
其中:基础设施投资	37017	203251	262743	8634
其中:民间投资	408349	1007363	431614	9201
1、按构成分				
建筑工程	294222	776140	626757	15415
安装工程	63009	99103	9050	2385
设备工器具购置	51545	611402	134370	
其中:用于更新的设备	13320	4800	16712	
其他费用	22217	31441	17552	
2、按建设性质分				
其中:(1)新建	315889	1128415	786063	11389
其中:(2)扩建	57180	24250	1666	6411
其中:(3)改建	57924	352791		
3、按登记注册类型分				
内资企业	398213	1384186	787729	17800
国有企业	22644	39420	280110	5870
集体企业	13200			
股份合作企业				
联营企业	6900	3860		
国有联营企业		3860		
集体联营企业				
国有与集体联营企业	6900			
其他联营企业				

表 7-8 续表 2　　　　　　　　(不含房地产)(2013 年)　　　　　　　　单位:万元

指　　标	连云港市	市　区	市辖区	连云区	新浦区
有限责任公司	1994727	1621356	274788	154585	61260
国有独资公司	487673	468625	119292	25153	
其他有限责任公司	1507054	1152731	155496	129432	61260
股份有限公司	131183	97204			7000
私营企业	6523544	1400777		82365	365058
私营独资企业	1924347	717870		27626	239740
私营合伙企业	280800	193730			24770
私营有限责任公司	3879746	478517		46779	100548
私营股份有限公司	438651	10660		7960	
其他企业	86174	56623			14980
港、澳、台商投资企业	269927	80910		2500	
合资经营企业(港或澳、台资)	54043	44370			
合作经营企业(港或澳、台资)					
港、澳、台商独资经营企业	215384	36040		2000	
港、澳、台商投资股份有限公司	500	500		500	
其他港、澳、台商投资企业					
外商投资企业	256838	144970		45700	11000
中外合资经营企业	163592	77390		45700	11000
中外合作经营企业					
外资企业	93246	67580			
4、按产业分					
①第一产业	176104	17400			
②第二产业	8494021	2912152	274788	242197	380836
工业	8493299	2912127	274788	242197	380836
能源工业	535047	305574	274788		9907
原材料工业	3349396	848995		235197	63623

指　　标	海州区	市开发区	徐圩新区	科教园区
有限责任公司	109470	933378	76005	11870
国有独资公司		249648	71803	2729
其他有限责任公司	109470	683730	4202	9141
股份有限公司	2024	88180		
私营企业	226375	295305	431614	60
私营独资企业	18860		431614	30
私营合伙企业	168930			30
私营有限责任公司	35885	295305		
私营股份有限公司	2700			
其他企业	17600	24043		
港、澳、台商投资企业	18600	59810		
合资经营企业(港或澳、台资)	18600	25770		
合作经营企业(港或澳、台资)				
港、澳、台商独资经营企业		34040		
港、澳、台商投资股份有限公司				
其他港、澳、台商投资企业				
外商投资企业	14180	74090		
中外合资经营企业	14180	6510		
中外合作经营企业				
外资企业		67580		
4、按产业分				
①第一产业	17400			
②第二产业	301394	1267724	437319	7894
工业	301394	1267724	437319	7869
能源工业		13540	4610	2729
原材料工业	32500	100301	417374	

表 7-8 续表 4　　　　(不含房地产)(2013 年)　　　　单位:万元

指　　标	连云港市	市　区	市辖区	连云区	新浦区
机电工业	2436308	1019069		7000	228976
轻纺工业	2365306	803147			62120
③第三产业	3090350	2394757		854444	817436
5、按国民经济行业分					
农、林、牧、渔业	176104	17400			
农业	65746	8400			
林业	6000				
畜牧业	62913	9000			
渔业	18338				
农、林、牧、渔服务业	23107				
采矿业	9400				
非金属矿采选业	9400				
开采辅助活动					
其他采矿业					
制造业	7928991	2528765		242197	349719
农副食品加工业	432224	51850			
食品制造业	122615	15060			5610
酒、饮料和精制茶制造业	137005	21600			21600
烟草制品业					
纺织业	55640	4360			
纺织服装、服饰业	198989	17500			8400
皮革、毛皮、羽毛及其制品和制鞋业	37667				
木材加工和木、竹、藤、棕、草制品业	218767	137810			4190
家具制造业	85850	8000			
造纸和纸制品业	37683	7720			7720
印刷和记录媒介复制业	35202	29010			
文教、工美、体育和娱乐用品制造业	69863	19470			7600

表 7-8 续表 5　　(不含房地产)(2013 年)　　单位:万元

指　　标	海州区	市开发区	徐圩新区	科教园区
机电工业	200654	582439		
轻纺工业	124420	605251	9066	2290
③第三产业	112199	250362	350410	9906
5、按国民经济行业分				
农、林、牧、渔业	17400			
农业	8400			
林业				
畜牧业	9000			
渔业				
农、林、牧、渔服务业				
采矿业				
非金属矿采选业				
开采辅助活动				
其他采矿业				
制造业	301394	1218081	417374	
农副食品加工业	5900	45950		
食品制造业	8580	870		
酒、饮料和精制茶制造业				
烟草制品业				
纺织业	4360			
纺织服装、服饰业	9100			
皮革、毛皮、羽毛及其制品和制鞋业				
木材加工和木、竹、藤、棕、草制品业	10200	123420		
家具制造业	8000			
造纸和纸制品业				
印刷和记录媒介复制业		29010		
文教、工美、体育和娱乐用品制造业		11870		

指　　标	连云港市	市　区	市辖区	连云区	新浦区
石油加工、炼焦和核燃料加工业	89198				
化学原料和化学制品制造业	1789515	517124		119846	12420
医药制造业	390567	283551			
化学纤维制造业	23961	20510			
橡胶和塑料制品业	145426	11010			2000
非金属矿物制品业	769649	82188		5326	51203
黑色金属冶炼和压延加工业	571433	175395		47739	
有色金属冶炼和压延加工业	99384	62286		62286	
金属制品业	528103	226641			16500
通用设备制造业	314445	93353			7090
专用设备制造业	443570	317715		7000	76925
汽车制造业	184718	50770			46270
铁路、船舶、航空航天和其他运输设备制造业	80263	56000			5000
电气机械和器材制造业	719604	171455			22850
计算机、通信和其他电子设备制造业	131351	72961			48391
仪器仪表制造业	34254	30174			5950
其他制造业	62630	33250			
废弃资源综合利用业	119415	12002			
电力、热力、燃气及水生产和供应业	554908	383362	274788		31117
电力、热力生产和供应业	424245	302674	274788		7007
燃气生产和供应业	21604	2900			2900
水的生产和供应业	109059	77788			21210
建筑业	722	25			
房屋建筑业	697				
土木工程建筑业	25	25			
批发和零售业	151224	121845			61090
批发业	74200	63770			33170
零售业	77024	58075			27920

表 7-8 续表 7	(不含房地产)(2013 年)			单位:万元

指　　　标	海州区	市开发区	徐圩新区	科教园区
石油加工、炼焦和核燃料加工业				
化学原料和化学制品制造业	8900	90642	285316	
医药制造业	18600	264951		
化学纤维制造业		20510		
橡胶和塑料制品业	3500	5510		
非金属矿物制品业	15800	9659	200	
黑色金属冶炼和压延加工业	7800		119856	
有色金属冶炼和压延加工业				
金属制品业	10500	199641		
通用设备制造业	33500	52763		
专用设备制造业	58500	175290		
汽车制造业	3000	1500		
铁路、船舶、航空航天和其他运输设备制造业	21780	29220		
电气机械和器材制造业	40200	108405		
计算机、通信和其他电子设备制造业	8950	15620		
仪器仪表制造业	24224			
其他制造业		33250		
废弃资源综合利用业			12002	
电力、热力、燃气及水生产和供应业		49643	19945	7869
电力、热力生产和供应业		13540	4610	2729
燃气生产和供应业				
水的生产和供应业		36103	15335	5140
建筑业				25
房屋建筑业				
土木工程建筑业				25
批发和零售业	60755			
批发业	30600			
零售业	30155			

表 7-8 续表 8　　　　(不含房地产)(2013 年)　　　　单位:万元

指　　标	连云港市	市　区	市辖区	连云区	新浦区
交通运输、仓储和邮政业	675383	431500		246456	33340
铁路运输业					
道路运输业	192838	134623		39932	16190
水上运输业	334477	207511		157883	
装卸搬运和运输代理业	32186	27611		27611	
仓储业	115882	61755		21030	17150
住宿和餐饮业	180940	158136		98600	50395
住宿业	78055	60736		4300	47295
餐饮业	102885	97400		94300	3100
信息传输、软件和信息技术服务业	112219	112219			94089
电信、广播电视和卫星传输服务	58456	58456			58456
软件和信息技术服务业	53763	53763			35633
金融业	34719	26219			1489
货币金融服务	9989	1489			1489
其他金融业	24730	24730			
房地产业	276969	231664		26100	114700
房地产业	276969	231664		26100	114700
租赁和商务服务业	251368	190569		126875	3900
租赁业					
商务服务业	251368	190569		126875	3900
科学研究和技术服务业	45739	39039		3000	36039
研究和试验发展	35000	35000			35000
专业技术服务业	9000	3000		3000	
科技推广和应用服务业	1739	1039			1039
水利、环境和公共设施管理业	1055423	864513		321253	269506
水利管理业	146914	102493			71518
生态保护和环境治理业	3972	1787			
公共设施管理业	904537	760233		321253	197988
居民服务、修理和其他服务业	23500	8500		6800	
居民服务业	12800	6800		6800	
机动车、电子产品和日用产品修理业	10700	1700			
其他服务业					
教育	165541	153345		2260	118780
教育	165541	153345		2260	118780

指　　标	海州区	市开发区	徐圩新区	科教园区
交通运输、仓储和邮政业		1700	150004	
铁路运输业				
道路运输业			78501	
水上运输业			49628	
装卸搬运和运输代理业				
仓储业		1700	21875	
住宿和餐饮业				9141
住宿业				9141
餐饮业				
信息传输、软件和信息技术服务业		18130		
电信、广播电视和卫星传输服务				
软件和信息技术服务业		18130		
金融业		24730		
货币金融服务				
其他金融业		24730		
房地产业	10127		80737	
房地产业	10127		80737	
租赁和商务服务业	2600	52194	5000	
租赁业				
商务服务业	2600	52194	5000	
科学研究和技术服务业				
研究和试验发展				
专业技术服务业				
科技推广和应用服务业				
水利、环境和公共设施管理业	26837	131483	114669	765
水利管理业		7310	23665	
生态保护和环境治理业	1787			
公共设施管理业	25050	124173	91004	765
居民服务、修理和其他服务业	1700			
居民服务业				
机动车、电子产品和日用产品修理业	1700			
其他服务业				
教育	10180	22125		
教育	10180	22125		

表 7-8 续表 10　　(不含房地产)(2013 年)　　单位:万元

指　　标	连云港市	市　区	市辖区	连云区	新浦区
卫生和社会工作	44175	12950		1300	11650
卫生	31800	1300		1300	
社会工作	12375	11650			11650
文化、体育和娱乐业	39146	17404		8500	8904
广播、电视、电影和影视录音制作业	5844	5844			5844
文化艺术业	14600	8500		8500	
体育	15642				
娱乐业	3060	3060			3060
公共管理、社会保障和社会组织	34004	26854		13300	13554
国家机构	34004	26854		13300	13554
三、本年新增固定资产(万元)	8371903	2879528		198870	1071225
四、项目个数(个)					
1、施工项目个数	1222	445	2	73	110
其中:本年新开工	803	249		43	58
2、本年投产项目个数	793	255		25	78
五、房屋建筑面积(平方米)					
1、本年施工房屋面积	15530183	5581734		127488	2283093
其中:住宅	123000				
2、本年竣工房屋面积	8045415	2248482			825857
其中:住宅	123000				
六、本年资金来源合计	11830889	5802527	280000	1262111	1294461
1、上年末结余资金					
2、本年资金来源小计	11830889	5802527	280000	1262111	1294461
(1)国家预算资金	137054	61337			40550
其中:中央预算资金	5428				
(2)国内贷款	1119308	252085	142000		51445
(3)债券					
(4)利用外资	244388	92362		19000	
其中:外商直接投资	215997	68972		5000	
(5)自筹资金	10244353	5353633	138000	1243111	1192816
其中:企、事业单位自有资金	3130006	1875439	78000	612698	67551
其中:股东投入资金	294705	29050			
其中:借入资金	30960	8510			2100
(6)其他资金来源	85786	43110			9650
七、各项应付款合计	824910	500			500
其中:工程款	158812	500			500

表 7-8 续表 11　　(不含房地产)(2013 年)　　单位:万元

指　　标	海州区	市开发区	徐圩新区	科教园区
卫生和社会工作				
卫生				
社会工作				
文化、体育和娱乐业				
广播、电视、电影和影视录音制作业				
文化艺术业				
体育				
娱乐业				
公共管理、社会保障和社会组织				
国家机构				
三、本年新增固定资产(万元)	427693	952328	221123	8289
四、项目个数(个)				
1、施工项目个数	77	114	59	10
其中:本年新开工	42	87	14	5
2、本年投产项目个数	58	78	13	3
五、房屋建筑面积(平方米)				
1、本年施工房屋面积	958083	2058804		154266
其中:住宅				
2、本年竣工房屋面积	471664	950961		
其中:住宅				
六、本年资金来源合计	456412	1555557	932276	21710
1、上年末结余资金				
2、本年资金来源小计	456412	1555557	932276	21710
(1)国家预算资金	20287			500
其中:中央预算资金				
(2)国内贷款	58640			
(3)债券				
(4)利用外资		73362		
其中:外商直接投资		63972		
(5)自筹资金	344025	1482195	932276	21210
其中:企、事业单位自有资金	284485	805529	25676	1500
其中:股东投入资金	17550	11500		
其中:借入资金	1910	4500		
(6)其他资金来源	33460			
七、各项应付款合计				
其中:工程款				

分地区城镇规模以上固定资产投资完成情况

表 7-9 (不含房地产)(2013 年) 单位:万元

指　　标	全　市	市　区	赣榆县	东海县	灌云县	灌南县
一、计划总投资(万元)						
1. 建设项目计划总投资	29330020	19587584	2964900	2016690	2226767	2534079
其中:本年新开工项目	10878664	5407529	1527892	1411694	1345949	1185600
2. 自开始建设至本年底累计完成投资	16823414	9111555	2195324	1848291	1710114	1958130
二、自年初累计完成投资(万元)	10954102	5258569	1540931	1456769	1267219	1430614
其中:本月完成投资	792943	355238	84003	151876	107700	94126
其中:本年新开工	6289114	2559572	1114206	1246962	744298	624076
其中:国有经济控股	3143720	2618748	166695	27100	211736	119441
其中:住宅	7244		3700			3544
其中:基础设施投资	2421517	1851141	191553	71274	190130	117419
其中:民间投资	7501752	2536201	1369236	1248625	1036517	1311173
1. 按构成分						
建筑工程	5609669	3735726	545218	553505	499751	275469
安装工程	827943	246177	301551	60778	48053	171384
设备工器具购置	4115136	1102826	625820	790973	668693	926824
其中:用于更新的设备	117278	92855	24423			
其他费用	401354	173840	68342	51513	50722	56937
2. 按建设性质分						
其中:(1)新建	7762307	4421114	722392	1129091	567501	922209
其中:(2)扩建	860284	380284	294283	130360	55357	
其中:(3)改建	2273089	439215	500656	197318	630036	505864
3. 按登记注册类型分						
内资企业	10429029	5032689	1535931	1191215	1248253	1420941
国有企业	2315511	1825073	147647	27100	200722	114969
集体企业	101013	41066	30681	29266		
联营企业	10760	10760				
国有联营企业	3860	3860				
国有与集体联营企业	6900	6900				
有限责任公司	1985617	1612246	26839		18214	328318

表 7–9 续表 1　　(不含房地产)(2013 年)　　单位:万元

指　　标	全　市	市　区	赣榆县	东海县	灌云县	灌南县
国有独资公司	484944	465896	19048			
其他有限责任公司	1500673	1146350	7791		18214	328318
股份有限公司	131185	97204	7089			26892
私营企业	5819007	1400717	1323062	1115149	1029317	950762
私营独资企业	1582312	717840	5850	454720	358125	45777
私营合伙企业	264579	193700	25774	45105		
私营有限责任公司	3533465	478517	1201153	615324	671192	567279
私营股份有限公司	438651	10660	90285			337706
其他企业	65936	45623	613	19700		
港、澳、台商投资企业	269927	80910	5000	174344		9673
合资经营企业(港或澳、台资)	54043	44370				9673
港、澳、台商独资经营企业	215384	36040	5000	174344		
港、澳、台商投资股份有限公司	500	500				
外商投资企业	255146	144970		91210	18966	
中外合资经营企业	161900	77390		84510		
外资企业	93246	67580		6700	18966	
4、按产业分						
①第一产业	95507	17400	26920		25314	25873
②第二产业	7867617	2904258	1337335	1361608	1021596	1242820
工业	7867617	2904258	1337335	1361608	1021596	1242820
能源工业	508318	302845	158520	21601	12498	12854
原材料工业	3138371	848995	575617	438801	603268	671690
机电工业	2353068	1019069	270737	571330	129805	362127
轻纺工业	2066577	800857	303813	409926	272345	279636
③第三产业	2990978	2336911	176676	95161	220309	161921
5、按国民经济行业分						
农、林、牧、渔业	95507	17400	26920		25314	25873
农业	37273	8400	3000			25873
林业	6000		6000			

表 7-9 续表 2　　　　　　(不含房地产)(2013 年)　　　　　　单位:万元

指　　标	全　市	市　区	赣榆县	东海县	灌云县	灌南县
畜牧业	29666	9000	1700		18966	
渔业	5148				5148	
农、林、牧、渔服务业	17420		16220		1200	
制造业	7353458	2528765	1245972	1340007	1008748	1229966
农副食品加工业	355664	51850	23000	146483	82769	51562
食品制造业	114755	15060		34000	53960	11735
酒、饮料和精制茶制造业	133105	21600	72800	7503	6060	25142
纺织业	38610	4360	16000	18250		
纺织服装、服饰业	149959	17500	499[illegible]	55569	11400	15492
皮革、毛皮、羽毛及其制品和制鞋业	23307		5170		7690	10447
木材加工和木、竹、藤、棕、草制品业	174436	137810	5600			31026
家具制造业	62000	8000	30400		23600	
造纸和纸制品业	30683	7720	5800	2700	14463	
印刷和记录媒介复制业	35202	29010	5100			1092
文教、工美、体育和娱乐用品制造业	67095	19470	8310	39315		
石油加工、炼焦和核燃料加工业	89198		89198			
化学原料和化学制品制造业	1770005	517124	162587	6800	557440	526054
医药制造业	387948	283551	24060		60453	19884
化学纤维制造业	23961	20510				3451
橡胶和塑料制品业	118386	11010	39722	26056	15280	26318
非金属矿物制品业	598534	82188	59017	411951	45378	
黑色金属冶炼和压延加工业	555433	175395	222600	20050		137388
有色金属冶炼和压延加工业	94984	62286	24000		450	8248
金属制品业	496908	226641	101030	89170	43600	36467
通用设备制造业	295885	93353	20500	10490	28957	142585
专用设备制造业	439570	317715	13130	74093	19648	14984
汽车制造业	184718	50770	28128	66300	25000	14520
铁路、船舶、航空航天和其他运输设备制造业	76663	56000	14600			6063
电气机械和器材制造业	700119	171455	84950	331077	7600	105037

表 7–9 续表 3　　(不含房地产)(2013 年)　　单位:万元

指　　标	全　市	市　区	赣榆县	东海县	灌云县	灌南县
计算机、通信和其他电子设备制造业	124951	72961	8399	200	5000	38391
仪器仪表制造业	34254	30174				4080
其他制造业	57710	33250	24460			
废弃资源综合利用业	119415	12002	107413			
电力、热力、燃气及水生产和供应业	514159	375493	91363	21601	12848	12854
电力、热力生产和供应业	397516	299945	63472	21601	12498	
燃气生产和供应业	21604	2900	5850			12854
水的生产和供应业	95039	72648	22041		350	
批发和零售业	151224	121845	4720	5749	11840	7070
批发业	74200	63770	3360			7070
零售业	77024	58075	1360	5749	11840	
交通运输、仓储和邮政业	674133	431500	24342	27314	141600	49377
道路运输业	191588	134623	4500	21000	31465	
水上运输业	334477	207511	12287		95329	19350
装卸搬运和运输代理业	32186	27611		4575		
仓储业	115882	61755	7555	1739	14806	30027
住宿和餐饮业	172998	151755	5485	12800	2958	
住宿业	70113	54355		12800	2958	
餐饮业	102885	97400	5485			
信息传输、软件和信息技术服务业	112219	112219				
电信、广播电视和卫星传输服务	58456	58456				
软件和信息技术服务业	53763	53763				
金融业	34719	26219	8500			
货币金融服务	9989	1489	8500			
其他金融业	24730	24730				
房地产业	200423	180964	6850			12609
房地产业	200423	180964	6850			12609
租赁和商务服务业	251368	190569	26926	25200	1023	7650
商务服务业	251368	198219	26926	25200	1023	

表 7-9 续表 4　　　　　　　　　　　（不含房地产）(2013 年)　　　　　　　　　　　单位:万元

指　　标	全　市	市　区	赣榆县	东海县	灌云县	灌南县
科学研究和技术服务业	45739	39039	6000		700	
研究和试验发展	35000	35000				
专业技术服务业	9000	3000	6000			
科技推广和应用服务业	1739	1039			700	
水利、环境和公共设施管理业	1042860	863748	58603	16598	33363	70548
水利管理业	140516	102493	12132		14618	11273
生态保护和环境治理业	3972	1787	2185			
公共设施管理业	898372	759468	44286	16598	18745	59275
居民服务、修理和其他服务业	23500	8500	6000		9000	
居民服务业	12800	6800	6000			
机动车、电子产品和日用产品修理业	10700	1700			9000	
教育	164470	153345			10700	425
教育	164470	153345			10700	425
卫生和社会工作	44175	12950	24800		6425	
卫生	31800	1300	24800		5700	
社会工作	12375	11650			725	
文化、体育和娱乐业	39146	17404		7500		14242
广播、电视、电影和影视录音制作业	5844	5844				
文化艺术业	14600	8500		6100		
体育	15642			1400		14242
娱乐业	3060	3060				
公共管理、社会保障和社会组织	34004	26854	4450		2700	
国家机构	34004	26854	4450		2700	
三、本年新增固定资产(万元)	7622989	2858239	1544061	929934	823209	1467546
四、项目个数(个)						
1、施工项目个数	1053	434	137	164	161	157
其中:本年新开工	674	242	103	131	110	88
2、本年投产项目个数	668	251	99	121	103	94

表 7-9 续表 5　　(不含房地产)(2013 年)　　单位:万元

指　　标	全　市	市　区	赣榆县	东海县	灌云县	灌南县
五、房屋建筑面积(平方米)						
1、本年施工房屋面积	14352639	5427468	802207	2504519	2310361	3308084
其中:住宅	87000		39000			48000
2、本年竣工房屋面积	7227062	2248482	403319	1615599	934845	2024817
其中:住宅	87000		39000			48000
六、本年资金来源合计	11015012	5730607	1786063	1487357	1270703	740282
1、上年末结余资金						
2、本年资金来源小计	11015012	5730607	1786063	1487357	1270703	740282
(1)国家预算资金	126279	60837	45266		15176	5000
其中:中央预算资金	2790		540		2250	
(2)国内贷款	1037276	252085	328576	357020	10335	89260
(3)债券						
(4)利用外资	244388	92362	5001	147025		
其中:外商直接投资	215997	68972		147025		
(5)自筹资金	9530942	5282213	1386623	982312	1233772	646022
其中:企、事业单位自有资金	2899375	1873939	29266	957782	38388	
其中:股东投入资金	276675	29050		8300		239325
其中:借入资金	26400	8510		16230		1660
(6)其他资金来源	76127	43110	20597	1000	11420	

市区城镇规模以上固定资产投资完成情况

表 7-10　(2013 年)　单位:万元

指标	连云港市	市区	市直属	连云区	新浦区
一、计划总投资(万元)					
1、建设项目计划总投资	29330020	19587584	3573411	4498218	2544202
其中:本年新开工项目	10878664	5407529		1442540	1116874
2、自开始建设至本年底累计完成投资	16823414	9111555	767368	2537909	1774906
二、自年初累计完成投资(万元)	10954102	5258569	274788	1096641	1147572
其中:本月完成投资	792943	355238	38292		40178
其中:本年新开工	6289114	2559572		635881	585982
其中:国有经济控股	3143720	2618748	274788	875690	680408
其中:住宅	7244				
其中:基础设施投资	2421517	1851141	274788	558739	514603
其中:民间投资	7501752	2536201		218951	467164
1、按构成分					
建筑工程	5609669	3735726	132398	1027537	875927
安装工程	827943	246177	6454	12500	56046
设备工器具购置	4115136	1102826	134064	39017	132428
其中:用于更新的设备	117278	92855			58023
其他费用	401354	173840	1872	17587	83171
2、按建设性质分					
其中:(1)新建	7762307	4421114		1086915	1101072
其中:(2)扩建	860284	380284	274788	4400	18000
其中:(3)改建	2273089	439215			28500
3、按登记注册类型分					
内资企业	10429029	5032689	274788	1048441	1136572
国有企业	2315511	1825073		811491	671408
集体企业	101013	41066			27866
联营企业	10760	10760			

表 7-10 续表 1 (2013 年) 单位:万元

指标	海州区	市开发区	徐圩新区	科教园区
一、计划总投资(万元)				
1、建设项目计划总投资	893842	2208598	5863413	5900
其中:本年新开工项目	524774	1276598	1046743	
2、自开始建设至本年底累计完成投资	586843	1816154	1623985	4390
二、自年初累计完成投资(万元)	430993	1518086	787729	2760
其中:本月完成投资	31525	244998		245
其中:本年新开工	215475	904130	218104	
其中:国有经济控股	22644	409103	356115	
其中:住宅				
其中:基础设施投资	37017	203251	262743	
其中:民间投资	408349	1007363	431614	2760
1、按构成分				
建筑工程	294222	776140	626757	2745
安装工程	63009	99103	9050	15
设备工器具购置	51545	611402	134370	
其中:用于更新的设备	13320	4800	16712	
其他费用	22217	31441	17552	
2、按建设性质分				
其中:(1)新建	315889	1128415	786063	2760
其中:(2)扩建	57180	24250	1666	
其中:(3)改建	57924	352791		
3、按登记注册类型分				
内资企业	398213	1384186	787729	2760
国有企业	22644	39420	280110	
集体企业	13200			
联营企业	6900	3860		

表7-10续表2　　(2013年)　　单位:万元

指　标	连云港市	市　区	市直属	连云区	新浦区
国有联营企业	3860	3860			
国有与集体联营企业	6900	6900			
有限责任公司	1985617	1612246	274788	154585	61260
国有独资公司	484944	465896	119292	25153	
其他有限责任公司	1500673	1146350	155496	129432	61260
股份有限公司	131185	97204			7000
私营企业	5819007	1400717		82365	365058
私营独资企业	1582312	717840		27626	239740
私营合伙企业	264579	193700			24770
私营有限责任公司	3533465	478517		46779	100548
私营股份有限公司	438651	10660		7960	
其他企业	65936	45623			3980
港、澳、台商投资企业	269927	80910		2500	
合资经营企业(港或澳、台资)	54043	44370			
港、澳、台商独资经营企业	215384	36040		2000	
港、澳、台商投资股份有限公司	500	500		500	
外商投资企业	255146	144970		45700	11000
中外合资经营企业	161900	77390		45700	11000
外资企业	93246	67580			
4、按产业分					
①第一产业	95507	17400			
②第二产业	7867617	2904258	274788	242197	380836
工业	7867617	2904258	274788	242197	380836
能源工业	508318	302845	274788		9907
原材料工业	3138371	848995		235197	63623
机电工业	2353068	1019069		7000	228976

表 7-10 续表 3　　(2013 年)　　单位:万元

指　　标	海州区	市开发区	徐圩新区	科教园区
国有联营企业		3860		
国有与集体联营企业	6900			
有限责任公司	109470	933378	76005	2760
国有独资公司		249648	71803	
其他有限责任公司	109470	683730	4202	2760
股份有限公司	2024	88180		
私营企业	226375	295305	431614	
私营独资企业	18860		431614	
私营合伙企业	168930			
私营有限责任公司	35885	295305		
私营股份有限公司	2700			
其他企业	17600	24043		
港、澳、台商投资企业	18600	59810		
合资经营企业(港或澳、台资)	18600	25770		
港、澳、台商独资经营企业		34040		
港、澳、台商投资股份有限公司				
外商投资企业	14180	74090		
中外合资经营企业	14180	6510		
外资企业		67580		
4、按产业分				
①第一产业	17400			
②第二产业	301394	1267724	437319	
工业	301394	1267724	437319	
能源工业		13540	4610	
原材料工业	32500	100301	417374	
机电工业	200654	582439		

表 7-10 续表 4　　(2013 年)　　单位:万元

指　　标	连云港市	市　区	市直属	连云区	新浦区
轻纺工业	2066577	800857			62120
③第三产业	2990978	2336911		854444	766736
5、按国民经济行业分					
农、林、牧、渔业	95507	17400			
农业	37273	8400			
林业	6000				
畜牧业	29666	9000			
渔业	5148				
农、林、牧、渔服务业	17420				
制造业	7353458	2528765		242197	349719
农副食品加工业	355664	51850			
食品制造业	114755	15060			5610
酒、饮料和精制茶制造业	133105	21600			21600
纺织业	38610	4360			
纺织服装、服饰业	149959	17500			8400
皮革、毛皮、羽毛及其制品和制鞋业	23307				
木材加工和木、竹、藤、棕、草制品业	174436	137810			4190
家具制造业	62000	8000			
造纸和纸制品业	30683	7720			7720
印刷和记录媒介复制业	35202	29010			
文教、工美、体育和娱乐用品制造业	67095	19470			7600
石油加工、炼焦和核燃料加工业	89198				
化学原料和化学制品制造业	1770005	517124		119846	12420
医药制造业	387948	283551			
化学纤维制造业	23961	20510			
橡胶和塑料制品业	118386	11010			2000

表7-10续表5　　(2013年)　　单位:万元

指　　标	海州区	市开发区	徐圩新区	科教园区
轻纺工业	124420	605251	9066	
③第三产业	112199	250362	350410	2760
5、按国民经济行业分				
农、林、牧、渔业	17400			
农业	8400			
林业				
畜牧业	9000			
渔业				
农、林、牧、渔服务业				
制造业	301394	1218081	417374	
农副食品加工业	5900	45950		
食品制造业	8580	870		
酒、饮料和精制茶制造业				
纺织业	4360			
纺织服装、服饰业	9100			
皮革、毛皮、羽毛及其制品和制鞋业				
木材加工和木、竹、藤、棕、草制品业	10200	123420		
家具制造业	8000			
造纸和纸制品业				
印刷和记录媒介复制业		29010		
文教、工美、体育和娱乐用品制造业		11870		
石油加工、炼焦和核燃料加工业				
化学原料和化学制品制造业	8900	90642	285316	
医药制造业	18600	264951		
化学纤维制造业		20510		
橡胶和塑料制品业	3500	5510		

指　　标	连云港市	市　区	市直属	连云区	新浦区
非金属矿物制品业	598534	82188		5326	51203
黑色金属冶炼和压延加工业	555433	175395		47739	
有色金属冶炼和压延加工业	94984	62286		62286	
金属制品业	496908	226641			16500
通用设备制造业	295885	93353			7090
专用设备制造业	439570	317715		7000	76925
汽车制造业	184718	50770			46270
铁路、船舶、航空航天和其他运输设备制造业	76663	56000			5000
电气机械和器材制造业	700119	171455			22850
计算机、通信和其他电子设备制造业	124951	72961			48391
仪器仪表制造业	34254	30174			5950
其他制造业	57710	33250			
废弃资源综合利用业	119415	12002			
电力、热力、燃气及水生产和供应业	514159	375493	274788		31117
电力、热力生产和供应业	397516	299945	274788		7007
燃气生产和供应业	21604	2900			2900
水的生产和供应业	95039	72648			21210
批发和零售业	151224	121845			61090
批发业	74200	63770			33170
零售业	77024	58075			27920
交通运输、仓储和邮政业	674133	431500		246456	33340
道路运输业	191588	134623		39932	16190
水上运输业	334477	207511		157883	
装卸搬运和运输代理业	32186	27611		27611	
仓储业	115882	61755		21030	17150
住宿和餐饮业	172998	151755		98600	50395

表 7-10 续表 7　　(2013 年)　　单位:万元

指　　标	海州区	市开发区	徐圩新区	科教园区
非金属矿物制品业	15800	9659	200	
黑色金属冶炼和压延加工业	7800		119856	
有色金属冶炼和压延加工业				
金属制品业	10500	199641		
通用设备制造业	33500	52763		
专用设备制造业	58500	175290		
汽车制造业	3000	1500		
铁路、船舶、航空航天和其他运输设备制造业	21780	29220		
电气机械和器材制造业	40200	108405		
计算机、通信和其他电子设备制造业	8950	15620		
仪器仪表制造业	24224			
其他制造业		33250		
废弃资源综合利用业			12002	
电力、热力、燃气及水生产和供应业		49643	19945	
电力、热力生产和供应业		13540	4610	
燃气生产和供应业				
水的生产和供应业		36103	15335	
批发和零售业	60755			
批发业	30600			
零售业	30155			
交通运输、仓储和邮政业		1700	150004	
道路运输业			78501	
水上运输业			49628	
装卸搬运和运输代理业				
仓储业		1700	21875	
住宿和餐饮业				2760

表 7-10 续表 8　　　　(2013 年)　　　　单位:万元

指　　标	连云港市	市　区	市直属	连云区	新浦区
住宿业	70113	54355		4300	47295
餐饮业	102885	97400		94300	3100
信息传输、软件和信息技术服务业	112219	112219			94089
电信、广播电视和卫星传输服务	58456	58456			58456
软件和信息技术服务业	53763	53763			35633
金融业	34719	26219			1489
货币金融服务	9989	1489			1489
其他金融业	24730	24730			
房地产业	200423	180964		26100	64000
房地产业	200423	180964		26100	64000
租赁和商务服务业	251368	190569		126875	3900
商务服务业	251368	198219		126875	3900
科学研究和技术服务业	45739	39039		3000	36039
研究和试验发展	35000	35000			35000
专业技术服务业	9000	3000		3000	
科技推广和应用服务业	1739	1039			1039
水利、环境和公共设施管理业	1042860	863748		321253	269506
水利管理业	140516	102493			71518
生态保护和环境治理业	3972	1787			
公共设施管理业	898372	759468		321253	197988
居民服务、修理和其他服务业	23500	8500		6800	
居民服务业	12800	6800		6800	
机动车、电子产品和日用产品修理业	10700	1700			
教育	164470	153345		2260	118780
教育	164470	153345		2260	118780

表 7-10 续表 9　　(2013 年)　　单位:万元

指　　标	海州区	市开发区	徐圩新区	科教园区
住宿业				2760
餐饮业				
信息传输、软件和信息技术服务业		18130		
电信、广播电视和卫星传输服务				
软件和信息技术服务业		18130		
金融业		24730		
货币金融服务				
其他金融业		24730		
房地产业	10127		80737	
房地产业	10127		80737	
租赁和商务服务业	2600	52194	5000	
商务服务业	2600	52194	5000	
科学研究和技术服务业				
研究和试验发展				
专业技术服务业				
科技推广和应用服务业				
水利、环境和公共设施管理业	26837	131483	114669	
水利管理业		7310	23665	
生态保护和环境治理业	1787			
公共设施管理业	25050	124173	91004	
居民服务、修理和其他服务业	1700			
居民服务业				
机动车、电子产品和日用产品修理业	1700			
教育	10180	22125		
教育	10180	22125		

表 7-10 续表 10　　(2013 年)　　单位:万元

指　　标	连云港市	市　区	市直属	连云区	新浦区
卫生和社会工作	44175	12950		1300	11650
卫生	31800	1300		1300	
社会工作	12375	11650			11650
文化、体育和娱乐业	39146	17404		8500	8904
广播、电视、电影和影视录音制作业	5844	5844			5844
文化艺术业	14600	8500		8500	
体育	15642				
娱乐业	3060	3060			3060
公共管理、社会保障和社会组织	34004	26854		13300	13554
国家机构	34004	26854		13300	13554
三、本年新增固定资产(万元)	7622989	2858239		198870	1058225
四、项目个数(个)					
1、施工项目个数	1053	434	2	73	108
其中:本年新开工	674	242		43	56
2、本年投产项目个数	668	251		25	77
五、房屋建筑面积(平方米)					
1、本年施工房屋面积	14352639	5427468		127488	2283093
其中:住宅	87000				
2、本年竣工房屋面积	7227062	2248482			825857
其中:住宅	87000				
六、本年资金来源合计	11015012	5730607	280000	1262111	1241451
1、上年末结余资金					
2、本年资金来源小计	11015012	5730607	280000	1262111	1241451
(1)国家预算资金	126279	60837			40550
其中:中央预算资金	2790				
(2)国内贷款	1037276	252085	142000		51445
(3)债券					
(4)利用外资	244388	92362		19000	
其中:外商直接投资	215997	68972		5000	
(5)自筹资金	9530942	5282213	138000	1243111	1139806
其中:企、事业单位自有资金	2899375	1873939	78000	612698	67551
其中:股东投入资金	276675	29050			
其中:借入资金	26400	8510			2100
(6)其他资金来源	76127	43110			9650
七、各项应付款合计	806847	500			500
其中:工程款	155660	500			500

表 7-10 续表 11　　(2013 年)　　单位:万元

指　　标	海州区	市开发区	徐圩新区	科教园区
卫生和社会工作				
卫生				
社会工作				
文化、体育和娱乐业				
广播、电视、电影和影视录音制作业				
文化艺术业				
体育				
娱乐业				
公共管理、社会保障和社会组织				
国家机构				
三、本年新增固定资产(万元)	427693	952328	221123	
四、项目个数(个)				
1、施工项目个数	77	114	59	1
其中:本年新开工	42	87	14	
2、本年投产项目个数	58	78	13	
五、房屋建筑面积(平方米)				
1、本年施工房屋面积	958083	2058804		
其中:住宅				
2、本年竣工房屋面积	471664	950961		
其中:住宅				
六、本年资金来源合计	456412	1555557	932276	2800
1、上年末结余资金				
2、本年资金来源小计	456412	1555557	932276	2800
(1)国家预算资金	20287			
其中:中央预算资金				
(2)国内贷款	58640			
(3)债券				
(4)利用外资		73362		
其中:外商直接投资		63972		
(5)自筹资金	344025	1482195	932276	2800
其中:企、事业单位自有资金	284485	805529	25676	
其中:股东投入资金	17550	11500		
其中:借入资金	1910	4500		
(6)其他资金来源	33460			
七、各项应付款合计				
其中:工程款				

分地区农村规模以上固定资产投资完成情况

表 7-11　　　　　　　　　　(不含房地产)(2013 年)　　　　　　　　　　单位:万元

指　　标	连云港市	市区	新浦区	科教园区	赣榆县	东海县	灌云县	灌南县
一、计划总投资(万元)								
1. 建设项目计划总投资	1178472	142289	60000	82289	477254	246807	259622	52500
其中:本年新开工项目	780496	94000	60000	34000	306203	232407	122886	25000
2. 自开始建设至本年底累计完成投资	959315	77815	52700	25115	349264	224820	257361	50055
二、自年初累计完成投资(万元)	806373	65740	50700	15040	281835	216420	208954	33424
其中:本月完成投资	72240	755		755	36022	16075	18541	847
其中:本年新开工	587647	55925	50700	5225	178213	210420	120534	22555
其中:国有经济控股	67525	48299	39700	8599	16496		2730	
其中:住宅	8600						8600	
其中:基础设施投资	55633	8634		8634	38869	5400	2730	
其中:民间投资	738848	17441	11000	6441	265339	216420	206224	33424
1. 按构成分								
建筑工程	266949	42170	29500	12670	89439	65695	63223	6422
安装工程	90396	11370	9000	2370	58773	7499	8780	3974
设备工器具购置	393539				116291	129029	127091	21128
其中:用于更新的设备								
其他费用	55489	12200	12200		17332	14197	9860	1900
2. 按建设性质分								
其中:(1)新建	539045	59329	50700	8629	188968	133387	123937	33424
其中:(2)扩建	65038	6411		6411	42827	5400	10400	
其中:(3)改建	202290				50040	77633	74617	
3. 按登记注册类型分								
内资企业	804681	65740	50700	15040	281835	214728	208954	33424
国有企业	64796	45570	39700	5870	16496		2730	
集体企业	6000					6000		
有限责任公司	9110	9110		9110				
国有独资公司	2729	2729		2729				
其他有限责任公司	6381	6381		6381				
私营企业	704537	60		60	265339	199490	206224	33424

表 7-11 续表 1　　(不含房地产)(2013 年)　　单位:万元

指　　标	连云港市	市　区	新浦区	科教园区	赣榆县	东海县	灌云县	灌南县
私营独资企业	342035	30		30	9250	115057	206224	11474
私营合伙企业	16221	30		30	6391	9800		
私营有限责任公司	346281				249698	74633		21950
4、按产业分								
①第一产业	80597				29128	27945	7690	15834
②第二产业	626404	7894		7894	242427	183075	175418	17590
工业	625682	7869		7869	241730	183075	175418	17590
能源工业	26729	2729		2729	24000			
原材料工业	211025				84462	87603	38960	
机电工业	83240				40500	15780	23145	3815
轻纺工业	298729	2290		2290	93848	86072	106744	9775
③第三产业	99372	57846	50700	7146	10280	5400	25846	
5、按国民经济行业分								
农、林、牧、渔业	80597				29128	27945	7690	15834
农业	28473				11888	6238		10347
畜牧业	33247				10160	18707		4380
渔业	13190				2500	3000	7690	
农、林、牧、渔服务业	5687				4580			1107
采矿业	9400					9400		
制造业	575533				211580	173675	172688	17590
农副食品加工业	76560				7000	43292	26268	
食品制造业	7860						7860	
酒、饮料和精制茶制造业	3900						3900	
纺织业	17030						17030	
纺织服装、服饰业	49030				22700	14000	12330	
皮革、毛皮、羽毛及其制品和制鞋业	14360						14360	
木材加工和木、竹、藤、棕、草制品业	44331				14380	6000	14176	9775
家具制造业	23850				23850			
造纸和纸制品业	7000					7000		

表 7-11 续表 2　　(不含房地产)(2013 年)　　单位:万元

指　　标	连云港市	市区	新浦区	科教园区	赣榆县	东海县	灌云县	灌南县
文教、工美、体育和娱乐用品制造业	2768				2768			
化学原料和化学制品制造业	19510				6560	4150	8800	
医药制造业	2619						2619	
橡胶和塑料制品业	27040				15000		12040	
非金属矿物制品业	171115				61902	83453	25760	
黑色金属冶炼和压延加工业	16000				16000			
有色金属冶炼和压延加工业	4400						4400	
金属制品业	31195				15600		11780	3815
通用设备制造业	18560				10500		8060	
专用设备制造业	4000				4000			
铁路、船舶、航空航天和其他运输设备制造业	3600				3600			
电气机械和器材制造业	19485				1800	15780	1905	
计算机、通信和其他电子设备制造业	6400				5000		1400	
电力、热力、燃气及水生产和供应业	40749	7869		7869	30150		2730	
电力、热力生产和供应业	26729	2729		2729	24000			
水的生产和供应业	14020	5140		5140	6150		2730	
建筑业	722	25		25	697			
房屋建筑业	697				697			
住宿和餐饮业	7942	6381		6381	1561			
住宿业	7942	6381		6381	1561			
房地产业	76546	50700	50700				25846	
房地产业	76546	50700	50700				25846	
水利、环境和公共设施管理业	12563	765		765	6398	5400		
水利管理业	6398				6398			
公共设施管理业	6165	765		765		5400		
教育	1071				1071			
教育	1071				1071			

表 7-11 续表 3　　　　(不含房地产)(2013 年)　　　　单位:万元

指　　标	连云港市	市 区	新浦区	科教园区	赣榆县	东海县	灌云县	灌南县
三、本年新增固定资产(万元)	748914	21289	13000	8289	276930	188790	224405	37500
四、项目个数(个)								
1、施工项目个数	169	11	2	9	57	49	44	8
其中:本年新开工	129	7	2	5	44	47	26	5
2、本年投产项目个数	125	4	1	3	36	43	37	5
五、房屋建筑面积(平方米)								
1、本年施工房屋面积	1177544	154266		154266	154310	418130	370997	79841
其中:住宅	36000						36000	
2、本年竣工房屋面积	818353				81340	353330	341127	42556
其中:住宅	36000						36000	
六、本年资金来源合计	815877	71920	53010	18910	285532	230852	209341	18232
1、上年末结余资金								
2、本年资金来源小计	815877	71920	53010	18910	285532	230852	209341	18232
(1)国家预算资金	10775	500		500	9490		785	
其中:中央预算资金	2638				2638			
(2)国内贷款	82032				39322	40350	2360	
(3)债券								
(4)利用外资								
其中:外商直接投资								
(5)自筹资金	713411	71420	53010	18410	236720	188002	199037	18232
其中:企、事业单位自有资金	230631	1500		1500	34854	175912	18365	
其中:股东投入资金	18030					9890		8140
其中:借入资金	4560				1000	2200	1360	
(6)其他资金来源	9659					2500	7159	
七、各项应付款合计	18063				200		662	17201
其中:工程款	3152				200		212	2740

固定资产投资竣工的房屋建筑面积

表 7-12　　(2013 年)(城镇规模以上不含房地产)　　单位:万平方米

年　　份	全　市	市　区	赣榆县	东海县	灌云县	灌南县
1979	31.51	25.89	1.21	1.86	1.12	1.43
1980	45.23	32.96	3.24	4.22	3.05	1.76
1981	45.63	37.76	2.51	1.92	2.24	1.20
1982	53.79	37.14	3.91	3.52	5.13	4.09
1983	51.07	38.14	5.48	3.54	3.25	0.66
1984	57.64	36.65	5.64	5.91	6.81	2.63
1985	77.82	52.36	7.82	6.85	6.52	4.30
1986	94.57	66.27	6.71	8.57	6.39	6.63
1987	83.17	60.18	4.77	9.09	6.17	2.96
1988	82.92	53.03	6.61	6.19	8.91	8.18
1989	59.28	44.61	5.14	2.69	4.14	2.70
1990	56.60	40.92	8.17	3.96	1.60	1.95
1991	62.32	40.89	9.16	4.60	4.82	2.85
1992	61.85	35.20	9.32	6.28	6.20	4.85
1993	111.77	77.78	10.04	7.44	9.75	6.76
1994	105.19	68.11	13.13	6.94	11.22	5.79
1995	118.76	90.92	10.64	7.97	5.78	3.45
1996	105.61	62.19	11.35	13.58	14.30	4.19
1997	95.40	58.53	15.30	6.08	10.19	5.30
1998	101.84	43.00	17.99	18.10	13.51	9.24
1999	128.04	61.48	16.91	12.83	25.48	11.34
2000	77.95	35.20	15.50	7.87	10.70	8.68
2001	123.85	64.11	28.61	11.99	7.36	11.78
2002	90.06	51.99	9.92	10.64	15.78	1.73
2003	81.54	38.20	11.71	12.83	18.80	
2004	120.71	82.65	13.95	13.57	10.54	
2005	193.48	36.42	55.49	55.50	46.07	
2006	139.75	39.91	20.74	19.67	32.19	27.24
2007	225.84	60.88	64.82	65.90	27.83	6.41
2008	288.67	29.22	71.71	133.39	54.35	
2009	483.39	149.72	119.42	113.39	42.46	58.40
2010	444.96	198.11	64.86	78.37	27.87	75.75
2011	499.21	209.82	18.57	83.26	56.55	131.01
2012	830.55	354.70	70.60	168.50	51.00	185.70
2013	804.54	224.85	48.47	196.89	127.6	206.74

固定资产投资竣工的住宅建筑面积

表 7-13　　(城镇规模以上不含房地产)　　单位:万平方米

年　　份	全　市	市　区	赣榆县	东海县	灌云县	灌南县
1979	14.87	13.26	0.25	0.54	0.58	0.24
1980	20.12	16.48	0.72	1.22	0.92	0.78
1981	19.36	16.61	0.48	0.91	0.92	0.44
1982	25.42	20.57	1.05	0.94	2.14	0.72
1983	25.12	21.26	1.86	0.92	0.75	0.33
1984	23.31	16.62	1.38	2.26	2.55	0.5
1985	30.04	23.51	1.92	1.91	1.52	1.18
1986	35.77	29.4	1.7	1.89	1.51	1.27
1987	24.61	19.65	1.11	1.25	1.93	0.67
1988	26.61	16.63	3.9	1.61	2.81	1.66
1989	20.16	17.3	1.36	0.5	0.7	0.3
1990	19.96	16.74	0.87	0.84	0.64	0.87
1991	18.68	12.89	2.31	1.42	0.91	1.15
1992	26.66	14.92	4.98	4.12	1.4	1.24
1993	44.64	34.27	4.13	3.01	1.75	1.48
1994	32.86	18.25	8.11	1.93	2.27	2.3
1995	56.34	46.24	4.29	2.98	0.84	1.99
1996	75.88	55.21	5.89	7.63	5.6	1.55
1997	68.40	50.93	6.04	4.68	3.24	3.51
1998	81.34	48.27	10.43	10.77	6.24	5.63
1999	134.08	93.16	12.34	9.82	12.15	6.61
2000	85.08	57.83	7.66	5.45	5.52	8.62
2001	111.56	76.93	21.52	2.16	2.59	8.36
2002	102.75	84.03	6.03	7.64	3.15	1.9
2003	98.74	77.59	6.66	7.42	5.21	1.86
2004	115.31	88.17	11.11	4	12.03	
2005	112.82	93.4	3.2	10.18	6.04	
2006	150.80	82.18	23.33	22.08	17.41	5.8
2007	213.60	127.75	28.51	29.86	27.48	
2008	27.64			7.54	20.1	
2009	6.76	6.76				
2010	24.58	24.58				
2011	21.09	20.67	1.00			
2012	26.77	22.30	4.40		0.07	
2013	12.3		3.9		3.6	4.8

固定资产投资效果情况

表 7-14　(2013 年)(规模以上不含房地产)

指标名称	单位	总计	城镇投资	农村投资
一、本年施工的建设项目	个	1222	1053	169
本年全部建成投产项目	个	793	668	125
项目建成投产率	%	64.89	63.44	73.96
二、计划总投资	万元	30508492	29330020	1178472
本年完成投资	万元	11760475	10954102	806373
建设周期	年	38.55	37.35	68.43
三、本年新增固定资产	万元	8371903	7622989	748914
固定资产交付使用率	%	71.19	69.59	92.87
四、房屋施工面积	平方米	15530183	14352639	1177544
房屋竣工面积	平方米	8045415	7227062	818353
房屋竣工率	%	51.81	50.35	69.50

分地区固定资产投资效果情况

表 7-15　(2013 年)规模以上不含房地产)

指标	单位	全市	市区	赣榆县	东海县	灌云县	灌南县
一、本年施工的建设项目	个	1222	445	194	213	205	165
本年全部建成投产项目	个	793	255	135	164	140	99
项目建成投产率	%	64.89	57.30	69.59	77.00	68.29	60.00
二、计划总投资	万元	30508492	19729873	3442154	2263497	2486389	2586579
本年完成投资	万元	11760475	5324309	1822766	1673189	1476173	1464038
建设周期	年	38.55	26.99	52.95	73.92	59.37	56.60
三、本年新增固定资产	万元	8371903	2879528	1820991	1118724	1047614	1505046
固定资产交付使用率	%	71.19	54.08	99.90	66.86	70.97	102.80
四、房屋施工面积	平方米	15530183	5581734	956517	2922649	2681358	3387925
房屋竣工面积	平方米	8045415	2248482	484659	1968929	1275972	2067373
房屋竣工率	%	51.81	40.28	50.67	67.37	47.59	61.02

高新技术产业投资完成情况

表 7-16

指　标　名　称	2013年	2012年	增速(%)
总　计	**2269926**	**1757711**	**29.14**
按行业分			
三、电子及通讯设备制造业	131351	145099	-9.47
四、医药制造业	375761	303015	24.01
五、专用科学仪器设备制造业	49934	48410	3.15
六、电气机械及设备制造业	239345	105268	127.37
七、新材料产业	1419772	1139199	24.63
八、软件和信息技术服务业	53763	13820	289.02
按登记注册类型分			
内资企业	2176103	1434738	51.67
国有企业	79303	14300	454.57
有限责任公司	479412	253470	89.14
国有独资公司		5650	-100
其他有限责任公司	479412	247820	93.45
股份有限公司	102767	119914	-14.3
私营企业	1514621	1038404	45.86
私营独资企业	319845	572549	-44.14
私营合伙企业	37100	35810	3.6
私营有限责任公司	1003934	390347	157.19
私营股份有限公司	153742	39698	287.28
港、澳、台商投资企业	62313	109245	-42.96
合资经营企业(港或澳、台资)	28273	32460	-12.9
港、澳、台商独资经营企业	34040	22615	50.52
港、澳、台商投资股份有限公司		54170	-100
其他港、澳、台商投资企业			
外商投资企业	31510	213728	-85.26
中外合资经营企业	31510	195728	-83.9
中外合作经营企业			
外资企业		18000	-100

分行业民间投资完成情况

表 7-17

指标名称	2013年	2012年	增速(%)
一、计划总投资(万元)			
1、建设项目计划总投资	16151795	17010012	-5.05
其中:本年新开工项目	6976075	6844071	1.93
2、自开始建设至本年底累计完成投资	11057279	9566324	15.59
二、自年初累计完成投资(万元)	8107038	6519170	24.36
其中:本年新开工	4770913	3697169	29.04
制造业	7226859	5772547	25.19
农副食品加工业	401592	282470	42.17
食品制造业	107773	48299	123.14
酒、饮料和精制茶制造业	137005	15612	777.56
烟草制品业			
纺织业	55640	113101	-50.81
纺织服装、服饰业	194517	118570	64.05
皮革、毛皮、羽毛及其制品和制鞋业	37667	40669	-7.38
木材加工和木、竹、藤、棕、草制品业	218767	190660	14.74
家具制造业	85850	77951	10.13
造纸和纸制品业	37683	40517	-6.99
印刷和记录媒介复制业	35202	3600	877.83
文教、工美、体育和娱乐用品制造业	57993	107300	-45.95
石油加工、炼焦和核燃料加工业	89198	44400	100.9
化学原料和化学制品制造业	1663449	1148190	44.88
医药制造业	369837	282145	31.08
化学纤维制造业	23961	12468	92.18
橡胶和塑料制品业	145426	221291	-34.28
非金属矿物制品业	740692	906066	-18.25
黑色金属冶炼和压延加工业	571433	336453	69.84
有色金属冶炼和压延加工业	99384	175742	-43.45
金属制品业	528103	436734	20.92
通用设备制造业	269855	124596	116.58
专用设备制造业	442680	292019	51.59
汽车制造业	152568	150744	1.21
铁路、船舶、航空航天和其他运输设备制造业	51043	74503	-31.49
电气机械和器材制造业	435323	270704	60.81
计算机、通信和其他电子设备制造业	103171	143993	-28.35
仪器仪表制造业	34254	25530	34.17
其他制造业	29380	50690	-42.04
废弃资源综合利用业	107413	35710	200.79
金属制品、机械和设备修理业		1820	-100
电力、热力、燃气及水生产和供应业	121305	62434	94.29

表 7-17 续表

指　标　名　称	2013年	2012年	增速(%)
电力、热力生产和供应业	60552	6481	834.3
燃气生产和供应业	18704	21420	-12.68
水的生产和供应业	42049	34533	21.76
批发和零售业	147864	163099	-9.34
批发业	70840	65680	7.86
零售业	77024	97419	-20.94
交通运输、仓储和邮政业	98436	58846	67.28
铁路运输业			
道路运输业	17440	7652	127.91
水上运输业	19350	10213	89.46
装卸搬运和运输代理业	4575	4320	5.9
仓储业	57071	33661	69.55
邮政业		3000	-100
住宿和餐饮业	35045	23369	49.96
住宿业	26460	9489	178.85
餐饮业	8585	13880	-38.15
信息传输、软件和信息技术服务业		3800	-100
电信、广播电视和卫星传输服务		3800	-100
金融业	9989	7067	41.35
货币金融服务	9989	7067	41.35
房地产业	52761	99207	-46.82
房地产业	52761	99207	-46.82
租赁和商务服务业	105884	61266	72.83
商务服务业	105884	61266	72.83
水利、环境和公共设施管理业	81781	49308	65.86
水利管理业		1088	-100
公共设施管理业	81781	48220	69.6
居民服务、修理和其他服务业	16700	4300	288.37
机动车、电子产品和日用产品修理业	10700	4300	148.84
教育	36676	7053	420.01
教育	36676	7053	420.01
卫生和社会工作	9180	15320	-40.08
卫生	5200	13420	-61.25
社会工作	3980	1900	109.47
文化、体育和娱乐业	1400	11707	-88.04
三、本年新增固定资产(万元)	6485720	5318423	21.95
四、项目个数(个)			
1、施工项目个数	885	997	-11.23
其中：本年新开工	605	639	-5.32
2、本年投产项目个数	623	659	-5.46
卫生	13420	3955	239.32
(十八)文化、体育和娱乐业	11707	8875	31.91
体育	3360	4700	-28.51
娱乐业	8347	3585	132.83

2013年全市投资项目计划总投资前100位项目

表 7-18 单位:万元

排序	建设单位	项目名称	计划总投资
1	江苏核电有限公司	田湾核电站	3117411
2	江苏斯尔邦石化有限公司	年产360万吨醇基多联产项目	2196818
3	连云港港30万吨级航道建设指挥部	连云港港30万吨级航道工程	789200
4	连云港金海岸开发公司	连云港海滨新区基础设施工程	602523
5	江苏虹港石化有限公司	年产150万吨TPA项目	500720
6	江苏新海发电有限公司	江苏新海发电有限公司“上大压小”扩建工程	456000
7	江苏宝通镍业有限公司	年产41万吨镍合金(一期)项目	400000
8	江苏德邦兴华化工股份公司	年产35万吨合成氨系列产品项目	330732
9	江苏金海投资有限公司	北崮山庄搬迁扩建工程	280000
10	连云港港口集团	连云港旗台港区25万吨级矿石码头工程	264980
11	连云港新海湾码头有限公司	连云港港赣榆港区一期(起步)工程	223700
12	连云港荣泰化工仓储有限公司	连云港荣泰化工仓储有限公司罐区工程	209172
13	连云港华乐合金有限公司	镍合金制品制造项目	200000
14	江苏方洋集团有限公司	海滨大道徐圩新区段	199000
15	台玻东海玻璃有限公司	年产40万吨光伏玻璃生产线迁建改造项目	185299
16	连云港凯帝重工科技有限公司	年产30万吨机械装备制造及钢管钢结构(一期)项目	180000
17	江苏润科投资发展有限公司	新海新区科技创业城南地块	168309
18	番禺珠江钢管(连云港)有限公司	80万吨油气管线钢管项目	165000
19	连云港港口集团有限公司	徐圩港区一期工程	165000
20	江苏金港湾投资有限公司	连云港保税物流中心	164900
21	江苏省镔鑫特钢材料有限公司	年产300万吨特钢搬迁技改	150000
22	江苏金桥盐化集团	过氧化氢、PVC树脂生产	149790
23	连云港市水利局	通榆河北延送水工程	145310
24	连云港金信利不锈钢有限公司	压延卷板生产线	144884
25	连云港苏宁置业有限公司	连云港苏宁广场项目	136300

表 7-18 续表 1 单位:万元

排序	建 设 单 位	项 目 名 称	计划总投资
26	江苏环球铜业有限公司	废旧资源再生项目	135011
27	连云港港口集团	旗台港区氧化铝及散化肥专业泊位	128770
28	连云港港口集团	连云港旗台港区防波堤工程	121958
29	连云港金海岸建设有限公司	海滨大道(金海大道-新城闸)	121945
30	江苏方洋集团有限公司	连云港新海至徐圩港区公路	110000
31	日出东方太阳能股份有限公司	高效太阳能热水器生产线三期技改项目	110000
32	连云港龙河生物化工有限公司	年产 5 万吨酒精生产线搬迁技改	109400
33	江苏方洋集团有限公司	港前大道(纵一路--226 省道)	108500
34	江苏金港湾投资有限公司	连云港港主体港区北疏港高速公路	107000
35	连云港合乐不锈钢有限公司	不锈钢制品	106000
36	连云港市瀛洲投资有限公司	新浦区民主路老街改造项目	102000
37	江苏金茂源生物化工有限公司	年产 10 万吨乙酸乙酯等产品项目	100314
38	连云港美通科技发展有限公司	木材加工	100000
39	连云港东睦新材料有限公司	新材料生产基地	100000
40	连云港港口集团有限公司	连云港港中心货运站	100000
41	江苏方洋集团有限公司	徐圩新区大陆桥产品展览展示中心	97885
42	江苏善俊清洁能源科技有限公司	聚丙烯和多元醇项目	94957
43	连云港恒运医药科技有限公司	9 个医药产品搬迁技改项目	94076
44	江苏万驰电器有限公司	万驰年产 30 万台套空调整机生产线项目	90000
45	江苏方洋集团有限公司	人才公寓	89778
46	江苏润科投资发展有限公司	新海新区科技馆建设工程项目	89387
47	连云港港海化工有限公司	80 万吨/年柴油加氢及配套项目	89015
48	灌云县临港产业区管委会	灌云县海滨大道建设工程	88300
49	江苏省电力公司	临海输变电工程	87023
50	连云港善德化学有限公司	农药中间体项目	85373

表 7-18 续表 2　　　　单位:万元

排序	建设单位	项目名称	计划总投资
51	江苏润科地产开发有限公司	花果山大酒店	81848
52	连云港金海岸开发公司	政府租赁式办公区 A5、A6 区	81729
53	江苏迪安化工有限公司	迪安年产 42240 吨高档分散染料等产品项目	80673
54	淮海工学院	淮海花园	80450
55	江苏创瑞设备制造有限公司	创瑞年产 500 台高节能全自动标准件专用设备项目	80000
56	连云港金隆投资发展有限公司	金隆生产资料物流园区	80000
57	江苏世星电子科技有限公司	年产 7.5 亿只高能氧化锌压敏电阻项目	80000
58	江苏方洋集团有限公司	226 省道(纵五路-埒子口)	76055
59	连云港市东茂矿业有限公司	镍铁合金项目	75000
60	东海县太阳光新能源有限公司	年产 30 万只太阳能坩埚项目	75000
61	江苏方洋集团有限公司	徐圩新区防洪除涝及调蓄工程	74946
62	连云港港口集团有限公司	大堤作业区(二期)件杂货堆场	74923
63	江苏苏海投资有限公司	东温庄水库	73918
64	江苏石光光伏有限公司	年产 350 兆瓦太阳能光伏组件项目	72000
65	江苏方洋集团有限公司	徐圩新区公共租赁住房工程	71458
66	连云港三威化学有限公司	医药中间体制造项目	68300
67	连云港海赣科技有限公司	扩建年产 10 万吨不锈钢制品生产线	67500
68	连云港市城市建设投资公司	市区部分道路市政出新工程	67117
69	灌南县交通运输局	235 省道灌南段改扩建工程	67000
70	连云港瑞豪投资发展有限公司	连云港工业展览中心	65116
71	江苏金海投资有限公司	海滨新区(15-19 街坊)基础设施一期工程陆域形成项目	63294
72	江苏裕灌现代农业有限公司	裕灌年产 25 万吨菌丝堆料及 5 万吨果蔬加工项目一期	63000
73	江苏白龙马面业有限公司	日产 1200 吨专用面粉、300 吨挂面生产线及 3 万吨粮食仓储	62900
74	连云港深喜嘉瑞宝有限公司	嘉瑞宝国际广场	61966
75	江苏恒隆作物保护有限公司	恒隆年产 2000 吨嗪草酮、1200 吨苯嗪草酮等 15 个产品技改项目	61145

表 7-18 续表 3 单位:万元

排序	建设单位	项目名称	计划总投资
76	江苏苏海投资有限公司	滨海新城围海造陆	60448
77	连云新城开发建设指挥部	海滨新区连云一期基础设施陆域形成项目	60193
78	连云港闽东特钢有限公司	年产 100 万吨金属制品项目	60000
79	连云港长风医疗器材有限公司	医疗器械制造	60000
80	连云港三吉利有限公司	年产 2 万吨苯二酚项目	60000
81	连云港兴隆实业集团有限公司	兴隆国际商贸广场(一期)	60000
82	连云港新浦经济开发区管委会	西区基础设施工程	60000
83	东海县东大科教投资有限公司	东海水晶文化创意产业园	60000
84	中国船舶重工集团公司第七一六研究所	科研生产区工程	60000
85	江苏中茂工艺品制造有限公司	旅游休闲用品生产线	58000
86	江苏方洋集团有限公司	9 单元地块 7 条路(先进装备制造业基地)	56659
87	江苏润科投资发展有限公司	南京医科大学康达学院迁建项目	56000
88	连云港市桂柳食品有限公司	年产 4800 吨食品加工项目	55000
89	江苏燕尾港港口有限公司	连云港港灌河港区燕尾作业区二号码头工程	53903
90	江苏聚力新能源有限公司	太阳能组件生产线	53615
91	灌南县交通局	灌南县新港大道二期项目	51000
92	连云港市广播电视台	连云港市广播影视文化产业城	51000
93	江苏方洋集团有限公司	横二路	50547
94	江苏光大豪锐信息产业投资有限公司	国家软件园(一期)	50000
95	灌南县经济投资发展有限公司	灌南县中小企业园项目	50000
96	江苏方洋集团有限公司	张圩小区	50000
97	连云港中翔钢材现货交易市场管理有限公司	新建钢材现货交易市场一期	50000
98	海州资产经营有限责任公司	锦屏磷矿棚户区改造	49927
99	江苏燕尾港港口物流有限公司	燕尾港物流中心一期工程	49500
100	赣榆县人民医院	迁建工程	49500

2013年全市投资项目当年完成投资前100位项目

表7-19　　　　单位:万元

排序	建设单位	项目名称	当年完成投资
1	江苏虹港石化有限公司	年产150万吨TPA项目	198795
2	江苏新海发电有限公司	江苏新海发电有限公司"上大压小"扩建工程	155496
3	连云港港30万吨级航道建设指挥部	连云港港30万吨级航道工程	126530
4	江苏省镔鑫特钢材料有限公司	年产300万吨特钢搬迁技改	122306
5	江苏核电有限公司	田湾核电站	119292
6	连云港金信利不锈钢有限公司	压延卷板生产线	90394
7	江苏万驰电器有限公司	万驰年产30万台套空调整机生产线项目	85360
8	江苏斯尔邦石化有限公司	年产360万吨醇基多联产项目	75891
9	东海县太阳光新能源有限公司	年产30万只太阳能坩埚项目	75693
10	江苏创瑞设备制造有限公司	创瑞年产500台高节能全自动标准件专用设备项目	75465
11	台玻东海玻璃有限公司	年产40万吨光伏玻璃生产线迁建改造项目	75320
12	江苏迪安化工有限公司	迪安年产42240吨高档分散染料等产品项目	69681
13	连云港合乐不锈钢有限公司	不锈钢制品	69331
14	连云港龙河生物化工有限公司	年产5万吨酒精生产线搬迁技改	69000
15	连云港东睦新材料有限公司	新材料生产基地	68550
16	江苏金海投资有限公司	北固山庄搬迁扩建工程	65800
17	江苏宝通镍业有限公司	年产41万吨镍合金(一期)项目	65023
18	江苏世星电子科技有限公司	年产7.5亿只高能氧化锌压敏电阻项目	63126
19	江苏环球铜业有限公司	废旧资源再生项目	62286
20	江苏白龙马面业有限公司	日产1200吨专用面粉、300吨挂面生产线及3万吨粮食仓储	61500
21	连云港闽东特钢有限公司	年产100万吨金属制品项目	60500
22	连云港美通科技发展有限公司	木材加工	59120
23	连云港金海岸建设有限公司	海滨大道(金海大道-新城闸)	58600
24	连云港长风医疗器材有限公司	医疗器械制造	56220
25	江苏金茂源生物化工有限公司	年产10万吨乙酸乙酯等产品项目	55000

表 7-19 续表 1　　　　单位:万元

排序	建　设　单　位	项　目　名　称	当年完成投资
26	江苏恒隆作物保护有限公司	恒隆年产 2000 吨嗪草酮、1200 吨苯嗪草酮等 15 个产品技改项目	52215
27	连云港港海化工有限公司	80万吨/年柴油加氢及配套项目	51015
28	番禺珠江钢管(连云港)有限公司	80万吨油气管线钢管项目	50752
29	连云港市桂柳食品有限公司	年产 4800 吨食品加工项目	50676
30	江苏金港湾投资有限公司	连云港保税物流中心	49630
31	江苏方洋集团有限公司	海滨大道徐圩新区段	47988
32	连云港港口集团有限公司	徐圩港区一期工程	47946
33	江苏石光光伏有限公司	年产 350 兆瓦太阳能光伏组件项目	47560
34	连云港杰瑞模具技术有限公司	新型建材项目	46300
35	江苏仁欣化工有限公司	仁欣年产 3.88 万吨有机颜料及颜料中间体技改项目	45000
36	连云港金海岸开发公司	连云港海滨新区基础设施工程	43750
37	江苏润科地产开发有限公司	花果山大酒店	43015
38	连云港兴鑫钢铁有限公司	兴鑫年产 100 万吨中厚板生产线技改项目	42650
39	连云港金海岸开发建设有限公司	连云新城海滨大道(纵八路-新城闸段)	42610
40	连云港云池实业有限公司	曲木家具制造(一期)	41990
41	江苏健博粉体材料有限公司	稀土工业废料综合回收利用	41163
42	江苏裕灌现代农业有限公司	裕灌年产 25 万吨菌丝堆料及 5 万吨果疏加工项目一期	40951
43	连云港海赣科技有限公司	扩建年产 10 万吨不锈钢制品生产线	40500
44	江苏康缘药业股份有限公司	康缘数字化提取车间	40280
45	江苏润科投资发展有限公司	南京医科大学康达学院迁建项目	39950
46	连云港华乐合金有限公司	镍合金制品制造项目	39779
47	新浦区浦南镇人民政府	浦南镇新政区建设	39700
48	连云港亚新制管有限公司	亚新年生产船用管道 80 万吨	38768
49	连云港港海化工有限公司	甲烷及配套工程	38183
50	中复碳芯电缆科技有限公司	碳纤维复合芯导线制造二期	37750

表 7-19 续表 2　　　单位:万元

排序	建　设　单　位	项　目　名　称	当年完成投资
51	江苏金桥盐化集团	过氧化氢、PVC 树脂生产	37246
52	江苏润科投资发展有限公司	新海新区科技馆建设工程项目	35633
53	连云新城开发建设指挥部	海滨新区连云一期基础设施陆域形成项目	35193
54	江苏润科投资发展有限公司	新海新区科技创业城南地块	35000
55	连云港金辰新材料有限公司	搬迁扩建年产 30 万吨聚苯乙烯项目	34600
56	连云港耀连实业发展有限公司	中德(连云港)中小企业产业合作区标准厂房一期	33250
57	连云港金隆投资发展有限公司	金隆生产资料物流园区	33170
58	江苏鑫科医药产业投资发展有限公司	新医药产业园公共服务平台一期	32994
59	灌南县经济投资发展有限公司	灌南县中小企业园二期建设项目	32850
60	江苏瑞泰药业有限公司	原料药制造	32470
61	连云港市东金化工有限公司	年产 20000 吨乙基氯化物等系列产品技改项目	32239
62	新浦区浦南镇	新镇区樱花社区项目	32000
63	新浦区浦南镇人民政府	新镇区商业中心项目	32000
64	江苏燕尾港港口有限公司	连云港港灌河港区燕尾港作业区一期工程	31819
65	淮海工学院	淮海花园	31746
66	连云港亚新金属有限公司	亚新年产 100 万吨不锈钢制品项目	31715
67	江苏金港湾投资有限公司	连云港港主体港区北疏港高速公路	31425
68	连云港永科硅微粉有限公司	年产 8 万吨熔融超细硅微粉高新材料项目	30500
69	连云港善德化学有限公司	农药中间体项目	30349
70	江苏云赫发电设备制造有限公司	发电设备制造	30120
71	江苏新海石化有限公司	硫磺回收项目	29800
72	江苏科伦多食品配料有限公司	年产 4 万吨食品添加剂生产线技术改造项目	29800
73	江苏中环新能源科技有限公司	地源热泵设备制造	29630
74	江苏新航电气有限公司	星火岸电	29220
75	连云港奥迪斯丹包装有限公司	医药包装制品项目	29010

表 7-19 续表 3　　　　单位:万元

排序	建　设　单　位	项　目　名　称	当年完成投资
76	江苏景泰玻璃有限公司	年产 200 万平方米钢化玻璃及 100 万平方米 LOW-E 中空玻璃生产线项目	28757
77	连云港三吉利有限公司	年产 2 万吨苯二酚项目	28600
78	连云港诺信食品配料有限公司	年产食品机械设备 2000 台技术改造项目	28500
79	江苏华尔化工有限公司	华尔年产 3300 吨分散黄原染料和 30000 吨商品染料技改项目	28100
80	江苏益达管件股份有限公司	益达年产 300 万个工字轮等产品项目	28072
81	连云港祥云投资有限公司	标准化厂房建设项目	28000
82	连云港苏宁置业有限公司	连云港苏宁广场项目	27920
83	中央储备粮连云港直属库	中储粮灌河仓储物流项目	27790
84	连云港港口集团有限公司	连云港港中心货运站	27611
85	江苏方洋集团有限公司	徐圩新区大陆桥产品展览展示中心	27451
86	江苏连工工程机械有限公司	车厢制造及专用车俩改造项目	27140
87	连云港金康和信药业有限公司	新兴医药制造	27100
88	中复碳芯电缆科技有限公司	碳纤维复合芯导线制造	26825
89	江苏源友包装有限公司	源友年产 500 万条塑料集装袋项目	26318
90	连云港金海岸开发公司	政府租赁式办公区 A5、A6 区	26100
91	江苏晨友金属材料有限公司	不锈钢制品制造(一期)	25900
92	江苏和利瑞科技发展有限公司	年产 1 万吨 t/a 环保型分散黑 ECO 等 13 个品种技改项目	25653
93	东海县宏瑞电器有限公司	年产 2000 万支汽车灯具项目	25477
94	连云港北港镍业有限公司	年产 10 万吨不锈钢制品生产线	25200
95	连云港兴隆实业集团有限公司	兴隆国际商贸广场(一期)	25100
96	益海嘉里(连云港)脂肪胺有限公司	年产 4 万吨脂肪胺	25000
97	连云港德宇铝业有限公司	年产 500 万套农用车车轮技改项目	25000
98	江苏省电力公司	临海 220KV 开关站升压改造为 500KV 变电站	24917
99	江苏新海连发展集团有限公司	金融大厦	24730
100	连云港金海岸开发公司	连云新城金海大道(含大桥一座)	24400

按地区分房地产开发投资情况

表 7-20　　(2013 年)　　单位:万元

指　　标	全市总计	连云区	新浦区	海州区	开发区	云台山景区
单位个数	326	30	69	18	22	2
计划总投资	12629158	2343477	3694969	802636	1119903	163704
累计完成投资	7082108	770224	2628443	494804	536423	121462
本年完成投资	1840902	179087	577755	112265	157542	32300
按构成分						
建筑工程	1440762	142025	422986	96783	118250	32300
安装工程	128842	9105	44654	4136	14012	
设备工器具购置	56605	3665	23446	2479	6387	
其他费用	214693	24292	86669	8867	18893	
# 旧建筑物购置费	13912	1297	10677	478		
土地购置费	133752	19210	45078	6190	16893	
按用途分						
住宅	1366984	106666	424445	96190	122465	32300
# 90 平方米及以下	235498	15101	85709	42739	12720	32300
140 平方米以上	171079	28544	81205	20864	9526	
别墅、高档公寓	24547	7778	41	2799	1726	
办公楼	65573	42053	15738		1180	
商业营业用房	277675	23566	68542	8345	19792	
其他	130670	6802	69030	7730	14105	
本年新增固定资产	792178	94445	288085	7978	50424	

表7-20续表　　(2013年)　　单位:万元

指　　标	全市总计	赣榆县	东海县	灌云县	灌南县
单位个数	326	52	47	38	48
计划总投资	12629158	1126118	1330921	835389	1212041
累计完成投资	7082108	693669	653465	522069	661549
本年完成投资	1840902	217098	284312	122140	158403
按构成分					
建筑工程	1440762	166081	223796	97369	141172
安装工程	128842	22043	22185	7010	5697
设备工器具购置	56605	9156	6924	2179	2369
其他费用	214693	19818	31407	15582	9165
#旧建筑物购置费	13912	194	0	1266	0
土地购置费	133752	15533	21522	8048	1278
按用途分					
住宅	1366984	150693	211509	78598	144118
#90平方米及以下	235498	15399	12711	10072	8747
140平方米以上	171079	17835	3240	9250	615
别墅、高档公寓	24547	8803	1920	990	490
办公楼	65573	1447	4325	500	330
商业营业用房	277675	54613	61407	30481	10929
其他	130670	10345	7071	12561	3026
本年新增固定资产	792178	89908	116504	88509	56325

按登记注册类型分房地产开发投资情况

表 7-21　　(2013 年)　　单位:万元

指　标	全市总计	内资企业	港、澳、台商投资企业	外商投资企业
单位个数	326	305	12	9
计划总投资	12629158	10924632	839263	865263
累计完成投资	7082108	6467400	418128	196580
本年完成投资	1840902	1770754	56333	13815
按构成分				
建筑工程	1440762	1389738	40368	10656
安装工程	128842	123901	3558	1383
设备工器具购置	56605	55533	846	226
其他费用	214693	201582	11561	1550
#旧建筑物购置费	13912	13912		
土地购置费	133752	129952	3800	
按用途分				
住宅	1366984	1324029	31544	11411
#90 平方米及以下	235498	227331	7029	1138
140 平方米以上	171079	157815	12846	418
别墅、高档公寓	24547	22821	1726	
办公楼	65573	64940		633
商业营业用房	277675	256435	20408	832
其他	130670	125350	4381	939
本年新增固定资产	792178	759049	4497	28632

按资质等级分房地产开发投资情况

表 7-22　　(2013 年)　　单位:万元

指标	全市总计	一级	二级	三级	四级	暂定	其它
单位个数	326	5	113	67	1	130	10
计划总投资	12629158	238236	6250995	1455956	5000	4013511	665460
累计完成投资	7082108	207276	3634978	815272	5000	2220804	198778
本年完成投资	1840902	29548	718573	199570	1000	759533	132678
按构成分							
建筑工程	1440762	24332	553174	175295	500	575178	112283
安装工程	128842	1382	60807	12738	400	50965	2550
设备工器具购置	56605	2474	27124	4982	100	19360	2565
其他费用	214693	1360	77468	6555		114030	15280
# 旧建筑物购置费	13912		12552			1360	
土地购置费	133752		36271	2590		80681	14210
按用途分							
住宅	1366984	23043	529988	165770	600	543947	103636
# 90 平方米及以下	235498	6183	83156	22770		73024	50365
140 平方米以上	171079	784	101073	2481		57748	8993
别墅、高档公寓	24547		10618	690		13239	
办公楼	65573	181	23427	1671		18923	21371
商业营业用房	277675	4085	97252	28396	400	141255	6287
其他	130670	2239	67906	3733		55408	1384
本年新增固定资产	792178	40749	369550	126588		252369	2922

按隶属关系分房地产开发投资情况

表 7-23　　(2013 年)　　单位:万元

指　　标	全市总计	省(自治区直辖市)	地(区、市州、盟)	县(区、市、旗)	其　他
单位个数	326	1	17	12	295
计划总投资	12629158	20812	1430776	388954	10784736
累计完成投资	7082108	11184	573832	234165	6260827
本年完成投资	1840902	9504	170118	78052	1581128
按构成分					
建筑工程	1440762	6760	144112	63595	1224720
安装工程	128842		10587	1010	116795
设备工器具购置	56605	2629	2539	652	50750
其他费用	214693	115	12880	12795	188863
# 旧建筑物购置费	13912				13912
土地购置费	133752		6242	12460	115050
按用途分					
住宅	1366984	5625	112005	61832	1185422
# 90 平方米及以下	235498	7	40672	855	193964
140 平方米以上	171079	23	47003	4780	119273
别墅、高档公寓	24547		36		24511
办公楼	65573		25378	471	39724
商业营业用房	277675	3655	23996	4585	245439
其他	130670	224	8739	11164	110543
本年新增固定资产	792178		126551	15010	650617

按企业控股情况分房地产开发投资情况

表 7-24　　(2013 年)　　单位:万元

指　　标	全市总计	国有控股	集体控股	私人控股	港澳台商控股	外商控股	其　他
单位个数	326	17	11	270	13	9	6
计划总投资	12629158	709007	452837	9422098	1004263	865263	175690
累计完成投资	7082108	457907	287315	5548554	463864	196580	127888
本年完成投资	1840902	170680	64120	1516631	61767	13815	13889
按构成分							
建筑工程	1440762	146634	53982	1175740	41802	10656	11948
安装工程	128842	5723	6709	111319	3558	1383	150
设备工器具购置	56605	4979	830	49674	846	226	50
其他费用	214693	13344	2599	179898	15561	1550	1741
#旧建筑物购置费	13912		34	13878			
土地购置费	133752	11260	2400	112292	7800		
按用途分							
住宅	1366984	139209	48622	1124192	32978	11411	10572
#90 平方米及以下	235498	41076	3327	182448	7029	1138	480
140 平方米以上	171079	46420	9723	96351	14280	418	3887
别墅、高档公寓	24547	2799	2809	17213	1726		
办公楼	65573	2756	118	62066		633	
商业营业用房	277675	18870	6750	227965	20408	832	2850
其他	130670	9845	8630	102408	8381	939	467
本年新增固定资产	792178	61604	98810	592290	4497	28632	6345

按地区分房地产开发资金情况

表 7-25　　(2013 年)　　单位:万元

指　　标	全市总计	连云区	新浦区	海州区	开发区	云台山景区
单位个数	338	31	70	19	23	2
一、资金来源						
本年实际到位资金合计	3513754	336693	1132714	170610	295480	38532
上年末结余资金	672053	49342	268149	22091	63772	2602
本年实际到位资金小计	2841701	287351	864565	148519	231708	35930
国内贷款	223120	19720	93200	44750	4570	15800
银行贷款	204670	13500	93200	44600	4570	7000
非银行金融机构贷款	18450	6220		150		8800
利用外资						
外商直接投资						
自筹资金	1057013	141620	239799	50871	97859	8242
自有资金)	498510	38390	86594	34604	86512	8242
股东投入资金	155113	39487	34000	15267	6597	
借入资金	197146	61204	34015	1000	1250	
其他资金来源	1561568	126011	531566	52898	129279	11888
定金及预收款	750087	79601	248682	28604	56752	11888
个人按揭贷款	664524	44099	172812	24293	56347	
本年各项应付款合计	748619	80530	266220	65622	37718	
其中:工程款	497828	51885	180818	32432	33374	
二、土地购置和开发						
待开发土地面积	10680202	214112	575567	237738	8737131	
购置土地面积	829649	199046	212680	152785	13340	
土地成交价款	158188	26919	79306	17368	2000	
拆迁补偿费	21122		7326	362		
土地使用权出让金	133992	25219	70700	17006	2000	
契税	3414	302	2121	433		

表 7-25 续表　　　　(2013 年)　　　　单位:万元

指　　标	全市合计	赣榆县	东海县	灌云县	灌南县
单位个数	338	52	50	40	51
一、资金来源					
本年实际到位资金合计	3513754	506851	462410	283099	287365
上年末结余资金	672053	67766	67009	112704	18618
本年实际到位资金小计	2841701	439085	395401	170395	268747
国内贷款	223120	22780	7400	14900	
银行贷款	204670	21800	6400	13600	
非银行金融机构贷款	18450	980	1000	1300	
利用外资					
外商直接投资					
自筹资金	1057013	236120	90944	44214	147344
自有资金)	498510	67351	47631	26388	102798
股东投入资金	155113	27694	16148	6550	9370
借入资金	197146	70990	20016	6051	2620
其他资金来源	1561568	180185	297057	111281	121403
定金及预收款	750087	80394	133350	53153	57663
个人按揭贷款	664524	99591	158578	51435	57369
本年各项应付款合计	748619	109656	93124	47788	47961
其中:工程款	497828	54134	71193	37221	36771
二、土地购置和开发					
待开发土地面积	10680202	439958	60360	145092	270244
购置土地面积	829649	127711	4915	101334	17838
土地成交价款	158188	12918	885	16566	2226
拆迁补偿费	21122	1300		10934	1200
土地使用权出让金	133992	11597	885	5559	1026
契税	3414	451	27	73	7

按登记注册类型分房地产开发资金情况

表 7-26　　(2013 年)　　单位:万元

指　　标	全市总计	内资企业	港、澳、台商投资企业	外商投资企业
单位个数	338	319	11	8
资金来源				
本年实际到位资金合计	3513754	3299905	132931	80918
上年末结余资金	672053	590178	58342	23533
本年实际到位资金小计	2841701	2709727	74589	57385
国内贷款	223120	204520	18600	
银行贷款	204670	186070	18600	
非银行金融机构贷款	18450	18450		
利用外资				
外商直接投资				
自筹资金	1057013	1030676	19640	6697
自有资金)	498510	490230	6430	1850
股东投入资金	155113	151158	3955	
借入资金	197146	183044	9255	4847
其他资金来源	1561568	1474531	36349	50688
定金及预收款	750087	701607	20243	28237
个人按揭贷款	664524	626041	16036	22447
本年各项应付款合计	748619	723188	20212	5219
其中:工程款	497828	488721	6149	2958
土地购置和开发				
待开发土地面积	10680202	10228607	451595	
购置土地面积	829649	815802	2709	11138
土地成交价款	158188	156648	1314	226
拆迁补偿费	21122	19808	1314	
土地使用权出让金	133992	133766		226
契税	3414	3407		7

按资质等级分房地产开发资金情况

表 7-27　　(2013 年)　　单位:万元

指　　标	全市总计	一级	二级	三级	四级	暂定	其它
单位个数	338	5	123	70	1	132	7
一、资金来源							
本年实际到位资金合计	3513754	99182	1503878	416139	1500	1386990	106065
上年末结余资金	672053	17337	362137	70594	500	216803	4682
本年实际到位资金小计	2841701	81845	1141741	345545	1000	1170187	101383
国内贷款	223120	7000	108190	6980	500	81650	18800
银行贷款	204670	7000	100670	5850	500	80650	10000
非银行金融机构贷款	18450		7520	1130		1000	8800
利用外资							
外商直接投资							
自筹资金	1057013	18133	251534	180103	500	548025	58718
自有资金)	498510	5523	154534	70119	500	249192	18642
股东投入资金	155113	3000	41025	10020		101068	
借入资金	197146	4610	47703	11808		93470	39555
其他资金来源	1561568	56712	782017	158462		540512	23865
定金及预收款	750087	14906	344031	71760		297825	21565
个人按揭贷款	664524	26291	333439	82709		219785	2300
本年各项应付款合计	748619	4012	380348	92674		261594	9991
其中:工程款	497828	3612	234232	60655		189338	9991
二、土地购置和开发							
待开发土地面积	10680202		9524336	269077		786742	100047
购置土地面积	829649	7648	189035	169214		379705	84047
土地成交价款	158188	4560	26660	13773		101185	12010
拆迁补偿费	21122		12312	1562		7248	
土地使用权出让金	133992	4560	14327	12211		90884	12010
契税	3414	137	294	129		2854	

按隶属关系分房地产开发资金情况

表 7-28　　(2013 年)　　单位:万元

指　　标	全市总计	省(自治区直辖市)	地(区、市州、盟)	县(区、市、旗)	其　他
单位个数	338	1	17	12	308
一、资金来源					
本年实际到位资金合计	3513754	9504	305906	148408	3049936
上年末结余资金	672053	9504	56959	19883	585707
本年实际到位资金小计	2841701		248947	128525	2464229
国内贷款	223120		17300	4500	201320
银行贷款	204670		8500	4500	191670
非银行金融机构贷款	18450		8800		9650
利用外资					
外商直接投资					
自筹资金	1057013		145165	73878	837970
自有资金)	498510		71091	64378	363041
股东投入资金	155113			3000	152113
借入资金	197146		36889	6210	154047
其他资金来源	1561568		86482	50147	1424939
定金及预收款	750087		51209	20459	678419
个人按揭贷款	664524		34677	29588	600259
本年各项应付款合计	748619		55328	8472	684819
其中:工程款	497828		24622	5638	467568
二、土地购置和开发					
待开发土地面积	10680202		80047		10600155
购置土地面积	829649		94404	49128	686117
土地成交价款	158188		17884	4100	136204
拆迁补偿费	21122		1314		19808
土地使用权出让金	133992		16570	2400	115022
契税	3414		137		3277

按企业控股情况分房地产开发资金情况

表 7-29　　(2013 年)　　单位:万元

指　标	全市总计	国有控股	集体控股	私人控股	港澳台商控股	外商控股	其　他
单位个数	338	19	10	283	12	7	7
一、资金来源							
本年实际到位资金合计	3513754	253792	167394	2795569	139923	74943	82133
上年末结余资金	672053	34417	39867	510318	60267	22874	4310
本年实际到位资金小计	2841701	219375	127527	2285251	79656	52069	77823
国内贷款	223120	17300	4500	177720	23600		
银行贷款	204670	8500	4500	168070	23600		
非银行金融机构贷款	18450	8800		9650			
利用外资							
外商直接投资							
自筹资金	1057013	146276	22643	809957	19650	1850	56637
自有资金)	498510	103671	11038	375211	6440	1850	300
股东投入资金	155113	2200	3000	140958	3955		5000
借入资金	197146	28684	4610	134444	9255		20153
其他资金来源	1561568	55799	100384	1297574	36406	50219	21186
定金及预收款	750087	42993	30637	617293	20284	27846	11034
个人按揭贷款	664524	9210	54232	553010	16051	22369	9652
本年各项应付款合计	748619	48333	20705	628757	23870	5093	21861
其中:工程款	497828	19670	14690	452026	6234	2938	2270
二、土地购置和开发							
待开发土地面积	10680202	243252		9798515	451595		186840
购置土地面积	829649	105035	42468	572930	98078	11138	
土地成交价款	158188	18570	2400	124678	12314	226	
拆迁补偿费	21122			19808	1314		
土地使用权出让金	133992	18570	2400	101796	11000	226	
契税	3414	137		2997	273	7	

按地区分商品房施工和销售情况

表 7–30　　　　　　　　　　(2013 年)　　　　　　　　　　单位:平方米、万元

指　　标	全市总计	连云区	新浦区	海州区	开发区	云台山景区
单位个数	326	30	69	18	22	2
房屋施工面积	24825360	2180183	8311456	733920	1480865	274477
住宅	18573663	1361088	6261627	644327	1153817	274477
90 平方米及以下	3069793	286226	1182659	248217	145338	274477
144 平方米以上	2336012	234540	1394406	145470	143013	
别墅、高档公寓	492494	3300	178168	35965	56300	
办公楼	621737	303919	215719		14203	
商业营业用房	3532000	320500	929454	27666	144942	
其他	2097960	194676	904656	61927	167903	
房屋新开工面积	5300894	549328	1446752	251630	303881	103979
住宅	3979791	[illegible]	1211274	220775	176761	103979
90 平方米及以下	436461	[illegible]	123650	72618		103979
144 平方米以上	723520	28218	497998	43902		
别墅、高档公寓	50441			7179		
办公楼	182666	178169	1411			
商业营业用房	706897	112249	139058	11708	12280	
其他	431540	92918	95009	19147	114840	
房屋竣工面积	2736508	246582	939112	15221	155336	
住宅	1957354	131074	673716	13670	91716	
90 平方米及以下	216888	23467	127491	3470		
144 平方米以上	105072	13293	33292			
别墅、高档公寓	68322		37260			
办公楼	155585	65688	87632			
商业营业用房	[illegible]	34828	73638	951	59961	
其他	248546	14992	104126	600	3659	
不可销售面积	37253	3463	18367		293	
住宅	4231	3463	768			
90 平方米及以下	164	164				
144 平方米以上						
别墅、高档公寓						
办公楼						
商业营业用房	4550				293	
其他	28472		17599			

表 7-30 续表 1　　　　(2013 年)　　　　单位:平方米、万元

指　　标	全市总计	连云区	新浦区	海州区	开发区	云台山景区
住宅竣工套数 _ 住宅	16645	1081	5882	195	929	
90 平方米及以下 _ 住宅	2614	272	1566	56		
144 平方米以上 _ 住宅	500	44	214			
别墅、高档公寓 _ 住宅	263		138			
房屋竣工价值	672003	61988	280710	3773	50172	
住宅	459685	27335	189068	3400	34680	
90 平方米及以下	55571	3159	40863	944		
144 平方米以上	24318	7138	6604			
别墅、高档公寓	17955		10432			
办公楼	52473	18560	33558			
商业营业用房	99009	11745	24571	265	14834	
其他	60836	4348	33513	108	658	
房屋出租面积	44680				34628	
住宅						
90 平方米及以下						
144 平方米以上						
别墅、高档公寓						
办公楼						
商业营业用房	44680				34628	
其他						
商品房销售面积(平方米)	4896396	416789	1258891	113252	229562	
住宅	4276931	343974	1125755	99123	200425	
90 平方米及以下	451143	26671	222925	20494	25717	
144 平方米以上	291614	23021	133227	24119	10984	
别墅、高档公寓	62450		4596	10901	2578	
办公楼	105201	15404	51660		3173	
商业营业用房	454689	50808	57912	11327	25040	
其他	59575	6603	23564	2802	924	
商品房销售额(万元)	2274892	242765	726670	69844	102639	
住宅	1876040	167089	647491	56258	86897	
90 平方米及以下	191187	10696	109836	10764	9164	
144 平方米以上	155032	14380	77163	16373	6497	

表 7-30 续表 2　　(2013 年)　　单位:平方米、万元

指　　标	全市总计	连云区	新浦区	海州区	开发区	云台山景　区
别墅、高档公寓	37347		4902	9687	1321	
办公楼	43278	11652	17316		1269	
商业营业用房	329408	59014	50506	12472	14289	
其他	26166	5010	11357	1114	184	
商品住宅销售套数 _ 住宅	37684	3008	9886	840	1828	
90 平方米及以下	5569	311	2754	239	297	
144 平方米以上	1554	105	748	99	56	
别墅、高档公寓	241		15	31	9	
待售面积	1357304	110572	318837	146691	169050	6056
待售面积 _ 住宅	698534	68054	211838	26000	40614	6056
90 平方米及以下	59508	9339	6554	870	3151	
144 平方米以上	122757	23356	38261	10804	13582	6056
别墅、高档公寓	34975	767		10804	13582	6056
办公楼	44422	3764	30169	107	4827	
商业营业用房	524137	31818	33119	114471	119967	
其他	90211	6936	43711	6113	3642	
其中:待售 1-3 年(含 1 年)	795864	59647	202631	130227	114480	6056
住宅 _ 待售 1-3 年(含 1 年)	375395	57855	131894	14203	17076	6056
90 平方米及以下 _ 住宅 _ 待售 1-3 年(含 1 年)	37980	8178	1408		1310	
144 平方米以上 _ 住宅 _ 待售 1-3 年(含 1 年)	82388	15482	37570	10804		6056
别墅、高档公寓 _ 住宅 _ 待售 1-3 年(含 1 年	17627	767		10804		6056
办公楼 _ 待售 1-3 年(含 1 年)	30450		28764	107		
商业营业用房 _ 待售 1-3 年(含 1 年)	345677	1792	19137	112939	94532	
其他 _ 待售 1-3 年(含 1 年)	44342		22836	2978	2872	
待售 3 年以上(含 3 年)	19416	7874		7861		
住宅 _ 待售 3 年以上(含 3 年)	12251	7874		4277		
90 平方米及以下 _ 住宅 _ 待售 3 年以上(含 3 年)						
144 平方米以上 _ 住宅 _ 待售 3 年以上(含 3 年)	7874	7874				
别墅、高档公寓 _ 住宅 _ 待售 3 年以上(含 3 年						
办公楼 _ 待售 3 年以上(含 3 年)						
商业营业用房 _ 待售 3 年以上(含 3 年)	4383			802		
其他 _ 待售 3 年以上(含 3 年)	2782			2782		

表 7–30 续表 3　　(2013 年)　　单位:平方米、万元

指　　标	全市总计	赣榆县	东海县	灌云县	灌南县
单位个数	326	52	47	38	48
房屋施工面积	24825360	3912136	3332690	2360058	2239575
住宅	18573663	2929503	2367931	1697071	1883822
90 平方米及以下	3069793	374038	221352	311316	26170
144 平方米以上	2336012	118153	96349	183032	21049
别墅、高档公寓	492494	80441	33197	61123	44000
办公楼	621737	19254	55180	12536	926
商业营业用房	3532000	634078	656183	510791	308386
其他	2097960	329301	253396	139660	46441
房屋新开工面积	5300894	590649	1206823	336308	511544
住宅	3979791	422719	960871	254173	463247
90 平方米及以下	436461	16574	79988	14562	1025
144 平方米以上	723520	75273	38785	39344	
别墅、高档公寓	50441	31062	12200		
办公楼	182666	286	2800		
商业营业用房	706897	150109	181890	57041	42562
其他	431540	17535	61262	25094	5735
房屋竣工面积	2736508	288689	570066	264274	257228
住宅	1957354	230442	426854	174673	215209
90 平方米及以下	216888	10640	6017	41951	3852
144 平方米以上	105072	34566		22116	1805
别墅、高档公寓	68322	31062			
办公楼	155585	2265			
商业营业用房	375023	45271	67379	53562	39433
其他	248546	10711	75833	36039	2586
不可销售面积	37253		5270	3147	6713
住宅	4231				
90 平方米及以下	164				
144 平方米以上					
别墅、高档公寓					
办公楼					
商业营业用房	4550				4257
其他	28472		5270	3147	2456

表 7–30 续表 4 (2013 年) 单位:平方米、万元

指　　标	全市总计	赣榆县	东海县	灌云县	灌南县
住宅竣工套数 _ 住宅	16645	1893	3283	1515	1867
90 平方米及以下 _ 住宅	2614	120	80	470	50
144 平方米以上 _ 住宅	500	149		84	9
别墅、高档公寓 _ 住宅	263	125			
房屋竣工价值	672003	67459	114579	46343	46979
住宅	459685	50438	87011	30914	36839
90 平方米及以下	55571	1429	1366	7065	745
144 平方米以上	24318	8399		1862	315
别墅、高档公寓	17955	7523			
办公楼	52473	355			
商业营业用房	99009	15126	11628	11122	9718
其他	60836	1540	15940	4307	422
房屋出租面积	44680		10052		
住宅					
90 平方米及以下					
144 平方米以上					
别墅、高档公寓					
办公楼					
商业营业用房	44680		10052		
其他					
商品房销售面积(平方米)	4896396	683325	1005100	453105	736372
住宅	4276931	595795	824071	407846	679942
90 平方米及以下	451143	18580	58700	49936	28120
144 平方米以上	291614	48894	14515	31254	5600
别墅、高档公寓	62450	32789	7929	3657	
办公楼	105201		23940		11024
商业营业用房	454689	80086	144887	40420	44209
其他	59575	7444	12202	4839	1197
商品房销售额(万元)	2274892	277147	432028	168462	255337
住宅	1876040	224431	324821	141964	227089
90 平方米及以下	191187	6118	15909	17696	11004
144 平方米以上	155032	17833	9332	11132	2322

表 7-30 续表 5　　　　(2013 年)　　　　单位:平方米、万元

指　　标	全市总计	赣榆县	东海县	灌云县	灌南县
别墅、高档公寓	37347	12078	7765	1594	
办公楼	43278		7535		5506
商业营业用房	329408	50897	94774	24974	22482
其他	26166	1819	4898	1524	260
商品住宅销售套数 _ 住宅	37684	5074	7185	3745	6118
90 平方米及以下	5569	238	706	690	334
144 平方米以上	1554	234	80	194	38
别墅、高档公寓	241	131	40	15	
待售面积	1357304	118347	121393	170251	196107
待售面积 _ 住宅	698534	72941	45323	107479	120229
90 平方米及以下	59508	1326	2450	33408	2410
144 平方米以上	122757	7511	3093	15581	4513
别墅、高档公寓	34975		2899	867	
办公楼	44422	1579			3976
商业营业用房	524137	22935	71923	62312	67592
其他	90211	20892	4147	460	4310
其中:待售 1–3 年(含 1 年)	795864	65357	26315	137372	53779
住宅 _ 待售 1–3 年(含 1 年)	375395	30151	2364	88913	26883
90 平方米及以下 _ 住宅 _ 待售 1–3 年(含 1 年)	37980	1326		25758	
144 平方米以上 _ 住宅 _ 待售 1–3 年(含 1 年)	82388	7511		4965	
别墅、高档公寓 _ 住宅 _ 待售 1–3 年(含 1 年	17627				
办公楼 _ 待售 1–3 年(含 1 年)	30450	1579			
商业营业用房 _ 待售 1–3 年(含 1 年)	345677	18735	23187	48459	26896
其他 _ 待售 1–3 年(含 1 年)	44342	14892	764		
待售 3 年以上(含 3 年)	19416				3681
住宅 _ 待售 3 年以上(含 3 年)	12251				100
90 平方米及以下 _ 住宅 _ 待售 3 年以上(含 3 年)					
144 平方米以上 _ 住宅 _ 待售 3 年以上(含 3 年)	7874				
别墅、高档公寓 _ 住宅 _ 待售 3 年以上(含 3 年					
办公楼 _ 待售 3 年以上(含 3 年)					
商业营业用房 _ 待售 3 年以上(含 3 年)	4383				3581
其他 _ 待售 3 年以上(含 3 年)	2782				

按资质等级分商品房施工和销售情况

表 7-31　　　　(2013 年)　　　　单位:平方米、万元

指　　标	全市总计	一级	二级	三级	四级	暂定	其他
单位个数	326	5	113	67	1	130	10
房屋施工面积	24825360	873337	10253304	4302726	20729	8571221	804043
住宅	18573663	636336	7789366	3458593	12669	5981280	695419
90 平方米及以下	3069793	264363	1133916	312558		951982	406974
144 平方米以上	2336012	25726	1391099	243989		621119	54079
别墅、高档公寓	492494		94798	181995		215701	
办公楼	621737	113674	266075	17109		172188	52691
商业营业用房	3532000	68483	1243319	599864	8060	1580003	32271
其他	2097960	54844	954544	227160		837750	23662
房屋新开工面积	5300894	30907	1618963	769181		2346958	534885
住宅	3979791	17330	1323567	640597		1557289	441008
90 平方米及以下	436461		81353	75262		121283	158563
144 平方米以上	723520		513553	2800		159088	48079
别墅、高档公寓	50441		7179			43262	
办公楼	182666		55640			74335	52691
商业营业用房	706897	9968	127575	101927		449443	17984
其他	431540	3609	112181	26657		265891	23202
房屋竣工面积	2736508	104626	1228764	346688		1051935	4495
住宅	1957354		923533	266268		767553	
90 平方米及以下	216888		63973	28446		124469	
144 平方米以上	105072		34844	1805		68423	
别墅、高档公寓	68322		37260			31062	
办公楼	155585	86216	30672	400		38297	
商业营业用房	375023	13163	130253	69391		157721	4495
其他	248546	5247	144306	10629		88364	
不可销售面积	37253		14293	5812		17148	
住宅	4231					4231	
90 平方米及以下	164					164	
144 平方米以上							
别墅、高档公寓							
办公楼							
商业营业用房	4550			4257		293	
其他	28472		14293	1555		12624	

表 7-31 续表 1　　(2013 年)　　单位:平方米、万元

指　　标	全市总计	一级	二级	三级	四级	暂定	其他
住宅竣工套数 _ 住宅	16645		7508	2391		6746	
90 平方米及以下 _ 住宅	2614		774	331		1509	
144 平方米以上 _ 住宅	500		189	9		302	
别墅、高档公寓 _ 住宅	263		138			125	
房屋竣工价值	672003	40749	325535	80755		222042	2922
住宅	459685		239736	58415		161534	
90 平方米及以下	55571		12376	6533		36662	
144 平方米以上	24318		9781	315		14222	
别墅、高档公寓	17955		10432			7523	
办公楼	52473	35920	9198	116		7239	
商业营业用房	99009	3404	37403	20349		34931	2922
其他	60836	1425	39198	1875		18338	
房屋出租面积	44680		44680				
住宅							
90 平方米及以下							
144 平方米以上							
别墅、高档公寓							
办公楼							
商业营业用房	44680		44680				
其他							
商品房销售面积(平方米)	4896396	137554	1860939	968567		1816192	113144
住宅	4276931	116381	1657087	852898		1538721	111844
90 平方米及以下	451143	29323	126995	65314		191944	37567
144 平方米以上	291614		135681	31635		120258	4040
别墅、高档公寓	62450		18075			44375	
办公楼	105201	20021	22506	11024		51650	
商业营业用房	454689	992	144278	97850		210269	1300
其他	59575	160	37068	6795		15552	
商品房销售额(万元)	2274892	68503	982475	338554		824825	60535
住宅	1876040	53216	818391	287656		656892	59885
90 平方米及以下	191187	14840	57841	18203		88433	11870
144 平方米以上	155032		85599	12329		55769	1335

表 7-31 续表 2　　(2013 年)　　单位:平方米、万元

指　　标	全市总计	一级	二级	三级	四级	暂定	其他
别墅、高档公寓	37347		15910			21437	
办公楼	43278	13860	8377	5506		15535	
商业营业用房	329408	1382	140030	43484		143862	650
其他	26166	45	15677	1908		8536	
商品住宅销售套数 _ 住宅	37684	1083	14465	7593		13531	1012
90 平方米及以下	5569	326	1745	776		2300	422
144 平方米以上	1554		696	194		650	14
别墅、高档公寓	241		55			186	
待售面积	1357304	25818	677357	173202		469007	11920
待售面积 _ 住宅	698534		305104	91933		300703	794
90 平方米及以下	59508		18011	1326		40171	
144 平方米以上	122757		53946	8108		60703	
别墅、高档公寓	34975		31209	2899		867	
办公楼	44422	20042	10103	3976		10301	
商业营业用房	524137	5776	324636	71994		110605	11126
其他	90211		37514	5299		47398	
其中:待售 1-3 年(含 1 年)	795864	25818	449988	60300		247838	11920
住宅 _ 待售 1-3 年(含 1 年)	375395		185522	29216		159863	794
90 平方米及以下 _ 住宅 _ 待售 1-3 年(含 1 年)	37980		9616	1326		27038	
144 平方米以上 _ 住宅 _ 待售 1-3 年(含 1 年)	82388		32490	2156		47742	
别墅、高档公寓 _ 住宅 _ 待售 1-3 年(含 1 年	17627		17627				
办公楼 _ 待售 1-3 年(含 1 年)	30450	20042	107			10301	
商业营业用房 _ 待售 1-3 年(含 1 年)	345677	5776	258153	26300		44322	11126
其他 _ 待售 1-3 年(含 1 年)	44342		6206	4784		33352	
待售 3 年以上(含 3 年)	19416		15735			3681	
住宅 _ 待售 3 年以上(含 3 年)	12251		12151			100	
90 平方米及以下 _ 住宅 _ 待售 3 年以上(含 3 年)							
144 平方米以上 _ 住宅 _ 待售 3 年以上(含 3 年)	7874		7874				
别墅、高档公寓 _ 住宅 _ 待售 3 年以上(含 3 年							
办公楼 _ 待售 3 年以上(含 3 年)							
商业营业用房 _ 待售 3 年以上(含 3 年)	4383		802			3581	
其他 _ 待售 3 年以上(含 3 年)	2782		2782				

按地区分房地产企业财务状况

表 7-32　　(2013 年)　　单位:万元

指　　标	全市总计	连云区	新浦区	海州区	开发区	云台山景区
单位个数	338	31	70	19	23	2
一、年初存货	3835041	599193	1319311	211948	420499	79804
二、年末资产负债						
流动资产合计	7049146	972379	2524526	341793	708100	97926
其中:应收账款	339336	27712	130200	25165	13384	1797
存货	4113977	686955	1512517	229902	364513	14960
固定资产合计	214780	19205	31852	16102	4080	766
固定资产原价	153694	24627	46327	10983	7676	1866
累计折旧	39106	5984	12294	1437	3800	811
本年折旧	13346	2266	2939	339	883	683
在建工程	129457	27301	461		36530	
资产总计	7793762	1082585	2833026	370699	753637	101820
流动负债合计	5357495	719045	1926087	275760	432326	90919
应付账款	563281	107426	184547	16072	25918	35372
非流动负债合计	604649	68244	339675	23958	53705	9812
负债合计	5962144	787288	2265762	299718	486031	100730
所有者权益合计	1831619	295297	567264	70981	267606	1090
# 实收资本	1368204	160896	453097	52820	276945	3089
三、损益及分配						
营业收入	2543764	229193	832286	88202	136281	42587
主营业务收入	2535267	228743	832241	88114	136281	42587
土地转让收入	23737	2000		21627		
商品房销售收入	2493625	216488	828037	66224	136085	42587

表 7-32 续表 1　　(2013 年)　　单位:万元

指　　标	全市总计	连云区	新浦区	海州区	开发区	云台山景区
房屋出租收入	3057	538	387	235	192	
其他主营业务收入	14848	9716	3818	28	4	
营业成本	1797551	148425	605555	60670	90295	40370
主营业务成本	1777887	147362	592961	59942	87177	40370
营业税金及附加本年实际	205984	18729	71797	6886	14926	1040
主营业务税金及附加	205492	18728	71389	6845	14926	1040
其他业务利润	13587	1688	9608		−22	162
销售费用	57385	5846	17174	1875	4809	22
管理费用	93503	12590	28417	4139	8470	1277
管理费用中的税金	5449	609	1553	265	887	45
财务费用	13844	3475	1837	517	985	−2
利息收入	2748	143	1255	108	21	4
利息支出	10556	3073	1036	201	522	1
资产减值损失	−35	60	173	−279	12	
公允价值变动收益	9		9			
投资收益	1107	45	27		430	
营业利润	390033	40131	122006	14394	17226	43
补贴收入	463	30	27	−13		
营业外收入	1474	190	169	−7	100	10
营业外支出	8843	2304	2283	555	588	
利润总额	383288	38017	119913	13833	16739	53
应交所得税	42182	4090	8536	488	2264	
应付职工薪酬(本年贷方累计发生额)	49868	4071	9751	2288	3511	393

表 7-32 续表 2　　(2013 年)　　单位:万元

指　　标	全市总计	赣榆县	东海县	灌云县	灌南县
单位个数	338	52	50	40	51
一、年初存货	3835041	339903	302777	298602	263003
二、年末资产负债					
流动资产合计	7049146	797145	718542	500568	388168
其中:应收账款	339336	39271	45246	35326	21235
存货	4113977	448724	332326	322159	201921
固定资产合计	214780	40546	81637	17698	2893
固定资产原价	153694	18047	17506	21605	5057
累计折旧	39106	3754	4409	4246	2371
本年折旧	13346	1188	1856	2045	1148
在建工程	129457	12419	29437	23309	
资产总计	7793762	897144	797568	548907	408377
流动负债合计	5357495	636854	575961	409209	291335
应付账款	563281	57520	87770	35043	13612
非流动负债合计	604649	59326	25075	18634	6220
负债合计	5962144	696180	601037	427843	297555
所有者权益合计	1831619	200964	196532	121063	110822
#实收资本	1368204	104868	137765	111003	67720
三、损益及分配					
营业收入	2543764	300828	441229	176818	296340
主营业务收入	2535267	293913	441229	176818	295340
土地转让收入	23737				110
商品房销售收入	2493625	293750	439476	175748	295230

表 7-32 续表 3　　(2013 年)　　单位:万元

指　　标	全市总计	赣榆县	东海县	灌云县	灌南县
房屋出租收入	3057	162	473	1070	
其他主营业务收入	14848	2	1280		
营业成本	1797551	203794	316352	123029	209061
主营业务成本	1777887	202871	315465	122679	209061
营业税金及附加本年实际	205984	21146	37966	11930	21565
主营业务税金及附加	205492	21146	37927	11927	21565
其他业务利润	13587		94	935	1120
销售费用	57385	5927	11516	4799	5417
管理费用	93503	11257	13171	6668	7514
管理费用中的税金	5449	389	603	289	810
财务费用	13844	1886	2033	780	2334
利息收入	2748	984	146	36	52
利息支出	10556	2417	1082	348	1876
资产减值损失	-35		3	-5	
公允价值变动收益	9				
投资收益	1107		602		3
营业利润	390033	54798	60243	29620	51574
补贴收入	463			2	417
营业外收入	1474	99	423	37	453
营业外支出	8843	505	1733	413	462
利润总额	383288	54391	59535	29244	51564
应交所得税	42182	5696	14567	3196	3344
应付职工薪酬(本年贷方累计发生额)	49868	12791	7019	4794	5251

完成投资前30位房地产企业

表7-33　　(2013年)　　单位：万元

序号	单位名称	完成投资额
1	连云港市亿人城建开发有限公司	50000
2	连云港港汇置业有限公司	49000
3	连云港高科投资发展有限公司	47940
4	江苏两淮盐化有限公司	41849
5	连云港市苍梧房地产开发有限公司	38256
6	连云港融辉置业有限公司	31930
7	连云港市美麟房地产开发有限公司东海分公司	29970
8	灌南润天置业有限公司	25492
9	绿地集团连云港东部置业有限公司	25412
10	连云港恒大名都置业有限公司	24225
11	连云港香溢广电房地产开发有限公司	22250
12	连云港帝豪实业发展有限公司	21404
13	连云港金海连云置业有限公司	21329
14	连云港东成房地产开发有限公司	18000
15	连云港舜隆房地产开发有限责任公司	17712
16	连云港瑞达房地产开发有限公司	17522
17	连云港市建科置业有限公司	17500
18	连云港锦绣香江置业有限公司	16984
19	连云港融辉置业有限公司	16436
20	连云港市美麟房地产开发有限公司东海分公司	16224
21	连云港绿源置业有限公司	16000
22	连云港市美麟房地产开发有限公司东海分公司	15768
23	连云港市圣承房地产开发有限公司	15500
24	连云港林鹏置业有限公司	15300
25	江苏百实达置业有限公司	15000
26	江苏省禧徕乐房地产开发有限公司	15000
27	连云港阳光海湾置业发展有限公司	13737
28	连云港瑞城置业有限公司	13238
29	江苏宏荣置业有限公司	13140
30	连云港金鹰置业有限公司	13083

商品房销售收入前30位房地产企业

表7-34　　(2013年)　　单位: 万元

序号	单　位　名　称	销售收入
1	连云港融辉置业有限公司	48579
2	江苏两淮盐化有限公司	45377
3	连云港绿源置业有限公司	44425
4	连云港港汇置业有限公司	44199
5	连云港新时代房地产开发有限公司	43365
6	连云港香溢广电房地产开发有限公司	42405
7	连云港市亿人城建开发有限公司	32066
8	连云港阳光海湾置业发展有限公司	30218
9	连云港恒大名都置业有限公司	25689
10	连云港旺旺家园开发有限公司	23473
11	连云港市美麟房地产开发有限公司东海分公司	23442
12	连云港中冠房地产开发有限公司	23434
13	连云港兆地置业有限公司	22987
14	连云港东成房地产开发有限公司	22817
15	连云港金泰房地产开发有限公司	22550
16	灌云美都置业有限公司	21634
17	连云港德源泰置业有限公司	21444
18	江苏金科地产投资有限公司	20075
19	江苏东盛房地产综合开发有限公司	19621
20	江苏省禧徕乐房地产开发有限公司	19416
21	连云港景力房地产有限公司	19367
22	连云港华振投资有限公司	19003
23	连云港市美麟房地产开发有限公司东海分公司	17822
24	连云港基泰置业有限公司	16701
25	连云港市远通房地产开发有限公司	16639
26	连云港诚联房地产开发有限公司	16582
27	连云港景秀房地产开发有限公司	16550
28	江苏华骏置业有限公司	16516
29	连云港瑞城置业有限公司	16273
30	连云港中茵房地产有限公司	16166

分地区建筑业生产情况

表 7–35 （2013 年）

指　　标	单 位	全 市	市 区	赣 榆 县	东 海 县	灌 云 县	灌 南 县
企业个数	个	304	159	47	41	29	28
签订合同额情况	万元	7164405	2566107	1912420	922551	734383	1028943
承包工程完成情况	万元	5206204	1648872	1511000	727471	643190	675671
建筑业总产值	万元	5568268	1836992	1569747	749373	703125	709031
# 装饰装修产值	万元	155032	94174	7364	21402	25373	6719
# 在外省完成产值	万元	2218149	453885	1007282	128730	334415	293837
按构成分：1. 建筑工程产值	万元	5410268	1762322	1515773	730235	693641	708297
2. 安装工程产值	万元	116455	66707	20978	18554	9484	734
3. 其他产值	万元	41545	7964	32997	584	0	0
竣工产值	万元	4668414	1406733	1365094	513526	774287	608775
房屋建筑施工面积	平方米	50155169	13142317	18737443	4490563	6462308	7322538
# 本年新开工面积	平方米	31144888	5687309	13264585	2866793	4708424	4617777
实行投标承包面积	平方米	45896268	12755435	16110924	4393435	5813450	6823024
# 本年新开工	平方米	28705070	5493223	11985997	2797593	4162922	4265335
自有施工机械设备年末净值	万元	2768208	1027324	695143	423471	285358	336912
自有施工机械设备年末总台数	台	69220	20426	18082	7562	6899	16251
自有施工机械设备年末总功率	千瓦	1340319	614719	317650	205379	93749	108822

建筑业企业生产情况

表 7-36　　　　(2013 年)　　　　单位:万元

指　　标	企业个数(个)	有工作量企业(个)	建筑业合同情况	承包工程完成情况	建筑业总产值	装饰装修产值	在外省完成的产值
总　　计	**304**	**304**	**7164405**	**5206204**	**5568268**	**155032**	**2218149**
其中:国有及国有控股企业	28	28	751211	540246	660123		224909
一、按登记注册类型分组							
内资企业	302	302	7159976	5201826	5563889	155032	2216620
国有企业	14	14	336103	244654	269272		30500
集体企业	17	17	260166	237908	256597	1136	83615
股份合作企业	1	1	18043	10593	10593		
有限责任公司	62	62	1587451	1118985	1302745	9420	648733
国有独资公司	6	6	303957	188975	281392		189602
其他有限责任公司	56	56	1283495	930010	1021354	9420	459131
股份有限公司	9	9	375957	365666	370441	80	273488
私营企业	198	198	4554076	3199921	3330142	144397	1164930
私营有限责任公司	184	184	4040163	2851382	2950057	140130	1074686
私营股份有限公司	14	14	513913	348539	380085	4267	90244
其他企业	1	1	28181	24100	24100		15354
港、澳、台商投资企业	1	1	1579	1529	1529		1529
与港、澳、台商合资经营企业	1	1	1579	1529	1529		1529
外商投资企业	1	1	2849	2849	2849		
中外合资经营企业	1	1	2849	2849	2849		
二、按国民经济行业分组							
房屋建筑业	131	131	5581850	3985039	4107581	38624	1895698
房屋建筑业	131	131	5581850	3985039	4107581	38624	1895698
土木工程建筑业	76	76	1236446	924207	1069084	984	240908
铁路、道路、隧道和桥梁工程建筑	40	40	719859	550686	662774	784	221224
水利和内河港口工程建筑	13	13	397789	282391	298655		15695
架线和管道工程建筑	8	8	45117	44366	51146	200	
其他土木工程建筑	15	15	73682	46764	56509		3989
建筑安装业	33	33	159361	127856	148111	1280	12468
电气安装	17	17	113651	99099	110294	80	10426
管道和设备安装	6	6	13160	11453	15575		710
其他建筑安装业	10	10	32550	17304	22242	1200	1332
建筑装饰和其他建筑业	64	64	186748	169102	243492	114144	69075
建筑装饰业	45	45	111748	105816	125400	114144	9593
工程准备活动	11	11	30398	29877	84683		59482
其他未列明建筑业	8	8	44602	33410	33410		

表 7-36 续表 1　　(2013 年)　　单位:万元

指标	企业个数(个)	有工作量企业(个)	建筑业合同情况	承包工程完成情况	建筑业总产值	装饰装修产值	在外省完成的产值
三、按隶属关系分组							
中央	1	1	145764	82008	174075		169513
省(自治区、直辖市)	1	1	2766	2760	2760		
地区(州、盟、省辖市)	30	30	639439	472819	478588	1136	44967
县(区、市、旗)	28	28	784999	618863	712740	5846	407103
镇	1	1	11449	8892	8892		
乡	1	1	10820	9011	9011		
其他	242	242	5569168	4011851	4182201	148051	1596567
四、按企业资质等级分组							
施工总承包	193	193	6801096	4904618	5142225	34007	2138072
一级	18	18	2995834	1836386	1991977	8431	1216668
二级	63	63	2365456	1826758	1852065	23416	558581
三级及以下	112	112	1439806	1241474	1298183	2160	362823
专业承包	111	111	363309	301587	426043	121025	80077
一级	6	6	54596	58462	65559	41948	15675
二级	30	30	153249	116263	167863	22245	32248
三级及以下	74	74	152375	123773	189532	56833	32154
五、按控股情况分							
国有控股	28	28	751211	540246	660123		224909
集体控股	31	31	741588	568207	663291	1653	379058
私人控股	237	237	5595858	4029339	4174414	148051	1603888
外商控股	1	1	2849	2849	2849		
其他	7	7	72899	65563	67591	5329	10294

表 7-36 续表 2　　(2013 年)　　单位:万元

指　　标	建筑工程产值	安装工程产值	其他产值	竣工产值
总　　计	**5410268**	**116455**	**41545**	**4668414**
其中:国有及国有控股企业	654190	3202	2732	422684
一、按登记注册类型分组				
内资企业	5405889	116455	41545	4665565
国有企业	269272			218549
集体企业	254068	2175	354	253954
股份合作企业	10593			9743
有限责任公司	1254330	44418	3997	1022613
国有独资公司	278660		2732	101360
其他有限责任公司	975670	44418	1265	921253
股份有限公司	321029	16528	32884	396308
私营企业	3272497	53335	4310	2735486
私营有限责任公司	2892413	53335	4310	2411564
私营股份有限公司	380085			323921
其他企业	24100			28913
港、澳、台商投资企业	1529			
与港、澳、台商合资经营企业	1529			
外商投资企业	2849			2849
中外合资经营企业	2849			2849
二、按国民经济行业分组				
房屋建筑业	4059642	9348	38591	3530391
房屋建筑业	4059642	9348	38591	3530391
土木工程建筑业	1060650	5480	2954	792920
铁路、道路、隧道和桥梁工程建筑	659820		2954	438767
水利和内河港口工程建筑	298655			252451
架线和管道工程建筑	45666	5480		50296
其他土木工程建筑	56509			51406
建筑安装业	47117	100994		141111
电气安装	28713	81581		106615
管道和设备安装	7436	8139		18790
其他建筑安装业	10968	11275		15706
建筑装饰和其他建筑业	242859	634		203993
建筑装饰业	124767	634		11[illegible]19
工程准备活动	84683			60586
其他未列明建筑业	33410			32087

表 7-36 续表 3　　(2013 年)　　单位:万元

指　　标	建筑工程产值	安装工程产值	其他产值	竣工产值
三、按隶属关系分组				
中央	174075			447
省(自治区、直辖市)	2760			2856
地区(州、盟、省辖市)	437052	40917	619	383923
县(区、市、旗)	712155	585		762289
镇	8892			7983
乡	9011			9155
其他	4066322	74953	40926	3501762
四、按企业资质等级分组				
施工总承包	5042819	57861	41545	4289825
一级	1975116	16328	533	1592556
二级	1793149	24968	33948	1553878
三级及以下	1274554	16566	7064	1143391
专业承包	367449	58594		378589
一级	63174	2385		34509
二级	158471	9393		171526
三级及以下	142715	46817		169465
五、按控股情况分				
国有控股	654190	3202	2732	422684
集体控股	625026	37911	354	687371
私人控股	4060877	75343	38194	3514818
外商控股	2849			2849
其他	67326		265	40692

表 7-36 续表 4　　(2013 年)　　单位:平方米、万元、台、千瓦

指标	房屋建筑施工面积	本年新开工面积	实行投标承包面积	本年新开工	年末自有施工机械设备 净值	总台数	总功率
总计	**50155169**	**31144888**	**45896268**	**28705070**	**276821**	**69220**	**1340319**
其中:国有及国有控股企业	398045	248866	394500	245321	38006	3450	138770
一、按登记注册类型分组							
内资企业	50119419	31144888	45860518	28705070	275666	69140	1337299
国有企业	335043	229822	331498	226277	13232	1621	67000
集体企业	1738371	1192663	1723391	1179683	13778	3865	95898
股份合作企业	154912	141637	154912	141637	2084	487	12359
有限责任公司	8293692	4575004	7642421	4492950	63233	18107	357871
国有独资公司	138423	72349	138423	72349	9459	966	34893
其他有限责任公司	8155269	4502655	7503998	4420601	53774	17141	322978
股份有限公司	5995503	5698459	5991973	5694929	16341	3387	53249
私营企业	33601898	19307303	30016323	16969594	164889	41592	750921
私营有限责任公司	30940404	17719190	27682318	15628250	138100	39077	667539
私营股份有限公司	2661494	1588113	2334005	1341344	26789	2515	83382
其他企业					2109	81	1
港、澳、台商投资企业	35750		35750		1145	20	1920
与港、澳、台商合资经营企业	35750		35750		1145	20	1920
外商投资企业					10	60	1100
中外合资经营企业					10	60	1100
二、按国民经济行业分组							
房屋建筑业	49104604	30630490	44934474	28308865	174156	49888	836756
房屋建筑业	49104604	30630490	44934474	28308865	174156	49888	836756
土木工程建筑业	896181	407048	838360	366005	76622	8842	335846
铁路、道路、隧道和桥梁工程建筑	445582	258343	406804	236343	52165	3662	212938
水利和内河港口工程建筑	105466	66545	101921	63000	17040	3639	77763
架线和管道工程建筑					1582	799	13370
其他土木工程建筑	345133	82160	329635	66662	5835	742	31775
建筑安装业	154384	107350	123434	30200	11625	3083	100830
电气安装	77234	30200	77234	30200	6151	2201	80874
管道和设备安装					1438	408	6068
其他建筑安装业	77150	77150	46200		4037	474	13888
建筑装饰和其他建筑业					14418	7407	66887
建筑装饰业					7398	2974	30857
工程准备活动					4560	516	27085
其他未列明建筑业					2460	3917	8945

表 7-36 续表 5　　(2013 年)　　单位:平方米、万元、台、千瓦

指　　标	房屋建筑施工面积	本年新开工面积	实行投标承包面积		年末自有施工机械设备		
				本年新开工	净值	总台数	总功率
三、按隶属关系分组							
中央					1098	111	9318
省(自治区、直辖市)	24855	24855	24855	24855	610	38	3700
地区(州、盟、省辖市)	754951	419448	749426	413923	25994	5147	143808
县(区、市、旗)	5782399	3555839	5129845	3464585	39545	9984	182224
镇	113620	93770	113620	93770	219	60	3726
乡	75421	53305	75421	53305	569	75	1667
其他	43403923	26997671	39803101	24654632	208786	53805	995876
四、按企业资质等级分组							
施工总承包	50073979	31063698	45850068	28705070	239686	58559	1114624
一级	23309040	14248703	22581729	14164572	77001	22719	396199
二级	15723966	9294633	14858643	8556180	97663	25616	444272
三级及以下	11040973	7520362	8409696	5984318	65022	10224	274153
专业承包	81190	81190	46200		37135	10661	225695
一级					2280	1054	32949
二级					21985	2739	125880
三级及以下	81190	81190	46200		12869	6858	66616
五、按控股情况分							
国有控股	398045	248866	394500	245321	38006	3450	138770
集体控股	5967670	3536376	5313136	3443142	25093	10666	205351
私人控股	43424019	27081739	39823197	24738700	208600	54182	974127
外商控股					10	60	1100
其他	365435	277907	365435	277907	5113	862	20971

表 7-36 续表 6　　(2013 年)　　单位:人

指标	计算业劳动生产率平均人数	年末从业人数	工程技术人员	一级建造师	现场施工工人	持证上岗人员
总计	**277548**	**276277**	**27943**	**792**	**218055**	**120185**
一、按登记注册类型分组						
内资企业	277281	275744	27833	791	217878	120024
国有企业	9695	10285	1084	76	6910	3814
集体企业	13011	15515	1639	26	10370	8173
股份合作企业	515	545	150		370	280
有限责任公司	58879	60793	7280	221	49192	17518
国有独资公司	5407	5736	1061	62	3924	1182
其他有限责任公司	53472	55057	6219	159	45268	16336
股份有限公司	29779	25916	1765	29	21144	11904
私营企业	164656	161750	15807	433	129522	78060
私营有限责任公司	144282	140371	13785	384	113216	70148
私营股份有限公司	20374	21379	2022	49	16306	7912
其他企业	746	940	108	6	370	275
港、澳、台商投资企业	159	410	90		90	74
与港、澳、台商合资经营企业	159	410	90		90	74
外商投资企业	108	123	20	1	87	87
中外合资经营企业	108	123	20	1	87	87
二、按国民经济行业分组						
房屋建筑业	218159	215921	17939	378	175743	94198
房屋建筑业	218159	215921	17939	378	175743	94198
土木工程建筑业	39760	40402	6808	247	29056	18023
铁路、道路、隧道和桥梁工程建筑	24087	23991	3662	132	17557	11851
水利和内河港口工程建筑	10698	11840	1369	87	8644	4180
架线和管道工程建筑	1283	1515	362	6	963	680
其他土木工程建筑	3692	3056	1415	22	1892	1312
建筑安装业	7787	8094	1536	65	5314	4096
电气安装	5913	6131	1148	45	4052	3080
管道和设备安装	920	1019	191	8	676	471
其他建筑安装业	954	944	197	12	586	545
建筑装饰和其他建筑业	11842	11860	1660	102	7942	3868
建筑装饰业	6518	6319	759	85	4941	2440
工程准备活动	4014	4187	321	11	2362	1036
其他未列明建筑业	1310	1354	580	6	639	392

表 7-36 续表 7　　(2013 年)　　单位:人

指　　标	计算业劳动生产率平均人数	年末从业人数	工程技术人员	一　级建造师	现场施工工人	持证上岗人员
三、按隶属关系分组						
中央	818	928	335	22	420	215
省(自治区、直辖市)	118	131	8		116	8
地区(州、盟、省辖市)	18028	21223	3327	165	14704	6987
县(区、市、旗)	41584	41325	2758	69	33555	13088
镇	382	395	40		320	126
乡	482	693	127		534	327
其他	216136	211582	21348	536	168406	99434
四、按企业资质等级分组						
施工总承包	252009	251310	25091	651	204278	112053
一级	90698	80214	5836	306	67884	27831
二级	100776	109008	11103	246	90478	57437
三级及以下	60535	62088	8152	99	45916	26785
专业承包	20896	20071	2852	141	13777	8132
一级	2891	2322	210	39	2005	657
二级	9041	8579	1270	48	5968	3648
三级及以下	8964	9170	1372	54	5804	3827
劳务分包序列	4643	4896				
一级	2415	2658				
二级	435	490				
三级及以下	1793	1748				
五、按控股情况分						
国有控股	19218	19564	2957	149	13079	7020
集体控股	37627	40484	2968	51	31443	11350
私人控股	218150	213439	21561	555	171560	100785
外商控股	108	123	20	1	87	87
其他	2445	2667	437	36	1886	943

分地区建筑业企业财务状况

表 7–37　　(2013 年)　　单位:万元

指　　标	全　市	市　区	赣榆县	东海县	灌云县	灌南县
年初存货	369643	204290	78781	44730	14376	27467
流动资产合计	2479667	1539371	369467	265036	117253	188541
固定资产合计	527383	236677	103451	84498	50156	52601
# 固定资产原价	635603	287718	152553	89195	54018	52118
累计折旧	200864	104876	52176	25860	8620	9332
资产合计	3228475	1922575	492680	365399	201156	246665
负债合计	1876764	1282165	235506	179563	87515	92014
所有者权益合计	1351711	640410	257174	185836	113640	154651
营业收入	4757477	1775483	1269673	548389	534109	629823
营业成本	3997221	1518690	1083458	455361	404896	534816
营业税金及附加	210540	77491	48217	26776	25729	32327
主营业务税金及附加	210171	77215	48207	26699	25723	32327
管理费用	192957	73548	51272	32168	20043	15925
财务费用	34515	20188	6226	2671	2494	2936
营业利润	296660	79181	74833	27317	72624	42706
利润总额	297021	80026	74683	27264	72286	42763
应交所得税本期	63106	19084	18919	6416	8024	10663
本年应付职工薪酬本期	1105692	343109	336333	141185	143971	141094
建筑业企业在境外完成的营业收入本期	284144	20987	90198	170943		2017

建筑业企业财务状况

表 7-38　　(2013 年)　　单位:万元

指　　标	年初存货	流动资产合　计	固定资产合　计	固定资产原　价	累计折旧
总　　计	**369643**	**2479667**	**527383**	**635603**	**200864**
其中:国有及国有控股企业	96053	781087	70745	118709	52719
一、按登记注册类型分组					
内资企业	368517	2447402	503245	609377	195639
国有企业	12607	360759	26179	41554	17438
集体企业	14155	81369	22842	31883	10457
股份合作企业	3100	5060	2084	3537	1453
有限责任公司	149761	847117	143917	192056	79525
国有独资公司	70160	310194	19347	41636	23000
其他有限责任公司	79601	536923	124570	150420	56524
股份有限公司	30860	108620	24234	30653	6913
私营企业	157579	1039645	281760	305592	77982
私营有限责任公司	138558	890408	239326	259837	67158
私营股份有限公司	19020	149237	42434	45755	10824
其他企业	456	4833	2230	4102	1872
港、澳、台商投资企业	158	26781	1145	2705	1560
与港、澳、台商合资经营企业	158	26781	1145	2705	1560
外商投资企业	968	5484	22993	23522	3665
中外合资经营企业	968	5484	22993	23522	3665
二、按国民经济行业分组					
房屋建筑业	183040	1178913	317194	345352	96751
房屋建筑业	183040	1178913	317194	345352	96751
土木工程建筑业	140713	1004644	157491	224789	83822
铁路、道路、隧道和桥梁工程建筑	107543	544255	90926	132746	50562
水利和内河港口工程建筑	17050	367404	30726	50783	22083
架线和管道工程建筑	11729	46678	27944	29912	5639
其他土木工程建筑	4392	46306	7894	11347	5538
建筑安装业	25775	158101	24779	33452	10593
电气安装	18337	125198	16538	23379	7913
管道和设备安装	1964	12503	1954	2615	863
其他建筑安装业	5474	20400	6287	7457	1817
建筑装饰和其他建筑业	20116	138009	27919	32011	9699
建筑装饰业	12274	66537	14704	17563	5130
工程准备活动	1458	27147	7390	9381	3353
其他未列明建筑业	6385	44325	5826	5068	1216

表 7-38 续表 1　　(2013 年)　　单位:万元

指标	年初存货	流动资产合计	固定资产合计	固定资产原价	累计折旧
三、按隶属关系分组					
中央	22890	126302	4156	15771	11614
省(自治区、直辖市)	90	677	610	690	80
地区(州、盟、省辖市)	85039	735285	56245	93625	39751
县(区、市、旗)	46325	208105	73479	111558	40704
镇	125	2439	828	332	179
乡	599	2766	569	629	60
其他	214575	1404092	391495	412998	108476
四、按企业资质等级分组					
施工总承包	331355	2184232	462945	557132	175250
一级	162517	998990	120729	176860	65814
二级	95250	612807	160236	208626	66525
三级及以下	73588	572435	181981	171646	42911
专业承包	38288	295435	64438	78472	25615
一级	2897	28757	3751	5783	2798
二级	18484	131339	31751	42059	16114
三级及以下	16908	134214	27884	29499	6623
五、按控股情况分					
国有控股	96053	781087	70745	118709	52719
集体控股	51346	257212	54961	86786	35134
私人控股	216148	1382516	370249	391443	102617
外商控股	968	5484	22993	23522	3665
其他	5128	53369	8435	15144	6729

表 7-38 续表 2　　(2013 年)　　单位:万元

指　　标	资产合计	负债合计	所有者权益合计	营业收入	营业成本
总　　计	**3228475**	**1876764**	**1351711**	**4757477**	**3997221**
其中:国有及国有控股企业	919477	738179	181298	604125	504865
一、按登记注册类型分组					
内资企业	3156189	1845252	1310937	4750957	3992289
国有企业	392744	310350	82394	229146	174041
集体企业	108217	54171	54046	202175	167641
股份合作企业	7144	2366	4778	9215	7860
有限责任公司	1080907	772198	308709	1288337	1106781
国有独资公司	362750	334030	28720	263795	244746
其他有限责任公司	718157	438168	279989	1024542	862035
股份有限公司	136059	70298	65762	240639	196410
私营企业	1424056	632659	791397	2760411	2321440
私营有限责任公司	1198777	513592	685185	2423231	2045267
私营股份有限公司	225280	119068	106212	337181	276174
其他企业	7062	3211	3852	21034	18116
港、澳、台商投资企业	39199	8040	31159	1136	866
与港、澳、台商合资经营企业	39199	8040	31159	1136	866
外商投资企业	33087	23472	9615	5384	4066
中外合资经营企业	33087	23472	9615	5384	4066
二、按国民经济行业分组					
房屋建筑业	1596653	768373	828280	3350234	2843812
房屋建筑业	1596653	768373	828280	3350234	2843812
土木工程建筑业	1264255	897686	366569	980292	818778
铁路、道路、隧道和桥梁工程建筑	714739	498781	215957	596844	513131
水利和内河港口工程建筑	410011	312873	97138	276303	220146
架线和管道工程建筑	81874	49277	32597	50439	37199
其他土木工程建筑	57631	36755	20876	56706	48302
建筑安装业	192759	121434	71324	190666	150658
电气安装	150257	103623	46633	153262	120089
管道和设备安装	14792	7610	7182	13764	11557
其他建筑安装业	27710	10201	17509	23640	19013
建筑装饰和其他建筑业	174808	89270	85538	236284	183973
建筑装饰业	84881	31391	53490	117679	94741
工程准备活动	39313	22417	16896	75816	58305
其他未列明建筑业	50614	35462	15152	42790	30927

表 7-38 续表 3　　(2013 年)　　单位:万元

指　　标	资产合计	负债合计	所有者权益合计	营业收入	营业成本
三、按隶属关系分组					
中央	150242	150418	-176	165068	160858
省(自治区、直辖市)	1287	401	886	3189	2878
地区(州、盟、省辖市)	827177	654813	172364	491571	404048
县(区、市、旗)	312161	140921	171240	650331	535010
镇	3267	667	2600	7764	6235
乡	3335	616	2719	8532	7262
其他	1931006	928928	1002078	3431023	2880930
四、按企业资质等级分组					
施工总承包	2847831	1668393	1179437	4334439	3662904
一级	1193022	809059	383962	1757181	1513803
二级	832715	427605	405110	1471602	1240424
三级及以下	822094	431729	390365	1105656	908677
专业承包	380644	208370	172274	423037	334317
一级	33674	16676	16998	66685	56287
二级	171397	109739	61658	167870	135966
三级及以下	173397	80900	92497	185393	140942
五、按控股情况分					
国有控股	919477	738179	181298	604125	504865
集体控股	331463	189853	141610	679674	567663
私人控股	1869450	897044	972405	3406692	2866887
外商控股	33087	23472	9615	5384	4066
其他	74999	28215	46784	61603	53741

表 7-38 续表 4　　(2013 年)　　单位:万元

指　　标	营业税金及附加	主营业务税金及附加	管理费用	财务费用	营业利润	利润总额
总　　计	**210540**	**210171**	**192957**	**34515**	**296660**	**297021**
其中:国有及国有控股企业	23600	23593	30139	11017	33467	33325
一、按登记注册类型分组						
内资企业	210199	209829	191851	34595	296440	296514
国有企业	9577	9570	11869	5704	27310	26912
集体企业	9356	9355	7321	788	15953	16836
股份合作企业	479	479	280	58	493	493
有限责任公司	50356	50333	64547	8815	57714	57774
国有独资公司	9272	9272	6123	4670	-1416	-1379
其他有限责任公司	41084	41061	58424	4145	59130	59153
股份有限公司	10691	10620	6543	905	22227	22227
私营企业	129046	128779	99817	18244	172075	171603
私营有限责任公司	112174	111915	84833	15690	148412	147985
私营股份有限公司	16873	16864	14984	2554	23663	23618
其他企业	694	694	1474	81	668	668
港、澳、台商投资企业	9	9	202	-2	61	61
与港、澳、台商合资经营企业	9	9	202	-2	61	61
外商投资企业	332	332	904	-79	160	447
中外合资经营企业	332	332	904	-79	160	447
二、按国民经济行业分组						
房屋建筑业	150948	150882	105800	17674	214632	215127
房屋建筑业	150948	150882	105800	17674	214632	215127
土木工程建筑业	40950	40934	53364	14168	48978	49215
铁路、道路、隧道和桥梁工程建筑	24624	24608	31649	7602	17955	17978
水利和内河港口工程建筑	11609	11609	11882	5898	25053	24963
架线和管道工程建筑	2025	2025	7101	44	3735	4040
其他土木工程建筑	2692	2692	2732	624	2235	2234
建筑安装业	8054	7969	17493	837	13605	13707
电气安装	6677	6602	15319	553	11156	11262
管道和设备安装	502	493	538	76	822	818
其他建筑安装业	874	874	1636	208	1627	1627
建筑装饰和其他建筑业	10588	10386	16299	1836	19446	18973
建筑装饰业	5445	5445	8415	707	7202	7189
工程准备活动	3564	3563	2974	328	8588	8540
其他未列明建筑业	1579	1378	4911	800	3656	3244

表 7-38 续表 5　　　　(2013 年)　　　　单位:万元

指　　标	营业税金及附加	主营业务税金及附加	管理费用	财务费用	营业利润	利润总额
三、按隶属关系分组						
中央	5437	5437	1994	2414	-6036	-6012
省(自治区、直辖市)	107	107	70		133	133
地区(州、盟、省辖市)	20131	20123	26408	8617	33963	34965
县(区、市、旗)	25616	25609	35434	2069	50490	49996
镇	466	466	344	65	655	655
乡	282	282	231		758	758
其他	158501	158147	128477	21349	216698	216525
四、按企业资质等级分组						
施工总承包	192243	192087	162391	31699	266829	267414
一级	74363	74319	40719	16097	108701	108266
二级	65426	65424	62721	6955	90893	91819
三级及以下	52455	52345	58951	8647	67235	67329
专业承包	18297	18083	30566	2816	29832	29607
一级	3338	3338	5044	179	1835	1779
二级	6851	6647	10109	1486	10676	10816
三级及以下	8018	8015	15202	1147	15964	15992
五、按控股情况分						
国有控股	23600	23593	30139	11017	33467	33325
集体控股	26018	26002	36275	1716	49885	50670
私人控股	157554	157214	122942	21759	211357	210876
外商控股	332	332	904	-79	160	447
其他	3036	3029	2696	102	1793	1704

表 7-38 续表 6　　(2013 年)　　单位:万元

指　　标	应交所得税本期	本年应付职工薪酬本期	建筑业企业在境外完成的营业收入
总　　计	63106	1105692	284144
其中:国有及国有控股企业	9475	81090	
一、按登记注册类型分组			
内资企业	62961	1103222	284144
国有企业	6410	41734	
集体企业	1607	56945	
股份合作企业	123	2376	
有限责任公司	12745	252134	
国有独资公司	1072	20343	
其他有限责任公司	11673	231791	
股份有限公司	4747	100471	90198
私营企业	37161	646697	193946
私营有限责任公司	31296	566499	172959
私营股份有限公司	5865	80198	20987
其他企业	167	2864	
港、澳、台商投资企业	15	1890	
与港、澳、台商合资经营企业	15	1890	
外商投资企业	130	581	
中外合资经营企业	130	581	
二、按国民经济行业分组			
房屋建筑业	44708	874086	282128
房屋建筑业	44708	874086	282128
土木工程建筑业	13898	154993	2017
铁路、道路、隧道和桥梁工程建筑	5530	92675	
水利和内河港口工程建筑	6362	45206	2017
架线和管道工程建筑	1777	6072	
其他土木工程建筑	230	11040	
建筑安装业	1719	34714	
电气安装	1294	27220	
管道和设备安装	198	3732	
其他建筑安装业	227	3762	
建筑装饰和其他建筑业	2781	41900	
建筑装饰业	1624	22439	
工程准备活动	433	15195	
其他未列明建筑业	724	4266	

表 7–38 续表 7　　　　(2013 年)　　　　单位:万元

指　　标	应交所得税本期	本年应付职工薪酬本期	建筑业企业在境外完成的营业收入
三、按隶属关系分组			
中央		3702	
省(自治区、直辖市)	23	560	
地区(州、盟、省辖市)	7357	84850	
县(区、市、旗)	9627	150564	
镇	127	1555	
乡	190	2125	
其他	45783	862336	284144
四、按企业资质等级分组			
施工总承包	57484	1031344	284144
一级	29601	355043	111185
二级	16617	408578	
三级及以下	11266	267722	172959
专业承包	5622	74349	
一级	424	8744	
二级	1586	30594	
三级及以下	3272	33785	
五、按控股情况分			
国有控股	9475	81090	
集体控股	7432	144258	
私人控股	45527	868633	284144
外商控股	130	581	
其他	541	11131	

建筑业总产值排名前 50 位企业

表 7-39　　(2013 年)　　单位:万元

序号	企业名称	建筑业总产值	序号	企业名称	建筑业总产值
1	江苏万年达建设集团有限公司	367679	26	江苏地亚建筑有限公司	42690
2	江苏三兴建工集团有限公司	295994	27	江苏汇锦建设工程有限公司	42155
3	江苏万象建工集团有限公司	176120	28	灌云县穆圩建筑安装工程公司	41655
4	路桥华祥国际工程有限公司	174075	29	江苏瑞辉建设有限公司	41230
5	江苏玉龙建设工程有限公司	161068	30	连云港市中云建设工程有限公司	41228
6	江苏宝隆建设工程有限公司	150039	31	江苏省江天建设工程有限公司	41013
7	连云港港务工程公司	137669	32	连云港华建建筑安装工程有限公司	40700
8	江苏帝都建设工程有限公司	133873	33	灌云县同创建筑安装工程有限公司	40317
9	江苏苏港工程有限公司	133222	34	连云港广厦建设有限公司	40161
10	赣榆县惠隆建筑安装工程有限公司	101694	35	连云港苏润建筑安装工程公司	40090
11	江苏大力建设工程有限公司	100672	36	连云港先诚建筑安装工程有限公司	40070
12	江苏伟仁建设工程有限公司	94484	37	连云港市南方建设工程有限公司	39814
13	江苏永超建设有限公司	84373	38	连云港翔业建筑工程有限公司	39613
14	连云港市晶都建设集团有限公司	76608	39	江苏利达建筑工程有限公司	39322
15	江苏东海天工建设有限公司	68745	40	江苏梅岭建设工程有限公司	35157
16	江苏云申建设工程有限公司	67022	41	连云港皓宇交通工程有限公司	34683
17	江苏海通建设工程有限公司	66672	42	连云港中平建设有限公司	34650
18	江苏德广建设工程有限公司	62435	43	江苏华航建设集团有限公司	34312
19	赣榆县青口建筑安装工程有限公司	62119	44	连云港东方建设工程集团公司	33195
20	江苏东一建筑工程有限公司	59260	45	东海县星泰建筑安装工程有限公司	32486
21	江苏中粟建设工程有限公司	49247	46	连云港东海建筑安装工程有限公司	32178
22	灌云县县城建筑安装工程公司	46027	47	江苏金鹏建筑工程有限公司	31996
23	江苏登壹建设工程有限公司	45796	48	东海县第三建筑安装工程有限公司	31027
24	连云港市兴云建筑安装有限公司	43125	49	赣榆县市政建筑园林总公司	30881
25	连云港市华信建筑安装工程有限公司	43044	50	东海县海陵建筑安装工程有限公司	30327

建筑业资产总计排名前 50 位企业

表 7-40　　(2013 年)　　单位:万元

序号	企业名称	资产总计	序号	企业名称	资产总计
1	连云港港务工程公司	253511	26	连云港市中云建设工程有限公司	25052
2	江苏海通建设工程有限公司	188543	27	连云港正帮建设有限公司	24182
3	路桥华祥国际工程有限公司	150242	28	江苏省江天建设工程有限公司	24003
4	江苏万年达建设集团有限公司	121793	29	江苏万象建工集团有限公司	23677
5	江苏三兴建工集团有限公司	91231	30	连云港市园林建设工程公司	23350
6	中浦建设(集团)有限公司	70901	31	江苏永超建设有限公司	22365
7	江苏玉龙建设工程有限公司	64928	32	赣榆县金泰公路工程有限公司	21913
8	连云港外贸建筑安装工程有限责任公司	63007	33	连云港市永恒交通工程有限公司	21643
9	江苏齐天电力工程有限公司	55382	34	江苏大力建设工程有限公司	20611
10	连云港市惠城市政园林工程有限责任公司	51168	35	连云港市市政工程有限公司	20574
11	连云港市建设开发实业发展公司	50807	6	连云港翔业建筑工程有限公司	20089
12	江苏全泰交通工程有限公司	44259	37	江苏地亚建筑有限公司	19838
13	连云港惠能基础建设工程有限公司	39199	38	赣榆县市政建筑园林总公司	19637
14	江苏梅岭建设工程有限公司	36336	39	连云港市恒远交通建设有限公司	19272
15	江苏中粟建设工程有限公司	35627	40	连云港长兴建设工程有限公司	17936
16	江苏苏港工程有限公司	35561	41	江苏宝隆建设工程有限公司	17815
17	江苏华航建设集团有限公司	33162	42	连云港恒源电力实业有限公司	17680
18	连云港新奥燃气工程有限公司	33087	43	东海县第三建筑安装工程有限公司	17442
19	连云港市晶都建设集团有限公司	32571	44	连云港市工业设备安装工程有限公司	17386
20	连云港东海建筑安装工程有限公司	32321	45	江苏登壹建设工程有限公司	17355
21	连云港市水利建筑安装工程有限公司	28226	46	连云港锦屏建设工程有限公司	16756
22	赣榆县惠隆建筑安装工程有限公司	27904	47	江苏国基建设集团有限公司	16373
23	灌南县水利建筑工程公司	27716	48	东海县裕兴建筑安装工程有限公司	15885
24	赣榆县水利建筑安装工程公司	26345	49	连云港金柱桩基工程有限公司(原连云港市地基基础工程公司)	15683
25	江苏东一建筑工程有限公司	25175	50	江苏德广建设工程有限公司	15616

建筑业工程结算收入排名前50位企业

表 7-41　　(2013年)　　单位:万元

序号	企业名称	工程结算收入	序号	企业名称	工程结算收入
1	江苏三兴建工集团有限公司	325426	26	江苏齐天电力工程有限公司	37500
2	江苏万年达建设集团有限公司	312525	27	连云港广厦建设有限公司	36145
3	江苏万象建工集团有限公司	169854	28	连云港市南方建设工程有限公司	35832
4	路桥华祥国际工程有限公司	165068	29	江苏中粟建设工程有限公司	35270
5	江苏宝隆建设工程有限公司	150039	30	连云港中平建设有限公司	34650
6	连云港港务工程公司	130976	31	江苏登壹建设工程有限公司	34592
7	江苏玉龙建设工程有限公司	112748	32	连云港苏润建筑安装工程公司	33275
8	江苏苏港工程有限公司	106598	33	连云港东方建设工程集团公司	33195
9	江苏帝都建设工程有限公司	87018	34	连云港东海建筑安装工程有限公司	32684
10	江苏永超建设有限公司	76440	35	江苏利达建筑工程有限公司	32244
11	江苏海通建设工程有限公司	64221	36	江苏华航建设集团有限公司	32165
12	江苏大力建设工程有限公司	62326	37	赣榆县青口建筑安装工程有限公司	31418
13	连云港市晶都建设集团有限公司	61286	38	连云港皓宇交通工程有限公司	31305
14	江苏云申建设工程有限公司	55628	39	江苏东海天工建设有限公司	27530
15	赣榆县惠隆建筑安装工程有限公司	53376	40	连云港市水利建筑安装工程有限公司	27248
16	江苏德广建设工程有限公司	51866	41	江苏金鹏建筑工程有限公司	25917
17	江苏伟仁建设工程有限公司	48687	42	东海县星泰建筑安装工程有限公司	25624
18	灌云县县城建筑安装工程公司	46226	43	连云港庆源建筑工程有限公司	25275
19	连云港市华信建筑安装工程有限公司	43044	44	连云港市正恒建设有限公司	25092
20	江苏地亚建筑有限公司	42690	45	连云港市兴云建筑安装有限公司	24922
21	连云港市中云建设工程有限公司	41228	46	灌南县水利建筑工程公司	24847
22	江苏省江天建设工程有限公司	40933	47	江苏环通建设工程有限公司	24037
23	灌云县同创建筑安装工程有限公司	40317	48	连云港市恒远交通建设有限公司	23712
24	江苏东一建筑工程有限公司	39875	49	江苏梅岭建设工程有限公司	23560
25	连云港翔业建筑工程有限公司	39613	50	连云港华建建筑安装工程有限公司	23481

8

国内商业

主要年份分地区社会消费品零售总额

表 8-1　　单位:万元

指　　标	全　市	市　区	赣榆县	东海县	灌云县	灌南县
1978	37173	11780	6519	8299	6542	4033
1980	51221	16529	10450	9823	8607	5812
1985	108209	42324	18662	19650	15583	11990
1990	216207	94931	36989	32767	34289	17231
1993	386841	131669	86626	67363	64898	36285
1994	545278	173794	119604	100777	105478	45625
1995	697327	228131	152031	136092	125569	55504
1996	829642	299893	172747	152373	143182	61447
1997	891542	308030	186210	168113	155941	73248
1998	941915	315061	197268	184712	164115	80759
1999	993713	331984	209316	192547	172608	87258
2000	1065701	363433	225034	207739	172900	96595
2001	1147574	396800	239748	223653	182423	104950
2002	1260330	459876	258194	237799	190470	113991
2003	1378617	533488	272735	248428	202142	121824
2004	1574788	630023	304645	277872	225870	136378
2005	1820800	740489	348819	318163	257040	156289
2006	2115302	861409	404867	369510	297979	181537
2007	2490785	1015066	476805	435152	350361	213401
2008	3104447	1251310	595029	549666	439840	268603
2009	3587978	1442256	664633	641612	489338	350139
2010	4306460	1760397	788181	762295	580179	415409
2011	5002331	1970232	945271	931645	686767	468415
2012	5754940	2266190	1082792	1078900	786918	540140
2013	6555728	2599910	1236395	1208892	895713	614819

社 会 消 费 品 零 售 总 额

表 8-2 (2013 年) 单位:万元

类型或行业	全市	市区	赣榆县	东海县	灌云县	灌南县
社会消费品零售总额	**6555728**	**2605910**	**1233395**	**1205892**	**895713**	**614819**
一、按销售在地分组:						
1、城镇	5298504	2605910	791385	882857	575769	442584
其中:城区	3024993	2600529	303770	57871	33763	29061
2、乡村	1257224		442010	323035	319944	172235
二、按行业分组:						
(一)批发业	482534	163069	139698	88243	27707	63818
1、限额以上企业	258302	127566	81529	27180	11977	10051
2、个体经营户(大个体)	6099		4853			1246
3、限额以下企业和个体	218133	35503	53316	61063	15729	52521
(二)零售业	5526539	2208671	972691	1031010	826618	487548
1、限额以上企业	1661853	1199241	100562	169053	74873	118124
2、个体经营户(大个体)	258567	31953	75492	102640	20139	28343
3、限额以下企业和个体	3606119	977477	796637	759317	731606	341081
(三)住宿业	78377	41301	6144	12200	9181	9551
1、限额以上企业	25765	17062	2195	3679	2043	787
2、个体经营户(大个体)	2674	848	118	448		1259
3、限额以下企业和个体	49938	23392	3831	8072	7138	7505
(四)餐饮业	468278	192868	114861	74439	32208	53903
1、限额以上企业	44882	25703	5309	8963	2705	2202
2、个体经营户(大个体)	110143	37507	24415	25255	11318	11648
3、限额以下企业和个体	313254	129658	85138	40220	18185	40053

市区社会消费品零售总额

表 8-3　　(2013 年)　　单位:万元

类型或行业	市区	新浦区	海州区	连云区	开发区
社会消费品零售总额	2605910	1629532	341523	510327	124528
一、按销售在地分组:					
1、城镇	2605910	1629532	341523	510327	124528
其中:城区	2600529	1629532	336143	510327	124528
2、乡村					
二、按行业分组:					
(一)批发业	163069	96246	13614	38664	14545
1、限额以上企业	127566	94882	5358	13667	13658
2、个体经营户(大个体)					
3、限额以下企业和个体	35503	1364	8256	24997	887
(二)零售业	2208671	1426989	318447	358397	104838
1、限额以上企业	1199241	790673	297775	109910	883
2、个体经营户(大个体)	31953	18687	9467	3798	
3、限额以下企业和个体	977477	617630	11204	244689	103955
(三)住宿业	41301	23241	185	15379	2497
1、限额以上企业	17062	11319	176	5566	
2、个体经营户(大个体)	848	540		308	
3、星级以下企业和个体	23392	11381	9	9505	2497
(四)餐饮业	192868	83056	9277	97887	2649
1、限额以上企业	25703	18860	1443	3858	1543
2、个体经营户(大个体)	37507	16398	4118	16991	
3、限额以下企业和个体	129658	47798	3717	77038	1106

批发和零售业商品销售表

表 8-4　　(2013 年)　　单位:万元

	销售总额合计	批发总额合计	零售总额合计
总　　计	21592907	15712549	5880358
1、限额以上	8512703	6246246	2266456
2、限额以下	13080204	9466303	3613902
一、批发业	13778723	13296189	482534
1、限额以上	4846528	5793958	184621
2、限额以下	8932195	7502231	297913
二、零售业	7814184	2416360	5397824
1、限额以上	1470810	448888	2081836
2、限额以下	6343374	1967472	3315988

住宿和餐饮业经营情况表

表 8-5　　(2013 年)　　单位:万元

	住宿和餐饮业合计	住　宿　业	餐　饮　业
总　　计	851941	257047	594894
(一)限额以上营业额	103424	52296	51128
1、客房收入	25689	20280	5409
2、餐费收入	69228	27207	42020
3、商品销售额	3890	1202	2689
4、其他收入	4617	3607	1010
(二)限额以下营业额	748517	204751	543766
其中:餐费收入和商品销售额	321874	53977	267897

注:限上住宿和餐饮业含限额以上个体户。

限额以上批发零售贸易业基本情况

表 8-6　　(2013 年)

类型或行业	法人单位 (个)	经营网点 (个)	从业人员 (人)	零售企业营业面积 (平方米)	销售额 (万元)
批发零售贸易业合计	**640**	**621**	**615442**	**24515**	**8512703**
市　　区	375	356	377367	14068	6053047
赣 榆 县	110	107	59114	2888	690140
东 海 县	107	106	114202	3844	490547
灌 云 县	102	102	28284	2462	881111
灌 南 县	56	56	36475	1253	397858
(一)批发业	327	326	44341	10449	5981979
市　　区	140	140	12204	5566	4069503
赣 榆 县	51	51	15572	1600	595225
东 海 县	43	43	8086	1355	278692
灌 云 县	68	68	4459	1509	800538
灌 南 县	24	24	4020	419	238022
(二)零售业	313	295	571101	14066	2530724
市　　区	124	110	365163	8502	1983544
赣 榆 县	59	56	43542	1288	94916
东 海 县	64	63	106116	2489	211856
灌 云 县	34	34	23825	953	80573
灌 南 县	32	32	32455	834	159836
在零售业中					
1.按经营方式	313	295	571101	14066	2530724
独立商店	290	280	446484	10079	1643265
连锁店总店	4		22141	1594	86874
连锁店分店	8	5	75441	1300	115593
其　　它	11	10	27035	1093	684992
2.按业态分	313	295	571101	14066	2530724
百货商店	18	18	94732	810	148934
超级市场	26	21	121713	4238	236868
专业(专卖店)	251	184	340661	8613	2055356
其　　它	18	72	13995	405	89566

限额以上住宿和餐饮业基本情况

表 8–7 (2013 年)

类型或行业	法人单位（个）	经营网点（个）	从业人员（人）	零售企业营业面积（平方米）	销售额（万元）
住宿和餐饮业合计	**123**	**121**	**204697**	**7907**	**120618**
市　　区	78	76	110314	5102	71550
赣 榆 县	15	15	21139	641	10028
东 海 县	19	19	41066	1440	29580
灌 云 县	7	7	17178	436	6255
灌 南 县	4	4	15000	288	3205
(一)住宿业	53	52	91168	4192	56839
市　　区	33	32	48312	2597	38774
赣 榆 县	4	4	7700	340	3675
东 海 县	9	9	14158	744	9017
灌 云 县	4	4	9998	253	3475
灌 南 县	3	3	11000	258	1899
(二)餐饮业	70	69	113529	3715	63778
市　　区	45	44	62002	2505	32776
赣 榆 县	11	11	13439	301	6353
东 海 县	10	10	26908	696	20563
灌 云 县	3	3	7180	183	2780
灌 南 县	1	1	4000	30	1306
在住宿业中					
按星级等级分组	53	52	91168	4192	56839
一星					
二星	6	6	2380	223	3787
三星	21	21	39476	1273	19825
四星	6	5	21980	1248	13575
五星	2	2	8000	505	8424
其他	18	18	19332	943	11229
在餐饮业中					
按国民经济行业分组	70	69	113529	3715	63778
正餐服务	64	64	106429	3358	53555
快餐服务	5	4	6860	327	8834
饮料及冷饮服务					
其他餐饮服务	1	1	240	30	1390

限额以上批发零售贸易业商品购、销、存总额

表 8-8　　(2013 年)　　单位:万元

项　　目	购进总额	#从生产者购进	#进　口
批发零售贸易企业总计	**7221716**	**7076110**	**145607**
按市县分			
市　区	5721187	4876988	98946
赣 榆 县	684761	684761	
东 海 县	446813	446813	
灌 云 县	745253	698592	46660
灌 南 县	368956	368956	
一、批发业	5016915	4872538	144378
其中:国有控股	1163130	1150022	13108
1、按登记注册类型分组			
内资企业	4972595	4828218	144378
国有企业	436267	436267	
集体企业	9191	9191	
有限责任公司	1456554	1426999	29554
国有独资公司	241892	228784	13108
其他有限责任公司	1214661	1198216	16446
股份有限公司	2706	2706	
私营企业	3067879	2953055	114824
私营有限责任公司	2961955	2854674	107281
私营股份有限公司	71899	67131	4768
2、按国民经济行业分组			
农畜产品批发	498393	498393	
谷物、豆及薯类批发	250718	250718	
种子、饲料批发	30006	30006	
棉、麻批发	158878	158878	
食品、饮料及烟草制品批发	315686	315686	
米、面制品及食用油批发	39591	39591	
糕点、糖果及糖批发	7635	7635	
肉、禽、蛋及水产品批发	3013	3012	
盐及调味品批发	17154	17154	
饮料及茶叶批发	21254	21254	
烟草制品批发	182696	182696	
医药及医疗器材批发	135745	130605	5141
西药批发	119813	114672	5141

项　　目	购进总额	#从生产者购进	#进　口
中药材及中成药批发	2713	2713	
矿产品、建材及化工产品批发	3641437	3517013	124424
煤炭及制品批发	737866	724177	13688
石油及制品批发	498874	498874	
非金属矿及制品批发	23179	9339	13840
金属及金属矿批发	1794297	1720000	74297
建材批发	122992	122992	
化肥批发	116761	116761	
其他化工产品批发	346299	323700	22599
机械设备、五金交电及电子产品批发	180187	180187	
农业机械批发	63681	63681	
汽车、摩托车及零配件批发	39108	39108	
五金、交电批发	2520	2520	
通讯及广播电视设备批发	8975	8975	
其他批发	54382	54382	
再生物资回收与批发	101145	98370	2774
二、零售业	2204801	2203572	1229
其中:国有控股	446441	446441	
1、按登记注册类型分组			
内资企业	2146445	2145216	1229
国有企业	39690	39690	
集体企业	35597	35597	
股份合作企业			
有限责任公司	832290	832290	
国有独资公司	19086	19086	
其他有限责任公司	813203	813203	

表 8-8 续表 2　　(2013 年)　　单位:万元

项　　目	购进总额	#从生产者购进	#进　口
股份有限公司	384247	384247	
私营企业	852456	851227	1229
私营独资企业	31607	31607	
私营合伙企业			
私营有限责任公司	805348	804119	1229
私营股份有限公司	15502	15502	
其他	2166	2166	
港、澳、台商投资企业			
2、按国民经济行业分组			
综合零售	378104	378104	
百货零售	147372	147372	
超级市场零售	226836	226836	
其他综合零售	3896	3896	
食品、饮料及烟草制品专门零售	151318	151318	
饮料及茶叶零售	120002	120002	
烟草制品零售	11995	11995	
其他食品零售	2901	2901	
纺织、服装及日用品专门零售	9388	9388	
服装零售	1983	1983	
文化、体育用品及器材专门零售	103736	103736	
图书零售	41800	41800	
珠宝首饰零售	61058	61058	
医药及医疗器材专门零售	223497	223497	
药品零售	222382	222382	
汽车、摩托车、燃料及零配件专门零售	1173255	1173255	
汽车零售	488490	488490	
汽车零配件零售	2483	2483	
机动车燃料零售	673020	673020	
家用电器及电子产品专门零售	129252	128023	1229

表 8-8 续表 3　　(2013 年)　　单位:万元

项　　目	购进总额	#从生产者购进	#进　　口
家用电器零售	116696	115467	1229
计算机、软件及辅助设备零售	5906	5906	
无店铺及其他零售	9194	9194	
生活用燃料零售	4974	4974	
3、按经营方式分组			
独立门店	1454241	1453012	1229
连锁总店(总部)	83088	83088	
连锁门店	101785	101785	
其他	565687	565687	
4、按零售业态分组			
超市	108148	108148	
大型超市	121151	121151	
百货店	148520	148520	
专业店	964463	963234	1229
专卖店	777678	777678	
购物中心			
厂家直销中心	63052	63052	
补充资料			
批发业:其他有限责任公司	1214661	1198216	16446
其中:1、国有控股	482776	482776	
2、集体控股	3172	3172	
股份有限公司	2706	2706	
其中:1、国有控股	2196	2196	
2、集体控股			
零售业:其他有限责任公司	813203	813203	
其中:1、国有控股	23265	23265	
2、集体控股	34816	34816	
股份有限公司	384247	384247	

表 8-8 续表 4　　(2013 年)　　单位:万元

项　　目	销售总额	批发	出口	零售	期末库存总额
批发零售贸易企业总计	**8512703**	**6246246**	**104230**	**2266456**	**497613**
按市县分					
市　　区	6053047	4370575	57133	1682472	352664
赣 榆 县	690140	546237		143903	33400
东 海 县	490547	270646		219901	43419
灌 云 县	881111	794032	47097	87078	44674
灌 南 县	397858	264755		133102	23457
一、批发业	5981979	5797358	104039	184621	333676
其中:国有控股	1465818	1399567		66251	107226
1、按登记注册类型分组					
内资企业	5932729	5748109	104039	184621	329083
国有企业	720270	701780		18490	57203
集体企业	8722	8722			1127
有限责任公司	1563260	1495954	20421	67306	75183
国有独资公司	250749	202987		47762	24870
其他有限责任公司	1312511	1292967	20421	19545	50313
股份有限公司	2514	2514			192
私营企业	3637963	3539139	83618	98825	195378
私营有限责任公司	3528227	3432584	30342	95642	185639
私营股份有限公司	74800	72126	53276	2675	8278
2、按国民经济行业分组					
农畜产品批发	609088	587441	47097	21647	57595
谷物、豆及薯类批发	342332	322821		19511	46274
种子、饲料批发	34005	32569		1436	1841
棉、麻批发	164823	164123		700	8667
食品、饮料及烟草制品批发	419441	416749	5918	2692	20798
米、面制品及食用油批发	39687	39176		512	1281
糕点、糖果及糖批发	7294	5423		1871	1726
肉、禽、蛋及水产品批发	3694	3694			120
盐及调味品批发	18767	18767			972
饮料及茶叶批发	21516	21516			741
烟草制品批发	281007	281007			11239
医药及医疗器材批发	200632	199116	10239	1516	10604
西药批发	184780	183654		1126	10396

表 8-8 续表 5　　(2013 年)　　单位:万元

项　　目	销售总额	批发	出口	零售	期末库存总额
中药材及中成药批发	2639	2446		193	87
矿产品、建材及化工产品批发	4290137	4151910	31045	138227	214229
煤炭及制品批发	882912	872018		10894	55838
石油及制品批发	499673	423469		76204	3722
非金属矿及制品批发	22591	22261	1757	330	2336
金属及金属矿批发	2229795	2212245	4264	17551	135386
建[illegible]批发	147863	144199	8827	3664	970
化肥批发	133256	130744		2513	1389
其他化工产品批发	372023	345356	16198	26667	14465
机械设备、五金交电及电子产品批发	193706	180940		12765	15778
农业机械批发	65085	62211		2874	2236
汽车、摩托车及零配件批发	36788	35951		836	4746
五金、交电批发	2596	2596			214
通讯及广播电视设备批发	8693	8566		126	282
其他批发	61331	60435		896	6089
再生物资回收与批发	107679	101171		6508	10406
二、零售业	2530724	448888	192	2081836	163938
其中:国有控股	525065	153411		371655	22971
1、按登记注册类型分组					
内资企业	2472126	448888	192	2023237	162577
国有企业	38803			38803	2977
集体企业	40201	5048		35153	1656
股份合作企业					
有限责任公司	973549	225525		748024	78728
国有独资公司	16714			16714	8607
其他有限责任公司	956836	225525		731310	70121

表 8-8 续表 6　　(2013 年)　　单位:万元

项　　目	销售总额	批发	出口	零售	期末库存总额
股份有限公司	462800	154090		308710	8885
私营企业	953862	63682	192	890180	69943
私营独资企业	30335	420	192	29916	3731
私营合伙企业					
私营有限责任公司	906818	63033		843785	62939
私营股份有限公司	16709	230		16479	3273
其他	2910	543		2367	389
港、澳、台商投资企业					
2、按国民经济行业分组					
综合零售	386211	5643		380568	31911
百货零售	148083	5014		143068	13891
超级市场零售	234341	106		234236	17540
其他综合零售	3787	523		3264	480
食品、饮料及烟草制品专门零售	165124	48232		116892	7483
饮料及茶叶零售	133319	45483		87836	4848
烟草制品零售	12109	60		12049	935
其他食品零售	3040	477		2564	162
纺织、服装及日用品专门零售	10639	358	192	10281	1061
服装零售	2349			2349	368
文化、体育用品及器材专门零售	103168	3248		99920	26922
图书零售	32767			32767	15279
珠宝首饰零售	63235	229		63006	11467
医药及医疗器材专门零售	243181	57247		185934	17452
药品零售	241613	57037		184576	17231
汽车、摩托车、燃料及零配件专门零售	1417387	317211		1100176	63181
汽车零售	553210	12828		540382	43821
汽车零配件零售	2271	311		1960	423
机动车燃料零售	853287	303855		549432	17697
家用电器及电子产品专门零售	158138	12080		146058	13883

表 8-8 续表 7　　(2013 年)　　单位:万元

项　　目	销售总额	批发	出口	零售	期末库存总额
家用电器零售	143884	10988		132895	12185
计算机、软件及辅助设备零售	6417	198		6220	765
无店铺及其他零售	10302	187		10115	601
生活用燃料零售	4834	187		4647	320
3、按经营方式分组					
独立门店	1643265	221189		1422076	112067
连锁总店(总部)	86874			86874	5270
连锁门店	115593	161		115432	18543
其他	684992	227538	192	457454	28058
4、按零售业态分组					
超市	108431	106		108326	8473
大型超市	128437			128437	9484
百货店	148934	5195		143739	14298
专业店	1127118	261848	192	865270	66903
专卖店	928238	156751		771487	62356
购物中心					
厂家直销中心	68320	24366		43954	997
补充资料					
批发业:其他有限责任公司	1312511	1292967	20421	101545	50313
其中:1、国有控股	492706	492706			25051
2、集体控股	3444	3444			260
股份有限公司	2514	2514			192
其中:1、国有控股	2094	2094			102
2、集体控股					
零售业:其他有限责任公司	956836	225525		731310	70121
其中:1、国有控股	26099			26099	4272
2、集体控股	34683	101		34582	12651
股份有限公司	462800	154090		308710	8885

星级住宿业和限额以上餐饮企业财务状况表

表 8-9　　(2013 年)　　单位:万元

指标名称	年末资产负债					
	流动资产合计	固定资产原价	累计折旧	本年折旧	资产总计	负债合计
总　计	**44188**	**178056**	**50802**	**10136**	**203045**	**133034**
一、住宿业	24571	121837	38688	6506	127606	87666
1、按登记注册类型分组						
内资企业	22998	118937	37645	6381	123551	84736
国有企业	6116	20366	9358	1118	18089	10786
集体企业	103	468	424	9	359	631
股份合作企业						
有限责任公司	6118	54834	16943	2964	50843	45960
股份有限公司	239	1672	862	156	1128	655
私营企业	10422	41599	10057	2135	53132	26705
港、澳、台商投资企业						
2、按国民经济行业分组						
旅游饭店	23436	100056	37435	5626	103607	83780
一般旅馆	880	1113	331	58	3998	3418
其他住宿服务	256	20668	922	822	20002	468
3、按星级等级分组						
二星	963	2854	1216	160	2779	1165
三星	8682	30278	10529	2297	36817	29550
四星	9006	32649	14138	1447	29113	26487
五星	1910	27364	10109	1444	24764	18075
其他	4010	28692	2695	1158	34134	12389
二、餐饮业	19617	56219	12114	3630	75438	45368
1、按登记注册类型分组						
内资企业	19295	55410	11419	3618	74462	44875
有限责任公司	1971	11244	2448	607	11739	12054
股份有限公司	302	414	124	16	601	159
私营企业	16732	42309	8472	2904	60643	30764
港、澳、台商投资企业	322	809	695	13	977	493
2、按国民经济行业分组						
正餐服务	16969	53770	11247	3422	70811	42657
快餐服务	2290	2242	737	188	4026	2583
其他餐饮服务	358	208	130	20	601	129
3、按经营方式						
独立经营	16902	55329	11432	3512	72010	42641
连锁经营分店						
其他	206	137	126	6	216	81

表 8-9 续表 1　　(2013 年)　　单位:万元

指标名称	年末资产负债				
	所有者权益合计	实收资本	营业收入合计	营业成本合计	主营业务税金及附加
总　计	**70011**	**58253**	**103424**	**54862**	**5043**
一、住宿业	39941	41456	52296	25356	2800
1、按登记注册类型分组					
内资企业	38815	39589	51108	24762	2744
国有企业	7303	9299	9715	5520	591
集体企业	-271	200	572	257	32
股份合作企业					
有限责任公司	4883	16612	16339	6093	884
股份有限公司	473	250	1994	1037	56
私营企业	26427	13228	22489	11857	1181
港、澳、台商投资企业					
2、按国民经济行业分组					
旅游饭店	19827	34736	47653	23100	2549
一般旅馆	580	1421	3669	1673	192
其他住宿服务	19534	5300	975	584	60
3、按星级等级分组					
二星	1615	1188	3746	2378	159
三星	7267	6675	16650	9012	941
四星	2626	11387	13468	5251	735
五星	6689	13800	8424	2484	453
其他	21745	8406	10008	6232	513
二、餐饮业	30070	16797	51128	29506	2242
1、按登记注册类型分组					
内资企业	29586	15807	50584	29263	2212
有限责任公司	-316	2100	5392	2637	298
股份有限公司	442	60	1856	1051	33
私营企业	29879	13526	42110	24934	1830
港、澳、台商投资企业	484	990	544	243	31
2、按国民经济行业分组					
正餐服务	28154	16276	43332	25190	1921
快餐服务	1443	481	6406	3260	301
其他餐饮服务	473	40	1390	1056	21
3、按经营方式					
独立经营	29369	16717	44907	26334	1894
连锁经营分店					
其他	135	50	995	689	56

表 8-9 续表 2　　(2013 年)　　单位:万元

指标名称	损益及分配				
	其他业务利润	营业费用	管理费用	财务费用	营业利润
总　计	**1504**	**21062**	**18028**	**1298**	**3144**
一、住宿业	1443	11682	12287	864	-566
1、按登记注册类型分组					
内资企业	1443	11512	11986	733	-501
国有企业	493	1738	2016	-5	-139
集体企业		86	201	1	-5
股份合作企业					
有限责任公司	47	4231	5473	110	-452
股份有限公司		549	234	10	108
私营企业	904	4909	4061	618	-13
港、澳、台商投资企业					
2、按国民经济行业分组					
旅游饭店	1227	10561	10943	833	-327
一般旅馆	216	893	1296	30	-292
其他住宿服务		228	48	2	53
3、按星级等级分组					
二星		514	574	27	100
三星	848	3239	2709	382	368
四星	379	4480	4576	236	-1810
五星		1947	3142	103	296
其他	216	1502	1286	116	481
二、餐饮业	60	9380	5741	434	3709
1、按登记注册类型分组					
内资企业	60	9229	5517	430	3819
有限责任公司		1037	1633	10	-223
股份有限公司		358	86	8	205
私营企业	60	7326	3727	407	3886
港、澳、台商投资企业		151	225	4	-110
2、按国民经济行业分组					
正餐服务	60	7736	4883	367	3120
快餐服务		1574	844	65	362
其他餐饮服务		70	14	2	227
3、按经营方式					
独立经营	60	7165	5263	366	3769
连锁经营分店					
其他			273	0	-23

表 8-9 续表 3　　(2013 年)　　单位:万元

指标名称	年末资产负债				
	利润总额	应交所得税	应付职工薪酬	企业亏损数(个)	亏损总额
总　计	**2671**	**890**	**21485**	**34**	**3772**
一、住宿业	-634	333	11938	21	2718
1、按登记注册类型分组					
内资企业	-539	333	11547	20	2623
国有企业	-160	7	2977	5	404
集体企业	-5		109	1	5
股份合作企业					
有限责任公司	-386	148	3838	5	1034
股份有限公司	108	14	254	1	15
私营企业	-97	164	4369	8	1166
港、澳、台商投资企业					
2、按国民经济行业分组					
旅游饭店	-291	283	10596	18	2083
一般旅馆	-396	42	988	3	635
其他住宿服务	53	8	355		
3、按星级等级分组					
二星	100	20	586	3	122
三星	383	105	3508	9	451
四星	-1810	10	4079	5	1810
五星	315	121	1561	1	95
其他	378	78	2204	3	240
二、餐饮业	3305	557	9547	13	1054
1、按登记注册类型分组					
内资企业	3415	556	9366	11	944
有限责任公司	-146	30	1321	3	492
股份有限公司	168	12	197		
私营企业	3443	515	7575	7	395
港、澳、台商投资企业	-110	1	181	2	110
2、按国民经济行业分组					
正餐服务	2733	493	8577	13	1054
快餐服务	344	33	862		
其他餐饮服务	227	31	108		
3、按经营方式					
独立经营	3358	489	8675	12	932
连锁经营分店					
其他	5	1	112		

限额以上批发零售贸易企业财务状况表

表 8-10　　(2013 年)　　单位:万元

指标名称	年末资产负债					累计折旧
	流动资产合计	其中:应收帐款	存 货	固定资产合计	固定资产原价	
总　计	**2054585**	**394188**	**462356**	**314569**	**476593**	**163603**
一、批发业	1477339	267559	310020	184017	276262	93259
1、按登记注册类型分组						
内资企业	1477339	267559	310020	183866	275935	93082
国有企业	284813	17904	73738	37516	68345	30829
集体企业	2126	392	863	1092	1255	309
有限责任公司	417088	101734	73687	37566	59854	22289
股份有限公司	4011	3187	155	4658	5607	949
私营企业	769301	144342	161581	103034	140875	38707
二、零售业	577246	126629	152336	130552	200330	70344
1、按登记注册类型分类						
内资企业	563176	126629	150246	124245	191921	68241
国有企业	14536	2402	2673	2470	3507	1037
集体企业	5365	360	1642	1701	2117	417
股份合作企业						
有限责任公司	236707	59458	62378	34057	55908	22080
股份有限公司	13996	1312	6916	27022	42180	15159
私营企业	291484	62851	76001	57865	86591	29062
2、按国民经济行业分组						
综合零售	111628	3794	28423	28642	52437	23977
百货零售	38733	1148	3609	9308	22428	13121
超级市场零售	71056	2409	24334	18790	29410	10800
3、按经营方式分组						
独立经营	387512	68110	113095	110667	163466	53178
连锁经营总店	25052	1079	9024	4882	8681	3799
连锁经营分店	24028	879	8168	5566	14615	9229
4、按零售业态分组						
超市	32972	1938	12503	8607	13743	5315
大型超市	38686	507	12201	10588	16310	5723
百货店	39772	1217	4065	9799	23049	13277
专业店	257564	100262	60355	68341	99715	31692
专卖店	181108	13966	59875	29485	42424	12972

表 8-10 续表 1　　(2013 年)　　单位:万元

指标名称	本年折旧	资产总计	流动负债合计	非流动负债合计	负债合计	所有者权益合计
	年末资产负债					
总　计	**43167**	**2916463**	**1905462**	**142093**	**2045079**	**871400**
一、批发业	25265	2070358	1342788	101760	1443275	627099
1、按登记注册类型分组						
内资企业	25181	2068537	1342241	101060	1442028	626525
国有企业	3974	402504	218522	20949	239690	162814
集体企业	126	3738	836	311	1147	2591
有限责任公司	8955	651226	452352	59241	511622	139604
股份有限公司	266	8796	5531		5531	3265
私营企业	11861	1002273	665000	20559	684038	318252
二、零售业	17902	846105	562674	40333	601804	244301
1、按登记注册类型分类						
内资企业	17120	820317	555986	31233	586016	234301
国有企业	114	17348	19720		19720	-2372
集体企业	36	7206	4804		4804	2402
股份合作企业						
有限责任公司	6122	347389	239607	21326	258647	88742
股份有限公司	1933	60728	33422	854	34276	26452
私营企业	8801	379446	258116	9053	268097	111349
2、按国民经济行业分组						
综合零售	5331	158816	119554	12860	130328	28488
百货零售	1328	50186	43593	505	44125	6061
超级市场零售	3989	106248	74807	12134	84828	21420
3、按经营方式分组						
独立经营	13843	576140	366587	23276	388656	187484
连锁经营总店	499	31629	27250	700	27949	3679
连锁经营分店	2755	39250	34664	884	35548	3702
4、按零售业态分组						
超市	1319	44736	34522	721	35443	9293
大型超市	2878	62581	40843	11414	49943	12637
百货店	1189	51653	44438	505	44970	6683
专业店	7695	413442	255985	24785	281162	132280
专卖店	4511	235813	169004	2430	171840	63973

表 8-10 续表 2　　(2013 年)　　单位:万元

指标名称	损益及分配					
	实收资本	主营业务收　入	主营业务成　本	业务税金及附加	主营业务税金及附加	其他业务利　润
总　计	**442314**	**7428685**	**6748778**	**35529**	**35052**	**12365**
一、批发业	300842	5311560	4855661	26742	26352	3756
1、按登记注册类型分组						
内资企业	300642	5269467	4817199	26742	26352	3756
国有企业	23289	636619	551349	14816	14816	208
集体企业	1620	8567	7636	6	6	
有限责任公司	76558	1422805	1308754	2399	2065	1614
股份有限公司	2872	1783	1134	11	11	211
私营企业	196302	3199693	2948327	9510	9453	1723
二、零售业	141472	2117124	1893117	8787	8700	8609
1、按登记注册类型分类						
内资企业	136472	2067979	1855815	7545	7459	8609
国有企业	1330	33118	31077	35	35	293
集体企业	2019	34450	31238	413	413	
股份合作企业						
有限责任公司	44110	772265	693298	2221	2167	3974
股份有限公司	2460	396940	373757	468	468	19
私营企业	79018	828410	724227	4381	4349	4325
2、按国民经济行业分组						
综合零售	23305	328139	274801	3439	3397	5313
百货零售	7037	121343	105823	1367	1348	1085
超级市场零售	15718	203352	165871	2040	2018	4228
3、按经营方式分组						
独立经营	112190	1421261	1264946	7001	6965	3506
连锁经营总店	2013	76036	63222	259	259	1864
连锁经营分店	6839	91069	78817	779	729	2919
4、按零售业态分组						
超市	4007	94193	78696	491	468	1853
大型超市	12011	111711	89378	1562	1562	2376
百货店	7437	121929	106113	1387	1367	1171
专业店	60008	978692	873331	3892	3849	1444
专卖店	45748	729447	679997	1144	1142	1719

表 8-10 续表 3 (2013 年) 单位:万元

指标名称	损益及分配					
	销售费用	管理费用	财务费用	营业利润	营业外收入	利润总额
总　计	**241255**	**102099**	**39120**	**277903**	**10406**	**265206**
一、批发业	140319	62575	28844	203866	8944	200737
1、按登记注册类型分组						
内资企业	139773	62152	28702	201346	8944	198217
国有企业	7084	19849	3543	40004	5140	40747
集体企业	248	197	70	410	10	420
有限责任公司	66238	13651	7662	29134	3093	29692
股份有限公司	461	126	22	79	1	78
私营企业	65743	28330	17404	131718	701	127280
二、零售业	100936	39524	10276	74037	1462	64468
1、按登记注册类型分类						
内资企业	99966	37503	10209	66493	1462	61446
国有企业	1062	725	180	258		257
集体企业	1236	411	270	882		748
股份合作企业						
有限责任公司	39490	13720	3352	21979	788	21898
股份有限公司	12557	4080	291	10510	12	10046
私营企业	45531	18438	6039	32611	662	28244
2、按国民经济行业分组						
综合零售	29472	8884	1392	13389	462	8762
百货零售	6985	4128	617	3438	196	3468
超级市场零售	22388	4708	749	9819	266	5193
3、按经营方式分组						
独立经营	59776	29925	7573	58740	773	52332
连锁经营总店	9860	1659	553	2182	163	73
连锁经营分店	10310	2572	159	–665	303	–386
4、按零售业态分组						
超市	11384	1682	508	3303	168	3103
大型超市	11068	3110	276	6671	98	2244
百货店	7131	4240	657	3506	196	3537
专业店	46076	18889	3821	38369	612	35720
专卖店	18462	10471	4837	15078	388	13784

表 8-10 续表 4　　(2013 年)　　单位:万元

指标名称	损益及分配				
	应交所得税	应付职工薪酬	应交增值税	亏损企业数(个)	亏损总额
总　计	**32382**	**97356**	**113399**	**79**	**25956**
一、批发业	25048	50503	76542	42	20696
1、按登记注册类型分组					
内资企业	25042	50419	76541	42	20696
国有企业	8795	11420	11126	2	809
集体企业	82	126	35		
有限责任公司	2079	19367	37013	9	9486
股份有限公司	7	253	101		
私营企业	14079	19253	28265	31	10402
二、零售业	7334	46853	36857	37	5261
1、按登记注册类型分类					
内资企业	7313	45815	33844	37	5261
国有企业	24	1173	78	1	380
集体企业	102	332	443		
股份合作企业					
有限责任公司	3284	13505	15975	7	2296
股份有限公司	496	6328	3465	1	127
私营企业	3359	24111	13841	28	2457
2、按国民经济行业分组					
综合零售	525	13981	7142	7	2535
百货零售	280	2624	1853	1	67
超级市场零售	239	11221	5252	6	2468
3、按经营方式分组					
独立经营	4950	34400	29432	32	2649
连锁经营总店	77	4440	1319	1	247
连锁经营分店	152	4626	461	3	2363
4、按零售业态分组					
超市	135	6271	1693	4	319
大型超市	107	5124	3641	3	2190
百货店	330	2789	1841	1	67
专业店	3524	20782	14457	12	898
专卖店	2651	10750	13277	17	1787

星级住宿业和限额以上餐饮业经营情况表

表 8-11　　(2013 年)　　单位:万元

指标名称	营业额	客房收入	餐费收入	商品销售收入	床位数(个)	餐位数(位)
一、合计	**120618**	**33641**	**78391**	**4329**	**13225**	**53059**
(一)住宿业	56839	26073	25747	1514	10248	22087
其中:国有控股	23271	9978	10188	746	3266	6300
1、按登记注册类型分组						
内资企业	55651	25331	25313	1514	10030	21587
国有企业	10073	3691	3868	697	1855	2299
集体企业	572	206	366		140	300
股份合作企业						
联营企业						
有限责任公司	18117	8419	9022	83	2311	5555
国有独资公司	1134	477	630	8	240	900
其他有限责任公司	16984	7942	8391	75	2071	4655
股份有限公司	2034	535	1276	62	220	710
私营企业	24855	12481	10782	672	5504	12723
私营独资企业	5016	1842	2720	276	843	2383
私营合伙企业						
私营有限责任公司	14485	7739	6188	205	3806	9504
私营股份有限公司	5353	2900	1874	191	855	836
与港澳台商合资经营企业						
港、澳、台商独资经营企业						
其他港澳台投资						
外商投资企业	1188	742	434		218	500
中外合作经营企业	1188	742	434		218	500

表 8-11 续表 1　　(2013 年)　　单位:万元

指标名称	营业额	客房收入	餐费收入	商品销售收入	床位数(个)	餐位数(位)
2、按国民经济行业分组						
旅游饭店	51898	23231	24031	1166	8578	15462
一般旅馆	3967	2432	1239	261	1120	1505
3、按星级等级分组						
一星						
二星	3787	1527	1884	75	682	1370
三星	19825	8712	9315	859	3658	6825
四星	13575	5631	6276	20	1904	4670
五星	8424	4163	3962	24	704	1644
其他	11229	6040	4311	537	3300	7578
4、按单位规模分						
大型						
中型	16358	6919	7662	12	1606	3514
小型	38072	17724	17263	1345	7852	18166
微型	443	101	185	157	28	200
(二)餐饮业	63778	7568	52644	2815	2977	30972
其中:国有控股	1227	284	930	14	144	700
1、按登记注册类型分组						
内资企业	63230	7568	52240	2688	2977	30422
国有企业	10302	284	10005	14	144	8950
集体企业						
股份合作企业	2257		2257			2200
联营企业						
有限责任公司	5990	1693	3852	298	755	2412
其他有限责任公司	5990	1693	3852	298	755	2412

表 8-11 续表 2　　(2013 年)　　单位:万元

指标名称	营业额				床位数(个)	餐位数(位)
		客房收入	餐费收入	商品销售收入		
股份有限公司	1856		1667	189		850
私营企业	42826	5591	34459	2188	2078	16010
私营独资企业	8140	503	6885	753	175	2366
私营合伙企业						
私营有限责任公司	30785	4024	25124	1382	1423	11954
私营股份有限公司	3901	1064	2450	53	480	1690
港、澳、台商投资企业	549		404	127		550
与港澳台商合资经营企业	108		91			250
与港澳台商合作经营企业						
外商投资企业						
中外合资经营企业						
2、按国民经济行业分组						
正餐服务	53555	7396	43021	2388	2897	26692
快餐服务	8834		8684	150		4080
其他餐饮服务	1390	172	940	278	80	200
3、按经营方式分组						
独立门店	57558	7370	46832	2605	2944	29902
连锁总店(总部)						
连锁门店	5226		5226			680
其他	995	198	587	211	33	390
4、按单位规模分组						
大型						
中型	10645	2069	8242		575	2260
小型	40340	5308	32185	2509	2352	17622
微型	1458	190	882	306	50	640

9

对外经济

全市利用外资情况

表 9-1　　　　单位:万美元

年份	签订合同数(个)	合同利用外资额				实际利用外资			
		合计	对外借款	外商直接投资	外商其他投资	合计	对外借款	外商直接投资	外商其他投资
1985	6	326		59	267	111		111	
1986	11	2710	1667	487	556	1137	1027	49	61
1987	9	1404	232	523	639	889	283	268	338
1988	17	2809	2294	329	186	1047	723	246	78
1989	10	1726	724	971	31	2267	850	736	681
1990	13	1062	799	262	1	1169	1016	140	13
1991	27	3216	162	3011	43	1136	981	151	4
1992	269	33433	786	32566	81	3897	792	3024	81
1993	404	25478	134	24775	569	7412	349	6495	568
1994	253	20537	6224	13595	718	8433	2169	5845	419
1995	313	28026	1464	26213	349	9495	2064	7089	342
1996	209	38395	5884	32511		17848	9534	8314	
1997	187	9489	470	7728	1291	16731	5842	10613	276
1998	117	11390	2114	9261	15	13145	2822	10308	15
1999	121	210620	199600	11020		16180	11512	4668	
2000	118	17642	7440	10202		17360	12590	4770	
2001	93	10113		10113		19495	13714	5781	
2002	161	19677		19677		53726	43717	10009	
2003	237	50976		50976		80892	59577	21405	
2004	274	69075		69075		48730	24071	24659	
2005	271	103634		103634		27480		27480	
2006	221	111786		111786		34569		34569	
2007	207	168292		168292		73787		73787	
2008	147	181367		181367		93528		93528	
2009	159	185793		185793		103992		103992	
2010	141	182234		182234		110120		110120	
2011	128	120538		120538		60986		60986	
2012	109	85565		85565		73354		73354	
2013	147	113330		113330		86987		86987	

分地区利用外资签订合同数

表 9-2 单位:项

年份	全市	市区	赣榆县	东海县	灌云县	灌南县
1984	4	4				
1985	6	5	1			
1986	11	11				
1987	9	8	1			
1988	17	14	3			
1989	10	7	2	1		
1990	13	11		1	1	
1991	27	21	4		2	
1992	269	174	42	27	24	3
1993	404	282	70	34	14	4
1994	253	164	52	25	4	8
1995	313	192	62	30	26	3
1996	209	105	51	18	35	
1997	187	86	52	12	32	5
1998	117	57	22	8	28	2
1999	121	67	14	11	24	5
2000	118	53	18	19	17	11
2001	93	60	13	11	4	5
2002	161	77	29	30	21	4
2003	237	100	38	58	32	9
2004	274	113	55	39	45	22
2005	271	100	71	48	34	18
2006	221	106	39	39	25	12
2007	207	102	34	30	24	17
2008	147	93	16	16	11	11
2009	159	103	21	21	7	7
2010	141	66	30	20	14	11
2011	128	59	21	26	9	13
2012	109	53	18	15	22	1
2013	147	81	25	25	14	2

分地区合同利用外资额

表 9–3　　　　单位:万美元

年份	全市	市区	赣榆县	东海县	灌云县	灌南县
1984	1691	1691				
1985	326	306	20			
1986	2710	2710				
1987	1404	1316	88			
1988	2809	2763	46			
1989	1726	1391	12	110		
1990	1062	1025		20	17	
1991	3216	1069	2111		36	
1992	33433	27737	2983	643	2024	46
1993	25478	21517	2915	702	307	37
1994	20537	17656	1156	1027	618	80
1995	28026	23291	1922	1604	1108	101
1996	38395	27937	1132	7749	1577	
1997	9489	6919	1068	382	1081	42
1998	11390	9259	468	115	1288	260
1999	210620	208800	503	395	741	181
2000	17642	14831	833	334	1080	564
2001	10113	8507	632	539	248	187
2002	19677	14026	1878	1941	1798	34
2003	50976	30841	8334	7736	2559	1506
2004	69075	40889	10921	8372	5309	3584
2005	103634	52282	17494	17866	8125	7867
2006	111786	73099	15783	10142	4290	8472
2007	168292	100461	18518	20036	15873	13404
2008	181367	117488	14552	17895	15641	15791
2009	185793	114634	18998	24650	13585	13926
2010	182234	80453	31430	21403	22690	26258
2011	120538	82996	8390	11334	5508	12310
2012	85565	43828	14980	12200	19128	–4571
2013	113330	72311	17820	17425	5654	120

分地区实际利用外资额

表 9-4　　单位:万美元

年　　份	全　市	市　区	赣榆县	东海县	灌云县	灌南县
1984	840	840				
1985	111	91	20			
1986	1137	1137				
1987	889	801	88			
1988	1047	1001	46			
1989	2267	2255	12			
1990	1169	1079		90		
1991	1136	1101	31		4	
1992	3897	3139	425	171	116	46
1993	7412	6480	475	366	85	6
1994	8433	7070	588	532	203	40
1995	9495	7316	883	627	568	101
1996	17848	15857	493	891	607	
1997	16731	13284	915	1821	657	54
1998	13145	8982	1035	2015	908	205
1999	16180	14207	598	242	929	204
2000	17360	15390	553	456	660	301
2001	19495	17943	664	451	235	202
2002	53726	50586	1061	937	1081	61
2003	80892	73572	2510	2066	1723	1021
2004	48730	34461	4484	3659	2682	3444
2005	27480	15872	2133	7994	154	1327
2006	34569	18048	5744	4469	2302	4006
2007	73787	34654	11086	8430	8290	11327
2008	93528	37363	14092	13810	15000	13263
2009	103992	42932	15367	15074	15186	15433
2010	110120	45829	16021	17110	15059	16101
2011	60986	44568	5660	7630	1555	1573
2012	73354	38697	13010	13936	5457	2254
2013	86987	50903	12004	13802	9759	519

外国和港澳台直接投资情况

表 9-5　　(2013 年)

项　　目	新签协议合同数(项)	协议合同外资金额(万美元)	实际利用外资金额(万美元)	期末实有企业数(个)
合　　计	**147**	**113330**	**86987**	
一、按登记注册类型分				
1.中外合资经营	19	24641	24803	
#港澳台商合资经营	10	6398	6686	
2.中外合作经营	0	0	0	
#港澳台商合作经营	0	0	0	
3.外资企业	128	88684	62184	
#港澳台商独资	105	81385	47712	
4.外商投资股份有限公司	0	5	0	
二、按国民经济行业分				
农、林、牧、渔业	25	13454	9855	
采矿业	0	0	514	
制造业	51	40465	43866	
电力、燃气及水的生产和供应业	3	2244	1001	
建筑业	7	11070	3501	
交通运输、仓储和邮政业	3	13026	11787	
批发和零售业	44	27545	12065	
住宿和餐饮业	4	1439	80	
金融业	1	350	0	
房地产业	2	3385	1433	
租赁和商务服务业	3	-879	304	
科学研究、技术服务和地质勘查业	3	1102	1740	
水利、环境和公共设施管理业	0	0	796	
居民服务和其他服务业	1	129	0	
文化、体育和娱乐业	0	0	45	

表 9–5 续表　　　　　　　　　　　　(2013 年)

项　　目	新签协议合同数（项）	协议合同外资金额（万美元）	实际利用外资金额（万美元）	期末实有企业数（个）
合　　计	**147**	**113330**	**86987**	
三、按国别、地区分				
(一)、亚　洲	129	103273	68981	
# 香　港	106	83807	53843	
澳　门	2	1400	0	
台　湾	7	2581	555	
日　本	1	–1312	941	
马来西亚	3	3002	120	
新加坡	4	14286	11635	
韩　国	5	420	793	
泰　国	0	0	0	
阿拉伯联合酋长国	0	–1611	89	
(二)、非　洲	2	150	1511	
(三)、欧　洲	3	992	1007	
塞浦路斯	0	0	0	
德　国	1	53	50	
英　国	2	–138	706	
西班牙	0	0	0	
法　国	0	0	201	
匈牙利	0	0	0	
(四)、拉丁美洲	2	–3645	3100	
(五)、北美洲	4	3993	6465	
加拿大	1	–200	1008	
美　国	3	3244	3657	
(六)、大洋州	4	1160	480	
澳大利亚	1	300	200	
(七) 其　它	4	7407	5443	

分地区利用外资情况

表9-6 (2013年) 单位:万美元

指　　标	全　市	市　区	赣榆县	东海县	灌云县	灌南县
一、新签协议个数(个)	147	81	25	25	14	2
1.对外借款						
2.外商直接投资	147	81	25	25	14	2
合资经营	19	18		1		
合作经营						
独资经营	128	63	25	24	14	2
3.外商其它投资						
二、新签协议金额	113330	72311	17820	17425	5654	120
1.对外借款						
2.外商直接投资	113330	72311	17820	17425	5654	120
合资经营	24641	25378	40	-680		-97
合作经营						
独资经营	88684	46928	17780	18105	5654	217
3.外商其它投资	5	5				
三、实际利用外资	86987	50903	12004	13802	9759	519
1.对外借款						
2.外商直接投资	86987	50903	12004	13802	9759	519
合资经营	24803	19921	2047	995	1700	140
合作经营						
独资经营	62184	30982	9957	12807	8059	379
3.外商其它投资						

主要年份对外承包和劳务合作情况

表 9-7

指　　标	单位	2000	2005	2006	2007	2008	2009	2010	2011	2012	2013
一、新签合同数	个	103	724	800			1163		50	51	
#承包工程	个								15	21	
劳务合作	个	103	724	800			1163		35	30	
二、合同金额	万美元	7617	15842	19760	23560	28075	9303	12717	25868	21234	
#承包工程	万美元								6866	4696	5434
劳务合作	万美元	7617	15842	19760	23560	28075	9303	12717	19002	16538	15059
三、完成营业额	万美元	7629	16595	19806	23816	29190	6202	11304	12612	15164	
#承包工程	万美元								16451	4723	4950
劳务合作	万美元	7629	16595	19806	23816	29190	6202	11304	3839	10441	10826
四、新派人数			6385	7646	8900	11617	3960	4710	12612	5401	
#承包工程									92	2	
劳务合作			6385	7646	8900	11617	3960	4710	5230	5399	5618
五、年末在外人数	人	6385	15134	18823	22000	25921	29881		6274	8065	
#承包工程	人								266	81	
劳务合作	人	6385	15134	18823	22000	25921	29881		6008	7984	

主要年份进出口主要指标

表 9-8　　　　单位:万美元

年　份	外贸进出口总额	进口	出口	外商投资企业	海关进出口商品总值	进口	出口	差额(出超+入超-)
1988	597	178	419		126379	97829	28550	-69279
1989	1244	589	655		136006	111833	24173	-87660
1990	2095	528	1567	1039	111511	78087	33424	-44663
1991	3534	623	2911		122840	78983	43857	-4385
1992	4452	851	3601		129895	90127	39768	-50359
1993	10233	2905	7328	3783	117101	68804	48297	-20507
1994	17855	5500	12355	4944	122441	76717	45724	-30993
1995	27675	5676	21999	8569	177674	94716	82958	-11758
1996	36525	6362	30163	11813	164765	83679	81086	-2593
1997	36955	3836	33119	6315	164624	73584	91040	17456
1998	32824	6300	26524	8067	151110	69942	81168	11226
1999	41872	9821	32051	9190	137059	72499	64560	-7939
2000	48509	9679	38830	10227	197504	116649	80855	-35794
2001	68078	19310	48768	13080	253400	142712	110688	-32024
2002	74691	24374	50316	16234	299527	160380	139147	-21233
2003	95167	37420	57747	22120	488320	269438	218882	-50556
2004	153923	77817	76106	30150	661000	374000	287000	-87000
2005	203906	110727	93179	39459	806000	449000	357000	-92000
2006	271309	126516	144793	65250	894805	429347	465458	36111
2007	325302	140622	184680	81016				
2008	444874	215716	229158	95909	1739000	840000	899000	59000
2009	386010	190612	195398	77155	1346540	854308	492232	-362076
2010	507608	247465	260142	111697	1878000	1174000	704000	-470000
2011	690008	316432	373577	137441				
2012	800363	440108	360255	129766				
2013	663007	284920	378087					

注:外贸进出口总额 1998 年起为海关口径。

连云港经济技术开发区主要综合指标

表 9-9

指　　标	单位	2000	2005	2010	2011	2012	2013
1.地区生产总值(当年价)	万元	230002	655367	2005500	2555000	3300500	4120250
2.工业总产值(当年价)	万元	626294	1766260	6012135	8032077	10051314	12504210
#三资企业	万元	325673	1120331	3684800	4717825	5591080	6456982
3.固定资产投资额	万元	50108	320898	1566012	1453504	1875130	1870728
#基础设施及配套	万元	3192	117850	185428	163546	127465	258737
4.新批准成立企业数	个	85	523	917	834	518	591
三资企业	个	20	49	39	30	17	25
内联企业	个	65	474	878	804	501	566
5.建设项目总投资							
三资企业	万美元	5608	24260	162219	129067	59398	104640
内联企业	万元	9200	154803	3068565	3710018	705207	1385784
6.新签利用外资协议	个	20	49	41	30	14	20
7.合同利用外资额	万美元	2470	38895	63076	64996	16787	43885
8.实际利用外资额	万美元	2099	12237	32085	34716	19458	35173
9.新投产(开业)生产企业	个	15	24	41	56	57	59
三资企业	个	5	6	9	7	8	11
内联企业	个	10	18	32	49	49	48
10.外贸出口供货额	万元	65384	236751	681092	724183	683025	699688

表 9-9 续表

指　　标	单位	2000	2005	2010	2011	2012	2013
11.出口总额	万美元	5738	26034	99512	147337	137691	141050
#三资企业	万美元	5514	22265	65943	83585	78124	650876
12.进口总额	万美元	18367	69739	168131	210737	304822	205568
#三资企业	万美元	4256	62356	112586	128218	185447	974518
13.财政收入	万元	21806	111338	553007	792052	936508	654255
#税收	万元	21272	109337	314315	361710	496602	553888
14.累计开发土地面积	平方公里	6	14	21	21	21	21
15.年末总人口	人	23688	64090	72627	74368	76291	7716
16.年末从业人员数	人	15000	22120	50900	60865	64334	68644
职工年平均工资	元	8010	14612	29211	33399	36562	39458
17.乡村劳动力	人	12700	23100	25398	26853	30901	31502
18.农业总产值(不变价)	万元	1830	5875	7056	6336	6475	7616
农业总产值(当年价)	万元	3066	11124	9410	9222	10946	11976
19.农业增加值	万元	1625	5923	4660	5453	5573	6928
20.农民人均纯收入	元	3765	5450	9589.5	10754	12310	15968
21.中小学教师数	人	381	1003	736	811	774	786
22.中小学在校学生数	人	5784	10156	8539	6144	6275	6104

10

财政、金融和保险

主要年份分地区财政收入

表 10-1　　　　单位:万元

年　份	全　市	市　区	赣榆县	东海县	灌云县	灌南县
1952	9335	6638	692	410	1595	
1957	15394	10489	1941	275	2689	
1962	14429	7778	2709	375	3365	202
1965	10551	6335	1360	526	2061	269
1970	15589	10316	1274	663	3369	367
1975	14011	7886	1936	970	2819	400
1976	14982	9421	1845	1004	2285	427
1977	18108	11796	1821	1079	2732	590
1978	18598	12086	1752	1155	2912	693
1979	17871	11960	1885	1058	2507	461
1980	17443	11013	2742	1061	2136	491
1981	16080	9840	2449	1127	2120	544
1982	18360	11194	2928	1338	2232	668
1983	19526	12418	2681	1423	2362	678
1984	21134	13254	2886	1607	2534	853
1985	24889	15048	3084	2116	3565	1076
1986	27081	16832	3061	2292	3515	1381
1987	29667	17525	3591	2613	4215	1723
1988	33552	20404	4000	3105	3608	2435
1989	39849	27096	4005	2260	3925	2563
1990	42595	28386	4456	2645	4321	2787
1991	41253	27552	4524	2671	3591	2915
1992	45031	29320	4830	2866	4391	3624
1993	64463	41897	6697	5555	4754	5560
1994	74826	47012	8188	7413	5934	6279
1995	105512	62576	13156	12435	10422	6923
1996	129515	72382	18181	16620	14321	8011
1997	150029	82733	21239	18876	17318	9863
1998	164713	87594	24389	22211	19488	11031
1999	171151	92022	24730	22379	20290	11730
2000	172118	104758	19730	18650	17479	11501
2001	198350	132581	19500	20361	13510	12398
2002	269860	187591	25505	25808	15430	15526
2003	341292	239988	30187	30797	19715	20605
2004	423290	305703	34080	34623	22760	26124
2005	562810	401919	48809	54421	26044	31617
2006	783434	527406	81941	81716	40141	52230
2007	1228489	737611	140219	140219	90134	120306
2008	1805989	1068109	190539	181483	170098	195760
2009	2323194	1296708	252020	254233	250104	270129
2010	3525751	1818060	428975	430299	405017	443400
2011	4624063	2499553	523731	550241	511096	539442
2012	5647419	2940713	671000	699772	649764	686170
2013	5956484	3201608	741285	596482	705113	711996

主要年份分地区财政支出

表 10–2　　　　　　　　　　　　　　　　　　　　　　　　　　　　单位:万元

年份	全市	市区	赣榆县	东海县	灌云县	灌南县
1952	348	114	39	98	97	
1957	1562	371	423	431	337	
1962	1968	432	460	390	381	305
1965	2342	614	450	440	384	454
1970	4127	1438	527	724	718	720
1975	5372	1815	842	883	1121	711
1976	5462	1828	1018	855	979	782
1977	6428	2463	1089	1049	1017	810
1978	8505	2911	1392	1372	1624	1206
1979	9278	3615	1674	1520	1322	1147
1980	9074	3204	1577	1617	1522	1154
1981	8875	2916	1617	1659	1478	1205
1982	10496	3622	2097	1988	1542	1247
1983	12845	4699	2424	2239	2012	1471
1984	17824	7724	2812	2717	2674	1897
1985	18241	7669	2826	2765	3040	1941
1986	22769	9561	3266	3579	3788	2575
1987	25500	11172	3587	3488	4108	3145
1988	33255	16150	4749	3938	4629	3789
1989	39205	18000	5683	5658	5411	4453
1990	43727	19620	6420	6342	6202	5143
1991	48151	20868	7485	7093	6610	6095
1992	48631	21475	7524	7260	6454	5918
1993	64926	31058	9275	8319	7808	8466
1994	74559	35646	10027	10018	9658	9210
1995	103591	54650	13779	13688	12482	8982
1996	120244	58392	17101	16946	16702	11103
1997	143882	70566	20590	20240	19124	13362
1998	155341	70996	24813	23561	21050	14921
1999	168744	76152	24675	27766	23218	16933
2000	184271	80498	28819	31661	23878	19415
2001	206829	98301	33928	28073	24118	22409
2002	261481	131453	40106	36771	26595	26556
2003	350763	189112	51022	45787	32365	32477
2004	423762	230601	55440	52122	42659	42940
2005	590029	307592	82821	85342	60212	54062
2006	791109	402941	123312	116479	76846	71531
2007	1264260	591601	192310	191704	135180	153465
2008	1793057	801222	272246	260346	223656	235587
2009	2357840	1052483	307199	346236	322016	329906
2010	3520268	1427610	558057	532849	490307	511445
2011	4683826	2072183	667256	721557	603967	618863
2012	6000552	2736535	842275	876722	766123	778897
2013	6730315	3321826	959123	773529	859598	816239

主要年份全市金融情况

表 10–3　　单位:万元

年份	金融机构年末存款余额	金融机构年末贷款余额	银行现金收入	银行现金支出	货币投放(+)或回笼(-)
1978	18325	40177	34120	34845	725
1979	25728	44376	42438	44620	2182
1980	30773	53957	60209	62501	2292
1981	43480	61801	74377	77519	3142
1982	43170	77212	99337	103998	4661
1983	54932	94062	147480	156769	9289
1984	78179	125008	179814	189426	9612
1985	95187	173262	206218	215233	9015
1986	134855	227661	271919	283208	11289
1987	165429	277205	353602	364198	10596
1988	195941	336579	498101	521758	23657
1989	225961	386703	556915	571283	14368
1990	289432	463730	573471	596646	23175
1991	362994	559578	652334	687300	34966
1992	444244	649705	870052	896452	26400
1993	547007	732336	1279348	1328436	49088
1994	780589	898847	1971028	2011648	40620
1995	1018028	1085732	2839484	2843477	3993
1996	1280764	1270659	2963300	2936375	–26925
1997	1411761	1491812	3295314	3284630	–10684
1998	1610654	1649442	4929467	4947676	18209
1999	1756503	1633910	5550835	5567981	17147
2000	1928933	1517021	6144289	6175901	31612
2001	2145938	1638563	6523181	6563454	40273
2002	2598763	2007409	7864707	7852947	–11760
2003	3029369	2485955	10074169	10074122	–38
2004	3690945	2826945	13468939	13451226	–17713
2005	4373862	3110028	15876594	15883304	6710
2006	5186726	3824119	19755977	19837053	81076
2007	6430648	4745606	25008906	25177789	168883
2008	8212547	5585321	28055024	28255814	200790
2009	10194413	7724789	33779901	34052867	272966
2010	12438078	9462601			
2011	13886864	10881698			
2012	15380361	12851957			
2013	17099344	14255016			

注:2002 年始金融机构存贷款余额含外币。

主要年份市区金融情况

表 10–4 单位:万元

年份	金融机构年末存款余额	金融机构年末贷款余额	银行现金收入	银行现金支出	货币投放(+)或回笼(-)
1978	8831	17939	12598	12750	152
1979	11699	17547	15082	15214	132
1980	10492	20302	19046	19103	57
1981	17639	29497	22917	22154	–763
1982	20891	37804	27422	25456	–1966
1983	29036	44624	36247	33294	–2953
1984	45609	58545	45106	43365	–1741
1985	57065	91562	61169	59821	–1348
1986	76509	126185	82720	84543	1823
1987	89342	159721	113700	115814	2114
1988	114059	201479	159858	164425	4567
1989	129999	234331	190981	187805	–3176
1990	166605	282905	201226	203081	1855
1991	213671	336867	240088	247311	7223
1992	258228	389137	352685	362133	9448
1993	315490	453336	585152	611752	26600
1994	448583	525700	841588	851199	9611
1995	571965	609199	1222596	1213018	–9578
1996	748686	693534	1454225	1436420	–17805
1997	815086	789947	1665177	1633433	–31744
1998	962211	877935	2272091	2241829	–30262
1999	1048470	915330	2573896	2556208	–17688
2000	1142571	868110	3128435	3118529	–9906
2001	1282757	939173	3601480	3629993	28513
2002	1565333	1272773	4038930	4050414	11484
2003	1864153	1697361	5215939	5254685	38746
2004	2185788	1497974	6977840	6971045	–6795
2005	2689429	2223651	7830877	7852013	21136
2006	3212353	2810114	9790306	9878060	87754
2007	3974597	3543599	11767727	11847806	80079
2008	5225624	4263905	12343614	12445343	101729
2009	6529460	5598987	13843916	14073531	229613
2010	7927688	6552445			
2011	8653254	7227460			
2012	9281118	8437068			
2013	9976942	8962448			

注:2002 年始金融机构存贷款余额含外币。

主要年份居民储蓄存款余额

表 10-5 单位:万元

年份	全市	市区	赣榆县	东海县	灌云县	灌南县
1978	3778	1408	718	606	790	256
1979	5444	2001	1441	962	693	347
1980	7569	3041	1911	1146	979	492
1985	37410	15757	6542	8237	4884	1990
1986	53296	22138	10932	10045	6980	3201
1987	76362	31997	13851	15697	10196	4621
1988	97117	40580	17293	19177	13982	6085
1989	122562	56722	19579	22522	17102	6637
1990	159024	76349	24065	29199	20431	8980
1991	202338	99944	30478	35205	25001	11710
1992	245912	115726	38480	43210	33332	15164
1993	313536	147394	47208	54527	42629	21778
1994	459841	207362	71158	86318	63036	31967
1995	621682	285758	96377	106587	85737	47223
1996	773392	375526	121439	121701	103137	51589
1997	884287	451885	141086	136906	110352	44058
1998	969186	489130	153257	149644	116795	60360
1999	1074698	540945	181322	166337	120510	65584
2000	1143738	570133	196443	186656	120826	69680
2001	1292757	651619	210418	211020	136131	83568
2002	1591979	823091	243460	249810	175726	99892
2003	1846317	967318	276136	285442	200548	116873
2004	2177281	1118980	326569	342661	245913	143158
2005	2501283	1258526	382372	403125	283091	174169
2006	2859617	1435612	441696	452843	329119	200347
2007	3182380	1512511	509579	509842	395640	254808
2008	3984207	1967009	619922	601482	489392	306400
2009	4529230	2239869	688656	694244	549440	357021
2010	5382380	2593197	850302	866863	647709	424309
2011	6294164	2998524	1028432	1033104	734154	499950
2012	7327912	3386740	1216261	1227772	873390	623750
2013	8509460	3881992	1426260	1421444	1044862	734902

注:2002 年始居民储蓄存款余额含外币。

公共财政预算收入

表 10-6　　　　单位:万元

年　　份	全　市	市　区	赣 榆 县	东 海 县	灌 云 县	灌 南 县
1997	98638	50644	16080	14057	12901	4956
1998	107785	50904	19245	17392	14690	5554
1999	111279	53140	17680	19404	15100	5955
2000	94767	57753	11764	10221	9361	5668
2001	124680	76718	14096	15762	10517	7587
2002	136481	82679	16422	17691	10926	8763
2003	156691	94861	18740	19516	13284	10290
2004	185762	115643	21186	20435	14384	14114
2005	245920	160134	26118	26891	15432	17345
2006	339593	210084	40023	40023	23308	26155
2007	487851	275120	63018	63018	42133	44562
2008	662115	362043	80186	75022	70087	74777
2009	902133	450489	117132	113479	105029	116004
2010	1413888	703217	183999	180157	164685	181830
2011	1800800	889407	238099	235008	216093	222193
2012	2089396	1008146	292104	274607	258598	255941
2013	2333030	1041901	349262	327753	308766	305348

公共财政预算支出

表 10-6 续表　　　　单位:万元

年　　份	全　市	市　区	赣 榆 县	东 海 县	灌 云 县	灌 南 县
1997	143882	70566	20590	20240	19124	13362
1998	151762	67632	24774	23511	20948	14897
1999	160402	73012	21050	27746	21799	16795
2000	166016	76860	25361	26549	19205	18041
2001	202771	95679	32885	27910	24038	22259
2002	231308	107425	37744	35206	25926	25007
2003	279784	131062	46032	42581	30511	29598
2004	324841	148068	49423	50045	38257	39048
2005	458548	208125	71007	74318	54872	50226
2006	576435	248771	99524	95944	67910	64286
2007	806647	326875	138124	132799	101374	107475
2008	1064297	408732	187856	172444	140634	154631
2009	1403077	541586	222959	220576	197007	220949
2010	2027515	784868	330259	319384	288577	304427
2011	2746339	1130713	446294	433497	359118	376717
2012	3048809	1203715	527998	486842	410088	420166
2013	3623814	1511867	594652	539656	499939	477700

财 政 预 算 内 收 入

表 10-7 (2013 年) 单位:万元

指标	全市	市区	赣榆县	东海县	灌云县	灌南县
财政预算内总收入	**5956484**	**3201608**	**741285**	596482	**705113**	**711996**
地方财政收入	5315243	2795151	671500	553327	654690	640575
公共财政预算收入	2333030	1041901	349262	327753	308766	305348
一、税收收入	1887945	782955	298058	277091	267176	262665
增值税	203693	133744	22767	18824	12460	15898
营业税	827992	352714	140592	119516	88176	126994
企业所得税	56382	18449	11577	5828	11956	8572
个人所得税	42463	30839	3539	2995	2247	2843
资源税	49100	4327	5315	27171	12287	
城市维护建设税	99362	66642	10431	7553	5747	8989
房产税	49500	18015	10978	10440	5112	4955
印花税	20364	10608	3325	2105	1665	2661
城镇土地使用税	85221	22679	6075	8742	30559	17166
土地增值税	156773	47705	28850	12350	45054	22814
车船税	9057	3020	1453	1771	1468	1345
耕地占用税	1837	-70	1272	625	2	8
契税	286201	74283	51884	59171	50443	50420
二、非税收入	445085	258946	51204	50662	41590	42683
专项收入	63619	34961	10884	5393	4942	7439
行政事业性收费收入	213358	121546	25233	24985	14373	27221
罚没收入	55917	22745	9253	9474	8865	5580
国有资本经营收入	76802	62800	405	6284	5152	2161
国有资源(资产)有偿使用收入	29938	12481	4891	4526	8001	39
其他收入	5451	4413	538		257	243
政府性基金收入	2615800	1507265	290908	200208	322405	295014
社会保险基金合计	366413	245985	31330	25366	23519	40213

表 10-7 续表　　单位:万元

指　　标	市　区	市　直	开发区	景　区	徐圩新区	连云区	新浦区	海州区
财政预算内总收入	**3201608**	**1435689**	**654255**	**8614**	**258853**	**338053**	**384590**	**121554**
地方财政收入	2795151	1470255	411885	6917	250550	302280	288512	64752
(一般)公共财政预算收入	1041901	144286	386809	6852	22702	161188	266565	53499
一、税收收入	782955	47838	311519	3952	22255	134220	218780	44391
增值税	133744	8561	70224	375	713	12496	23351	18024
营业税	352714	7366	140688	1650	10576	78178	106477	7779
企业所得税	18449	-52302	32910	262	3406	9494	20052	4627
个人所得税	30839	5703	7130	155	1343	5538	9391	1579
资源税	4327	-108	1424	1155	160	-8	1704	
城市维护建设税	66642	11913	28292	227	966	7223	12767	5254
房产税	18015	5440	5595	10	166	2112	3836	856
印花税	10608	1063	4032	34	567	1878	2398	636
城镇土地使用税	22679	2761	9112	8	2929	2612	4387	870
土地增值税	47705	7	3644	96	132	8389	33400	2037
车船税	3020	-72	333	50		760	1017	932
耕地占用税	-70			-70				
契税	74283	57506	8135		1297	5548		1797
二、非税收入	258946	96448	75290	2900	447	26968	47785	9108
专项收入	34961	11326	12329	98	413	3088	5458	2249
行政事业性收费收入	121546	55945	144	2800		14917	41683	6057
罚没收入	22745	20738	4			584	624	795
国有资本经营收入	62800		62800					
国有资源(资产)有偿使用收入	12481	4026	13	2	34	8379	20	7
其他收入	4413	4413						
政府性基金收入	1507265	1107934	25076	65	227848	141092	3747	1503
社会保险基金合计	245985	218035					18200	9750

财 政 预 算 内 支 出

表 10-8　　(2013 年)　　单位:万元

指　　标	全 市	市 区	赣 榆 县	东 海 县	灌 云 县	灌 南 县
地方财政支出	**5956484**	**3201608**	**741285**	**596482**	**705113**	**711996**
一般预算支出	3623814	1511867	594652	539656	499939	477700
一、一般公共服务	386576	162896	57663	78266	33983	53768
二、外交						
三、国防	6259	5456	114	324	57	308
四、公共安全	167198	89431	24612	18747	18677	15731
五、教育	633468	198845	158076	122940	75284	78323
六、科学技术	88633	33287	17961	17637	7261	12487
七、文化体育与传媒	46135	25831	11892	3229	3279	1904
八、社会保障和就业	235216	55346	48581	55472	37434	38383
九、医疗卫生	205336	43546	46616	39217	38501	37456
十、节能环保	115219	35144	16073	9731	50011	4260
十一、城乡社区事务	684818	395181	24351	43194	109383	112709
十二、农林水事务	498432	71648	132888	120233	92015	81648
十三、交通运输	227174	199106	6836	8358	6563	6311
十四、资源勘探电力信息等事务	98071	32350	20297	8300	8931	28193
十五、商业服务业等事务	25209	12943	4801	4067	2106	1292
十六、金融监管等事务支出	1028	158	41	731	98	
十七、地震灾后恢复重建支出						
十八、国土资源气象等事务	2911	2321	590			
十九、住房保障支出	64650	44823	11662	1820	4464	1881
二十、粮油物资管理事务	69130	45580	9763	5856	5713	2218
二十一、储备事务支出	4572	2285	620	567	706	394
二十二、国债还本付息支出	7714	955	465	512	5431	351
二十三、其他支出	56065	54735	750	455	42	83
政府性基金支出	2740591	1562033	333141	210951	336140	298326
社会保险基金合计	365910	247926	31330	22922	23519	40213

表 10-8 续表　　　　单位:万元

指　　标	市　区	市　直	开发区	景　区	徐圩新区	连云区	新浦区	海州区
地方财政支出	**3201608**	**1897204**	**367896**	**10509**	**335035**	**265691**	**279819**	**165672**
一般预算支出	1511867	652952	325109	10327	122697	123348	206555	70879
一、一般公共服务	162896	68239	18867	2447	6463	24107	34191	8582
二、外交								
三、国防	5456	4891			10	140	310	105
四、公共安全	89431	73201	1621	189	691	5792	4468	3469
五、教育	198845	60204	21858	3294	7146	38040	49422	18881
六、科学技术	33287	2[illegible]180	3102			1644	2780	581
七、文化体育与传媒	25831	21299	476	19	10	2590	1164	273
八、社会保障和就业	55346	25956	3528	875	470	4966	13568	5983
九、医疗卫生	43546	26684	2380	194	314	3029	8109	2836
十、节能环保	35144	20820	6900	162	1763	2912	1361	1226
十一、城乡社区事务	395181	49265	247193	932	18326	14173	61879	3413
十二、农林水事务	71648	27837	3608	964	2172	9869	13144	14054
十三、交通运输	199106	133725	694		59156	4143	669	719
十四、资源勘探电力信息等事务	32350	14471	10876			339	2869	3795
十五、商业服务业等事务	12943	7491	1249	22	223	1128	2145	685
十六、金融监管等事务支出	158	151					7	
十七、地震灾后恢复重建支出								
十八、国土资源气象等事务	2321	640	659	32		350	472	168
十九、住房保障支出	44823	20548	150	17	22371	1737		
二十、粮油物资管理事务	45580	34121	1346	925		3194	3770	2224
二十一、储备事务支出	2285	1984			22		202	77
二十二、国债还本付息支出	955	955						
二十三、其他支出	54735	35290	602	255	3560	5195	6025	3808
政府性基金支出	1562033	1024276	42787	182	212338	142343	55064	85043
社会保险基金合计	247926	219976					18200	9750

金融机构综合存贷款（本外币）

表 10-9　　(2013 年末)　　单位:万元

指标	全市	市区	赣榆县	东海县	灌云县	灌南县
一、各项存款	17099344	9976942	2195497	2197451	1634885	1094569
1.单位存款	8118367	5717265	742136	755867	554554	348545
其中:活期存款	3739646	2256596	420525	375477	430608	256441
定期存款	1930677	1427878	196968	180924	64833	60074
通知存款	167463	161312	100	5552	400	99
保证金存款	1160434	849046	79850	154675	46486	30378
2.个人存款	8509460	3881992	1426260	1421444	1044862	734902
储蓄存款	8279688	3686950	1418485	1407983	1038454	727816
保证金存款	3719	2054	14	481	294	876
结构性存款	226052	192988	7760	12979	6114	6211
3.财政性存款	321483	254398	15616	12972	30537	7959
4.临时性存款	27388	22324	2480	1516	432	637
5.委托存款						
6.其他存款	122646	100964	9004	5653	4500	2526
二、各项贷款	14255016	8962448	1707680	1539991	1158182	886714
(一)境内贷款	14253620	8961086	1707680	1539973	1158182	886699
1.短期贷款	6861896	4167464	895948	826620	577703	394161
(1)个人贷款及透支	1686297	298510	512198	460807	213261	201521
其中:个人消费贷款	254673	146612	26858	35875	18849	26478
(2)单位普通贷款及透支	4579203	3338803	335136	355233	357637	192394
其中:经营贷款	4263427	3124409	319951	335055	311067	172945
固定资产贷款	315653	214272	15185	20178	46569	19449
(3)普通并购贷款						0
(4)银团贷款	1875		1875			0
(5)贸易融资	594522	530151	46738	10580	6806	246
(6)境外筹资转贷款						0
2.中长期贷款	7029564	4588778	785746	695823	514263	444954
(1)个人贷款	3463698	1718668	468742	598794	339917	337577
其中:个人消费贷款	2961502	1485974	391407	532477	266877	284767
(2)单位普通贷款	3267603	2612636	279514	95429	172647	107377
其中:经营贷款	705877	610867	83924	1524	3433	6129
固定资产贷款	2561726	2001769	195590	93905	169214	101248
(3)普通并购贷款	31000	31000	0	0	0	0
(4)银团贷款	130390	89600	37490	1600	1700	0
(5)贸易融资	35295	35295	0	0	0	0
(6)境外筹资转贷款	101579	101579	0	0	0	0
3.融资租赁	0	0	0	0	0	0
4.票据融资	319021	163894	24595	17032	66216	47284
其中:贴现	319021	163894	24595	17032	66216	47284
5.各项垫款	43138	40950	1391	498	0	299
(二)境外贷款	1396	1363	0	19	0	15

金融机构存贷款（人民币）

表 10-10　　(2013 年末)　　单位:万元

指　标	全　市	市　区	赣榆县	东海县	灌云县	灌南县
一、各项存款	16716533	9678657	2136905	2177251	1630436	1093285
1.单位存款	7784108	5452604	685428	746464	551231	348381
其中:活期存款	3616416	2145009	418108	369739	427284	256276
定期存款	1780423	1334788	142914	177813	64833	60074
通知存款	167463	161312	100	5552	400	99
保证金存款	1099659	789063	79612	154121	46486	30378
2.个人存款	8461055	3848502	1424377	1410654	1043736	733787
储蓄存款	8231933	3654107	1416602	1397195	1037328	726701
保证金存款	3677	2014	14	480	294	876
结构性存款	225445	192381	7760	12979	6114	6211
3.财政性存款	321483	254398	15616	12972	30537	7959
4.临时性存款	27241	22188	2480	1509	432	632
5.委托存款						
6.其他存款	122646	100964	9004	5653	4500	2526
二、各项贷款	13669421	8376995	1707548	1539982	1158182	886714
(一)境内贷款	13668025	8375632	1707548	1539964	1158182	886699
1.短期贷款	6427306	3732980	895852	826611	577702	394161
(1)个人贷款及透支	1686101	298332	512190	460798	213260	201521
其中:个人消费贷款	254477	146434	26851	35866	18848	26478
(2)单位普通贷款及透支	4527346	3286946	335136	355233	357637	192394
其中:经营贷款	4211571	3072552	319951	335055	311067	172945
固定资产贷款	315653	214272	15185	20178	46569	19449
(3)普通并购贷款						
(4)银团贷款	1875		1875			
(5)贸易融资	211983	147701	46650	10580	6806	246
(6)境外筹资转贷款						
2.中长期贷款	6878559	4437809	785710	695823	514263	444954
(1)个人贷款	3463662	1718668	468706	598794	339917	337577
其中:个人消费贷款	2961466	1485974	391371	532477	266877	284767
(2)单位普通贷款	3253508	2598541	279514	95429	172647	107377
其中:经营贷款	705877	610867	83924	1524	3433	6129
固定资产贷款	2547631	1987674	195590	93905	169214	101248
(3)普通并购贷款	31000	31000				
(4)银团贷款	130390	89600	37490	1600	1700	
(5)贸易融资						
(6)境外筹资转贷款						
3.融资租赁						
4.票据融资	319021	163894	24595	17032	66216	47284
其中:贴现	319021	163894	24595	17032	66216	47284
5.各项垫款	43138	40950	1391	498		299
(二)境外贷款	1396	1363		19		15

11

人民生活与物价

主要年份居民生活收支情况

表 11-1 单位:元

年份	城市居民人均年可支配收入	城市居民人均年消费性支出	城市居民恩格尔系数(%)	农村居民人均年纯收入	农村居民人均年生活消费支出	农村居民恩格尔系数(%)
1984				462		
1985	815	668	51.05	495	439	57.18
1986	1016	871	46.61	530	470	57.23
1987	1084	906	50.99	567	503	57.26
1988	1325	1204	48.92	607	538	57.25
1989	1471	1181	53.34	650	576	57.29
1990	1501	1224	55.39	696	617	57.21
1991	1731	1445	55.09	745	661	57.34
1992	1997	1626	52.95	803	656	60.37
1993	2623	2214	47.74	941	757	64.60
1994	3881	3118	47.92	1375	1081	63.18
1995	4504	3726	47.67	2011	1415	59.22
1996	4993	3649	51.90	2396	1596	58.65
1997	5296	3668	50.19	2705	1538	57.93
1998	5458	3945	47.20	2938	1356	56.86
1999	5981	4091	44.93	3051	1317	54.97
2000	6457	4737	38.65	2597	1541	45.88
2001	6981	4908	38.51	2763	1627	46.47
2002	7630	5059	36.94	2991	1723	44.86
2002(新)	6953	5059	36.94			
2003	7782	5768	36.04	3139	1778	47.69
2004	8872	6218	38.81	3501	2048	49.85
2005	10006	7213	38.55	3869	2574	46.08
2006	11475	8324	34.65	4265	2797	45.26
2007	13254	8357	38.90	4828	3317	43.71
2008	15255	10598	38.57	5454	3746	42.18
2009	16958	11577	37.22	6111	4291	39.86
2010	19020	12293	39.07	7039	4766	40.85
2011	21695	14110	38.06	8434	5498	36.71
2012	24342	15615	37.06	9589	6210	36.37
2013	26898	17172	36.51	10745	6932	35.44

注:城市居民可支配收入 2002 年以后新口径(市区),不含从工资中扣除的社会保障支出。

主要年份城市居民家庭基本情况

表 11-2

指　　标	单　位	2005	2006	2007	2008	2009	2010	2011	2012	2013
一、调查户数	**户**	**200**	**200**	**200**	**200**	**200**	**200**	**200**	**200**	**107**
二、平均每户家庭人口	**人**	**2.83**	**2.82**	**2.75**	**2.85**	**2.81**	**2.78**	**2.81**	**2.81**	**2.92**
三、平均每户就业人口	**人**	**1.19**	**1.23**	**1.24**	**1.3**	**1.23**	**1.19**	**1.2**	**1.21**	**1.42**
四、平均每一就业人口负担人数	**人**	**2.4**	**2.29**	**2.22**	**2.19**	**2.28**	**2.34**	**2.34**	**2.32**	**2.06**
五、平均每户就业面	**%**	**41.8**	**43.6**	**45**	**45.61**	**43.77**	**42.81**	**42.7**	**43.06**	**48.55**
六、平均每人总使用面积	**平方米**	**23.81**	**23.62**	**23.44**	**24.86**	**25.16**	**25.47**	**24.42**	**24.49**	**24.69**
七、人均家庭总收入	**元**	**10587**	**12209**	**14038**	**16772**	**18698**	**20895**	**23692**	**26463**	**28986**
其中：可支配收入	元	10006	11475	13254	15255	16958	19020	21695	24342	26898
1.工资及补贴收入	元	6298	7133	8339	10613	11384	12687	12993	14757	16187
2.个体经营净收入	元	876	983	1105	608	653	684	2005	2327	2486
3.其他劳动收入	元	56	128	136	166	148	74	88	153	249
4.财产性收入	元	70	356	155	181	352	172	275	277	328
5.转移性收入	元	3288	3609	4437	5204	6161	7352	8331	9101	9985
# 离退休金	元	2656	2966	3405	3829	4758	5768	6120	7453	8201
八、人均家庭总支出	**元**	**9933**	**10890**	**11081**	**15675**	**20124**	**19001**	**20819**	**23738**	**26056**
# 消费性支出	元	7213	8324	8357	10598	11577	12293	14110	15615	17172

城市居民家庭基本情况

表11-3　　　　(2013年)　　　　单位:人/户

项　　目	合计	最低收入户	低收入户	中等偏下收入户	中等收入户	中等偏上收入户	高收入户	最高收入户
一、调查户数(户)	**107.08**	**10.83**	**10.83**	**21.92**	**21.92**	**21.42**	**9.83**	**10.33**
可支配收入(元)	26898	9260	11381	16009	22328	32490	44511	70066
服务性消费支出(元)	17172	9009	10339	13373	16888	21168	26184	32881
二、住房总建筑面积(平方米)	**32.91**	**29.98**	**23.45**	**26.30**	**31.86**	**38.51**	**40.90**	**46.88**
总使用面积(平方米)	24.69	22.49	17.59	19.73	23.90	28.89	30.68	35.17
三、家庭人口数	**2.77**	**2.48**	**2.98**	**3.02**	**2.90**	**2.76**	**2.03**	**2.76**
(一)有收入者人数	2.02	1.44	1.95	2.00	2.24	2.10	1.82	2.33
1.就业人口数	1.42	1.18	1.45	1.59	1.44	1.44	0.95	1.62
(1)国有经济单位职工人数	0.40		0.16	0.20	0.24	0.72	0.69	0.91
(2)城镇集体经济单位职工人数								
(3)其他各种经济类型单位职工								
(4)城镇个体经营者人员数	0.30	0.46	0.18	0.31	0.32	0.26	0.10	0.44
(5)城镇个体被雇人员数								
(6)离退休再就业人员数	0.06			0.09	0.06	0.05	0.00	0.15
(7)其他就业人员数	0.67	0.72	1.11	0.99	0.83	0.42	0.15	0.12
2.离退休人数	0.56	0.09	0.45	0.36	0.76	0.66	0.87	0.71
3.其他有收入者人数	0.04	0.16		0.05				
(二)无收入者人数	0.75	1.04	1.03	1.02	0.66	0.66	0.21	0.42

城市居民家庭人均现金收支情况

表 11-4　　(2013 年)　　单位:元

项　　　　目	合 计	最 低收入户	低 收入 户	中等偏下收入户	中 等收入户	中等偏上收入户	高 收入 户	最 高收入户
一、家庭总收入	28986	9835	13071	16980	23664	36531	46792	76239
# 可支配收入	**26898**	**9260**	**11381**	**16009**	**22328**	**32490**	**44511**	**70066**
(一)工薪收入	16187	6790	7977	10409	13671	24321	20569	34894
(二)经营净收入	2486	493	574	874	2037	418	5322	10803
(三)财产性收入	328	20	279	154	366	450	780	1054
(四)转移性收入	9985	2533	4241	5542	7589	11342	20122	29488
其中:养老金或离退休金	8201	842	2694	3061	6722	9127	18575	20620
二、生活消费支出	17172	9009	10339	13373	16888	21168	26184	32881
(一)食　　品	6271	4358	4319	5247	5690	7377	8812	9856
(二)衣　　着	1808	856	952	1315	1622	2235	2825	3303
(三)家庭设备用品及服务	1301	422	830	1134	1381	1434	1916	2896
(四)医疗保健	1111	541	597	515	1345	1696	2025	3065
(五)交通和通讯	2395	1215	1314	1848	2289	2685	3862	4673
(六)教育文化娱乐服务	2233	811	1311	1472	2363	2989	3398	5081
(七)居　　住	1474	760	890	1581	1827	1646	1757	2235
(八)其它商品和服务	580	46	126	261	370	1106	1588	1773

城市居民家庭平均每人每月生活费收入和消费性支出情况

表 11-5 单位:元

项　　　目	2005	2006	2007	2008	2009	2010	2011	2012	2013
可支配收入	**833.82**	**956.22**	**1104.52**	**1271.24**	**1413.13**	**1584.99**	**1807.88**	**2028.51**	**2241.51**
消费性支出	**601.07**	**693.67**	**696.43**	**883.20**	**964.73**	**1024.46**	**1175.81**	**1301.24**	**1430.96**
(一)食　　品	**231.73**	**240.36**	**271.03**	**340.66**	**359.08**	**400.27**	**447.50**	**482.28**	**522.57**
1.粮　　食	21.99	21.77	22.18	27.47	28.07	33.34	37.37	38.57	40.25
2.油　　脂	6.91	7.10	9.40	12.71	10.61	9.96	11.60	14.85	15.79
3.肉禽及其制品	43.24	41.33	55.08	69.57	72.38	78.98	90.76	96.87	95.95
4.蛋　　类	8.04	7.70	9.80	9.92	9.91	10.99	14.02	12.94	15.53
5.水 产 品	23.56	25.65	29.53	34.73	39.66	43.39	42.61	51.50	56.96
6.菜　　类	20.49	22.35	25.93	31.12	35.82	44.75	42.79	48.71	50.82
7.烟　　草	12.94	15.11	15.25	18.76	2.08	20.97	20.60	19.82	19.44
8.酒及饮料	9.19	10.65	11.22	14.21	15.23	19.08	19.02	19.37	24.63
9.干鲜瓜果	15.11	17.54	18.99	24.93	27.74	31.95	33.92	39.84	45.61
10.奶及奶制品	10.38	11.17	10.88	14.54	13.93	14.54	20.56	21.73	20.26
(二) 衣　　着	**55.08**	**58.66**	**66.95**	**99.56**	**103.76**	**107.13**	**121.69**	**140.37**	**150.66**
1.服　　装	39.22	40.88	48.82	71.70	75.41	79.86	91.06	104.21	108.17
2.衣着材料	1.08	0.82	1.05	2.00	21.66	1.74	1.78	1.60	1.79
(三)家庭设备用品	**34.55**	**47.22**	**51.05**	**59.37**	**75.81**	**80.97**	**97.41**	**98.72**	**108.38**
# 日用耐用消费品	17.10	30.98	30.60	28.18	42.77	40.59	52.49	45.66	50.67
(四)医疗保健	**56.27**	**62.95**	**56.19**	**53.76**	**57.05**	**59.56**	**82.24**	**86.07**	**92.55**
# 药 品 费	27.05	25.75	24.59	18.41	20.62	17.49	34.19	32.50	33.77
保健器具	2.89	6.59	0.67	1.43	0.15	0.66	0.61	2.15	2.42
医疗保健服务	19.95	26.35	26.39	28.42	29.48	34.94	37.82	38.58	48.54

表 11-5 续表

单位:元

项目	2005	2006	2007	2008	2009	2010	2011	2012	2013
(五) 交通和通讯	**53.70**	**77.71**	**58.80**	**98.01**	**124.19**	**120.70**	**122.75**	**177.13**	**199.57**
1.交　通	25.47	44.13	27.70	63.43	83.76	62.12	81.14	118.44	136.16
#交 通 费	10.50	11.43	12.98	16.64	18.99	13.95	15.04	18.94	29.87
2.通　信	28.22	33.58	31.10	34.58	40.43	58.58	41.61	58.69	63.41
#电 信 费	21.16	24.65	25.56	27.20	32.60	50.02	30.74	42.12	46.55
邮　费	0.19	0.23	0.14	0.21	0.28	0.14	0.45	0.56	0.34
(六)娱乐文教服务	**78.55**	**88.34**	**97.11**	**125.882**	**128.87**	**117.83**	**157.00**	**161.63**	**186.09**
1.文化娱乐用品	26.39	24.44	27.47	8.63	31.61	29.86	33.91	35.77	41.97
2.教　育	39.00	47.28	51.32	69.63	66.16	44.44	75.33	78.06	85.31
#学 杂 费	21.32	28.15	27.88	29.81	27.68	9.40	19.52	25.57	31.58
托 幼 费	3.24	3.99	5.66	5.40	7.37	4.99	10.02	9.54	11.33
成人教育	4.65	2.56	5.87	3.65	9.68	3.62	3.39	8.80	3.39
3. 文化娱乐服务	13.16	16.62	18.32	27.62	31.10	43.53	47.76	47.80	58.25
(七) 居　住	**72.75**	**92.06**	**63.43**	**76.07**	**87.53**	**104.58**	**92.69**	**111.11**	**122.84**
1.房　租	0.74	2.80	2.71	1.52	3.54	4.15	4.14	5.21	6.31
2.水　费	3.62	3.76	4.45	4.04	5.51	7.87	5.05	6.75	7.02
3.电　费	15.72	17.95	19.60	20.78	24.64	33.87	27.95	33.67	34.28
4.燃　料	13.93	13.88	12.91	16.15	12.88	19.61	16.53	19.40	19.60
#液 化 气	7.03	6.32	9.79	6.66	4.56	7.01	5.53	7.56	8.11
(八) 其他商品及服务	**18.44**	**24.45**	**31.88**	**29.89**	**28.42**	**33.43**	**54.54**	**44.12**	**48.30**
1.其他商品	12.00	13.54	13.37	20.11	21.06	21.90	42.54	32.03	36.37
#金银珠宝饰品	1.84	2.72	1.99	4.86	5.53	6.27	16.66	7.54	13.55
理发美容用品	0.11	0.06	0.03	0.22	0.19	0.19	0.06	0.25	
2.其他服 务	6.44	10.90	13.98	9.79	8.74	11.52	12.00	12.09	11.93

城市居民家庭居住情况

表 11-6 (2013年)

项目	单位	辅助单位	百户平均	项目	单位	辅助单位	百户平均
1.家庭人口	人	户	2.92	公用自来水		%	
2.现住房总建筑面积	平方米	人月	32.91	井、河水		%	
3.现住房屋总使用面积	平方米	人月	24.69	其他		%	
4.房屋产权(合计)		%	100	9.卫生设备(合计)		%	100
租赁公房		%		无卫生设备		%	12.14
租赁私房		%	5.44	有厕所浴室		%	75.42
原有私房		%	18.67	有厕所无浴室		%	12.44
房改私房		%	14	公用		%	
商品房		%	55.33	10.取暖设备(合计)		%	100
其他		%	6.53	无取暖设备		%	13.88
5.住宅建筑式样(合计)		%	100	空调设备		%	86.12
单栋住宅		%	7.47	暖气			
四居室		%	1.63	其他			
三居室		%	35.48	11.炊用燃料使用情况(合计)		%	100
二居室		%	42.33	煤炭		%	0.83
一居室		%		罐装液化石油气		%	34.47
普通楼房		%	1.86	管道液化石油气		%	0.85
平房及其他		%	11.23	管道煤气		%	0.85
6.装修状况(合计)		%		管道天然气			59.27
有装修		%		柴油		%	
未装修		%		其他燃料		%	3.73
7.饮水情况(合计)		%	100	12.通信设备使用情况		%	100
自来水		%	100	(1)固定电话	部	百户	53.62
矿泉水		%		(2)移动电话	部	百户	232.92
纯净水		%		(3)接入互联网的计算机	条	百户	69.03
井、河水		%		13.除现住房,还有几处其他住房	套	户	0.10
其他		%		出租房	套	户	0.04
8.用水情况(合计)		%	100	偶尔居住房	套	户	0.05
独用自来水		%	100	其它用途房	套	户	0.01

城市居民家庭平均每百户耐用消费品年末拥有量

表 11-7

项　　目	单位	2005	2006	2007	2008	2009	2010	2011	2012	2013
摩 托 车	辆	20.5	22.5	22.5	18.5	18.3	20.1	21.53	22.66	20.16
助 力 车	辆			34.5	59	65.4	65.2	91.87	94.58	98.05
家用轿车	辆			1	4	4.5	6.4	11.96	14.78	19.46
洗 衣 机	台	91	94.5	95	96	96.0	95.6	94.26	95.07	96.34
电 冰 箱	台	77	80.5	91	98	98.5	98.5	96.65	99.01	100.16
彩色电视机	台	127	134.5	131	152	155.9	154.9	145.45	153.69	157.74
家用电脑	台	34	42	45	68	73.3	75.0	80.86	89.66	90.51
组合音响	台	21	21	22.5	27.5	27.2	25.5	21.05	16.26	5.21
摄 像 机	架			4.5	6.5	7.4	6.9	5.74	5.42	8.48
照 相 机	架	31	33.5	32.5	38	35.6	35.3	38.28	41.87	40.00
其它中高档乐器	件			3	6.5	5.9	4.9	5.26	4.43	4.59
微 波 炉	台			58	73.5	76.7	76.0	70.81	72.91	70.12
空 调 器	台	73	92	98	137	146.5	148.0	164.59	173.40	176.65
淋浴热水器	台	72	77.5	76.5	94.5	98.0	96.6	94.74	95.57	98.75
消毒碗柜	台			1.5	4	4.5	4.4	6.7	6.40	7.94
健身器材	套	2	3.5	5.5	9	8.4	8.3	2.39	2.46	9.88
固定电话	部	128	140.5	136.5	112.5	113.4	109.8	77.03	73.40	53.62
移动电话	部	75	107	102.5	169.5	172.3	177.0	200.96	225.62	232.92

注：本页所缺数据系因当年未作统计。

城市居民主要消费品人均年消费量

表 11-8　　　　单位:元

项　　目	单位	2005	2006	2007	2008	2009	2010	2011	2012	2013
粮　　食	千克	99	96.29	97	96	97	91.19	94.44	92.29	104.92
油 脂 类	公斤	9.88	9.73	10.03	10.1	9.82	8.78	9.27	9.84	12
猪　　肉	千克	18.62	18.56	15.82	16.8	18.73	19.55	18.92	20.3	24.05
牛 羊 肉	千克	4.24	3.98	4.02	3.35	4.08	4.05	4.18	2.9	3.03
家禽及制品	千克	8.89	8.32	9.39	9.52	10.72	10.78	10.29	10.22	7.47
蛋　　类	千克	16.37	16.93	16.99	17.64	18.71	15.93	17.31	16.5	20.5
鱼　　虾	千克	24.44	25.48	22.59	20.29	21.37	21.54	20.06	21.58	23.93
鲜　　菜	千克	115	119.55	117.11	128.45	130.77	137.32	136.24	134.4	131.25
食糖及糖果	千克	1.85	1.57	1.81	1.74	1.73				
卷　　烟	盒	26	29	28	27	26				
酒	千克	7.77	8.17	8.34	8.14	7.64	8.11	5.99	6.01	7.65
#啤　　酒	千克	4.56	4.94	5.16		4.59	5.42	3.15	3.52	3.89
干鲜瓜果	千克	67.33	70.28	72.26	73.51	75.21				
糕　　点	千克	4.03	4.18	4.08	5.15	5.03	5.17	5.47	5.53	5.66
鲜　　奶	千克	17.1	16.98	16.68	14.4	15.04	14.62	14.04	13.79	14
煤　　炭	千克	116	92	61.6	59.07	41.48	53.42	55.3	31.34	12.39
液化石油气	千克	19	15	16.34	17.9	17.8	13.62	10.23	13.75	14.39

注:空档没有统计数据。

农民家庭基本情况

表 11-9

项　　　　目	单位	2005	2006	2007	2008	2009	2010	2011	2012	2013
一、调查户数	户	**430**	**430**	**430**	**430**	**430**	**430**	**770**	**770**	**688**
二、常住人口	人	**1787**	**1756**	**1728**	**1724**	**1725**	**1728**	**3063**	**3055**	**2640**
户均常住人口	人	4.16	4.08	4.01	4.01	4.01	4.02	3.98	3.97	3.84
三、人均年收入										
总收入	元	5322	5746	6481	7396	8139	9219	11033	12368	13904
纯收入	元	3869	4265	4828	5454	6111	7039	8434	9589	10745
四、农民家庭住房情况										
人均年末住房价值	元	7398	7646	8882	10454	11628	12815	26740	28643	40794
人均年末住房面积	平方米	24.5	26	29.6	31.8	33.5	35.3	41.3	42.0	43.3
# 钢筋混凝土结构面积	平方米	6.37	8.5	10	10.0	11.6	12.6	18.9	20.8	29.4
砖木结构面积	平方米	17.99	17.5	19.6	21.6	21.9	22.8	22.4	20.5	13.9
其他结构面积	平方米	0.14				0.01	0.01	0.02	0.8	

分地区农民家庭基本情况

表 11-10　　(2013 年)

指　　标	单　位	合　计	市　区	赣榆县	东海县	灌云县	灌南县
一 、调查户数	**户**	**688**	**109**	**143**	**130**	**141**	**165**
二 、常住人口	**人**	**2640**	**378**	**539**	**507**	**539**	**677**
户均常住人口	人	3.84	3.47	3.77	3.90	3.82	4.10
三 、人均年收入							
总收入	元	13904	16655	15721	15163	12611	11801
纯收入	元	10745	12366	11564	11118	10016	9488
四 、农民家庭住房情况							
人均年末住房价值	元	40794	68310	42222	33455	34134	36514
人均年末住房面积	平方米	43.3	54.4	41.1	41.7	44.2	41.0
# 钢筋混凝土结构面积	平方米	29.4	50.0	2.8	41.3	27.5	32.6
砖木结构面积	平方米	13.9	4.4	38.3	0.4	16.7	8.2
其他结构面积	平方米						0.2

农民人均总收入、总支出

表 11-11　　(2013 年)　　单位:元

指　　标	合　计	市　区	赣榆县	东海县	灌云县	灌南县
一 、全年总收入	**13904**	**16655**	**15721**	**15163**	**12611**	**11801**
1、工资性收入	6053	7061	6555	5915	5573	5575
2 、家庭经营收入	7007	8580	8417	7960	6394	5576
3 、转移性收入	627	631	668	938	495	465
4、财产性收入	216	381	81	350	150	184
二 、全年总支出	**10522**	**13785**	**12502**	**11204**	**8166**	**9283**
# 1. 家庭经营费用支出	2656	3587	3541	3249	2326	2045
2 . 购置生产用固定资产支出	204	600	268	120	45	123
3 . 生活消费支出	6932	8141	7633	7326	5467	6567
4 . 转移性支出	703	1456	1019	509	328	476

农民人均生活费支出情况

表 11-12　　单位:元

指　　标	2001	2002	2003	2004	2005	2006
生活费支出	1627	1723	1778	2048	2574	2797
1．食品	756	773	848	1021	1186	1266
2．衣着	99	109	105	127	168	172
3．居住	271	284	210	145	253	338
4．家庭设备用品及服务	57	68	67	73	118	120
5. 医疗保健	75	81	75	95	141	145
6．交通和通信	84	129	152	188	243	284
7. 文化娱乐用品及服务	239	240	290	348	396	410
8．其他商品和服务	46	39	31	51	68	62

表 11-12 续表.　　单位:元

指　　标	2007	2008	2009	2010	2011	2012	2013
生活费支出	3317	3746	4291	4766	5498	6210	6932
1．食品	1450	1580	1711	1947	2018	2259	2457
2．衣着	208	233	266	314	360	425	460
3．居住	515	589	736	757	968	1041	1203
4．家庭设备用品及服务	150	180	248	304	388	427	479
5. 医疗保健	165	196	265	275	298	331	365
6．交通和通信	320	363	387	418	483	512	611
7. 文化娱乐用品及服务	442	533	599	689	894	1127	1260
8．其他商品和服务	67	73	80	63	88	90	97

农民人均生活消费支出分类情况

表 11-13　　(2013 年)　　单位:元

指　　标	合　计	市　区	赣榆县	东海县	灌云县	灌南县
生活消费支出	**6932**	**8141**	**7454**	**7326**	**5467**	**6567**
一、食品消费支出	2457	2614	2351	2623	2066	2504
1、食品消费品支出	2020	2266	1955	2050	1809	1963
2、食品消费服务性支出	432	348	395	572	256	541
二、衣着消费支出	460	629	643	472	333	312
1、衣着消费品支出	459	627	641	471	333	311
2、衣着消费服务性支出	1	2	2	1	1	0
三、居住消费支出	1203	1468	1257	1060	789	1446
1、居住消费品支出	889	1166	919	733	447	1173
2、居住消费服务性支出	315	302	338	327	342	272
四、家庭设备用品消费支出	479	628	599	593	336	327
1、家庭设备用品消费品支出	471	620	591	583	333	319
2、家庭设备用品服务性消费支出	7	8	8	10	3	8
五、交通和通讯消费支出	611	726	707	698	442	540
1、交通和通讯用品支出	327	426	394	456	212	216
2、交通和通讯服务消费支出	283	300	313	242	230	324
六、文化教育娱乐消费支出	1260	1514	1383	1366	1039	1117
1、文化教育娱乐用品消费支出	306	394	289	413	340	163
2、教育服务消费支出	655	134	914	644	491	877
3、文化、体育、娱乐服务消费支出	299	985	181	309	208	77
七 、 医疗保健消费支出	365	438	408	428	350	253
1、医疗保健用品消费支出	119	128	170	79	166	66
2、医疗保健服务消费支出	246	309	238	349	184	187
八 、 其他商品和服务消费支出	97	125	106	86	112	68
1、其他商品支出	60	90	74	49	51	46
2、其他消费服务支出	37	35	33	37	60	23

农民家庭平均每人主要消费品年消费量

表 11-14 (2013 年)

指标	单位	合计	市区	赣榆县	东海县	灌云县	灌南县
粮食	公斤	147.9	145.7	119.7	176.6	127.3	114.0
油脂类	公斤	8.0	10.1	6.5	9.1	7.2	7.4
豆制品	公斤	8.0	10.5	5.3	8.1	11.7	12.8
蔬菜及菜制品	公斤	84.0	99.1	67.5	82.6	76.3	97.9
瓜类	公斤	17.0	21.4	32.2	14.3	11.6	9.7
水果类	公斤	18.0	21.9	32.8	14.5	11.8	9.9
坚果	公斤	1.6	1.9	1.4	1.2	1.9	1.6
肉禽及其制品	公斤	16.8	22.8	15.7	15.3	17.5	18.0
#:猪肉	公斤	8.8	12.2	8.7	9.2	6.6	10.2
牛肉	公斤	1.5	1.8	0.6	1.3	2.1	0.0
羊肉	公斤	0.2	0.2	0.2	0.2	0.2	0.0
家禽	公斤	3.8	4.9	2.7	2.4	5.0	4.7
其他肉禽及制品	公斤	3.4	3.7	3.5	2.2	3.6	3.1
蛋类及其制品	公斤	9.1	10.5	11.1	8.8	5.9	7.7
奶和奶制品	公斤	5.7	9.8	9.9	1.2	5.2	3.7
水产品	公斤	8.4	18.5	10.3	5.9	10.9	11.9
食糖	公斤	0.7	0.7	0.4	0.6	1.0	0.6
酒	公斤	7.9	13.0	8.3	9.2	6.8	6.0

农民家庭平均每百户耐用消费品年末拥有量

表 11-15 (2013 年)

指　　标	单　位	全　市	市　区	赣榆县	东海县	灌云县	灌南县
洗衣机	台	95	97	101	92	92	94
电冰箱	台	77	81	71	62	73	81
空调器	台	73	104	45	54	60	92
抽油烟机	台	23	48	28	23	4	16
微波炉	台	28	40	34	28	18	24
热水器	台	80	92	90	85	64	76
自行车	辆	94	112	93	76	62	124
摩托车	辆	38	41	38	53	30	29
电话机	部	65	71	66	75	65	38
移动电话	部	221	255	220	195	184	240
彩色电视机	台	127	139	128	112	111	144
摄像机	台	2	4	1	3	1	1
照相机	架	8	33	6	7	1	1
家用计算机	台	44	73	57	46	30	29

历 年 物 价 指 数

表 11-16

年　　份	商品零售价格指数	居民消费价格指数
	上年=100	上年=100
1987	100.7	100.7
1979	102.0	101.9
1980	106.0	107.5
1981	102.4	102.5
1982	101.9	102.0
1983	100.8	100.8
1984	104.7	104.8
1985	109.6	109.0
1986	105.8	105.6
1987	108.8	108.3
1988	123.7	123.4
1989	117.0	117.3
1990	102.7	103.6
1991	107.3	107.2
1992	106.9	108.2
1993	115.4	117.3
1994	122.5	125.9
1995	113.2	116.1
1996	107.5	111.5
1997	99.2	101.2
1998	98.1	99.6
1999	96.2	98.4
2000	98.4	101.2
2001	98.8	100.7
2002	97.5	98.9
2003	99.7	101.6
2004	101.3	102.9
2005	101.1	102.0
2006	100.6	101.4
2007	102.4	104.2
2008	104.6	104.8
2009	98.7	99.3
2010	102.6	103.5
2011	104.5	104.9
2012	102.0	102.3
2013	101.5	102.2

居民消费价格总指数

表 11-17

指标	以上年价格为 100								
	2005	2006	2007	2008	2009	2010	2011	2012	2013
居民消费价格总指数	**102.0**	**101.4**	**104.2**	**104.8**	**99.3**	**103.5**	**104.9**	**102.3**	**102.2**
服务项目价格指数	**101.6**	**103.4**	**106.1**	**103.7**	**100.3**	**104.2**	**103.0**	**101.1**	**101.7**
一、食　　品	105.4	102.1	109.3	111.8	99.1	106.9	109.6	105.2	104.4
#粮　　食	102.0	101.1	103.0	107.3	103.0	111.0	110.8	102.2	104.6
油　　脂	92.8	100.2	138.2	123.2	76.8	101.8	113.7	104.8	100.9
肉禽及其制品	107.1	97.4	129.4	118.2	89.2	102.8	121.8	101.3	106.0
蛋	104.2	94.2	126.0	104.6	99.8	109.9	117.6	97.5	102.9
水 产 品	107.7	93.2	86.2	101.5	102.4	105.7	108.6	105.5	103.2
鲜　　菜	124.9	108.7	96.3	102.9	111.5	124.5	94.5	114.9	105.1
液体乳及乳制品	99.4	100.9	101.4	133.8	102.9	103.6	108.4	103.7	104.0
干鲜瓜果	97.8	126.9	105.6	112.2	103.1	109.3	111.4	99.6	107.4
二、烟　　酒	99.5	99.9	100.7	103.9	101.8	101.2	104.2	105.4	99.0
三、衣　　着	98.0	99.4	99.2	96.6	101.4	99.3	104.1	102.0	102.9
#服　　装	99.3	98.5	98.2	96.4	100.3	99.9	105.6	101.6	102.4
衣着材料	101.8	101.5	98.1	103.3	109.9	108.8	106.2	100.4	104.3
四、家庭设备用品及维修服务	98.6	102.2	103.8	102.3	101.3	99.8	106.0	99.8	101.1
#耐用消费品	97.3	101.7	102.9	102.8	99.8	95.5	104.4	98.9	100.1
五、医疗保健和个人用品	99.3	103.6	101.2	101.1	99.2	101.0	101.2	100.6	100.0
六、交通和通讯	97.1	96.3	98.1	97.6	98.3	100.2	101.0	100.1	100.5
七、娱乐教育文化用品及服务	100.7	100.4	103.4	102.6	98.3	100.2	100.9	98.6	100.5
#教育服务	101.8	105.0	110.6	109.3	100.4	100.6	99.0	100.4	98.8
八、居　　住	105.6	104.4	103.0	104.2	99.5	106.9	104.5	102.5	102.2

商品零售价格总指数

表 11-18

指标	以上年价格为100								
	2005	2006	2007	2008	2009	2010	2011	2012	2013
商品零售价格总指数	**101.1**	**100.6**	**102.4**	**104.6**	**98.7**	**102.6**	**104.5**	**102.0**	**101.5**
一、食　品	105.4	102.1	109.2	111.9	99.4	107.2	109.7	105.2	104.3
#粮　　食	101.4	101.2	103.7	107.3	103.4	111.5	110.5	102.2	104.6
油　　脂	92.5	100.3	138.3	123.2	76.9	101.8	113.7	104.8	100.9
肉禽及其制品	110.0	97.7	128.6	118.1	89.8	101.7	121.5	101.5	105.8
水 产 品	104.6	93.4	85.9	101.3	101.2	105.8	108.6	105.5	103.2
鲜　　菜	124.9	108.7	96.3	102.9	111.5	124.5	93.9	114.9	105.1
鲜　　果	96.3	134.5	101.2	112.0	105.7	108.8	111.0	98.9	107.4
二、饮料、烟酒	99.8	100.3	100.1	103.1	99.9	102.2	103.2	104.4	99.7
三、服装、鞋帽	97.8	99.1	99.3	96.4	101.0	99.2	103.8	102.0	102.7
四、纺织品	99.8	98.9	97.6	100.5	101.2	93.6	116.9	101.0	103.5
五、家用电器及音像器材	95.8	97.2	95.6	95.8	92.5	91.8	100.6	97.7	97.4
六、文化办公用品	97.6	94.5	90.4	84.3	89.3	96.8	98.5	91.4	100.6
七、日 用 品	99.1	99.5	99.4	103.1	105.7	99.6	101.9	99.3	101.5
八、体育娱乐用品	99.9	98.6	102.1	104.8	99.5	95.5	96.7	104.6	99.7
九、交通、通信用品	90.3	88.3	90.8	91.3	93.4	98.9	95.6	98.5	99.8
十、家　　具	98.3	101.7	104.8	106.0	104.6	97.7	107.0	94.1	103.9
十一、化妆品	99.4	101.2	100.4	102.7	100.9	97.0	102.1	103.7	101.5
十二、金银珠宝	109.7	145.2	111.1	119.9	88.2	107.7	116.9	104.4	93.0
十三、中西药品及医疗保健用品	97.3	98.6	100.3	99.3	96.1	102.3	98.1	100.1	101.2
十四、书报杂志及电子出版物	102.1	100.2	99.0	105.5	112.5	99.7	99.7	100.0	100.1
十五、燃 料	112.7	111.4	102.6	111.6	83.8	116.4	109.4	102.1	99.5
十六、建筑材料及五金电料	101.2	103.5	107.0	105.4	98.0	102.4	105.6	101.2	100.4

12

科技、教育、文化、卫生

科 学 技 术 基 本 情 况

表 12-1　　(2013 年)

项　　目	单位	合计	市区	赣榆县	东海县	灌云县	灌南县
一、科技活动机构							
1.独立科研机构	个	28	15	2	6	3	2
2.大中型企业科技活动机构	个	143	81	17	14	12	19
二、科技活动人员							
1.独立科研机构	人	789	620	28	63	60	18
2.大中型企业科技活动机构	人	11800	9658	753	548	270	571
三、科学研究成果							
通过鉴定项目	项	107	77	9	13	5	3
# 达到国际水平	项						
达到国内先进水平	项	77	61	6	7	2	1
达到省内先进水平	项	26	13	2	6	3	2
填补市内空白	项	4	3	1			
获市级以上科技进步奖	项	79	60	6	6	4	3
技术成交项目	项	265	221	12	9	7	16
技术成交额	万元	29616	27400	290	730	701	495
四、科技活动经费							
经费支出(独立科研机构)	万元	13724	12705	197	431	287	104
经费收入(独立科研机构)	万元	17172	15971	173	460	451	117
五、专利申请情况	项	9396	3813	1198	2521	934	930
发明专利	项	1046	653	39	147	155	52
实用新型专利	项	1171	682	102	155	192	40
外观设计专利	项	7179	2478	1057	2219	587	838
六、专利授权	项	4410	1968	1046	510	275	611
发明专利	项	290	230	21	21	6	12
实用新型专利	项	1183	649	248	154	99	33
外观设计专利	项	2937	1089	777	335	170	566

工业企业基本情况

表 12-2　　(2013 年)

项目	企业数(个)	有R&D活动	有科技机构	从业人员期末人数(人)	从业人员平均人数(人)
	1	2	3	4	5
总计	**1649**	**344**	**363**	**254585**	251688
一、按企业规模分组					
大型	23	21	23	65902	64506
中型	119	73	86	63277	62969
小型	1451	248	252	124649	123194
微型	56	2	2	757	1019
二、按隶属关系分组					
中央	10	9	9	8562	8510
省(自治区、直辖市)	9	2	2	7534	7179
地(区、市、州、盟)	34	13	15	25504	25512
县(区、市、旗)	30	12	13	5328	5281
街道	1			72	72
镇	8	1	1	963	914
乡	9	4	4	2780	2817
社区(居委会)					
村委会	1			20	20
其他	1547	303	319	203822	201383
三、按登记注册类型分组					
内资企业	1435	287	302	198968	197148
国有企业	5	1	1	2708	2726
集体企业	3			352	347
股份合作企业	1	1	1	117	116
联营企业					
国有联营企业					
集体联营企业					
国有与集体联营企业					
其他联营企业					
有限责任公司	225	64	67	53009	52592
国有独资公司	12	6	6	6868	6865
其他有限责任公司	213	58	61	46141	45727
股份有限公司	22	5	5	13427	13350
私营企业	1173	215	227	129029	127693
私营独资企业	138	17	16	10071	10141
私营合伙企业	2			195	194
私营有限责任公司	991	187	201	113104	111712

表 12-2 续表 1

项　　　目	企业数（个）	有 R&D 活动	有科技机构	从业人员期末人数（人）	从业人员平均人数（人）
	1	2	3	4	5
私营股份有限公司	42	11	10	5659	5646
其他企业	6	1	1	326	324
港、澳、台商投资企业	72	20	21	17849	17149
与港澳台商合资经营企业	30	8	9	5352	5435
与港澳台商合作经营企业					
港澳台商独资经营企业	38	10	9	7078	6959
港澳台商投资股份有限公司	4	2	3	5419	4755
其他港澳台投资企业					
外商投资企业	142	37	40	37768	37391
中外合资经营企业	66	19	21	12889	13121
中外合作经营企业					
外资企业	72	15	17	18760	18600
外商投资股份有限公司	4	3	2	6119	5670
其他外商投资企业					
四、按国民经济行业大类分组					
采矿业	24	5	6	7080	7181
有色金属矿采选业	3			90	90
非金属矿采选业	20	4	5	6716	6816
开采辅助活动	1	1	1	274	275
制造业	1605	337	354	241907	238876
农副食品加工业	168	14	16	13767	14083
食品制造业	29	6	6	4390	4364
酒、饮料和精制茶制造业	22	5	4	3384	3331
纺织业	37	8	9	7117	7025
纺织服装、服饰业	91	4	4	16676	16752
皮革、毛皮、羽毛及其制品和制鞋业	13	2	2	3953	3932
木材加工和木、竹、藤、棕、草制品业	46	5	7	5450	5333
家具制造业	10	1		617	673
造纸和纸制品业	18			1514	1460
印刷和记录媒介复制业	46	2	2	3367	3348
文教、工美、体育和娱乐用品制造业	52	5	6	7015	6974
石油加工、炼焦和核燃料加工业	5	1	1	1144	1138
化学原料和化学制品制造业	272	74	79	38135	37674
医药制造业	65	21	21	28893	27426
化学纤维制造业	6	4	3	1115	1110

表 12–2 续表 2

项目	企业数（个）	有 R&D 活动	有科技机构	从业人员期末人数（人）	从业人员平均人数（人）
	1	2	3	4	5
橡胶和塑料制品业	38	3	4	3354	3348
非金属矿物制品业	276	67	65	27681	27523
黑色金属冶炼和压延加工业	53	7	10	15572	15439
有色金属冶炼和压延加工业	28	5	4	3019	2686
金属制品业	60	3	6	5371	5174
通用设备制造业	38	10	12	6153	6134
专用设备制造业	72	32	34	10059	9987
汽车制造业	20	8	10	2041	2018
铁路、船舶、航空航天和其他运输设 制造业	18	9	9	11389	11399
电气机械和器材制造业	71	26	24	12364	12268
计算机、通信和其他电子设备制造业	29	10	12	6225	6121
仪器仪表制造业	6	4	3	1223	1233
其他制造业	6			382	386
废弃资源综合利用业	10	1	1	537	537
电力、热力、燃气及水生产和供应业	20	2	3	5598	5631
电力、热力生产和供应业	12	2	2	4649	4690
燃气生产和供应业	3			240	236
水的生产和供应业	5		1	709	705
五、按企业控股情况分组					
国有控股	47	24	25	23894	2919986
集体控股	9	1	2	1687	1982461
私人控股	1392	262	276	171821	27259693
港澳台商控股	65	19	20	15832	1787314
外商控股	111	28	31	32670	6429471
其他	25	10	9	5784	631849
六、按地区分组					
连云港市	1649	344	363	254585	251688
市辖区					
连云区	206	49	59	46777	46337
新浦区	46	11	12	28815	28291
海州区	63	22	22	15772	15652
赣榆县	471	51	58	47024	46965
东海县	429	117	111	48646	48352
灌云县	246	43	45	37571	37107
灌南县	188	51	56	29770	28775

表 12-2 续表 3

项　　　　目	工业总产值(万元)	主营业务收入(万元)	利润总额(万元)	主营业务税金及附加(万元)
	6	7	8	9
总　　计	**41010774**	**40836646.2**	**3160934.4**	**359919.2**
一、按企业规模分组				
大型	11401645.8	11353959.4	1229743.9	107093.9
中型	12031752.1	12126507	708621.2	85570.7
小型	17318289.4	17102808.4	1208615.1	165890.4
微型	259086.7	253371.4	13954.2	1364.2
二、按隶属关系分组				
中央	1236595.5	1198947.4	303296.4	13923.4
省(自治区、直辖市)	962666.9	923893	146778.4	8346.6
地(区、市、州、盟)	1903945.2	1739625.5	218022.7	22868.8
县(区、市、旗)	427842.5	448799.7	6482.6	1502.5
街道	9673.4	9023	−29.7	136
镇	86998.9	85009.3	5839.7	732.8
乡	205705.4	204787	17738.9	1479.5
社区(居委会)				
村委会	2011.7	2011.7	−8.3	
其他	36175334.5	36224549.6	2462813.7	310929.6
三、按登记注册类型分组				
内资企业	31720700.1	31368853.2	2442271.7	317064.3
国有企业	149692.8	146667.1	−13747.4	883.3
集体企业	20237.1	19679.5	999.9	227.3
股份合作企业	7423.5	7493.1	350.6	49.5
联营企业				
国有联营企业				
集体联营企业				
国有与集体联营企业				
其他联营企业				
有限责任公司	8794972.2	8669007.9	789282.3	94732.9
国有独资公司	328220.6	309721.3	9646.4	3181.5
其他有限责任公司	8466751.6	8359286.6	779635.9	91551.4
股份有限公司	1519875.7	1423802.2	209551.3	13508.4
私营企业	21185333.6	21059221.2	1451157.5	207065.1
私营独资企业	1743534	1730601.6	134048.2	17874.5
私营合伙企业	47430.1	46343.9	3327.2	814
私营有限责任公司	18461794.8	18368113.9	1241140.3	177541.9

表 12-2 续表 4

项　目	工业总产值(万元)	主营业务收入(万元)	利润总额(万元)	主营业务税金及附加(万元)
	6	7	8	9
私营股份有限公司	932574.7	914161.8	72641.8	10834.7
其他企业	43165.2	42982.2	4677.5	597.8
港、澳、台商投资企业	1801843.7	1807011.8	173920.4	12929.5
与港澳台商合资经营企业	507111.3	513146.1	30440.9	2547.2
与港澳台商合作经营企业				
港澳台商独资经营企业	602075.8	606170.7	19609	3105.8
港澳台商投资股份有限公司	692656.6	687695	123870.5	7276.5
其他港澳台投资企业				
外商投资企业	7488230.2	7660781.2	544742.3	29925.4
中外合资经营企业	3810786.5	3914722.4	241087.4	11507.5
中外合作经营企业				
外资企业	3117734	3233909.3	179350.1	10036.7
外商投资股份有限公司	559709.7	512149.5	124304.8	8381.2
其他外商投资企业				
四、按国民经济行业大类分组				
采矿业	529382.5	529237	31807.5	5295.7
有色金属矿采选业	53863.1	53198.7	-1551.9	7.9
非金属矿采选业	428316.7	428835.6	27935.6	4904.8
开采辅助活动	47202.7	47202.7	5423.8	383
制造业	39371824.9	39183084.3	2800138.6	341404.5
农副食品加工业	3247875	3291653	243530.3	19595.7
食品制造业	263319.3	255762.1	15919.8	1807.8
酒、饮料和精制茶制造业	403155.7	393830.4	31684.3	22995.8
纺织业	329021	330556.6	25704.4	2832.8
纺织服装、服饰业	773829.2	775819	69449.9	10286.2
皮革、毛皮、羽毛及其制品和制鞋业	177658.4	178966.1	7778.1	1809.8
木材加工和木、竹、藤、棕、草制品业	553427.2	538718.6	27438.5	4130.9
家具制造业	53406.8	53711.3	4239.6	495.2
造纸和纸制品业	151506	150355.4	12374	1351.9
印刷和记录媒介复制业	363688.7	364288.7	28291.1	5004.5
文教、工美、体育和娱乐用品制造业	421759.5	420536.5	38248.4	6333.7
石油加工、炼焦和核燃料加工业	1978735.7	1966279	27921.3	26643
化学原料和化学制品制造业	7405124.8	7374058.5	390352.7	40797.9
医药制造业	3337945.7	3138293.7	562243.2	39807.9
化学纤维制造业	253158.8	256199.1	14080.4	305.1

表 12-2 续表 5

项　　目	工业总产值(万元)	主营业务收入(万元)	利润总额(万元)	主营业务税金及附加(万元)
	6	7	8	9
橡胶和塑料制品业	327931.1	328444.5	27382.8	2877.1
非金属矿物制品业	3831317.2	3797674.9	273674.8	32721.9
黑色金属冶炼和压延加工业	5939092.1	5930646.5	317678	57558.9
有色金属冶炼和压延加工业	1445593.3	1475506.9	59387.8	5984.8
金属制品业	1360485.9	1360846.1	100211.5	10962.3
通用设备制造业	866955.7	845227.1	71636.9	6730.1
专用设备制造业	1185873.4	1252293.2	119531.5	6849.1
汽车制造业	333913.1	342157.3	29133	2633.7
铁路、船舶、航空航天和其他运输设 制造业	1577526.9	1569305.5	102460.5	10815.1
电气机械和器材制造业	1441610.3	1441596.2	104691.7	11104.2
计算机、通信和其他电子设备制造业	1111813.5	1112284.8	82377.3	6483.8
仪器仪表制造业	54076.7	46023.8	1831.6	152.8
其他制造业	54270.2	53066.9	2112.6	1334.3
废弃资源综合利用业	127753.7	138982.6	8772.6	998.2
电力、热力、燃气及水生产和供应业	1109566.6	1124324.9	328988.3	13219
电力、热力生产和供应业	1021799	1032582	318865.2	12354
燃气生产和供应业	62576.2	67901	8198.7	506.3
水的生产和供应业	25191.4	23841.9	1924.4	358.7
五、按企业控股情况分组				
国有控股	2921703.4	400139.4	18491	7815.5
集体控股	1974268.4	25487.2	26646.7	35.6
私人控股	26954627	1994078.7	275293.3	25881.2
港澳台商控股	1769824.8	169349.1	11875.6	2695.6
外商控股	6588858.7	466431.6	24317.7	6163.1
其他	627363.9	105448.4	3294.9	748.9
六、按地区分组				
连云港市	41010774	40836646.2	3160934.4	359919.2
市辖区				
连云区	9681124	9936432	919755.7	34315
新浦区	2717548.9	2505135	360409.3	30729.5
海州区	1436647.6	1451350.5	111277.9	7143.2
赣榆县	10907489.3	10799061.4	621712.9	148397.3
东海县	6205413.3	6187384.3	449187.1	52111.8
灌云县	5061255.3	4980167.4	350178.5	39007
灌南县	5001295.6	4977115.6	348413	48215.4

表 12-2 续表 6

项　　目	管理费用中的税　金(万元)	应交增值税(万元)	资产总计(万元)	出口交货值(万元)
	7	8	9	10
总　　计	**43339.9**	**1563232.3**	**23272594.1**	**1407739.9**
一、按企业规模分组				
大型	14091.4	666274.4	10493407	166509.7
中型	10442.7	436815.9	5172153.3	803255.2
小型	18512.9	456901.3	7378837.7	437525.2
微型	292.9	3240.7	228196.1	449.8
二、按隶属关系分组				
中央	4920.9	111905.2	4364993.5	35043.3
省(自治区、直辖市)	1481.8	69228.5	1254942	3553
地(区、市、州、盟)	4492	137863.5	2670030.3	97217.9
县(区、市、旗)	764.9	6795.9	444421.3	18811.5
街道	0.2	117.4	662	
镇	125.6	2769.1	43416.5	
乡	343.2	5973.7	119647.2	76102.5
社区(居委会)				
村委会	1.3	32.2	434.1	
其他	31210	1228546.8	14374047.2	1177011.7
三、按登记注册类型分组				
内资企业	32981.2	1127005.2	18227440.3	497006
国有企业	383.3	4550	129935	24682
集体企业	8.6	183.1	5814.6	
股份合作企业		69.9	2715.2	
联营企业				
国有联营企业				
集体联营企业				
国有与集体联营企业				
其他联营企业				
有限责任公司	9902.3	378585.2	8641345.3	125464.2
国有独资公司	1203.8	11150.5	888151.1	3027.2
其他有限责任公司	8698.5	367434.7	7753194.2	122437
股份有限公司	2488.9	100783.9	2196805.6	9307.9
私营企业	20166.7	641608.5	7237596.9	337551.9
私营独资企业	985.2	44150.3	410601.6	42936.4
私营合伙企业	13.4	952	15461	
私营有限责任公司	17806.4	559577.3	6378970.7	291086.8

表 12-2 续表 7

项　　　目	管理费用中的税　金(万元)	应交增值税(万元)	资产总计(万元)	出口交货值(万元)
	7	8	9	10
私营股份有限公司	1361.7	36928.9	432563.6	3528.7
其他企业	31.4	1224.6	13227.7	
港、澳、台商投资企业	2834.3	102293.2	1544383.4	138300.9
与港澳台商合资经营企业	970.3	13144.3	411955.3	100101.5
与港澳台商合作经营企业				
港澳台商独资经营企业	817.9	25763.3	588173.2	6836.1
港澳台商投资股份有限公司	1046.1	63385.6	544254.9	31363.3
其他港澳台投资企业				
外商投资企业	7524.4	333933.9	3500770.4	772433
中外合资经营企业	2772.9	148598.4	1763081.4	333555.2
中外合作经营企业				
外资企业	4001	117820.9	1411598.2	415792.3
外商投资股份有限公司	750.5	67514.6	326090.8	23085.5
其他外商投资企业				
四、按国民经济行业大类分组				
采矿业	894.9	17517.5	761391.1	619.4
有色金属矿采选业	10.7	4.9	18350	
非金属矿采选业	884.2	15170.4	701166.9	619.4
开采辅助活动		2342.2	41874.2	
制造业	38522.8	1444250.2	17874804.9	1407120.5
农副食品加工业	1795.5	113507.2	1372932.7	98282.5
食品制造业	924.7	5653.3	136342.4	63507.6
酒、饮料和精制茶制造业	246.3	13570.7	314743.8	
纺织业	316.5	7269.2	162325.9	61365.9
纺织服装、服饰业	1028.3	25994.4	214186.7	118176.6
皮革、毛皮、羽毛及其制品和制鞋业	477.2	5584.8	71877.7	25604.9
木材加工和木、竹、藤、棕、草制品业	395.7	11498.5	228149.6	91864.9
家具制造业	28.5	1578	34782.9	7672.8
造纸和纸制品业	122.1	2821.3	59340.7	2556.5
印刷和记录媒介复制业	792.1	12173.7	129048.2	6396.5
文教、工美、体育和娱乐用品制造业	227.8	9382.5	138054.6	30814.6
石油加工、炼焦和核燃料加工业		75758.7	591731.2	
化学原料和化学制品制造业	7890.1	193674.9	3506967.3	364771.3
医药制造业	4419.6	291867.9	2365301.3	14791.5
化学纤维制造业	353	12661.4	104223.7	1455.1

表 12-2 续表 8

项　　目	管理费用中的税　金(万元)	应交增值税(万元)	资产总计(万元)	出口交货值(万元)
	7	8	9	10
橡胶和塑料制品业	371.6	8114.5	168159.8	7925.2
非金属矿物制品业	4432.9	123061.5	1674844.1	93311.4
黑色金属冶炼和压延加工业	4907.3	207323.2	1699677.4	28268.5
有色金属冶炼和压延加工业	468.2	60938.4	391410.6	68634.1
金属制品业	1058.3	42479.8	447662.1	2578.6
通用设备制造业	1639.9	22236	891281.3	18150.1
专用设备制造业	1240.4	47857.5	873977.4	145782.1
汽车制造业	372.7	5293.6	123348.7	700.4
铁路、船舶、航空航天和其他运输设 制造业	2470.2	60042.5	517061.7	2407.8
电气机械和器材制造业	2160.4	40400.5	1107171.9	28067.4
计算机、通信和其他电子设备制造业	320.8	38978.1	408294.1	111351.2
仪器仪表制造业	3	721	29113.6	12683
其他制造业	6	1324	18753.4	
废弃资源综合利用业	53.7	2483.1	94040.1	
电力、热力、燃气及水生产和供应业	3922.2	101464.6	4636398.1	
电力、热力生产和供应业	3693.2	98973.5	4468155.1	
燃气生产和供应业	50	1513.1	28969.5	
水的生产和供应业	179	978	139273.5	
五、按企业控股情况分组				
国有控股	158842.3	6740641.5	39921.1	
集体控股	75777.5	590697.2	432.9	
私人控股	898165.6	10573984	680708	
港澳台商控股	100724.9	1526106.6	80963.8	
外商控股	295882.6	3081388.7	598876	
其他	33839.4	759776.1	6838.1	
六、按地区分组				
连云港市	43339.9	1563232.3	23272594.1	1407739.9
市辖区				
连云区	12911.6	492309.6	9021415.8	576966.7
新浦区	4612.8	199869	2843270.1	18866.2
海州区	2603.2	37829.9	2321824.8	94156.7
赣榆县	4376.3	322808.3	3078648.8	394080.2
东海县	8036.9	196551	2146811.9	212512.7
灌云县	3098.6	106208.3	1471466.8	52645.6
灌南县	7700.5	207656.2	2389155.9	58511.8

工业企业R&D人员情况

表12-3

(2013年)

指　　　标	R&D人员合计(人)	#1.参加项目人员	2.管理和服务人员	#女性	#研究人员	#1.全时人员	2.非全时人员
	1	2	3	4	5	6	7
总　　计	**12060**	**11136**	**924**	**3404**	**3872**	**8965**	**3095**
一、按企业规模分组							
大型	4265	4006	259	1665	1206	3363	902
中型	3208	2940	268	809	928	2450	758
小型	4576	4180	396	927	1728	3143	1433
微型	11	10	1	3	10	9	2
二、按隶属关系分组							
中央	623	575	48	109	303	331	292
省(自治区、直辖市)	675	612	63	266	195	583	92
地(区、市、州、盟)	2356	2250	106	946	812	1945	411
县(区、市、旗)	269	249	20	45	66	182	87
街道							
镇	36	30	6	6	6	16	20
乡	182	171	11	46	105	94	88
社区(居委会)							
村委会							
其他	7919	7249	670	1986	2385	5814	2105
三、按登记注册类型分组							
内资企业	8758	8125	633	2195	3003	6368	2390
国有企业	153	130	23	25	84	60	93
集体企业							
股份合作企业	26	24	2	4	6	11	15
联营企业							
国有联营企业							
集体联营企业							
国有与集体联营企业							
其他联营企业							
有限责任公司	3201	3012	189	928	1108	2344	857
国有独资公司	186	173	13	46	81	123	63
其他有限责任公司	3015	2839	176	882	1027	2221	794
股份有限公司	812	779	33	271	328	702	110
私营企业	4546	4160	386	966	1469	3233	1313
私营独资企业	239	217	22	48	80	184	55
私营合伙企业							
私营有限责任公司	4100	3757	343	869	1293	2907	1193

表 12-3 续表 1　　　　　　　　　　　　(2013 年)

指　　标	R&D人员合计(人)	#1.参加项目人员	2.管理和服务人员	#女性	#研究人员	#1.全时人员	2.非全时人员
	1	2	3	4	5	6	7
私营股份有限公司	207	186	21	49	96	142	65
其他企业	20	20	0	1	8	18	2
港、澳、台商投资企业	1311	1219	92	571	294	1092	219
与港澳台商合资经营企业	329	312	17	117	163	187	142
与港澳台商合作经营企业							
港澳台商独资经营企业	168	149	19	43	66	99	69
港澳台商投资股份有限公司	814	758	56	411	65	806	8
其他港澳台投资企业							
外商投资企业	1991	1792	199	638	575	1505	486
中外合资经营企业	893	835	58	232	257	677	216
中外合作经营企业							
外资企业	288	266	22	65	123	188	100
外商投资股份有限公司	810	691	119	341	195	640	170
其他外商投资企业							
四、按国民经济行业大类分组							
采矿业	48	42	6	11	25	38	10
有色金属矿采选业							
非金属矿采选业	42	37	5	10	23	34	8
开采辅助活动	6	5	1	1	2	4	2
制造业	11870	10958	912	3386	3711	8922	2948
农副食品加工业	210	196	14	31	61	115	95
食品制造业	91	85	6	15	41	66	25
酒、饮料和精制茶制造业	92	88	4	29	20	59	33
纺织业	99	90	9	21	38	76	23
纺织服装、服饰业	49	45	4	25	11	31	18
皮革、毛皮、羽毛及其制品和制鞋业	181	123	58	77	33	97	84
木材加工和木、竹、藤、棕、草制品业	79	72	7	13	17	59	20
家具制造业	23	23			5		23
造纸和纸制品业							
印刷和记录媒介复制业	25	24	1	8	4	20	5
文教、工美、体育和娱乐用品制造业	76	69	7	18	17	66	10
石油加工、炼焦和核燃料加工业	93	90	3	8	7	86	7
化学原料和化学制品制造业	2106	1921	185	421	696	1399	707
医药制造业	3114	2906	208	1353	730	2786	328
化学纤维制造业	144	134	10	30	53	120	24

表 12-3 续表 2　　　　(2013 年)

指　　标	R&D人员合计(人)	#1.参加项目人员	2.管理和服务人员	#女性	#研究人员	#1.全时人员	2.非全时人员
	1	2	3	4	5	6	7
橡胶和塑料制品业	94	88	6	9	36	59	35
非金属矿物制品业	1349	1209	140	295	578	856	493
黑色金属冶炼和压延加工业	305	275	30	115	63	256	49
有色金属冶炼和压延加工业	308	288	20	46	44	211	97
金属制品业	79	73	6	10	15	51	28
通用设备制造业	287	272	15	37	66	243	44
专用设备制造业	1490	1418	72	425	514	1066	424
汽车制造业	130	118	12	20	45	100	30
铁路、船舶、航空航天和其他运输设备制造业	185	173	12	34	74	121	64
电气机械和器材制造业	678	634	44	150	276	437	241
计算机、通信和其他电子设备制造业	320	296	24	94	164	305	15
仪器仪表制造业	247	234	13	100	96	224	23
其他制造业							
废弃资源综合利用业	16	14	2	2	7	13	3
电力、热力、燃气及水生产和供应业	142	136	6	7	136	5	137
电力、热力生产和供应业	142	136	6	7	136	5	137
燃气生产和供应业							
水的生产和供应业							
五、按企业控股情况分组							
国有控股	1235	1135	100	214	577	821	414
集体控股	93	90	3	8	7	86	7
私人控股	7285	6761	524	1950	2442	5331	1954
港澳台商控股	1228	1138	90	515	265	1041	187
外商控股	1654	1476	178	567	452	1244	410
其他	565	536	29	150	129	442	123
六、按地区分组							
连云港市	12060	11136	924	3404	3872	8965	3095
市辖区							
连云区	3267	2983	284	1025	850	2487	780
新浦区	1924	1790	134	783	615	1632	292
海州区	1596	1522	74	464	454	1077	519
赣榆县	1240	1156	84	275	324	903	337
东海县	2032	1859	173	484	898	1450	582
灌云县	744	683	61	92	443	626	118
灌南县	1257	1143	114	281	288	790	467

表 12-3 续表 3　　　　　　　　　　(2013 年)

指　　标	R&D人员折合全时当量合计（人年）	#研究人员	#1.基础研究人员	2.应用研究人员	3.试验发展人员
	8	9	10	11	12
总　　计	**8863.4**	**2910.3**		**95.9**	**8767.5**
一、按企业规模分组					
大型	3362.9	932.5		52.3	3310.6
中型	2271.1	719.1		27.4	2243.6
小型	3223.1	1252.9		13.9	3209.2
微型	6.3	5.8		2.2	4.1
二、按隶属关系分组					
中央	280.8	131.1		21.6	259.2
省(自治区、直辖市)	670.8	191.2			670.8
地(区、市、州、盟)	1909.5	645.9		29.8	1879.7
县(区、市、旗)	183.9	43.2		10.2	173.8
街道					
镇	13.4	2.1			13.4
乡	177.1	104			177.1
社区(居委会)					
村委会					
其他	5627.7	1792.7		34.3	5593.4
三、按登记注册类型分组					
内资企业	6256.5	2197.6		55.5	6201.1
国有企业	32.5	17.8			32.5
集体企业					
股份合作企业	26.4	6			26.4
联营企业					
国有联营企业					
集体联营企业					
国有与集体联营企业					
其他联营企业					
有限责任公司	2229.6	768.2		55.5	2174.2
国有独资公司	140.8	70.4			140.8
其他有限责任公司	2088.8	697.8		55.5	2033.3
股份有限公司	740.7	301.2			740.7
私营企业	3222.9	1102.7			3222.9
私营独资企业	189.6	61.2			189.6
私营合伙企业					
私营有限责任公司	2859.7	953.6			2859.7

表 12-3 续表 4　　　　　　　　　　　(2013 年)

指　　　　标	R&D人员折合全时当量合计（人年）	#研究人员	#1.基础研究人员	2.应用研究人员	3.试验发展人员
	8	9	10	11	12
私营股份有限公司	173.6	87.9			173.6
其他企业	4.4	1.8			4.4
港、澳、台商投资企业	1029.6	249.4		4.4	1025.1
与港澳台商合资经营企业	306.5	149.6		4.4	302
与港澳台商合作经营企业					
港澳台商独资经营企业	128.6	52			128.6
港澳台商投资股份有限公司	594.5	47.8			594.5
其他港澳台投资企业					
外商投资企业	1577.2	463.2		36	1541.3
中外合资经营企业	585.2	177.5		13	572.3
中外合作经营企业					
外资企业	184.5	91		23	161.5
外商投资股份有限公司	807.5	194.8			807.5
其他外商投资企业					
四、按国民经济行业大类分组					
采矿业	42.6	22.9			42.6
有色金属矿采选业					
非金属矿采选业	37.8	21			37.8
开采辅助活动	4.8	1.9			4.8
制造业	8769.4	2837.8		76.1	8693.2
农副食品加工业	133.1	45.8		2.8	130.3
食品制造业	73	30.3			73
酒、饮料和精制茶制造业	81.4	15.5			81.4
纺织业	76.6	31.8			76.6
纺织服装、服饰业	39.8	9.5			39.8
皮革、毛皮、羽毛及其制品和制鞋业	171.5	27.6			171.5
木材加工和木、竹、藤、棕、草制品业	56.4	13.4			56.4
家具制造业	7.7	1.7			7.7
造纸和纸制品业					
印刷和记录媒介复制业	22.1	3.8			22.1
文教、工美、体育和娱乐用品制造业	51.9	12.1			51.9
石油加工、炼焦和核燃料加工业	92.5	7.2			92.5
化学原料和化学制品制造业	1311.4	451.8		12	1299.4
医药制造业	2563	660		16.7	2546.3
化学纤维制造业	70.6	24.7			70.6

表 12-3 续表 4　　　　　　　　　　　　(2013 年)

指　　标	R&D人员折合全时当量合计（人年）	#研究人员	#1.基础研究人员	2.应用研究人员	3.试验发展人员
	8	9	10	11	12
橡胶和塑料制品业	70.4	27.4			70.4
非金属矿物制品业	949.3	452.9		2.2	947.1
黑色金属冶炼和压延加工业	121.5	29.6			121.5
有色金属冶炼和压延加工业	265.8	40.7			265.8
金属制品业	9.7	1.9			9.7
通用设备制造业	184.6	47.9			184.6
专用设备制造业	1189.5	400.5		17.2	1172.3
汽车制造业	87.8	31.2			87.8
铁路、船舶、航空航天和其他运输设备制造业	151.7	66.1			151.7
电气机械和器材制造业	552.3	225.3		25.2	527.1
计算机、通信和其他电子设备制造业	200.3	88.1			200.3
仪器仪表制造业	225.6	86.7			225.6
其他制造业					
废弃资源综合利用业	10	4.3			10
电力、热力、燃气及水生产和供应业	51.4	49.5		19.7	31.7
电力、热力生产和供应业	51.4	49.5		19.7	31.7
燃气生产和供应业					
水的生产和供应业					
五、按企业控股情况分组					
国有控股	547.2	268.4		26	521.2
集体控股	92.5	7.2			92.5
私人控股	5605.9	1942.9		33.9	5572
港澳台商控股	950.7	224.3			950.7
外商控股	1335.3	373.9		36	1299.3
其他	331.7	93.6			331.7
六、按地区分组					
连云港市	8863.4	2910.3		95.9	8767.5
市辖区					
连云区	1939.9	455.3		54	1885.9
新浦区	1836	580.7		14.8	1821.2
海州区	1259.9	359		15	1244.9
赣榆县	814.1	225.9			814.1
东海县	1578.4	728.8			1578.4
灌云县	598.3	357			598.3
灌南县	836.9	203.5		12	824.9

工业企业 R&D 经费情况

表 12–4 (2013 年)

指 标	R&D经费内部支出合计	(一)按活动类型分组			(二)按支出用途分组	
		#1. 基础研究支出	2. 应用研究支出	3.试验发展支出	1.经常费支出	#人员劳务费
	1	2	3	4	5	6
总 计	**260941.2**		**2641.2**	**258300**	**227847**	**80681.9**
一、按企业规模分组						
大型	116849.7		1535.4	115314.3	103766.3	37943.4
中型	57810.7		649.8	57160.9	50862.2	16115.8
小型	85918.5		278	85640.5	72988.3	26519.3
微型	362.3		178	184.3	230.2	103.4
二、按隶属关系分组						
中央	13766.1		117.2	13648.9	12927.3	2995.5
省(自治区、直辖市)	20169.8			20169.8	16902.8	7587.4
地(区、市、州、盟)	71815.3		1416.3	70399	64433.7	23833
县(区、市、旗)	6824.4		139.3	6685.1	5789.2	1323.7
街道						
镇	419			419	307.7	142.8
乡	2283.9			2283.9	2168.6	871
社区(居委会)						
村委会						
其他	145662.7		968.4	144694.3	125317.7	43928.5
三、按登记注册类型分组						
内资企业	204128.3		1673.3	202455	178775.7	61462.6
国有企业	3409.4			3409.4	3009.8	1270.7
集体企业						
股份合作企业	406.9			406.9	291.7	110.6
联营企业						
国有联营企业						
集体联营企业						
国有与集体联营企业						
其他联营企业						
有限责任公司	67123.9		1673.3	65450.6	58361.9	19467.5
国有独资公司	2871.8			2871.8	2597.1	1004.1
其他有限责任公司	64252.1		1673.3	62578.8	55764.8	18463.4
股份有限公司	47913.1			47913.1	44818	14959.3
私营企业	85095			85095	72114.3	25555.5
私营独资企业	3896.2			3896.2	3338.6	1227.2
私营合伙企业						
私营有限责任公司	77242.2			77242.2	65750.3	23276.3

表 12-4 续表 1 (2013 年)

指 标	R&D经费内部支出合计	(一)按活动类型分组			(二)按支出用途分组	
		#1. 基础研究支出	2. 应用研究支出	3.试验发展支出	1.经常费支出	#人员劳务费
	1	2	3	4	5	6
私营股份有限公司	3956.6			3956.6	3025.4	1052
其他企业	180			180	180	99
港、澳、台商投资企业	18135.3		245.4	17889.9	15899.9	5990.3
与港澳台商合资经营企业	5727		245.4	5481.6	4481.1	1552.2
与港澳台商合作经营企业						
港澳台商独资经营企业	2128.8			2128.8	1906.1	958.8
港澳台商投资股份有限公司	10279.5			10279.5	9512.7	3479.3
其他港澳台投资企业						
外商投资企业	38677.6		722.5	37955.1	33171.4	13229
中外合资经营企业	12622.9		189.3	12433.6	11144.7	3314.2
中外合作经营企业						
外资企业	4814		533.2	4280.8	4059	1566.7
外商投资股份有限公司	21240.7			21240.7	17967.7	8348.1
其他外商投资企业						
四、按国民经济行业大类分组						
采矿业	1043.1			1043.1	859.8	286.9
有色金属矿采选业						
非金属矿采选业	1009			1009	825.7	265.2
开采辅助活动	34.1			34.1	34.1	21.7
制造业	259574.9		2572.1	257002.8	226664	80369.7
农副食品加工业	4121.1		50	4071.1	3243.5	1209.6
食品制造业	1346.5			1346.5	1320	444
酒、饮料和精制茶制造业	1947.8			1947.8	1563	410.5
纺织业	1865			1865	1494.4	640.1
纺织服装、服饰业	1005.3			1005.3	738.9	278.7
皮革、毛皮、羽毛及其制品和制鞋业	2000.4			2000.4	1994.4	1019.6
木材加工和木、竹、藤、棕、草制品业	1016.1			1016.1	760.2	345.8
家具制造业	666.5			666.5	666.5	533.5
造纸和纸制品业						
印刷和记录媒介复制业	815			815	603	187.4
文教、工美、体育和娱乐用品制造业	1928.8			1928.8	1577.2	456.7
石油加工、炼焦和核燃料加工业	2755.7			2755.7	1793.7	1481
化学原料和化学制品制造业	37964.1		229.9	37734.2	33149.6	11302.2
医药制造业	97314.5		1276.2	96038.3	85526.2	30434.8
化学纤维制造业	2596.4			2596.4	2476.4	794.9

表 12-4 续表 2　　　　　　　　　　　　(2013 年)

指　　　　标	R&D经费内部支出合计	(一)按活动类型分组			(二)按支出用途分组	
		#1. 基础研究支出	2. 应用研究支出	3.试验发展支出	1.经常费支出	#人员劳务费
	1	2	3	4	5	6
橡胶和塑料制品业	1245.4			1245.4	1186.2	420.9
非金属矿物制品业	21492.3		49.2	21443.1	18322.8	7146.6
黑色金属冶炼和压延加工业	6818.5			6818.5	5562.3	2899
有色金属冶炼和压延加工业	5242.7			5242.7	4803.1	1508.1
金属制品业	437.9			437.9	351	93.3
通用设备制造业	9879.6			9879.6	9326.8	1538.4
专用设备制造业	26587.2		255.6	26331.6	23684.6	8365
汽车制造业	2799.7			2799.7	2360.4	797.9
铁路、船舶、航空航天和其他运输设备制造业	3251.1			3251.1	2999	1007.3
电气机械和器材制造业	15947.5		711.2	15236.3	13598.2	3701.7
计算机、通信和其他电子设备制造业	5953.9			5953.9	5516.7	2626.6
仪器仪表制造业	2263.7			2263.7	1733.7	641.4
其他制造业						
废弃资源综合利用业	312.2			312.2	312.2	84.7
电力、热力、燃气及水生产和供应业	323.2		69.1	254.1	323.2	25.3
电力、热力生产和供应业	323.2		69.1	254.1	323.2	25.3
燃气生产和供应业						
水的生产和供应业						
五、按企业控股情况分组						
国有控股	25633.4		344.4	25289	23688.6	6667.9
集体控股	2755.7			2755.7	1793.7	1481
私人控股	170697.4		1574.3	169123.1	148685.9	51805.7
港澳台商控股	15717			15717	14420.8	5822.9
外商控股	32281.6		722.5	31559.1	27215.3	11291.2
其他	13856.1			13856.1	12042.7	3613.2
六、按地区分组						
连云港市	260941.2		2641.2	258300	227847	80681.9
市辖区						
连云区	50096		995	49101	43629	15362.4
新浦区	81199.7		1228.1	79971.6	71966.4	24394.4
海州区	24846.1		188.2	24657.9	22588.3	7636.7
赣榆县	31550			31550	25672.2	9398.9
东海县	31082.8			31082.8	25650.3	11896.7
灌云县	20845.7			20845.7	20759.7	5159.5
灌南县	21320.9		229.9	21091	17581.1	6833.3

表 12-4 续表 3

(2013 年)

指标	(二)按支出用途分组			(三)按资金来源分组			
	2.资产性支出	#①土建工程	②仪器设备	1.政府资金	2.企业资金	3 境外资金	4.其他资金
	7	8	9	10	11	12	13
总计	**33094.2**	**1556.3**	**31537.9**	**14225.6**	**244588.3**	**499.2**	**1628.1**
一、按企业规模分组							
大型	13083.4	527.3	12556.1	8760.8	107539.3		549.6
中型	6948.5	221.7	6726.8	1337.1	55503.5	373.2	596.9
小型	12930.2	749.9	12180.3	4102.7	81208.2	126	481.6
微型	132.1	57.4	74.7	25	337.3		
二、按隶属关系分组							
中央	838.8	11.1	827.7	988.5	12777.6		
省(自治区、直辖市)	3267	37.7	3229.3	155	20014.8		
地(区、市、州、盟)	7381.6	448.8	6932.8	6194.3	65365.3		255.7
县(区、市、旗)	1035.2	2.5	1032.7	51	6587.4	126	60
街道							
镇	111.3	6.4	104.9		419		
乡	115.3	4.4	110.9	399	1813.9		71
社区(居委会)							
村委会							
其他	20345	1045.4	19299.6	6437.8	137610.3	373.2	1241.4
三、按登记注册类型分组							
内资企业	25352.6	1268.8	24083.8	11989.5	190981.6	126	1031.2
国有企业	399.6	10.6	389	8	3401.4		
集体企业							
股份合作企业	115.2		115.2	46	360.9		
联营企业							
国有联营企业							
集体联营企业							
国有与集体联营企业							
其他联营企业							
有限责任公司	8762	64.9	8697.1	5514.2	60943.7		666
国有独资公司	274.7	11.5	263.2	226	2645.8		
其他有限责任公司	8487.3	53.4	8433.9	5288.2	58297.9		666
股份有限公司	3095.1	453.8	2641.3	3267	44646.1		
私营企业	12980.7	739.5	12241.2	3154.3	81575.5		365.2
私营独资企业	557.6	37.9	519.7	309.7	3586.5		
私营合伙企业							
私营有限责任公司	11491.9	662.7	10829.2	2596.6	74280.4		365.2

表 12-4 续表 4　　　　(2013 年)

指　　标	(二)按支出用途分组			(三)按资金来源分组			
	2.资产性支出	#①土建工程	②仪器设备	1.政府资金	2.企业资金	3.境外资金	4.其他资金
	7	8	9	10	11	12	13
私营股份有限公司	931.2	38.9	892.3	248	3708.6		
其他企业					54	126	
港、澳、台商投资企业	2235.4	200.4	2035	1801.5	16333.8		
与港澳台商合资经营企业	1245.9	160.9	1085	454	5273		
与港澳台商合作经营企业							
港澳台商独资经营企业	222.7	34.6	188.1	247.5	1881.3		
港澳台商投资股份有限公司	766.8	4.9	761.9	1100	9179.5		
其他港澳台投资企业							
外商投资企业	5506.2	87.1	5419.1	434.6	37272.9	373.2	596.9
中外合资经营企业	1478.2	21.1	1457.1	150.5	12419.9		52.5
中外合作经营企业							
外资企业	755	28.3	726.7	129.1	4283.4	373.2	28.3
外商投资股份有限公司	3273	37.7	3235.3	155	20569.6		516.1
其他外商投资企业							
四、按国民经济行业大类分组							
采矿业	183.3	1.3	182	9	1034.1		
有色金属矿采选业							
非金属矿采选业	183.3	1.3	182	9	1000		
开采辅助活动					34.1		
制造业	32910.9	1555	31355.9	14216.6	243231	499.2	1628.1
农副食品加工业	877.6	41	836.6	154	3967.1		
食品制造业	26.5	2	24.5	11	1335.5		
酒、饮料和精制茶制造业	384.8	6.7	378.1	10.8	1937		
纺织业	370.6	22.9	347.7	82.2	1782.8		
纺织服装、服饰业	266.4	2.1	264.3		977		28.3
皮革、毛皮、羽毛及其制品和制鞋业	6		6		1484.3		516.1
木材加工和木、竹、藤、棕、草制品业	255.9	7.9	248	20	977.6		18.5
家具制造业					666.5		
造纸和纸制品业							
印刷和记录媒介复制业	212	10.2	201.8	20.6	794.4		
文教、工美、体育和娱乐用品制造业	351.6	17.3	334.3	50	1878.8		
石油加工、炼焦和核燃料加工业	962	2	960	30	2725.7		
化学原料和化学制品制造业	4814.5	85	4729.5	631.9	36940.4		391.8
医药制造业	11788.3	559.3	11229	7189.3	89985.7		139.5
化学纤维制造业	120	0.1	119.9		2596.4		

表 12-4 续表 5 (2013 年)

指标	(二)按支出用途分组			(三)按资金来源分组			
	2.资产性支出	#①土建工程	②仪器设备	1.政府资金	2.企业资金	3.境外资金	4.其他资金
	7	8	9	10	11	12	13
橡胶和塑料制品业	59.2	2	57.2		1245.4		
非金属矿物制品业	3169.5	300	2869.5	2842.8	18525.7		123.8
黑色金属冶炼和压延加工业	1256.2	18.2	1238	241	6283.6		293.9
有色金属冶炼和压延加工业	439.6	2.6	437	240	5002.7		
金属制品业	86.9	3.6	83.3		437.9		
通用设备制造业	552.8	18.1	534.7	1018.5	8861.1		
专用设备制造业	2902.6	218	2684.6	804.4	25540.6	126	116.2
汽车制造业	439.3	28.2	411.1	220.9	2578.8		
铁路、船舶、航空航天和其他运输设备制造业	252.1	2.1	250	50	3201.1		
电气机械和器材制造业	2349.3	167.7	2181.6	413.1	15161.2	373.2	
计算机、通信和其他电子设备制造业	437.2	22	415.2	99.1	5854.8		
仪器仪表制造业	530	16	514	87	2176.7		
其他制造业							
废弃资源综合利用业					312.2		
电力、热力、燃气及水生产和供应业					323.2		
电力、热力生产和供应业					323.2		
燃气生产和供应业							
水的生产和供应业							
五、按企业控股情况分组							
国有控股	1944.8	80.7	1864.1	1704.9	23928.5		
集体控股	962	2	960	30	2725.7		
私人控股	22011.5	1331.5	20680	10417.6	159130.1	126	1023.7
港澳台商控股	1296.2	49.4	1246.8	1598	14119		
外商控股	5066.3	75.7	4990.6	300.1	31063.9	373.2	544.4
其他	1813.4	17	1796.4	175	13621.1		60
六、按地区分组							
连云港市	33094.2	1556.3	31537.9	14225.6	244588.3	499.2	1628.1
市辖区							
连云区	6467	328.9	6138.1	2989.9	46188.5	373.2	544.4
新浦区	9233.3	491.4	8741.9	6039.3	75020.9		139.5
海州区	2257.8	24.7	2233.1	913	23690.9	126	116.2
赣榆县	5877.8	109.9	5767.9	362	31188		
东海县	5432.5	566.3	4866.2	3373.9	27585.1		123.8
灌云县	86		86	128	20717.7		
灌南县	3739.8	35.1	3704.7	419.5	20197.2		704.2

表 12-4 续表 6　　　　　　　　　　　　(2013 年)

指　　标	R&D经费外部支出	对境内研究机构支出	对境内高等学校支出	对境外支出
	14	15	16	17
总　　计	**19846.3**	**11077.6**	**2808.5**	**1328.6**
一、按企业规模分组				
大型	11268	7606.6	1300	1123.1
中型	7169.3	3040.4	629	125.5
小型	1409	430.6	879.5	80
微型				
二、按隶属关系分组				
中央	907.9	281.1	77	438.9
省(自治区、直辖市)	4276	2672.4	370.4	103
地(区、市、州、盟)	6347.2	4856.1	894.9	581.2
县(区、市、旗)				
街道				
镇				
乡	19		19	
社区(居委会)				
村委会				
其他	8296.2	3268	1447.2	205.5
三、按登记注册类型分组				
内资企业	14756.1	7916.9	2237.7	1100.1
国有企业	281.1	281.1		
集体企业				
股份合作企业	34.6		34.6	
联营企业				
国有联营企业				
集体联营企业				
国有与集体联营企业				
其他联营企业				
有限责任公司	9547	3607	1434.7	1020.1
国有独资公司	13.7		11	
其他有限责任公司	9533.3	3607	1423.7	1020.1
股份有限公司	3272.7	3182.4	90.3	
私营企业	1620.7	846.4	678.1	80
私营独资企业	261	87.4	173.6	
私营合伙企业				
私营有限责任公司	1282.8	707.8	478.8	80

表 12-4 续表 7　　　　(2013 年)

指　　标	R&D经费外部支出	对境内研究机构支出	对境内高等学校支出	对境外支出
	14	15	16	17
私营股份有限公司	76.9	51.2	25.7	
其他企业				
港、澳、台商投资企业	32	16	16	
与港澳台商合资经营企业	31.4	15.4	16	
与港澳台商合作经营企业				
港澳台商独资经营企业				
港澳台商投资股份有限公司	0.6	0.6		
其他港澳台投资企业	0			
外商投资企业	5058.2	3144.7	554.8	228.5
中外合资经营企业	686.7	502.3	184.4	
中外合作经营企业				
外资企业				
外商投资股份有限公司	4371.5	2642.4	370.4	228.5
其他外商投资企业				
四、按国民经济行业大类分组				
采矿业				
有色金属矿采选业				
非金属矿采选业				
开采辅助活动				
制造业	19708.1	11047.6	2808.5	1328.6
农副食品加工业	21.2		21.2	
食品制造业	38	30	7	
酒、饮料和精制茶制造业	84	51.7	32.3	
纺织业	10.6	10.6		
纺织服装、服饰业	5.2	5.2		
皮革、毛皮、羽毛及其制品和制鞋业	125.5			125.5
木材加工和木、竹、藤、棕、草制品业	15.7	4.6	11.1	
家具制造业				
造纸和纸制品业				
印刷和记录媒介复制业	7.2	7.2		
文教、工美、体育和娱乐用品制造业				
石油加工、炼焦和核燃料加工业				
化学原料和化学制品制造业	990	498.2	491.8	
医药制造业	15723.1	9309.7	1239.8	684.2
化学纤维制造业	502.3	502.3		

表 12-4 续表 8　　　　　　　　　　(2013 年)

指　　标	R&D经费外部支出	对境内研究机构支出	对境内高等学校支出	对境外支出
	14	15	16	17
橡胶和塑料制品业	5.7		5.7	
非金属矿物制品业	306.2	70	231	
黑色金属冶炼和压延加工业				
有色金属冶炼和压延加工业	122	91.2	30.8	
金属制品业	59.8	46.2	3.6	
通用设备制造业	594.7	24.5	131.3	438.9
专用设备制造业	395.4	15.4	300	80
汽车制造业	129.6		129.6	
铁路、船舶、航空航天和其他运输设备制造业				
电气机械和器材制造业	424.7	325.8	98.9	
计算机、通信和其他电子设备制造业	92.2	55	34.5	
仪器仪表制造业	55		39.9	
其他制造业				
废弃资源综合利用业				
电力、热力、燃气及水生产和供应业	138.2	30		
电力、热力生产和供应业	138.2	30		
燃气生产和供应业				
水的生产和供应业				
五、按企业控股情况分组				
国有控股	1677.1	883.4	243.9	438.9
集体控股				
私人控股	7753.2	5267.3	1793.5	661.2
港澳台商控股	3.6	0.6	3	
外商控股	4491.2	2642.4	490.1	228.5
其他	5921.2	2283.9	278	
六、按地区分组				
连云港市	19846.3	11077.6	2808.5	1328.6
市辖区				
连云区	7694.9	3184.1	477.9	564.4
新浦区	9823.7	6996.2	998.1	684.2
海州区	738.8	286.8	446.8	
赣榆县	781.1	349.7	338.7	80
东海县	310.6	70	240.6	
灌云县	50		50	
灌南县	447.2	190.8	256.4	

工业企业全部 R&D 项目情况

表 12-5

(2013 年)

指　　标	项目数 (项)	参加项目人员 (人)	项目人员折合全时当量(人年)	全部项目经费内部支出(万元)
	1	2	3	4
总　　计	**1545**	**11136**	**8250.1**	**237035.1**
一、按企业规模分组				
大型	396	4006	3172.4	108079.2
中型	369	2940	2093.5	48652.7
小型	778	4180	2978.5	80010.9
微型	2	10	5.7	292.3
二、按隶属关系分组				
中央	85	575	263.6	12326.8
省(自治区、直辖市)	68	612	609.1	18968.2
地(区、市、州、盟)	446	2250	1830.4	67134.8
县(区、市、旗)	29	249	170.2	6094.2
街道				
镇	1	30	11.2	316.2
乡	20	171	168.2	2225.1
社区(居委会)				
村委会				
其他	896	7249	5197.6	129969.8
三、按登记注册类型分组				
内资企业	1249	8125	5877.3	185347.1
国有企业	25	130	27.5	3293.5
集体企业				
股份合作企业	3	24	23.7	394.7
联营企业				
国有联营企业				
集体联营企业				
国有与集体联营企业				
其他联营企业				
有限责任公司	547	3012	2118.5	59347.3
国有独资公司	23	173	132.7	2571.5
其他有限责任公司	524	2839	1985.8	56775.8
股份有限公司	63	779	712.3	43780.6
私营企业	610	4160	2990.9	78351
私营独资企业	42	217	176.6	3835.8
私营合伙企业				
私营有限责任公司	518	3757	2655.8	70814.5

表 12-5 续表 1　　　　　　　　　　　　(2013 年)

指　　　　标	项目数 (项)	参加项目人员(人)	项目人员折合全时当量(人年)	全部项目经费内部支出(万元)
	1	2	3	4
私营股份有限公司	50	186	158.5	3700.7
其他企业	1	20	4.4	180
港、澳、台商投资企业	84	1219	962.7	16339.9
与港澳台商合资经营企业	37	312	292.6	4651
与港澳台商合作经营企业				
港澳台商独资经营企业	18	149	116.2	1972.7
港澳台商投资股份有限公司	29	758	553.8	9716.2
其他港澳台投资企业				
外商投资企业	212	1792	1410.1	35348.1
中外合资经营企业	107	835	547.6	11454.2
中外合作经营企业				
外资企业	33	266	172.4	3854.7
外商投资股份有限公司	72	691	690.1	20039.2
其他外商投资企业				
四、按国民经济行业大类分组				
采矿业	11	42	38.4	773
有色金属矿采选业				
非金属矿采选业	10	37	34	738.9
开采辅助活动	1	5	4.4	34.1
制造业	1511	10958	8162.3	235950.9
农副食品加工业	28	196	125.2	3527
食品制造业	8	85	68.2	1338.8
酒、饮料和精制茶制造业	7	88	77.9	1814.8
纺织业	12	90	71.3	1721.3
纺织服装、服饰业	5	45	36.9	949.7
皮革、毛皮、羽毛及其制品和制鞋业	8	123	114.4	2000.5
木材加工和木、竹、藤、棕、草制品业	15	72	51.6	924.7
家具制造业	4	23	7.7	666.4
造纸和纸制品业				
印刷和记录媒介复制业	5	24	21.1	804.8
文教、工美、体育和娱乐用品制造业	19	69	47.7	1801.5
石油加工、炼焦和核燃料加工业	5	90	90	1857
化学原料和化学制品制造业	261	1921	1210	35019.1
医药制造业	291	2906	2392.1	88511.8
化学纤维制造业	28	134	66.2	2384.7

表 12-5 续表 1　　(2013 年)

指　　标	项目数 (项)	参加项目人员(人)	项目人员折合全时当量(人年)	全部项目经费内部支出(万元)
	1	2	3	4
橡胶和塑料制品业	7	88	65.6	1241.3
非金属矿物制品业	180	1209	877.2	19768.4
黑色金属冶炼和压延加工业	19	275	110.6	6031.9
有色金属冶炼和压延加工业	42	288	250.5	5140.1
金属制品业	5	73	9.2	257.6
通用设备制造业	28	272	175.5	8704.3
专用设备制造业	181	1418	1137.5	23539.5
汽车制造业	26	118	81	2629.1
铁路、船舶、航空航天和其他运输设备制造业	22	173	142.6	3149.8
电气机械和器材制造业	79	634	524	14005.1
计算机、通信和其他电子设备制造业	178	296	185.2	5912.5
仪器仪表制造业	47	234	214.1	1937
其他制造业				
废弃资源综合利用业	1	14	9.1	312.2
电力、热力、燃气及水生产和供应业	23	136	49.4	311.2
电力、热力生产和供应业	23	136	49.4	311.2
燃气生产和供应业				
水的生产和供应业				
五、按企业控股情况分组				
国有控股	273	1135	515.3	22697.8
集体控股	5	90	90	1857
私人控股	957	6761	5261.5	158165.4
港澳台商控股	77	1138	884.7	14922.6
外商控股	164	1476	1183.6	29254.5
其他	69	536	315.1	10137.8
六、按地区分组				
连云港市	1545	11136	8250.1	237035.1
市辖区				
连云区	416	2983	1768.8	41312.2
新浦区	234	1790	1717.7	76117.2
海州区	207	1522	1206.5	21319.4
赣榆县	179	1156	766.3	28169.1
东海县	289	1859	1469.4	29662.4
灌云县	67	683	556	20654.3
灌南县	153	1143	765.4	19800.5

全部工业企业办科技机构情况

表 12-6　　　　(2013 年)

指　　标	机构数(个)	机构人员合 计(人)	博士毕业	硕士毕业	本科毕业
	1	2	3	4	5
总　　计	**421**	**13458**	**505**	**2089**	**7014**
一、按企业规模分组					
大型	38	5414	214	1204	2647
中型	105	3510	81	297	1851
小型	276	4520	208	582	2510
微型	2	14	2	6	6
二、按隶属关系分组					
中央	16	644	5	55	549
省(自治区、直辖市)	3	426	17	196	207
地(区、市、州、盟)	29	3111	153	664	1134
县(区、市、旗)	15	330	12	30	188
街道					
镇	1	93	12	5	32
乡	6	196	10	30	122
社区(居委会)					
村委会					
其他	351	8658	296	1109	4782
三、按登记注册类型分组					
内资企业	347	9709	398	1391	4924
国有企业	1	21			15
集体企业					
股份合作企业	1	25	1	2	8
联营企业					
国有联营企业					
集体联营企业					
国有与集体联营企业					
其他联营企业					
有限责任公司	84	3843	113	463	1876
国有独资公司	6	125	9	21	73
其他有限责任公司	78	3718	104	442	1803
股份有限公司	9	1338	96	415	635
私营企业	251	4462	188	511	2382
私营独资企业	16	251	10	44	146
私营合伙企业					
私营有限责任公司	221	3983	162	441	2105

表 12-6 续表 1　　　　　　　　　　　　　(2013 年)

指　　标	机构数(个)	机构人员合计(人)	博士毕业	硕士毕业	本科毕业
	1	2	3	4	5
私营股份有限公司	14	228	16	26	131
其他企业	1	20			8
港、澳、台商投资企业	23	1847	49	323	1220
与港澳台商合资经营企业	11	432	6	49	255
与港澳台商合作经营企业					
港澳台商独资经营企业	9	133	7	20	84
港澳台商投资股份有限公司	3	1282	36	254	881
其他港澳台投资企业					
外商投资企业	51	1902	58	375	870
中外合资经营企业	30	903	32	82	401
中外合作经营企业					
外资企业	18	468	9	101	222
外商投资股份有限公司	3	531	17	192	247
其他外商投资企业					
四、按国民经济行业大类分组					
采矿业	6	50	5	13	19
有色金属矿采选业					
非金属矿采选业	5	45	5	12	16
开采辅助活动	1	5		1	3
制造业	408	13283	498	2048	6904
农副食品加工业	16	282	16	50	183
食品制造业	6	96	2	19	56
酒、饮料和精制茶制造业	5	123	8	23	50
纺织业	9	94	3	17	53
纺织服装、服饰业	4	51		5	32
皮革、毛皮、羽毛及其制品和制鞋业	2	158		4	74
木材加工和木、竹、藤、棕、草制品业	8	187	4	9	93
家具制造业					
造纸和纸制品业					
印刷和记录媒介复制业	2	20	1	2	11
文教、工美、体育和娱乐用品制造业	6	91		7	54
石油加工、炼焦和核燃料加工业	2	90	2	6	68
化学原料和化学制品制造业	89	1951	71	183	1012
医药制造业	35	3676	193	1045	2113
化学纤维制造业	7	172	5	4	59

表 12-6 续表 2　　　　　　　　　　　　(2013 年)

指　　　标	机构数(个)	机构人员合 计(人)	博士毕业	硕士毕业	本科毕业
	1	2	3	4	5
橡胶和塑料制品业	4	97	2	6	44
非金属矿物制品业	72	1364	74	188	711
黑色金属冶炼和压延加工业	10	366	8	18	94
有色金属冶炼和压延加工业	5	148	11	14	71
金属制品业	6	138	4	8	91
通用设备制造业	15	601	8	37	459
专用设备制造业	43	1743	29	96	597
汽车制造业	10	145	5	28	89
铁路、船舶、航空航天和其他运输设制造业	9	144	0	14	79
电气机械和器材制造业	25	747	32	95	463
计算机、通信和其他电子设备制造业	14	586	15	169	272
仪器仪表制造业	3	196	5		64
其他制造业					
废弃资源综合利用业	1	17		1	12
电力、热力、燃气及水生产和供应业	7	125	2	28	91
电力、热力生产和供应业	6	105	1	25	79
燃气生产和供应业					
水的生产和供应业	1	20	1	3	12
五、按企业控股情况分组					
国有控股	37	1373	35	167	913
集体控股	3	114	2	7	88
私人控股	311	8253	369	1203	3880
港澳台商控股	22	1694	53	312	1137
外商控股	37	1478	40	345	681
其他	11	546	6	55	315
六、按地区分组					
连云港市	421	13458	505	2089	7014
市辖区					
连云区	85	3812	93	577	2213
新浦区	22	2487	151	752	1280
海州区	27	1791	37	104	589
赣榆县	62	1494	72	148	701
东海县	117	1868	105	328	1093
灌云县	45	798	8	71	552
灌南县	63	1208	39	109	586

表 12-6 续表 3　　　　(2013 年)

指　　标	机构经费支出(万元)	仪器和设备原价(万元)		境外机构数(个)
			进　口	
	6	7	8	9
总　　计	**278577.2**	**316096.9**	**41891.4**	**7**
一、按企业规模分组				
大型	114770.9	72289.7	9947	5
中型	73304.9	157134.6	17880.4	1
小型	90071.4	86544.6	14064	1
微型	430	128		
二、按隶属关系分组				
中央	21169.6	2989.8		1
省(自治区、直辖市)	30886.8	5823.2	2102.6	1
地(区、市、州、盟)	51479	56299.2	9028.8	3
县(区、市、旗)	10329	4876.9	150	
街道				
镇	760.4	1373.4	270.6	
乡	2230.8	4253	2516.1	
社区(居委会)				
村委会				
其他	161721.6	240481.4	27823.3	2
三、按登记注册类型分组				
内资企业	191687.4	251896.8	23759.5	4
国有企业	652	850		
集体企业				
股份合作企业	705	2715		
联营企业				
国有联营企业				
集体联营企业				
国有与集体联营企业				
其他联营企业				
有限责任公司	88523.2	60642.1	6130.8	2
国有独资公司	2419.5	2848.3	584.1	
其他有限责任公司	86103.7	57793.8	5546.7	2
股份有限公司	13661.5	30407.3	7472.7	1
私营企业	87965.7	157209.4	10156	1
私营独资企业	4381.5	79745.7	735.9	
私营合伙企业				
私营有限责任公司	79285.1	71761.6	9026.4	1

表 12-6 续表 4 (2013 年)

指 标	机构经费支出(万元)	仪器和设备原价(万元)	进 口	境外机构数(个)
	6	7	8	9
私营股份有限公司	4299.1	5702.1	393.7	
其他企业	180	73		
港、澳、台商投资企业	27705	22522.5	6018.3	1
与港澳台商合资经营企业	5487.7	10845.8	2881.5	
与港澳台商合作经营企业				
港澳台商独资经营企业	2705.7	5515.2	2240.6	
港澳台商投资股份有限公司	19511.6	6161.5	896.2	1
其他港澳台投资企业				
外商投资企业	59184.8	41677.6	12113.6	2
中外合资经营企业	17766.3	20057.8	5812.7	1
中外合作经营企业				
外资企业	9527.2	16371.9	3973.6	
外商投资股份有限公司	31891.3	5247.9	2327.3	1
其他外商投资企业				
四、按国民经济行业大类分组				
采矿业	958.7	685.4	52.6	
有色金属矿采选业				
非金属矿采选业	924.6	587.4	52.6	
开采辅助活动	34.1	98		
制造业	277453.2	314003.2	41414.4	7
农副食品加工业	4471.7	78130		
食品制造业	1025.4	667.7		
酒、饮料和精制茶制造业	2952.1	1475		
纺织业	2041.9	1436.9	321.1	
纺织服装、服饰业	965.4	523.9		
皮革、毛皮、羽毛及其制品和制鞋业	2001.7	1245.5	1007.1	
木材加工和木、竹、藤、棕、草制品业	2441.1	1952.5		
家具制造业				
造纸和纸制品业				
印刷和记录媒介复制业	896.8	402.7		
文教、工美、体育和娱乐用品制造业	2367.4	3070.8	70.6	
石油加工、炼焦和核燃料加工业	2136.6	2379.2	670	
化学原料和化学制品制造业	40477.3	34812	844.8	1
医药制造业	87228.4	44898.4	7486.8	4
化学纤维制造业	3156.6	3484	2089	

表 12-6 续表 5　　　　　　　　　　(2013 年)

指　　　标	机构经费支出(万元)	仪器和设备原价(万元)		境外机构数(个)
			进　口	
	6	7	8	9
橡胶和塑料制品业	1197.3	2398.6	810	
非金属矿物制品业	23883.2	41121.4	15048.9	1
黑色金属冶炼和压延加工业	5984	3502		
有色金属冶炼和压延加工业	2962.4	5000.5		
金属制品业	1403.3	706	59.3	
通用设备制造业	21984.9	5778.2	20	1
专用设备制造业	28081	44976.5	6742.9	
汽车制造业	3245.7	4010.6	1249.6	
铁路、船舶、航空航天和其他运输设制造业	2957.8	2265.4		
电气机械和器材制造业	20057.6	16044.8	1896.5	
计算机、通信和其他电子设备制造业	11009.6	11605	2797.8	
仪器仪表制造业	2211.8	1902	300	
其他制造业				
废弃资源综合利用业	312.2	213.6		
电力、热力、燃气及水生产和供应业	165.3	1408.3	424.4	
电力、热力生产和供应业	88.8	838		
燃气生产和供应业				
水的生产和供应业	76.5	570.3	424.4	
五、按企业控股情况分组				
国有控股	36264.1	15887.6	3856.6	1
集体控股	2446.6	2384.3	670	
私人控股	146154.6	240096.9	22376.7	3
港澳台商控股	25528.9	16190.5	5284.3	1
外商控股	52807.7	31753.7	9366.9	2
其他	15375.3	9783.9	336.9	
六、按地区分组				
连云港市	278577.2	316096.9	41891.4	7
市辖区				
连云区	58192.9	127694.1	8902.6	2
新浦区	73418	38074.5	6357.1	3
海州区	34108.4	44593.9	6117.4	1
赣榆县	34688.4	22940.7	1179.6	
东海县	35774.2	55073.8	17733.3	
灌云县	21508.4	12653.7	838.2	1
灌南县	20886.9	15066.2	763.2	

工业企业自主知识产权及相关情况

表 12-7　　(2013 年)

指　　标	专利申请数(件)	发明专利	有效发明专利数(件)	境外授权
	1	2	3	4
总　　计	**1198**	**605**	**1072**	**130**
一、按企业规模分组				
大型	387	233	551	124
中型	303	115	244	3
小型	500	254	274	3
微型	8	3	3	
二、按隶属关系分组				
中央	101	41	37	1
省(自治区、直辖市)	49	47	119	6
地(区、市、州、盟)	244	118	447	110
县(区、市、旗)	19	7	8	
街道				
镇	7	2	2	
乡	8	5	5	1
社区(居委会)				
村委会				
其他	770	385	454	12
三、按登记注册类型分组				
内资企业	976	460	742	114
国有企业	2	2	2	
集体企业				
股份合作企业	5	1		
联营企业				
国有联营企业				
集体联营企业				
国有与集体联营企业				
其他联营企业				
有限责任公司	411	163	378	50
国有独资公司	33	16	14	
其他有限责任公司	378	147	364	50
股份有限公司	61	38	153	62
私营企业	497	256	209	2
私营独资企业	31	19	16	
私营合伙企业				
私营有限责任公司	425	218	181	2

表 12-7 续表 1　　　　　　　　(2013 年)

指　　　标	专利申请数(件)	发明专利	有效发明专利数(件)	境外授权
	1	2	3	4
私营股份有限公司	41	19	12	
其他企业				
港、澳、台商投资企业	130	71	173	9
与港澳台商合资经营企业	74	19	129	1
与港澳台商合作经营企业				
港澳台商独资经营企业	9	5	6	
港澳台商投资股份有限公司	47	47	38	8
其他港澳台投资企业				
外商投资企业	92	74	157	7
中外合资经营企业	28	18	36	1
中外合作经营企业				
外资企业	15	9	2	
外商投资股份有限公司	49	47	119	6
其他外商投资企业				
四、按国民经济行业大类分组				
采矿业	9	8	1	
有色金属矿采选业				
非金属矿采选业	9	8	1	
开采辅助活动				
制造业	1162	582	1068	130
农副食品加工业	19	9	11	
食品制造业	12	1	4	
酒、饮料和精制茶制造业	2			
纺织业	7	5	2	
纺织服装、服饰业				
皮革、毛皮、羽毛及其制品和制鞋业	3	1		
木材加工和木、竹、藤、棕、草制品业	6			
家具制造业				
造纸和纸制品业				
印刷和记录媒介复制业				
文教、工美、体育和娱乐用品制造业	3	3		
石油加工、炼焦和核燃料加工业				
化学原料和化学制品制造业	123	98	105	2
医药制造业	222	199	516	123
化学纤维制造业				

表 12-7 续表 2 (2013 年)

指标	专利申请数(件)	发明专利	有效发明专利数(件)	境外授权
	1	2	3	4
橡胶和塑料制品业	8	5	7	
非金属矿物制品业	188	79	66	1
黑色金属冶炼和压延加工业	5	5	2	
有色金属冶炼和压延加工业	18	9	9	
金属制品业	21	4	29	
通用设备制造业	73	19	34	1
专用设备制造业	277	75	202	2
汽车制造业	36	13	13	
铁路、船舶、航空航天和其他运输设制造业	17	10	9	
电气机械和器材制造业	75	32	16	
计算机、通信和其他电子设备制造业	35	12	41	1
仪器仪表制造业	12	3	2	
其他制造业				
废弃资源综合利用业				
电力、热力、燃气及水生产和供应业	27	15	3	
电力、热力生产和供应业	27	15	3	
燃气生产和供应业				
水的生产和供应业				
五、按企业控股情况分组				
国有控股	148	64	97	3
集体控股	8	0	0	0
私人控股	862	402	750	111
港澳台商控股	72	60	53	9
外商控股	74	65	148	7
其他	34	14	24	
六、按地区分组				
连云港市	1198	605	1072	130
市辖区				
连云区	280	149	329	12
新浦区	262	159	479	115
海州区	246	62	106	
赣榆县	109	60	51	1
东海县	201	113	65	1
灌云县	41	10	9	
灌南县	59	52	33	1

表 12-7 续表 3　　(2013 年)

指　　标	专利所有权转让及许可数(项)	专利所有权转让及许可收入(万元)	发表科技论文(篇)	拥有注册商标数(件)	境外注册	形成国家或行业标准数(项)
	5	6	7	8	9	10
总　　计	**11**		**319**	**956**	**24**	**92**
一、按企业规模分组						
大型	1		145	682	16	30
中型			76	113	5	30
小型	10		96	161	3	31
微型			2			1
二、按隶属关系分组						
中央			39	18		
省(自治区、直辖市)			3	352		6
地(区、市、州、盟)	1		130	224	6	21
县(区、市、旗)			23	5		
街道						
镇			1	3		
乡			19	4	2	2
社区(居委会)						
村委会						
其他	10		104	350	16	63
三、按登记注册类型分组						
内资企业	11		274	487	16	72
国有企业			16			
集体企业						
股份合作企业			1	1		
联营企业						
国有联营企业						
集体联营企业						
国有与集体联营企业						
其他联营企业						
有限责任公司	1		201	256	6	24
国有独资公司			13	8		
其他有限责任公司	1		188	248	6	24
股份有限公司			3	35	8	10
私营企业	10		53	195	2	38
私营独资企业			6	9		2
私营合伙企业						
私营有限责任公司	5		42	180	2	35

表 12-7 续表 4　　(2013 年)

指　　标	专利所有权转让及许可数(项)	专利所有权转让及许可收入(万元)	发表科技论文(篇)	拥有注册商标数(件)	境外注册	形成国家或行业标准数(项)
	5	6	7	8	9	10
私营股份有限公司	5		5	6		1
其他企业						
港、澳、台商投资企业			23	99	6	3
与港澳台商合资经营企业			23	26	4	1
与港澳台商合作经营企业				0		
港澳台商独资经营企业				2		
港澳台商投资股份有限公司				71	2	2
其他港澳台投资企业				0		
外商投资企业			22	370	2	17
中外合资经营企业			22	11		11
中外合作经营企业						
外资企业				4		
外商投资股份有限公司				355	2	6
其他外商投资企业						
四、按国民经济行业大类分组						
采矿业			11	3		
有色金属矿采选业						
非金属矿采选业			11	3		
开采辅助活动						
制造业	11		296	953	24	92
农副食品加工业			6	28	1	1
食品制造业			4	1		
酒、饮料和精制茶制造业			3	3		
纺织业				4		
纺织服装、服饰业						
皮革、毛皮、羽毛及其制品和制鞋业				3	2	
木材加工和木、竹、藤、棕、草制品业				46		
家具制造业						
造纸和纸制品业						
印刷和记录媒介复制业						
文教、工美、体育和娱乐用品制造业				1		
石油加工、炼焦和核燃料加工业						
化学原料和化学制品制造业	2		28	45	2	17
医药制造业	6		90	630	7	23
化学纤维制造业			1	2		

表 12-7 续表 5　　　　　　　　　　(2013 年)

指　　　　标	专利所有权转让及许可数(项)	专利所有权转让及许可收入(万元)	发表科技论文(篇)	拥有注册商标数(件)	境外注册	形成国家或行业标准数(项)
	5	6	7	8	9	10
橡胶和塑料制品业			16	3		
非金属矿物制品业			50	47	2	8
黑色金属冶炼和压延加工业	2			2		
有色金属冶炼和压延加工业				1		
金属制品业				2		
通用设备制造业			3	18		3
专用设备制造业	1		36	61	2	28
汽车制造业				6		1
铁路、船舶、航空航天和其他运输设制造业			10	3		
电气机械和器材制造业			19	39	8	11
计算机、通信和其他电子设备制造业			27	3		
仪器仪表制造业			3	5		
其他制造业						
废弃资源综合利用业						
电力、热力、燃气及水生产和供应业			12			
电力、热力生产和供应业			12			
燃气生产和供应业						
水的生产和供应业						
五、按企业控股情况分组						
国有控股			106	29		7
集体控股				1		
私人控股	11		161	439	10	52
港澳台商控股			24	86	4	2
外商控股			20	365	2	15
其他			8	36	8	16
六、按地区分组						
连云港市	11		319	956	24	92
市辖区						
连云区			103	153	6	39
新浦区	1		99	529	5	12
海州区	1		45	136	9	27
赣榆县	7		15	13		3
东海县			35	70	2	5
灌云县			16	3		
灌南县	2		6	52	2	6

工业企业新产品开发、生产及销售情况

表 12-8 (2013 年)

指标	新产品开发项目数(项)	新产品开发经费支出(万元)	新产品产值(万元)	新产品销售收入(万元)	出口
	1	2	3	4	5
总计	**1410**	**289281.3**	**4859273.9**	**4603867.8**	**360901**
一、按企业规模分组					
大型	350	136261.8	2579568.5	2266812.2	55546.2
中型	363	75454.7	1134954	1199319.9	281808.5
小型	695	77145.1	1143581.1	1136565.4	23546.3
微型	2	419.7	1170.3	1170.3	
二、按隶属关系分组					
中央	42	20857.4	156670	108039.4	6425
省(自治区、直辖市)	2	14.3	429997	368642	0
地(区、市、州、盟)	503	114726.9	1172505.4	992772.3	25976.3
县(区、市、旗)	27	9519.5	102991.9	98307.6	747.7
街道					
镇	2	955.1	10766.1	10322.6	707.4
乡	23	2735.4	33206.1	29162.2	19361.3
社区(居委会)					
村委会					
其他	811	140472.7	2953137.4	2996621.7	307683.3
三、按登记注册类型分组					
内资企业	1198	239925.1	3649626.4	3477417.8	56078.1
国有企业	5	191.7			
集体企业					
股份合作企业	3	406.9	2560	2560	
联营企业					
国有联营企业					
集体联营企业					
国有与集体联营企业					
其他联营企业					
有限责任公司	552	89298	1044034.9	1006149.9	12553.5
国有独资公司	19	1901.4	14312.2	12321.6	
其他有限责任公司	533	87396.6	1029722.7	993828.3	12553.5
股份有限公司	94	75005	829719.3	717904.3	1368.8
私营企业	544	75023.5	1773312.2	1750803.6	42155.8
私营独资企业	37	3000	277260.6	273744	
私营合伙企业					
私营有限责任公司	457	69112.4	1226133.9	1204611.3	37612.2

表 12-8 续表 1　　　　　　　　　　(2013 年)

指　　　　标	新产品开发项目数(项)	新产品开发经费支出(万元)	新产品产值(万元)	新产品销售收入(万元)	
					出　口
	1	2	3	4	5
私营股份有限公司	50	2911.1	269917.7	272448.3	4543.6
其他企业					
港、澳、台商投资企业	88	25087.1	172932	155737	52041.1
与港澳台商合资经营企业	34	4127.5	54820.7	44242.2	17142.4
与港澳台商合作经营企业					
港澳台商独资经营企业	12	1310.7	9576.7	8949.7	
港澳台商投资股份有限公司	42	19648.9	108534.6	102545.1	34898.7
其他港澳台投资企业					
外商投资企业	124	24269.1	1036715.5	970713	252781.8
中外合资经营企业	93	18846.9	447522.8	443191.6	201565.1
中外合作经营企业					
外资企业	21	4262.3	159195.7	158879.4	51216.7
外商投资股份有限公司	10	1159.9	429997	368642	
其他外商投资企业					
四、按国民经济行业大类分组					
采矿业	8	536.3	214.5	207.5	
有色金属矿采选业					
非金属矿采选业	8	536.3	214.5	207.5	
开采辅助活动					
制造业	1398	280571.2	4855960.4	4600561.3	360901
农副食品加工业	31	3961.8	35184.9	27245.5	
食品制造业	7	1021.9	30055.1	29724	14928.3
酒、饮料和精制茶制造业	12	3466.9	17412.1	17245.3	
纺织业	10	1556.8	14991.2	14825.1	2356
纺织服装、服饰业	3	764.5	773.8	1443.5	185.4
皮革、毛皮、羽毛及其制品和制鞋业	10	1614.4	8900	8842	6200
木材加工和木、竹、藤、棕、草制品业	16	1707.5	24821.3	24004.5	750
家具制造业					
造纸和纸制品业					
印刷和记录媒介复制业	5	815			
文教、工美、体育和娱乐用品制造业	17	1710	24707.9	24072.1	1266.4
石油加工、炼焦和核燃料加工业	2	1328.1	238216.1	230860.6	
化学原料和化学制品制造业	168	34092.4	778500.8	771166	181352.1
医药制造业	262	114238.9	1460617.2	1312002.2	7682.1
化学纤维制造业	21	1166.1	23953.6	23953.6	

表 12-8 续表 2　　(2013 年)

指　　标	新产品开发项目数(项)	新产品开发经费支出(万元)	新产品产值(万元)	新产品销售收入(万元)	出　口
	1	2	3	4	5
橡胶和塑料制品业	6	1573.3	29647.7	28408.9	3502.9
非金属矿物制品业	149	18973.8	274672.9	270142	28102.4
黑色金属冶炼和压延加工业	14	4986.3	496559.8	488808.3	
有色金属冶炼和压延加工业	34	1171.4	256548.7	256353	
金属制品业	16	961.6	45051.7	44923	32.4
通用设备制造业	43	22642.7	174165.7	127069.8	11459.1
专用设备制造业	224	30172.5	357035.8	348824	5875.7
汽车制造业	20	2359.2	22037.1	20010.6	
铁路、船舶、航空航天和其他运输设备制造业	22	3251.1	16506	11709.4	
电气机械和器材制造业	76	18099	271611	261201.7	3132.5
计算机、通信和其他电子设备制造业	180	6127.7	227951.8	232168	89665.7
仪器仪表制造业	49	2496.1	26038.2	25558.2	4410
其他制造业					
废弃资源综合利用业	1	312.2			
电力、热力、燃气及水生产和供应业	4	8173.8	3099	3099	
电力、热力生产和供应业	2	14.3	3099	3099	
燃气生产和供应业					
水的生产和供应业	2	8159.5			
五、按企业控股情况分组					
国有控股	221	40017	292261.3	246019.2	7356.6
集体控股	2	1328.1	238816.1	231460.6	
私人控股	942	187252.6	3255646.6	3044019.8	208543.6
港澳台商控股	87	24091.7	164126	146701.1	51423.1
外商控股	85	20215.4	703160.9	638414	92003.8
其他	73	16376.5	205263	297253.1	1573.9
六、按地区分组					
连云港市	1410	289281.3	4859273.9	4603867.8	360901
市辖区					
连云区	386	55138.9	882106.9	924290.3	123227.8
新浦区	224	110819.7	1398958.3	1150901.1	3027.4
海州区	243	35288.2	512245.6	505406.7	9687.3
赣榆县	156	32487	1444193.5	1421001.9	171820.6
东海县	233	24093.6	390951.4	372333.9	29540.2
灌云县	43	13328.8	90764.9	90163.4	6200
灌南县	125	18125.1	140053.3	139770.5	17397.7

工业企业政府相关政策落实情况

表 12-9 (2013 年)

指　　标	来自政府部门的科技活动资金	研究开发费用加计扣除减免税	高新技术企业减免税
	1	2	3
总　　计	**17005.6**	**16550.4**	**53763**
一、按企业规模分组			
大型	9435.8	10290.2	35030.3
中型	2494.5	2895.4	15866.7
小型	5050.3	3364.8	2866
微型	25		
二、按隶属关系分组			
中央	2186.3	2780.4	2030.4
省(自治区、直辖市)	155	1136	6763.4
地(区、市、州、盟)	6232.3	7665	21672.8
县(区、市、旗)	51	40.9	142.2
街道			
镇		43.6	154.2
乡	399	187.8	124.5
社区(居委会)			
村委会			
其他	7982	4696.7	22875.5
三、按登记注册类型分组			
内资企业	14482.4	13850.6	42838.5
国有企业	8		
集体企业			
股份合作企业	46		
联营企业			
国有联营企业			
集体联营企业			
国有与集体联营企业			
其他联营企业			
有限责任公司	6810	5758	6520.1
国有独资公司	226	294.8	238.6
其他有限责任公司	6584	5463.2	6281.5
股份有限公司	3667	5274	19976.2
私营企业	3951.4	2818.6	16342.2
私营独资企业	309.7	178	
私营合伙企业			
私营有限责任公司	2977.9	2590.4	15961.5

表 12-9 续表 1　　(2013 年)

指　标	来自政府部门的科技活动资金	研究开发费用加计扣除减免税	高新技术企业减免税
	1	2	3
私营股份有限公司	663.8	50.2	380.7
其他企业			
港、澳、台商投资企业	1866.4	1275.9	3891.7
与港澳台商合资经营企业	458.9	230.9	124.5
与港澳台商合作经营企业			
港澳台商独资经营企业	307.5	92.9	
港澳台商投资股份有限公司	1100	952.1	3767.2
其他港澳台投资企业			
外商投资企业	656.8	1423.9	7032.8
中外合资经营企业	372.7	240.8	269.4
中外合作经营企业			
外资企业	129.1	48.5	
外商投资股份有限公司	155	1134.6	6763.4
其他外商投资企业			
四、按国民经济行业大类分组			
采矿业	9		
有色金属矿采选业			
非金属矿采选业	9		
开采辅助活动			
制造业	16439.6	15714	53763
农副食品加工业	436.2	186.8	13
食品制造业	11	51.9	
酒、饮料和精制茶制造业	10.8		
纺织业	82.2	34.8	
纺织服装、服饰业			
皮革、毛皮、羽毛及其制品和制鞋业			
木材加工和木、竹、藤、棕、草制品业	58.8		
家具制造业			
造纸和纸制品业			
印刷和记录媒介复制业	20.6		
文教、工美、体育和娱乐用品制造业	62		
石油加工、炼焦和核燃料加工业	30		
化学原料和化学制品制造业	816.9	199.8	498.4
医药制造业	7193.3	8132.9	30450
化学纤维制造业			

表 12-9 续表 2　　　　(2013 年)

指　　　　标	来自政府部门的科技活动资金	研究开发费用加计扣除减免税	高新技术企业减免税
	1	2	3
橡胶和塑料制品业			
非金属矿物制品业	2842.8	958.8	1893.2
黑色金属冶炼和压延加工业	359		
有色金属冶炼和压延加工业	240	38.9	
金属制品业	38	4.9	10
通用设备制造业	1659.3	1650.6	1791.8
专用设备制造业	1285.1	998	15424.9
汽车制造业	224.4	37.8	
铁路、船舶、航空航天和其他运输设备制造业	50	294.8	238.6
电气机械和器材制造业	833.1	642.1	2632
计算机、通信和其他电子设备制造业	99.1	2395	765.1
仪器仪表制造业	87	86.9	46
其他制造业			
废弃资源综合利用业			
电力、热力、燃气及水生产和供应业	557	836.4	
电力、热力生产和供应业	557	836.4	
燃气生产和供应业			
水的生产和供应业			
五、按企业控股情况分组			
国有控股	3302.7	4004.8	2619.5
集体控股	30		
私人控股	11257.6	9240	37366.8
港澳台商控股	1658	1233.7	3891.7
外商控股	522.3	1418.4	7032.8
其他	235	653.5	2852.2
六、按地区分组			
连云港市	17005.6	16550.4	53763
市辖区			
连云区	4418.5	4062.4	5821.5
新浦区	6740.1	8342.3	27413.3
海州区	1357.6	2843.2	18426.8
赣榆县	378	238.6	298.2
东海县	3433.9	1034.7	1661
灌云县	128	29.2	
灌南县	549.5		142.2

工业企业技术获取和技术改造情况

表 12-10　　(2013 年)

指　　标	引进技术经费支出	消化吸收经费支出	购买国内技术经费支出	技术改造经费支出
	1	2	3	4
总　计	**1085.9**	**19327.5**	**30054.1**	**99606.2**
一、按企业规模分组				
大型	502	17719.6	21626.4	54390
中型	347.3	938	7425.1	30052.3
小型	236.6	669.9	1002.6	15163.9
微型				
二、按隶属关系分组				
中央	99	12859	6830	17276
省(自治区、直辖市)	160.2	642.7	6444.6	16522
地(区、市、州、盟)		3600	8140	31616.3
县(区、市、旗)	134.2	57.6		2430.2
街道				0
镇		26		681.3
乡				3421.5
社区(居委会)				
村委会				
其他	692.5	2142.2	8639.5	27658.9
三、按登记注册类型分组				
内资企业	869.1	18201.6	22874.4	72066.7
国有企业			6650	
集体企业				
股份合作企业				
联营企业				
国有联营企业				
集体联营企业				
国有与集体联营企业				
其他联营企业				
有限责任公司	580.4	16817.4	14179.6	23760
国有独资公司				
其他有限责任公司	580.4	16817.4	14179.6	23760
股份有限公司	186.2	889.2	339.8	31617.2
私营企业	102.5	495	1705	16689.5
私营独资企业	102.4	75.4	260	633
私营合伙企业				
私营有限责任公司		352.2	513.8	12508

表 12-10 续表 1　　　　　　　　　　(2013 年)

指　　　　标	引进技术经费支出	消化吸收经费支出	购买国内技术经费支出	技术改造经费支出
	1	2	3	4
私营股份有限公司	0.1	67.4	931.2	3548.5
其他企业				
港、澳、台商投资企业	56.6	123.2	264.1	3672.8
与港澳台商合资经营企业				2596.3
与港澳台商合作经营企业				
港澳台商独资经营企业	56.6	123.2	264.1	350.5
港澳台商投资股份有限公司				726
其他港澳台投资企业				
外商投资企业	160.2	1002.7	6915.6	23866.7
中外合资经营企业		360	471	23264.7
中外合作经营企业				
外资企业				
外商投资股份有限公司	160.2	642.7	6444.6	602
其他外商投资企业				
四、按国民经济行业大类分组				
采矿业	134.2	57.6		862
有色金属矿采选业				
非金属矿采选业	134.2	57.6		862
开采辅助活动				
制造业	951.7	6585.9	30054.1	65584.2
农副食品加工业				368.9
食品制造业				120
酒、饮料和精制茶制造业				630
纺织业				146.8
纺织服装、服饰业				
皮革、毛皮、羽毛及其制品和制鞋业				
木材加工和木、竹、藤、棕、草制品业				329.2
家具制造业				
造纸和纸制品业				
印刷和记录媒介复制业				
文教、工美、体育和娱乐用品制造业				
石油加工、炼焦和核燃料加工业				
化学原料和化学制品制造业	347.2	576.5	7135.3	24712.3
医药制造业	160.3	644.2	21004.4	12009.6
化学纤维制造业		360	320	2560

表 12-10 续表 2　　　　　　　　　　(2013 年)

指　　　　标	引进技术经费支出	消化吸收经费支出	购买国内技术经费支出	技术改造经费支出
	1	2	3	4
橡胶和塑料制品业				
非金属矿物制品业	159	525.8	717.2	11254
黑色金属冶炼和压延加工业				
有色金属冶炼和压延加工业		65.9	414.5	418.8
金属制品业				
通用设备制造业	99	175	195	235
专用设备制造业		3298.3		3506.7
汽车制造业				
铁路、船舶、航空航天和其他运输设制造业				
电气机械和器材制造业	186.2	854.7	267.7	9014.4
计算机、通信和其他电子设备制造业				
仪器仪表制造业		85.5		278.5
其他制造业				
废弃资源综合利用业				
电力、热力、燃气及水生产和供应业		12684		33160
电力、热力生产和供应业		12684		33160
燃气生产和供应业				
水的生产和供应业				
五、按企业控股情况分组				
国有控股	99	13277.3	7150	37222.2
集体控股				
私人控股	236.7	3853.1	9748.1	34308.9
港澳台商控股	403.8	699.7	478.4	3406.2
外商控股	160.2	642.7	6444.6	17776.2
其他	186.2	854.7	6233	6892.7
六、按地区分组				
连云港市	1085.9	19327.5	30054.1	99606.2
市辖区				
连云区	99	13277.3	13403.1	21735
新浦区	160.2	668.7	14264.6	12632.1
海州区	186.2	4180.2	267.7	41518
赣榆县		65.9	580.5	4535
东海县	640.4	1133.9	931.5	14917.9
灌云县	0.1	1.5	486.7	119.1
灌南县			120	4149.1

大中型工业企业基本情况

表 12-11 (2013 年)

项　　目	企业数(个)	有 R&D 活动	有科技机构	从业人员期末人数(人)	从业人员平均人数(人)	工业总产值(万元)	主营业务收入(万元)
	1	2	3	4	5	6	7
总　　计	**142**	**94**	**109**	**129179**	**127475**	**23433397.9**	**23480466.4**
一、按企业规模分组							
大型	23	21	23	65902	64506	11401645.8	11353959.4
中型	119	73	86	63277	62969	12031752.1	12126507
小型							
微型							
二、按隶属关系分组							
中央	6	6	6	8090	8089	1208434.6	1171935.3
省(自治区、直辖市)	2	2	2	6896	6434	871793.4	834252.7
地(区、市、州、盟)	12	10	11	22958	22888	1719800.4	1565965.9
县(区、市、旗)	4	3	4	2730	2720	228394.5	231937.7
街道							
镇							
乡	3	2	2	2216	2208	142927	142422.9
社区(居委会)							
村委会							
其他	115	71	84	86289	85136	19262048	19533951.9
三、按登记注册类型分组							
内资企业	94	61	71	88467	87717	16221186.9	16110784.2
国有企业	1	1	1	2327	2348	116980	116999
集体企业							
股份合作企业							
联营企业							
国有联营企业							
集体联营企业							
国有与集体联营企业							
其他联营企业							
有限责任公司	34	24	27	34575	34300	6450000.2	6377925.3
国有独资公司	4	3	3	5729	5762	238185.4	224886.9
其他有限责任公司	30	21	24	28846	28538	6211814.8	6153038.4
股份有限公司	4	4	4	11398	11340	1260096.9	1181002.1
私营企业	55	32	39	40167	39729	8394109.8	8434857.8
私营独资企业	2		1	804	804	34372	34372
私营合伙企业							
私营有限责任公司	49	30	36	37149	36687	8080867	8130995
私营股份有限公司	4	2	2	2214	2238	278870.8	269490.8
其他企业							
港、澳、台商投资企业	15	10	12	12502	11885	1269836.7	1282724.3
与港澳台商合资经营企业	6	4	5	3540	3578	262192.3	276344.6
与港澳台商合作经营企业							
港澳台商独资经营企业	7	5	5	3715	3724	329478	334895.7
港澳台商投资股份有限公司	2	1	2	5247	4583	678166.4	671484
其他港澳台投资企业							
外商投资企业	33	23	26	28210	27873	5942374.3	6086957.9
中外合资经营企业	14	12	13	8474	8713	2877480.6	2967248.4
中外合作经营企业							
外资企业	17	9	11	13755	13628	2511352	2614148.6
外商投资股份有限公司	2	2	2	5981	5532	553541.7	505560.9
其他外商投资企							

表 12-11 续表 1 (2013 年)

项　　目	企业数(个)	有 R&D 活动	有科技机构	从业人员期末人数(人)	从业人员平均人数(人)	工业总产值(万元)	主营业务收入(万元)
	1	2	3	4	5	6	7
四、按国民经济行业大类分组							
采矿业	3	2	3	5576	5636	206932.7	209950.7
非金属矿采选业	3	2	3	5576	5636	206932.7	209950.7
制造业	136	90	103	119250	117452	22273759.8	22307390.4
农副食品加工业	7	2	4	3440	3692	1591603.6	1644664.6
食品制造业	2	1	2	1595	1602	28391.1	28183.4
酒、饮料和精制茶制造业	2	1	1	1814	1770	73989.3	66692.8
纺织业	6	4	5	3480	3474	72801.1	75499.2
纺织服装、服饰业	12	3	3	7704	7650	188808.6	192262.5
皮革、毛皮、羽毛及其制品和制鞋业	3	2	2	2622	2641	47097.5	49586.5
木材加工和木、竹、藤、棕、草制品业	4	2	2	1776	1739	138677.7	139963.9
文教、工美、体育和娱乐用品制造业	5	3	4	2191	2188	126552.7	129481.9
石油加工、炼焦和核燃料加工业	1	1	1	966	960	1939657.9	1931344.8
化学原料和化学制品制造业	23	17	18	15006	14783	3519337.2	3554378.2
医药制造业	7	7	7	23555	22261	2723835.1	2542051.6
化学纤维制造业	2	2	2	830	822	235802.7	239484.9
橡胶和塑料制品业	1	1	1	473	472	37816	36485
非金属矿物制品业	14	10	10	7268	7240	646671.2	650298.2
黑色金属冶炼和压延加工业	8	3	6	12712	12504	5511544.6	5509761
有色金属冶炼和压延加工业	2	2	2	1066	1073	540958.7	573577.5
金属制品业	2	1	1	1234	1225	654049	676308
通用设备制造业	3	2	3	3449	3414	605519.1	586798.7
专用设备制造业	7	6	7	5333	5305	694339.3	768871.4
汽车制造业	1	1	1	487	487	81826.4	88696.7
铁路、船舶、航空航天和其他运输设备制造业	10	9	9	11055	11025	1505056.8	1496826.3
电气机械和器材制造业	6	6	6	6344	6293	522544.7	519472.9
计算机、通信和其他电子设备制造业	6	2	4	4128	4094	750700.2	778330.7
仪器仪表制造业	2	2	2	722	738	36179.3	28369.7
电力、热力、燃气及水生产和供应业	3	2	3	4353	4387	952705.4	963125.3
电力、热力生产和供应业	2	2	2	3780	3822	939417.3	949857.4
水的生产和供应业	1		1	573	565	13288.1	13267.9
五、按企业控股情况分组							
国有控股	17	15	16	20053	2637023	2646779.5	386999.2
集体控股	1	1	1	960	1939658	1931344.8	24514.3
私人控股	78	47	55	66096	12074375	11989279.4	890882.1
港澳台商控股	14	10	12	10831	1232107	1226546.8	144007.7
外商控股	29	19	22	25688	5146098	5267776.4	399293.5
其他	3	2	3	3847	404138	418739.5	92668.3
六、按地区分组							
连云港市	142	94	109	129179	127475	23433397.9	23480466.4
市辖区							
连云区	37	26	34	32771	32352	7816242.1	8063374.9
新浦区	10	7	9	25500	24967	2234582	2028326.6
海州区	11	10	10	11018	10916	1063203	1087766.2
赣榆县	20	11	16	13654	13594	5720018	5710237.9
东海县	23	12	12	13207	13116	878625.5	879247.6
灌云县	24	12	12	18352	18236	2147685.8	2135038.4
灌南县	17	16	16	14677	14294	3573041.5	3576474.8

表 12-11 续表 2　　　　　　　　(2013 年)

项　　　目	利润总额(万元)	主营业务税金及附加(万元)	管理费用中的税金(万元)	应交增值税(万元)	资产总计(万元)	出口交货值(万元)
	8	9	10	11	12	13
总　　计	**1938365.1**	**192664.6**	**24534.1**	**1103090.3**	**15665560.3**	**969764.9**
一、按企业规模分组						
大型	1229743.9	107093.9	14091.4	666274.4	10493407	166509.7
中型	708621.2	85570.7	10442.7	436815.9	5172153.3	803255.2
小型						
微型						
二、按隶属关系分组						
中央	303492.8	13900.4	4815.4	111682.3	4305030.8	35043.3
省(自治区、直辖市)	142968.6	8196.7	1445.2	67421.9	1130137.8	0
地(区、市、州、盟)	212717.5	21991.3	3821.4	133113	2336505.4	92485.4
县(区、市、旗)	2108.6	115.5	312.7	1625.4	235087.8	2383.7
街道						
镇						
乡	14786.3	1310.3	323.8	4512.1	104522.5	66405.4
社区(居委会)						
村委会						
其他	1262291.3	147150.4	13815.6	784735.6	7554276	773447.1
三、按登记注册类型分组						
内资企业	1323873.9	162562.9	17955.4	728695.9	12133753.9	224899.4
国有企业	-16707	679	382	3870	106968	24682
集体企业						
股份合作企业						
联营企业						
国有联营企业						
集体联营企业						
国有与集体联营企业						
其他联营企业						
有限责任公司	639372.4	76559.2	7158.4	328917.7	7284346.1	102540.7
国有独资公司	7123.4	2559.7	870.7	8280.3	647977.4	3027.2
其他有限责任公司	632249	73999.5	6287.7	320637.4	6636368.7	99513.5
股份有限公司	196144.8	11518.4	2093.7	92144.8	2079901.1	5741.5
私营企业	505063.7	73806.3	8321.3	303763.4	2662538.7	91935.2
私营独资企业	2628.1	28	3.2	940	44978.3	
私营合伙企业						
私营有限责任公司	479670	70411.2	7162.5	291596.4	2447530.6	89834.5
私营股份有限公司	22765.6	3367.1	1155.6	11227	170029.8	2100.7
其他企业						
港、澳、台商投资企业	150635.3	9934.5	1579.9	85253.2	908933	119755.2
与港澳台商合资经营企业	20971.9	1580.2	471.9	6358.5	138959.8	89021.6
与港澳台商合作经营企业						
港澳台商独资经营企业	4459.3	1093.1	398.5	15774.1	263585.5	
港澳台商投资股份有限公司	125204.1	7261.2	709.5	63120.6	506387.7	30733.6
其他港澳台投资企业						
外商投资企业	463855.9	20167.2	4998.8	289141.2	2622873.4	625110.3
中外合资经营企业	200176.6	7839.6	2081.5	121698.1	1352916.3	255229.6
中外合作经营企业						
外资企业	140021.8	3973.1	2166.8	99947.4	951593	350550.2
外商投资股份有限公司	123657.5	8354.5	750.5	67495.7	318364.1	19330.5
其他外商投资企						

表 12-11 续表 3　　　　　　　　　　　　　（2013 年）

项　　目	利润总额（万元）	主营业务税金及附加（万元）	管理费用中的税金（万元）	应交增值税（万元）	资产总计（万元）	出口交货值（万元）
	8	9	10	11	12	13
四、按国民经济行业大类分组						
采矿业	6476.9	2420.1	846.8	7176.2	639608.1	619.4
非金属矿采选业	6476.9	2420.1	846.8	7176.2	639608.1	619.4
制造业	1620859.8	178302.6	19943.6	998015.5	10693051.7	969145.5
农副食品加工业	99232.9	910.9	562.1	79223.8	798702.9	3442.4
食品制造业	1199.5	266.2	41.7	107.3	19790.7	28165.2
酒、饮料和精制茶制造业	7345.8	15361.9	127.7	5625.2	82885.2	
纺织业	2494.1	419.3	67.3	1352.8	56135.3	49682.3
纺织服装、服饰业	15909.5	2465	394	7134.8	69047	66316.2
皮革、毛皮、羽毛及其制品和制鞋业	1467.4	655.8	102.8	15	26416.3	25604.9
木材加工和木、竹、藤、棕、草制品业	7513.8	1137.9	69.2	3287.8	50035.9	66525.5
文教、工美、体育和娱乐用品制造业	11975.7	1334.1	99.9	1705.9	26462.3	29015.4
石油加工、炼焦和核燃料加工业	24514.3	26388.5		75347	563121	
化学原料和化学制品制造业	178499.3	13444	3044.7	106272.8	1638271.9	274804.1
医药制造业	530100.1	33835.7	3879	279985.8	2081565.3	5535
化学纤维制造业	14109.2	271	264.1	12293.6	89976.6	2.3
橡胶和塑料制品业	2992	275	123	1566	30317	4339
非金属矿物制品业	29891.1	2617.9	481	21060	492944.6	43353.2
黑色金属冶炼和压延加工业	279531.6	53498.2	4501.7	201698.6	1498598.6	5439.9
有色金属冶炼和压延加工业	16007.3	320.8	277.6	25844.7	207862.4	66706.2
金属制品业	58864.7	3560.5	262.8	25352.1	85411.9	
通用设备制造业	47031.2	3188.6	1503	15175.8	762696	7953.5
专用设备制造业	87982	2894.7	910.9	35746.4	601722.4	142140
汽车制造业	10133.3	1514.2		222.9	40563.2	
铁路、船舶、航空航天和其他运输设备制造业	97731.8	10047.5	2444.4	58472.4	449370.9	2407.8
电气机械和器材制造业	33826.9	1725.9	584.5	9855.7	754382.9	27799.8
计算机、通信和其他电子设备制造业	61757.2	2076.4	199.2	29990.5	253651.1	111351.2
仪器仪表制造业	749.1	92.6	3	678.6	13120.3	8561.6
电力、热力、燃气及水生产和供应业	311028.4	11941.9	3743.7	97898.6	4332900.5	
电力、热力生产和供应业	309143.9	11648.6	3607.1	97067.1	4248069.8	
水的生产和供应业	1884.5	293.3	136.6	831.5	84830.7	
五、按企业控股情况分组						
国有控股	17177.7	7290.3	151153.1	6282727.2	35748.7	
集体控股	26388.5	0	75347	563121		
私人控股	121901	11660.8	506416	4946196.9	402166.3	
港澳台商控股	8965.4	1281	81983.3	901340	69384.9	
外商控股	15841	4027.3	258597	2387103.1	462465	
其他	2391	274.7	29593.9	585072.1		
六、按地区分组						
连云港市	1938365.1	192664.6	24534.1	1103090.3	15665560.3	969764.9
市辖区						
连云区	866533.2	28436.8	9517.7	450897.2	7310301.6	476492
新浦区	333687.2	27533.7	4171.4	189983.7	2553593.5	11476
海州区	102204.5	5405.3	2150.5	30548.5	2031972.9	74214.7
赣榆县	141423.4	65671.2	1581.7	170387.9	1335041.6	264017.2
东海县	35989.9	4682.2	967.2	30602.9	584212.6	117192.8
灌云县	133624.2	18015	1034.4	49608.7	557431.2	22929
灌南县	324902.7	42920.4	5111.2	181061.4	1293006.9	3443.2

大中型工业企业 R&D 人员情况

表 12-12　　(2013 年)

项　　目	R&D人员合计(人)	#1.参加项目人员	2.管理和服务人员	#女性	#研究人员	#1.全时人员	2.非全时人　员
	1	2	3	4	5	6	7
总　　计	**7473**	**6946**	**527**	**2474**	**2134**	**5813**	**1660**
一、按企业规模分组							
大型	4265	4006	259	1665	1206	3363	902
中型	3208	2940	268	809	928	2450	758
小型							
微型							
二、按隶属关系分组							
中央	554	514	40	82	279	275	279
省(自治区、直辖市)	675	612	63	266	195	583	92
地(区、市、州、盟)	2156	2063	93	907	706	1771	385
县(区、市、旗)	94	89	5	19	16	69	25
街道							
镇							
乡	161	155	6	42	100	82	79
社区(居委会)							
村委会							
其他	3833	3513	320	1158	838	3033	800
三、按登记注册类型分组							
内资企业	4513	4243	270	1342	1381	3448	1065
国有企业	153	130	23	25	84	60	93
集体企业							
股份合作企业							
联营企业							
国有联营企业							
集体联营企业							
国有与集体联营企业							
其他联营企业							
有限责任公司	2281	2172	109	756	659	1650	631
国有独资公司	105	98	7	25	54	65	40
其他有限责任公司	2176	2074	102	731	605	1585	591
股份有限公司	787	756	31	263	314	685	102
私营企业	1292	1185	107	298	324	1053	239
私营独资企业							
私营合伙企业							
私营有限责任公司	1266	1161	105	295	312	1036	230
私营股份有限公司	26	24	2	3	12	17	9
其他企业							
港、澳、台商投资企业	1224	1142	82	556	262	1038	186
与港澳台商合资经营企业	286	274	12	112	147	166	120
与港澳台商合作经营企业							
港澳台商独资经营企业	127	113	14	33	50	69	58
港澳台商投资股份有限公司	811	755	56	411	65	803	8
其他港澳台投资企业							
外商投资企业	1736	1561	175	576	491	1327	409
中外合资经营企业	732	691	41	196	209	553	179
中外合作经营企业							
外资企业	199	183	16	41	89	136	63
外商投资股份有限公司	805	687	118	339	193	638	167
其他外商投资企							

表 12-12 续表 1　　　　　　　　(2013 年)

项　　目	R&D人员合计(人)	#1.参加项目人员	2.管理和服务人员	#女性	#研究人员	#1.全时人员	2.非全时人　员
	1	2	3	4	5	6	7
四、按国民经济行业大类分组							
采矿业	26	23	3	6	16	22	4
非金属矿采选业	26	23	3	6	16	22	4
制造业	7305	6787	518	2461	1982	5786	1519
农副食品加工业	60	58	2	1	4	5	55
食品制造业	6	6		5	2	6	
酒、饮料和精制茶制造业	67	64	3	25	9	36	31
纺织业	60	55	5	13	21	43	17
纺织服装、服饰业	33	29	4	20	9	15	18
皮革、毛皮、羽毛及其制品和制鞋业	181	123	58	77	33	97	84
木材加工和木、竹、藤、棕、草制品业	45	44	1	8	7	34	11
文教、工美、体育和娱乐用品制造业	46	42	4	12	9	41	5
石油加工、炼焦和核燃料加工业	93	90	3	8	7	86	7
化学原料和化学制品制造业	867	784	83	184	315	629	238
医药制造业	2808	2637	171	1258	626	2562	246
化学纤维制造业	125	118	7	28	50	115	10
橡胶和塑料制品业	64	62	2	6	23	34	30
非金属矿物制品业	512	451	61	87	232	305	207
黑色金属冶炼和压延加工业	261	236	25	109	43	230	31
有色金属冶炼和压延加工业	158	154	4	19	17	142	16
金属制品业	13	12	1		3		13
通用设备制造业	166	159	7	23	25	166	
专用设备制造业	967	931	36	360	269	682	285
汽车制造业	15	14	1		3	11	4
铁路、船舶、航空航天和其他运输设备制造业	185	173	12	34	74	121	64
电气机械和器材制造业	333	321	12	76	124	200	133
计算机、通信和其他电子设备制造业	77	70	7	40	13	74	3
仪器仪表制造业	163	154	9	68	64	152	11
电力、热力、燃气及水生产和供应业	142	136	6	7	136	5	137
电力、热力生产和供应业	142	136	6	7	136	5	137
水的生产和供应业							
五、按企业控股情况分组							
国有控股	893	817	76	133	381	518	375
集体控股	93	90	3	8	7	86	7
私人控股	3431	3238	193	1185	1034	2744	687
港澳台商控股	1111	1034	77	491	232	960	151
外商控股	1524	1358	166	534	412	1167	357
其他	421	409	12	123	68	338	83
六、按地区分组							
连云港市	7473	6946	527	2474	2134	5813	1660
市辖区							
连云区	2590	2367	223	886	566	1993	597
新浦区	1853	1725	128	771	582	1594	259
海州区	1383	1326	57	423	387	959	424
赣榆县	474	441	33	150	83	421	53
东海县	457	428	29	108	254	291	166
灌云县	256	238	18	34	162	219	37
灌南县	460	421	39	102	100	336	124

表 12-12 续表 2　　　　　　　　　　(2013 年)

项　　　　　目	R&D人员折合全时当量合计(人年)	#研究人员	#1.基础研究人员	2.应用研究人员	3.试验发展人员
	8	9	10	11	12
总　　计	**5634**	**1651.6**		**79.8**	**5554.2**
一、按企业规模分组					
大型	3362.9	932.5		52.3	3310.6
中型	2271.1	719.1		27.4	2243.6
小型					
微型					
二、按隶属关系分组					
中央	240	112.5		19.7	220.3
省(自治区、直辖市)	670.8	191.2			670.8
地(区、市、州、盟)	1836.6	605.6		29.8	1806.7
县(区、市、旗)	55.3	8			55.3
街道					
镇					
乡	158.7	99.1			158.7
社区(居委会)					
村委会					
其他	2672.6	635.2		30.2	2642.3
三、按登记注册类型分组					
内资企业	3290.5	1027.4		51.8	3238.7
国有企业	32.5	17.8			32.5
集体企业					
股份合作企业					
联营企业					
国有联营企业					
集体联营企业					
国有与集体联营企业					
其他联营企业					
有限责任公司	1627.6	465.5		51.8	1575.9
国有独资公司	103.5	52.8			103.5
其他有限责任公司	1524.1	412.7		51.8	1472.3
股份有限公司	723.5	291.5			723.5
私营企业	906.9	252.6			906.9
私营独资企业					
私营合伙企业					
私营有限责任公司	884.4	241.2			884.4
私营股份有限公司	22.6	11.4			22.6
其他企业					
港、澳、台商投资企业	963.8	226.9		2.2	961.6
与港澳台商合资经营企业	270.6	138.5		2.2	268.4
与港澳台商合作经营企业					
港澳台商独资经营企业	101.8	40.9			101.8
港澳台商投资股份有限公司	591.5	47.6			591.5
其他港澳台投资企业					
外商投资企业	1379.6	397.2		25.8	1353.8
中外合资经营企业	453.1	137.9		2.8	450.4
中外合作经营企业					
外资企业	122.3	66.2		23	99.3
外商投资股份有限公司	804.2	193.1			804.2
其他外商投资企					

表 12–12 续表 3　　　　　　　　　　　　(2013 年)

项　　　　　目	R&D人员折合全时当量合计(人年)	#研究人员	#1.基础研究人员	2.应用研究人员	3.试验发展人员
	8	9	10	11	12
四、按国民经济行业大类分组					
采矿业	24.5	14.9			24.5
非金属矿采选业	24.5	14.9			24.5
制造业	5558	1587.1		60	5498
农副食品加工业	18.9	2.3		2.8	16.1
食品制造业	5.6	1.9			5.6
酒、饮料和精制茶制造业	66.8	8.5			66.8
纺织业	43.4	16			43.4
纺织服装、服饰业	28.5	8.1			28.5
皮革、毛皮、羽毛及其制品和制鞋业	171.5	27.6			171.5
木材加工和木、竹、藤、棕、草制品业	30.9	4.9			30.9
文教、工美、体育和娱乐用品制造业	33.5	7.8			33.5
石油加工、炼焦和核燃料加工业	92.5	7.2			92.5
化学原料和化学制品制造业	413	161.8			413
医药制造业	2357.2	582.9		14.8	2342.3
化学纤维制造业	54.7	22			54.7
橡胶和塑料制品业	44.6	15.8			44.6
非金属矿物制品业	340.2	182.2		2.2	338
黑色金属冶炼和压延加工业	94.6	17.7			94.6
有色金属冶炼和压延加工业	145.7	16.5			145.7
金属制品业	2.3	0.6			2.3
通用设备制造业	76.3	10.5			76.3
专用设备制造业	842.7	234.7		17.2	825.5
汽车制造业	9.4	2			9.4
铁路、船舶、航空航天和其他运输设备制造业	151.7	66.1			151.7
电气机械和器材制造业	307.6	118.2		23	284.6
计算机、通信和其他电子设备制造业	72.3	12.3			72.3
仪器仪表制造业	154	59.4			154
电力、热力、燃气及水生产和供应业	51.4	49.5		19.7	31.7
电力、热力生产和供应业	51.4	49.5		19.7	31.7
水的生产和供应业					
五、按企业控股情况分组					
国有控股	380.1	161.2		21.9	358.2
集体控股	92.5	7.2			92.5
私人控股	2835.7	889.6		32	2803.7
港澳台商控股	850	195.8			850
外商控股	1243.8	343.7		25.8	1218.1
其他	231.8	54.1			231.8
六、按地区分组					
连云港市	5634	1651.6		79.8	5554.2
市辖区					
连云区	1572.6	303.2		49.9	1522.6
新浦区	1798.1	562.3		14.8	1783.3
海州区	1096.2	311.3		15	1081.2
赣榆县	292	52.7			292
东海县	395.8	227.1			395.8
灌云县	206.7	132.7			206.7
灌南县	272.6	62.3			272.6

大中型工业企业 R&D 经费情况

表 12-13　　(2013 年)

项目	R&D经费内部支出合计	(一)按活动类型分组 #1.基础研究支出	2.应用研究支出	3.试验发展支出	(二)按支出用途分组 1.经常费支出	#人员劳务费
	1	2	3	4	5	6
总计	**174660.4**		**2185.2**	**172475.2**	**154628.5**	**54059.2**
一、按企业规模分组						
大型	116849.7		1535.4	115314.3	103766.3	37943.4
中型	57810.7		649.8	57160.9	50862.2	16115.8
小型						
微型						
二、按隶属关系分组						
中央	12072.6		69.1	12003.5	11386.1	2593.8
省(自治区、直辖市)	20169.8			20169.8	16902.8	7587.4
地(区、市、州、盟)	69120.1		1416.3	67703.8	61938.9	22263.2
县(区、市、旗)	3060.1			3060.1	2667.3	381.3
街道						
镇						
乡	1996.3			1996.3	1898	786.4
社区(居委会)						
村委会						
其他	68241.5		699.8	67541.7	59835.4	20447.1
三、按登记注册类型分组						
内资企业	124549.5		1534.6	123014.9	110962.7	36996.4
国有企业	3409.4			3409.4	3009.8	1270.7
集体企业						
股份合作企业						
联营企业						
国有联营企业						
集体联营企业						
国有与集体联营企业						
其他联营企业						
有限责任公司	48093.4		1534.6	46558.8	41127.5	13640.1
国有独资公司	1754.6			1754.6	1571.3	595.5
其他有限责任公司	46338.8		1534.6	44804.2	39556.2	13044.6
股份有限公司	47289			47289	44245.8	14826.7
私营企业	25757.7			25757.7	22579.6	7258.9
私营独资企业						
私营合伙企业						
私营有限责任公司	25027.5			25027.5	21875	7093.7
私营股份有限公司	730.2			730.2	704.6	165.2
其他企业						
港、澳、台商投资企业	16662.5		67.4	16595.1	14743.8	5582.2
与港澳台商合资经营企业	4778.7		67.4	4711.3	3778.3	1347.9
与港澳台商合作经营企业						
港澳台商独资经营企业	1645.4			1645.4	1493.9	769.2
港澳台商投资股份有限公司	10238.4			10238.4	9471.6	3465.1
其他港澳台投资企业						
外商投资企业	33448.4		583.2	32865.2	28922	11480.6
中外合资经营企业	9507.2		50	9457.2	8586.3	2204.8
中外合作经营企业						
外资企业	2768.2		533.2	2235	2435.7	961.9
外商投资股份有限公司	21173			21173	17900	8313.9
其他外商投资企						

表 12–13 续表 1　　　　　　　　　　　　　(2013 年)

项　　　　　目	R&D经费内部支出合计	(一)按活动类型分组			(二)按支出用途分组	
		#1.基础研究支出	2.应用研究支出	3.试验发展支出	1.经常费支　出	#人员劳务费
	1	2	3	4	5	6
四、按国民经济行业大类分组						
采矿业	852.8			852.8	669.5	177.7
非金属矿采选业	852.8			852.8	669.5	177.7
制造业	173484.4		2116.1	171368.3	153635.8	53856.2
农副食品加工业	132.9		50	82.9	132.9	76.1
食品制造业	34.9			34.9	34.1	23
酒、饮料和精制茶制造业	764			764	438.9	200.4
纺织业	1181.8			1181.8	911.3	338.1
纺织服装、服饰业	297.3			297.3	287.8	124.2
皮革、毛皮、羽毛及其制品和制鞋业	2000.4			2000.4	1994.4	1019.6
木材加工和木、竹、藤、棕、草制品业	570.2			570.2	454.4	184.8
文教、工美、体育和娱乐用品制造业	1460.3			1460.3	1239.3	270
石油加工、炼焦和核燃料加工业	2755.7			2755.7	1793.7	1481
化学原料和化学制品制造业	15269.5			15269.5	13931.6	4321.6
医药制造业	91744.3		1228.1	90516.2	80467.3	28927.3
化学纤维制造业	2517.1			2517.1	2406.2	759.7
橡胶和塑料制品业	529.1			529.1	513.9	69.6
非金属矿物制品业	7256.6		49.2	7207.4	6827.4	2494.8
黑色金属冶炼和压延加工业	4885.1			4885.1	4065.6	2567.7
有色金属冶炼和压延加工业	3333.2			3333.2	3333.2	879.8
金属制品业	111.3			111.3	111.3	54.7
通用设备制造业	7325.8			7325.8	7038.9	815.8
专用设备制造业	14764.9		255.6	14509.3	12952.1	5555.6
汽车制造业	795.5			795.5	709.5	82.1
铁路、船舶、航空航天和其他运输设备制造业	3251.1			3251.1	2999	1007.3
电气机械和器材制造业	9850.5		533.2	9317.3	8648.5	1593.8
计算机、通信和其他电子设备制造业	1195.9			1195.9	1085.8	539.4
仪器仪表制造业	1457			1457	1258.7	469.8
电力、热力、燃气及水生产和供应业	323.2		69.1	254.1	323.2	25.3
电力、热力生产和供应业	323.2		69.1	254.1	323.2	25.3
水的生产和供应业						
五、按企业控股情况分组						
国有控股	19705.9		118.3	19587.6	18359.2	4229
集体控股	2755.7			2755.7	1793.7	1481
私人控股	97746		1483.7	96262.3	86738.9	29943.7
港澳台商控股	14124.9			14124.9	13095.4	5113.8
外商控股	29431.1		583.2	28847.9	25104.9	10523
其他	10896.8			10896.8	9536.4	2768.7
六、按地区分组						
连云港市	174660.4		2185.2	172475.2	154628.5	54059.2
市辖区						
连云区	40131		768.9	39362.1	35245.3	11913.5
新浦区	79719.8		1228.1	78491.7	70750.9	24101.1
海州区	21778.9		188.2	21590.7	19923.9	6974.4
赣榆县	12263.2			12263.2	9621.3	4195.8
东海县	5732			5732	5253.9	2518.8
灌云县	7836.5			7836.5	7750.5	1950.7
灌南县	7199			7199	6082.7	2404.9

表 12-13 续表 2

(2013 年)

项目	(二)按支出用途分组			(三)按资金来源分组			
	2.资产性支出	#①土建工程	②仪器设备	1.政府资金	2.企业资金	3.境外资金	4.其他资金
	7	8	9	10	11	12	13
总计	**20031.9**	**749**	**19282.9**	**10097.9**	**163042.8**	**373.2**	**1146.5**
一、按企业规模分组							
大型	13083.4	527.3	12556.1	8760.8	107539.3		549.6
中型	6948.5	221.7	6726.8	1337.1	55503.5	373.2	596.9
小型							
微型							
二、按隶属关系分组							
中央	686.5	11.1	675.4	986.5	11086.1		
省(自治区、直辖市)	3267	37.7	3229.3	155	20014.8		
地(区、市、州、盟)	7181.2	448.7	6732.5	6194.3	62670.1		255.7
县(区、市、旗)	392.8		392.8	10	3050.1		
街道							
镇							
乡	98.3	4.4	93.9	384	1559.8		52.5
社区(居委会)							
村委会							
其他	8406.1	247.1	8159	2368.1	64661.9	373.2	838.3
三、按登记注册类型分组							
内资企业	13586.8	571.1	13015.7	8056.8	115943.1		549.6
国有企业	399.6	10.6	389	8	3401.4		
集体企业							
股份合作企业							
联营企业							
国有联营企业							
集体联营企业							
国有与集体联营企业							
其他联营企业							
有限责任公司	6965.9	25.6	6940.3	4964.8	42872.9		255.7
国有独资公司	183.3	1.3	182	59	1695.6		
其他有限责任公司	6782.6	24.3	6758.3	4905.8	41177.3		255.7
股份有限公司	3043.2	441.2	2602	2880	44409		
私营企业	3178.1	93.7	3084.4	204	25259.8		293.9
私营独资企业							
私营合伙企业							
私营有限责任公司	3152.5	87.3	3065.2	204	24529.6		293.9
私营股份有限公司	25.6	6.4	19.2		730.2		
其他企业							
港、澳、台商投资企业	1918.7	123.5	1795.2	1693	14969.5		
与港澳台商合资经营企业	1000.4	95.4	905	370	4408.7		
与港澳台商合作经营企业							
港澳台商独资经营企业	151.5	23.2	128.3	223	1422.4		
港澳台商投资股份有限公司	766.8	4.9	761.9	1100	9138.4		
其他港澳台投资企业							
外商投资企业	4526.4	54.4	4472	348.1	32130.2	373.2	596.9
中外合资经营企业	920.9	5.9	915	134	9320.7		52.5
中外合作经营企业							
外资企业	332.5	10.8	321.7	59.1	2307.6	373.2	28.3
外商投资股份有限公司	3273	37.7	3235.3	155	20501.9		516.1
其他外商投资企							

表 12-13 续表 3　　(2013 年)

项目	(二)按支出用途分组			(三)按资金来源分组			
	2.资产性支出	#①土建工程	②仪器设备	1.政府资金	2.企业资金	3.境外资金	4.其他资金
	7	8	9	10	11	12	13
四、按国民经济行业大类分组							
采矿业	183.3	1.3	182	9	843.8		
非金属矿采选业	183.3	1.3	182	9	843.8		
制造业	19848.6	747.7	19100.9	10088.9	161875.8	373.2	1146.5
农副食品加工业	0	0	0		132.9		
食品制造业	0.8	0	0.8		34.9		
酒、饮料和精制茶制造业	325.1	1.9	323.2	10	754		
纺织业	270.5	12.6	257.9	59.1	1122.7		
纺织服装、服饰业	9.5	0	9.5		269		28.3
皮革、毛皮、羽毛及其制品和制鞋业	6	0	6		1484.3		516.1
木材加工和木、竹、藤、棕、草制品业	115.8	0.4	115.4		570.2		
文教、工美、体育和娱乐用品制造业	221	11	210		1460.3		
石油加工、炼焦和核燃料加工业	962	2	960	30	2725.7		
化学原料和化学制品制造业	1337.9	18.3	1319.6	38	15231.5		
医药制造业	11277	530.2	10746.8	7081.3	84523.5		139.5
化学纤维制造业	110.9		110.9		2517.1		
橡胶和塑料制品业	15.2		15.2		529.1		
非金属矿物制品业	429.2	36.2	393	1067	6137.1		52.5
黑色金属冶炼和压延加工业	819.5	14.7	804.8	50	4541.2		293.9
有色金属冶炼和压延加工业				10	3323.2		
金属制品业					111.3		
通用设备制造业	286.9	0.5	286.4	928.5	6397.3		
专用设备制造业	1812.8	101.3	1711.5	597	14051.7		116.2
汽车制造业	86		86		795.5		
铁路、船舶、航空航天和其他运输设备制造业	252.1	2.1	250	50	3201.1		
电气机械和器材制造业	1202	8.6	1193.4	145	9332.3	373.2	
计算机、通信和其他电子设备制造业	110.1	2.6	107.5		1195.9		
仪器仪表制造业	198.3	5.3	193	23	1434		
电力、热力、燃气及水生产和供应业					323.2		
电力、热力生产和供应业					323.2		
水的生产和供应业							
五、按企业控股情况分组							
国有控股	1346.7	12.4	1334.3	1435.5	18270.4		
集体控股	962	2	960	30	2725.7		
私人控股	11007.1	638.3	10368.8	6710.3	90433.6		602.1
港澳台商控股	1029.5	35.1	994.4	1573	12551.9		
外商控股	4326.2	53.5	4272.7	214.1	28299.4	373.2	544.4
其他	1360.4	7.7	1352.7	135	10761.8		
六、按地区分组							
连云港市	20031.9	749	19282.9	10097.9	163042.8	373.2	1146.5
市辖区							
连云区	4885.7	161.4	4724.3	2680.5	36532.9	373.2	544.4
新浦区	8968.9	475.1	8493.8	5959.3	73621		139.5
海州区	1855	18.5	1836.5	642	21020.7		116.2
赣榆县	2641.9	29.9	2612	80	12183.2		
东海县	478.1	52.4	425.7	696.1	4983.4		52.5
灌云县	86		86		7836.5		
灌南县	1116.3	11.7	1104.6	40	6865.1		293.9

表 12-13 续表 4　　(2013 年)

项　　目	R&D经费外部支出	对境内研究机构支出	对境内高等学校支出	对境外支出
	14	15	16	17
总　　计	**18437.3**	**10647**	**1929**	**1248.6**
一、按企业规模分组				
大型	11268	7606.6	1300	1123.1
中型	7169.3	3040.4	629	125.5
小型				
微型				
二、按隶属关系分组				
中央	905.2	281.1	77	438.9
省(自治区、直辖市)	4276	2672.4	370.4	103
地(区、市、州、盟)	6336.2	4856.1	883.9	581.2
县(区、市、旗)				
街道				
镇				
乡				
社区(居委会)				
村委会				
其他	6919.9	2837.4	597.7	125.5
三、按登记注册类型分组				
内资企业	13366.7	7486.9	1377.2	1020.1
国有企业	281.1	281.1		
集体企业				
股份合作企业				
联营企业				
国有联营企业				
集体联营企业				
国有与集体联营企业				
其他联营企业				
有限责任公司	9306.5	3607	1196.9	1020.1
国有独资公司				
其他有限责任公司	9306.5	3607	1196.9	1020.1
股份有限公司	3272.7	3182.4	90.3	
私营企业	506.4	416.4	90	
私营独资企业				
私营合伙企业				
私营有限责任公司	506.4	416.4	90	
私营股份有限公司				
其他企业				
港、澳、台商投资企业	15.4	15.4		
与港澳台商合资经营企业	15.4	15.4		
与港澳台商合作经营企业				
港澳台商独资经营企业				
港澳台商投资股份有限公司				
其他港澳台投资企业				
外商投资企业	5055.2	3144.7	551.8	228.5
中外合资经营企业	683.7	502.3	181.4	
中外合作经营企业				
外资企业				
外商投资股份有限公司	4371.5	2642.4	370.4	228.5
其他外商投资企				

表 12-13 续表 5　　　　　　　　　　(2013 年)

项　　　　目	R&D经费外部支出	对境内研究机构支出	对境内高等学校支出	对境外支出
	14	15	16	17
四、按国民经济行业大类分组				
采矿业				
非金属矿采选业				
制造业	18299.1	10617	1929	1248.6
农副食品加工业				
食品制造业				
酒、饮料和精制茶制造业	84	51.7	32.3	
纺织业	10.6	10.6		
纺织服装、服饰业				
皮革、毛皮、羽毛及其制品和制鞋业	125.5			125.5
木材加工和木、竹、藤、棕、草制品业	12.7	4.6	8.1	
文教、工美、体育和娱乐用品制造业				
石油加工、炼焦和核燃料加工业				
化学原料和化学制品制造业	472.6	326.9	145.7	
医药制造业	15629.2	9309.7	1145.9	684.2
化学纤维制造业	502.3	502.3		
橡胶和塑料制品业	5.7		5.7	
非金属矿物制品业	200	70	130	
黑色金属冶炼和压延加工业				
有色金属冶炼和压延加工业				
金属制品业				
通用设备制造业	515.9		77	438.9
专用设备制造业	239.5	15.4	224.1	
汽车制造业				
铁路、船舶、航空航天和其他运输设备制造业				
电气机械和器材制造业	416.1	325.8	90.3	
计算机、通信和其他电子设备制造业	30		30	
仪器仪表制造业	55		39.9	
电力、热力、燃气及水生产和供应业	138.2	30		
电力、热力生产和供应业	138.2	30		
水的生产和供应业				
五、按企业控股情况分组				
国有控股	1637.5	883.4	207	438.9
集体控股				
私人控股	6387.4	4837.3	953.9	581.2
港澳台商控股				
外商控股	4491.2	2642.4	490.1	228.5
其他	5921.2	2283.9	278	
六、按地区分组				
连云港市	18437.3	10647	1929	1248.6
市辖区				
连云区	7644.6	3182.3	430.4	564.4
新浦区	9823.7	6996.2	998.1	684.2
海州区	638.3	231.8	406.5	
赣榆县	200.9	139.2	61.7	
东海县				
灌云县				
灌南县	129.8	97.5	32.3	

大中型工业企业全部R&D项目情况

表12-14 (2013年)

项　　　目	项目数(项)	参加项目人员(人)	项目人员折合全时当量(人年)	全部项目经费内部支出(万元)
	1	2	3	4
总　计	**765**	**6946**	**5265.9**	**156731.9**
一、按企业规模分组				
大型	396	4006	3172.4	108079.2
中型	369	2940	2093.5	48652.7
小型				
微型				
二、按隶属关系分组				
中央	71	514	226.8	10772.9
省(自治区、直辖市)	68	612	609.1	18968.2
地(区、市、州、盟)	296	2063	1761.8	64466.6
县(区、市、旗)	8	89	52.6	2659.1
街道				
镇				
乡	18	155	153.8	1954.5
社区(居委会)				
村委会				
其他	304	3513	2461.8	57910.6
三、按登记注册类型分组				
内资企业	522	4243	3133.8	111051.4
国有企业	25	130	27.5	3293.5
集体企业				
股份合作企业				
联营企业				
国有联营企业				
集体联营企业				
国有与集体联营企业				
其他联营企业				
有限责任公司	310	2172	1564.3	41697.8
国有独资公司	13	98	97.1	1466.5
其他有限责任公司	297	2074	1467.1	40231.3
股份有限公司	59	756	696.2	43369.1
私营企业	128	1185	845.8	22691
私营独资企业				
私营合伙企业				
私营有限责任公司	126	1161	824.5	21985.1
私营股份有限公司	2	24	21.3	705.9
其他企业				
港、澳、台商投资企业	64	1142	902.6	15115.6
与港澳台商合资经营企业	23	274	260.3	3924.9
与港澳台商合作经营企业				
港澳台商独资经营企业	13	113	91.4	1500.7
港澳台商投资股份有限公司	28	755	550.8	9690
其他港澳台投资企业				
外商投资企业	179	1561	1229.6	30564.9
中外合资经营企业	93	691	428.3	8542.8
中外合作经营企业				
外资企业	15	183	114.1	2050.6
外商投资股份有限公司	71	687	687.2	19971.5
其他外商投资企				

表 12–14 续表　　(2013 年)

项　　　　目	项目数(项)	参加项目人员(人)	项目人员折合全时当量(人年)	全部项目经费内部支出(万元)
	1	2	3	4
四、按国民经济行业大类分组				
采矿业	8	23	22.1	588.9
非金属矿采选业	8	23	22.1	588.9
制造业	734	6787	5194.4	155831.8
农副食品加工业	2	58	18.4	64.7
食品制造业	1	6	5.6	34.3
酒、饮料和精制茶制造业	3	64	63.7	638
纺织业	7	55	40.4	1091.5
纺织服装、服饰业	3	29	25.6	243.8
皮革、毛皮、羽毛及其制品和制鞋业	8	123	114.4	2000.5
木材加工和木、竹、藤、棕、草制品业	11	44	30.4	486.3
文教、工美、体育和娱乐用品制造业	10	42	31.4	1339.3
石油加工、炼焦和核燃料加工业	5	90	90	1857
化学原料和化学制品制造业	103	784	377.1	14250.4
医药制造业	242	2637	2211.1	83496.7
化学纤维制造业	17	118	52.1	2315
橡胶和塑料制品业	5	62	43	527
非金属矿物制品业	47	451	314	6680.9
黑色金属冶炼和压延加工业	9	236	85.7	4261.8
有色金属冶炼和压延加工业	6	154	142.6	3234.2
金属制品业	1	12	2.2	5
通用设备制造业	13	159	73.9	6240.3
专用设备制造业	120	931	811.2	12327
汽车制造业	1	14	9.1	732.1
铁路、船舶、航空航天和其他运输设备制造业	22	173	142.6	3149.8
电气机械和器材制造业	35	321	297.5	8232.8
计算机、通信和其他电子设备制造业	21	70	66.7	1193.3
仪器仪表制造业	42	154	145.5	1430.1
电力、热力、燃气及水生产和供应业	23	136	49.4	311.2
电力、热力生产和供应业	23	136	49.4	311.2
水的生产和供应业				
五、按企业控股情况分组				
国有控股	108	817	358.1	17073.4
集体控股	5	90	90	1857
私人控股	415	3238	2698.8	90028.3
港澳台商控股	56	1034	793.7	13381.7
外商控股	141	1358	1099.3	26817.9
其他	40	409	226	7573.6
六、按地区分组				
连云港市	765	6946	5265.9	156731.9
市辖区				
连云区	211	2367	1432	32852
新浦区	228	1725	1682.7	74932.6
海州区	160	1326	1054.9	18482.5
赣榆县	37	441	277	10366.5
东海县	61	428	374	5515
灌云县	22	238	193.5	7773.1
灌南县	46	421	251.7	6810.2

大中型工业企业办科技机构情况

表 12-15 (2013 年)

项目	机构数(个)	机构人员合计(人)			
			博士毕业	硕士毕业	本科毕业
	1	2	3	4	5
总计	**143**	**8924**	**295**	**1501**	**4498**
一、按企业规模分组					
大型	38	5414	214	1204	2647
中型	105	3510	81	297	1851
小型					
微型					
二、按隶属关系分组					
中央	13	583	2	40	513
省(自治区、直辖市)	3	426	17	196	207
地(区、市、州、盟)	24	2894	149	602	1018
县(区、市、旗)	5	171	10	20	102
街道					
镇					
乡	4	174	9	28	116
社区(居委会)					
村委会					
其他	94	4676	108	615	2542
三、按登记注册类型分组					
内资企业	94	5483	199	835	2568
国有企业	1	21			15
集体企业					
股份合作企业					
联营企业					
国有联营企业					
集体联营企业					
国有与集体联营企业					
其他联营企业					
有限责任公司	39	2839	76	322	1344
国有独资公司	3	70	4	13	41
其他有限责任公司	36	2769	72	309	1303
股份有限公司	8	1318	94	411	621
私营企业	46	1305	29	102	588
私营独资企业	1	27	2	12	13
私营合伙企业					
私营有限责任公司	43	1235	27	89	548
私营股份有限公司	2	43		1	27
其他企业					
港、澳、台商投资企业	14	1763	47	315	1185
与港澳台商合资经营企业	7	403	6	45	245
与港澳台商合作经营企业					
港澳台商独资经营企业	5	96	5	16	66
港澳台商投资股份有限公司	2	1264	36	254	874
其他港澳台投资企业					
外商投资企业	35	1678	49	351	745
中外合资经营企业	20	756	26	66	315
中外合作经营企业					
外资企业	12	391	6	93	183
外商投资股份有限公司	3	531	17	192	247
其他外商投资企					

表 12-15 续表 1　　　　　　　　　　　　　　(2013 年)

项　　　目	机构数(个)	机构人员合计(人)	博士毕业	硕士毕业	本科毕业
	1	2	3	4	5
四、按国民经济行业大类分组					
采矿业	3	31	4	9	10
非金属矿采选业	3	31	4	9	10
制造业	133	8768	289	1464	4397
农副食品加工业	4	128	7	25	92
食品制造业	2	11		1	6
酒、饮料和精制茶制造业	2	90	6	17	32
纺织业	5	55	3	11	30
纺织服装、服饰业	3	35		2	19
皮革、毛皮、羽毛及其制品和制鞋业	2	158		4	74
木材加工和木、竹、藤、棕、草制品业	3	123		2	53
文教、工美、体育和娱乐用品制造业	4	59		6	31
石油加工、炼焦和核燃料加工业	2	90	2	6	68
化学原料和化学制品制造业	21	718	19	62	374
医药制造业	17	3355	174	1015	1953
化学纤维制造业	6	162	5	3	58
橡胶和塑料制品业	1	60	1	3	17
非金属矿物制品业	13	519	20	54	245
黑色金属冶炼和压延加工业	6	327	5	15	72
有色金属冶炼和压延加工业	2	57		2	15
金属制品业	1	10			10
通用设备制造业	6	452	2	21	387
专用设备制造业	9	1248	19	63	302
汽车制造业	1	15			9
铁路、船舶、航空航天和其他运输设备制造业	9	144		14	79
电气机械和器材制造业	7	459	17	51	288
计算机、通信和其他电子设备制造业	5	332	4	87	138
仪器仪表制造业	2	161	5		45
电力、热力、燃气及水生产和供应业	7	125	2	28	91
电力、热力生产和供应业	6	105	1	25	79
水的生产和供应业	1	20	1	3	12
五、按企业控股情况分组					
国有控股	27	1057	25	79	724
集体控股	2	90	2	6	68
私人控股	70	4450	180	738	1761
港澳台商控股	14	1575	47	303	1085
外商控股	27	1377	37	333	628
其他	3	375	4	42	232
六、按地区分组					
连云港市	143	8924	295	1501	4498
市辖区					
连云区	47	3165	71	478	1892
新浦区	19	2318	139	744	1197
海州区	15	1586	30	91	476
赣榆县	17	721	20	47	275
东海县	14	428	23	77	253
灌云县	12	266	2	19	192
灌南县	19	440	10	45	213

表 12-15 续表 2　　　　(2013 年)

项　　　目	机构经费支出(万元)	仪器和设备原价(万元)		境外机构数(个)
			进　口	
	6	7	8	9
总　　计	**188075.8**	**229424.3**	**27827.4**	**6**
一、按企业规模分组				
大型	114770.9	72289.7	9947	5
中型	73304.9	157134.6	17880.4	1
小型				
微型				
二、按隶属关系分组				
中央	19375.1	2427		1
省(自治区、直辖市)	30886.8	5823.2	2102.6	1
地(区、市、州、盟)	48723.1	53065.6	8476.9	3
县(区、市、旗)	7163.5	2112.9	150	
街道				
镇				
乡	2042.6	4158	2516.1	
社区(居委会)				
村委会				
其他	79884.7	161837.6	14581.8	1
三、按登记注册类型分组				
内资企业	107945.3	174249.7	12233.2	3
国有企业	652	850		
集体企业				
股份合作企业				
联营企业				
国有联营企业				
集体联营企业				
国有与集体联营企业				
其他联营企业				
有限责任公司	68363.2	45237.3	4396.2	2
国有独资公司	1521.9	1297.9	52.6	
其他有限责任公司	66841.3	43939.4	4343.6	2
股份有限公司	13124.2	29106.7	6607.4	1
私营企业	25805.9	99055.7	1229.6	
私营独资企业	125	75000		
私营合伙企业				
私营有限责任公司	24525	22033	1229.6	
私营股份有限公司	1155.9	2022.7		
其他企业				
港、澳、台商投资企业	26420.1	21782.2	6012.3	1
与港澳台商合资经营企业	4941.7	10694.8	2875.5	
与港澳台商合作经营企业				
港澳台商独资经营企业	2136	4971.6	2240.6	
港澳台商投资股份有限公司	19342.4	6115.8	896.2	1
其他港澳台投资企业				
外商投资企业	53710.4	33392.4	9581.9	2
中外合资经营企业	14958.7	17862.8	5812.7	1
中外合作经营企业				
外资企业	6860.4	10281.7	1441.9	
外商投资股份有限公司	31891.3	5247.9	2327.3	1
其他外商投资企				

表 12-15 续表 3 （2013 年）

项　　目	机构经费支出（万元）	仪器和设备原价（万元）		境外机构数（个）
			进　口	
	6	7	8	9
四、按国民经济行业大类分组				
采矿业	781.9	390.9	52.6	
非金属矿采选业	781.9	390.9	52.6	
制造业	187128.6	227625.1	27350.4	6
农副食品加工业	634.7	76286		
食品制造业	103.5	15.1		
酒、饮料和精制茶制造业	980	850		
纺织业	1330.7	1110.4	321.1	
纺织服装、服饰业	259.5	280.5		
皮革、毛皮、羽毛及其制品和制鞋业	2001.7	1245.5	1007.1	
木材加工和木、竹、藤、棕、草制品业	1276.5	1144.8		
文教、工美、体育和娱乐用品制造业	1999.3	2544.3	70.6	
石油加工、炼焦和核燃料加工业	2136.6	2379.2	670	
化学原料和化学制品制造业	17664.8	18419.3	450	1
医药制造业	82308.7	42148.2	7133.5	4
化学纤维制造业	3151	3474	2083	
橡胶和塑料制品业	152	1605	810	
非金属矿物制品业	6685.9	11061.6	5045.8	
黑色金属冶炼和压延加工业	4483.1	2639.2		
有色金属冶炼和压延加工业	1236.1	3292.3		
金属制品业	100	189		
通用设备制造业	19062	1469.3		1
专用设备制造业	16146.2	37402.3	6613.6	
汽车制造业	732.1	342.7		
铁路、船舶、航空航天和其他运输设备制造业	2957.8	2265.4		
电气机械和器材制造业	13916.2	8745.8	551.3	
计算机、通信和其他电子设备制造业	6242.2	7163.2	2294.4	
仪器仪表制造业	1568	1552	300	
电力、热力、燃气及水生产和供应业	165.3	1408.3	424.4	
电力、热力生产和供应业	88.8	838		
水的生产和供应业	76.5	570.3	424.4	
五、按企业控股情况分组				
国有控股	30856.9	10439.2	2710	1
集体控股	2136.6	2379.2	670	
私人控股	70357.5	170371	12013.8	2
港澳台商控股	23820.8	14365.6	5278.3	1
外商控股	49623.6	25312.7	6835.2	2
其他	11280.4	6556.6	320.1	
六、按地区分组				
连云港市	188075.8	229424.3	27827.4	6
市辖区				
连云区	48004	119785.7	7970.1	2
新浦区	72104.5	36249.6	6086.5	3
海州区	30385.1	39891.1	6111.4	1
赣榆县	17073.6	13015.2	890.6	
东海县	6395.4	11949.2	5536.4	
灌云县	7773.1	4471.2	782.4	
灌南县	6340.1	4062.3	450	

大中型工业企业自主知识产权及相关情况

表 12-16　　　　(2013 年)

项　　目	专利申请数(件)	发明专利	有效发明专利数(件)	境外授权	专利所有权转让及许可数(项)
	1	2	3	4	5
总　　计	**690**	**348**	**795**	**127**	**1**
一、按企业规模分组					
大型	387	233	551	124	1
中型	303	115	244	3	
小型					
微型					
二、按隶属关系分组					
中央	91	39	37	1	
省(自治区、直辖市)	49	47	119	6	
地(区、市、州、盟)	222	110	380	110	1
县(区、市、旗)	13	4	1		
街道					
镇					
乡	8	5	5	1	
社区(居委会)					
村委会					
其他	307	143	253	9	
三、按登记注册类型分组					
内资企业	499	220	476	111	1
国有企业	2	2	2		
集体企业					
股份合作企业					
联营企业					
国有联营企业					
集体联营企业					
国有与集体联营企业					
其他联营企业					
有限责任公司	305	129	283	48	1
国有独资公司	20	13	6		
其他有限责任公司	285	116	277	48	1
股份有限公司	61	38	151	62	
私营企业	131	51	40	1	
私营独资企业	3	1	1		
私营合伙企业					
私营有限责任公司	107	45	32	1	
私营股份有限公司	21	5	7		
其他企业			0		
港、澳、台商投资企业	113	63	167	9	
与港澳台商合资经营企业	61	15	125	1	
与港澳台商合作经营企业					
港澳台商独资经营企业	6	2	4		
港澳台商投资股份有限公司	46	46	38	8	
其他港澳台投资企业					
外商投资企业	78	65	152	7	
中外合资经营企业	20	14	33	1	
中外合作经营企业					
外资企业	9	4			
外商投资股份有限公司	49	47	119	6	
其他外商投资企					

表 12-16 续表 1　　(2013 年)

项　　目	专利申请数(件)	发明专利	有效发明专利数(件)	境外授权	专利所有权转让及许可数(项)
	1	2	3	4	5
四、按国民经济行业大类分组					
采矿业	7	7			
非金属矿采选业	7	7			
制造业	657	327	793	127	1
农副食品加工业	3	1	1		
食品制造业					
酒、饮料和精制茶制造业	2				
纺织业	3	3			
纺织服装、服饰业					
皮革、毛皮、羽毛及其制品和制鞋业	3	1			
木材加工和木、竹、藤、棕、草制品业	4				
文教、工美、体育和娱乐用品制造业					
石油加工、炼焦和核燃料加工业					
化学原料和化学制品制造业	26	22	29	1	
医药制造业	195	183	508	123	1
化学纤维制造业					
橡胶和塑料制品业	6	5	6		
非金属矿物制品业	80	25	23	1	
黑色金属冶炼和压延加工业					
有色金属冶炼和压延加工业	4	2	8		
金属制品业					
通用设备制造业	46	13	24	1	
专用设备制造业	218	48	172		
汽车制造业	4				
铁路、船舶、航空航天和其他运输设备制造业	17	10	9		
电气机械和器材制造业	31	11	7		
计算机、通信和其他电子设备制造业	4	1	5	1	
仪器仪表制造业	11	2	1		
电力、热力、燃气及水生产和供应业	26	14	2		
电力、热力生产和供应业	26	14	2		
水的生产和供应业					
五、按企业控股情况分组					
国有控股	111	50	45	1	
集体控股					
私人控股	428	174	544	110	1
港澳台商控股	64	55	49	9	
外商控股	67	59	146	7	
其他	20	10	11		
六、按地区分组					
连云港市	690	348	795	127	1
市辖区					
连云区	177	104	224	10	
新浦区	234	151	468	115	1
海州区	199	50	78		
赣榆县	20	8	4		
东海县	37	22	15	1	
灌云县	9	1			
灌南县	14	12	6	1	

表 12-16 续表 2　　(2013 年)

项　　目	专利所有权转让及许可收入(万元)	发表科技论文(篇)	拥有注册商标数(件)	境外注册	形成国家或行业标准数(项)
	1	2	3	4	5
总　　计		**221**	**795**	**21**	**60**
一、按企业规模分组					
大型		145	682	16	30
中型		76	113	5	30
小型					
微型					
二、按隶属关系分组					
中央		37	16		
省(自治区、直辖市)		3	352		6
地(区、市、州、盟)		105	217	6	21
县(区、市、旗)		21	3		
街道					
镇					
乡		19	4	2	2
社区(居委会)					
村委会					
其他		36	203	13	31
三、按登记注册类型分组					
内资企业		179	342	14	41
国有企业		16			
集体企业					
股份合作企业					
联营企业					
国有联营企业					
集体联营企业					
国有与集体联营企业					
其他联营企业					
有限责任公司		154	235	6	18
国有独资公司		13	3		
其他有限责任公司		141	232	6	18
股份有限公司		3	33	8	10
私营企业		6	74		13
私营独资企业		2	5		1
私营合伙企业					
私营有限责任公司			67		12
私营股份有限公司		4	2		
其他企业					
港、澳、台商投资企业		21	89	5	2
与港澳台商合资经营企业		21	17	3	
与港澳台商合作经营企业					
港澳台商独资经营企业			2		
港澳台商投资股份有限公司			70	2	2
其他港澳台投资企业					
外商投资企业		21	364	2	17
中外合资经营企业		21	8		11
中外合作经营企业					
外资企业			2		
外商投资股份有限公司			354	2	6
其他外商投资企					

表 12-16 续表 3　　　　(2013 年)

项　　　　目	专利所有权转让及许可收入(万元)	发表科技论文(篇)	拥有注册商标数(件)	境外注册	形成国家或行业标准数(项)
	1	2	3	4	5
四、按国民经济行业大类分组					
采矿业		9	2		
非金属矿采选业		9	2		
制造业		200	793	21	60
农副食品加工业		4	12		1
食品制造业					
酒、饮料和精制茶制造业		3	3		
纺织业			1		
纺织服装、服饰业					
皮革、毛皮、羽毛及其制品和制鞋业			3	2	
木材加工和木、竹、藤、棕、草制品业			45		
文教、工美、体育和娱乐用品制造业					
石油加工、炼焦和核燃料加工业					
化学原料和化学制品制造业		23	5		9
医药制造业		88	605	7	23
化学纤维制造业		1	1		
橡胶和塑料制品业		16	2		
非金属矿物制品业		25	11	2	6
黑色金属冶炼和压延加工业			1		
有色金属冶炼和压延加工业					
金属制品业					
通用设备制造业		2	14		3
专用设备制造业		10	53	2	8
汽车制造业					
铁路、船舶、航空航天和其他运输设备制造业		10	3		
电气机械和器材制造业		15	32	8	10
计算机、通信和其他电子设备制造业					
仪器仪表制造业		3	2		
电力、热力、燃气及水生产和供应业		12			
电力、热力生产和供应业		12			
水的生产和供应业					
五、按企业控股情况分组					
国有控股		65	19		2
集体控股					
私人控股		106	297	7	27
港澳台商控股		24	84	4	2
外商控股		20	362	2	15
其他		6	33	8	14
六、按地区分组					
连云港市		221	795	21	60
市辖区					
连云区		54	122	5	16
新浦区		98	525	5	12
海州区		27	128	9	27
赣榆县		15	2		3
东海县		22	12	2	2
灌云县		2	1		
灌南县		3	5		

大中型工业企业新产品开发、生产及销售情况

表 12-17　　(2013 年)

项目	新产品开发项目数(项)	新产品开发经费支出(万元)	新产品产值(万元)	新产品销售收入(万元)	出口
	1	2	3	4	5
总计	**713**	**211716.5**	**3714522.5**	**3466132.1**	**337354.7**
一、按企业规模分组					
大型	350	136261.8	2579568.5	2266812.2	55546.2
中型	363	75454.7	1134954	1199319.9	281808.5
小型					
微型					
二、按隶属关系分组					
中央	39	20080.7	156670	108039.4	6425
省(自治区、直辖市)	2	14.3	429997	368642	
地(区、市、州、盟)	343	111544.7	1152830.6	966165.6	25943.9
县(区、市、旗)	11	6056.8	89173.5	84806	83.7
街道					
镇					
乡	21	2447.8	33206.1	29162.2	19361.3
社区(居委会)					
村委会					
其他	297	71572.2	1852645.3	1909316.9	285540.8
三、按登记注册类型分组					
内资企业	543	168467.3	2526341.6	2360459.3	33850.5
国有企业	5	191.7			
集体企业					
股份合作企业					
联营企业					
国有联营企业					
集体联营企业					
国有与集体联营企业					
其他联营企业					
有限责任公司	323	70625.4	910354.9	873635.8	10822.5
国有独资公司	11	1281.9	13700	11709.4	
其他有限责任公司	312	69343.5	896654.9	861926.4	10822.5
股份有限公司	93	74899.6	828383.8	716882.3	1368.8
私营企业	122	22750.6	787602.9	769941.2	21659.2
私营独资企业					
私营合伙企业					
私营有限责任公司	115	22007.2	782416.2	763983.5	21338.6
私营股份有限公司	7	743.4	5186.7	5957.7	320.6
其他企业					
港、澳、台商投资企业	70	24103	161996.3	145022.8	51386.4
与港澳台商合资经营企业	21	3626.8	53650.4	43071.9	17142.4
与港澳台商合作经营企业					
港澳台商独资经营企业	7	827.3	1970.8	1791.3	
港澳台商投资股份有限公司	42	19648.9	106375.1	100159.6	34244
其他港澳台投资企业					
外商投资企业	100	19146.2	1026184.6	960650	252117.8
中外合资经营企业	82	16650.1	437653.7	433532.1	200901.1
中外合作经营企业					
外资企业	9	1403.9	158533.9	158475.9	51216.7
外商投资股份有限公司	9	1092.2	429997	368642	
其他外商投资企					

表 12-17 续表　　(2013 年)

项　　目	新产品开发项目数(项)	新产品开发经费支出(万元)	新产品产值(万元)	新产品销售收入(万元)	
					出　口
	1	2	3	4	5
四、按国民经济行业大类分组					
采矿业	6	380.1			
非金属矿采选业	6	380.1			
制造业	703	203162.6	3714522.5	3466132.1	337354.7
农副食品加工业	5	491.1	8105	1885.2	
食品制造业	2	111.1	15511.2	15302.2	14928.3
酒、饮料和精制茶制造业	6	1182	4628	4628	
纺织业	7	1181.8	2728	2724	2356
纺织服装、服饰业	1	56.5	487.3	487.3	
皮革、毛皮、羽毛及其制品和制鞋业	10	1614.4	8900	8842	6200
木材加工和木、竹、藤、棕、草制品业	11	664.4	5400	5400	
文教、工美、体育和娱乐用品制造业	9	1347.8	14770	14803.5	
石油加工、炼焦和核燃料加工业	2	1328.1	238216.1	230860.6	
化学原料和化学制品制造业	51	15029.8	390524.2	386802.6	173035.4
医药制造业	228	111017.1	1439950.2	1291577.5	2381.8
化学纤维制造业	10	1086.8	23953.6	23953.6	
橡胶和塑料制品业	4	885.5	26354.2	25195.7	3502.9
非金属矿物制品业	41	5356.8	109395.4	103794.5	23937.8
黑色金属冶炼和压延加工业	4	3052.9	488056.6	480596.4	
有色金属冶炼和压延加工业	1	94			
金属制品业					
通用设备制造业	28	20156	152445	105805	11459.1
专用设备制造业	154	18063.4	280863.4	275410.6	2870.6
汽车制造业	1	795.5	9802	9600	
铁路、船舶、航空航天和其他运输设备制造业	22	3251.1	16506	11709.4	
电气机械和器材制造业	40	13534.9	248858.9	240911.4	3052.5
计算机、通信和其他电子设备制造业	24	1540.7	209398.9	206654.1	89665.7
仪器仪表制造业	42	1320.9	19668.5	19188.5	3964.6
电力、热力、燃气及水生产和供应业	4	8173.8			
电力、热力生产和供应业	2	14.3			
水的生产和供应业	2	8159.5			
五、按企业控股情况分组					
国有控股	69	35592.6	272907.2	219909.1	6508.7
集体控股	2	1328.1	238216.1	230860.6	0
私人控股	461	122926.7	2198013.1	1992478.7	187307.2
港澳台商控股	68	23163.5	149543.8	132540.4	50768.4
外商控股	68	16307.1	701623.1	637134.5	91339.8
其他	45	12398.5	154219.2	253208.8	1430.6
六、按地区分组					
连云港市	713	211716.5	3714522.5	3466132.1	337354.7
市辖区					
连云区	176	44310.4	795726.5	837925.6	120766.3
新浦区	205	107665.6	1383315	1135686.8	2320
海州区	194	31998.3	473879.7	462027.3	9343.7
赣榆县	42	14433.1	870586.1	848876.8	165414.9
东海县	61	5517.9	104088.4	98800	23937.8
灌云县	6	3065.6	29205.3	28916.1	6200
灌南县	29	4725.6	57721.5	53899.5	9372

大中型工业企业政府相关政策落实情况

表 12-18　　(2013 年)

项目	来自政府部门的科技活动资金	研究开发费用加计扣除减免税	高新技术企业减免税
	1	2	3
总计	**11930.3**	**13185.6**	**50897**
一、按企业规模分组			
大型	9435.8	10290.2	35030.3
中型	2494.5	2895.4	15866.7
小型			
微型			
二、按隶属关系分组			
中央	2184.3	2780.4	2030.4
省(自治区、直辖市)	155	1136	6763.4
地(区、市、州、盟)	6194.3	6483.5	21097.1
县(区、市、旗)	10	40.9	
街道			
镇			
乡	384	187.8	124.5
社区(居委会)			
村委会			
其他	3002.7	2557	20881.6
三、按登记注册类型分组			
内资企业	9829.2	10541.7	39972.5
国有企业	8		
集体企业			
股份合作企业			
联营企业			
国有联营企业			
集体联营企业			
国有与集体联营企业			
其他联营企业			
有限责任公司	6162.6	4415.4	5508.1
国有独资公司	59	294.8	238.6
其他有限责任公司	6103.6	4120.6	5269.5
股份有限公司	2880	5236.5	19976.2
私营企业	778.6	889.8	14488.2
私营独资企业		125	
私营合伙企业			
私营有限责任公司	362.8	714.6	14115
私营股份有限公司	415.8	50.2	373.2
其他企业			
港、澳、台商投资企业	1753	1233.7	3891.7
与港澳台商合资经营企业	370	188.7	124.5
与港澳台商合作经营企业			
港澳台商独资经营企业	283	92.9	
港澳台商投资股份有限公司	1100	952.1	3767.2
其他港澳台投资企业			
外商投资企业	348.1	1410.2	7032.8
中外合资经营企业	134	240.8	269.4
中外合作经营企业			
外资企业	59.1	34.8	
外商投资股份有限公司	155	1134.6	6763.4
其他外商投资企			

表 12-18 续表　　(2013 年)

项　　目	来自政府部门的科技活动资金	研究开发费用加计扣除减免税	高新技术企业减免税
	1	2	3
四、按国民经济行业大类分组			
采矿业	9		
非金属矿采选业	9		
制造业	11364.3	12349.2	50897
农副食品加工业	60	125	
食品制造业		35.9	
酒、饮料和精制茶制造业	10		
纺织业	59.1	34.8	
纺织服装、服饰业			
皮革、毛皮、羽毛及其制品和制鞋业			
木材加工和木、竹、藤、棕、草制品业	28.8		
文教、工美、体育和娱乐用品制造业	12		
石油加工、炼焦和核燃料加工业	30		
化学原料和化学制品制造业	38		70
医药制造业	7081.3	8132.9	30405.3
化学纤维制造业			
橡胶和塑料制品业			
非金属矿物制品业	1067	274	124.5
黑色金属冶炼和压延加工业	168		
有色金属冶炼和压延加工业	10		
金属制品业			
通用设备制造业	1569.3	1650.6	1791.8
专用设备制造业	1012.8	962.7	15395.2
汽车制造业			
铁路、船舶、航空航天和其他运输设备制造业	50	294.8	238.6
电气机械和器材制造业	145	592.6	2626.2
计算机、通信和其他电子设备制造业		223	199.4
仪器仪表制造业	23	22.9	46
电力、热力、燃气及水生产和供应业	557	836.4	
电力、热力生产和供应业	557	836.4	
水的生产和供应业			
五、按企业控股情况分组			
国有控股	2633.3	2822.7	2030.4
集体控股	30		
私人控股	7284.9	7179.4	35315.9
港澳台商控股	1633	1233.7	3891.7
外商控股	214.1	1404.7	7032.8
其他	135	545.1	2626.2
六、按地区分组			
连云港市	11930.3	13185.6	50897
市辖区			
连云区	3355.5	2703	5183.4
新浦区	6600.1	8298.7	27259.1
海州区	1086.6	1804	18330
赣榆县	92	40.9	
东海县	756.1	339	124.5
灌云县			
灌南县	40		

大中型工业企业技术获取和技术改造情况

表 12-19　　　　(2013 年)

项　　目	引进技术经费支出	消化吸收经费支出	购买国内技术经费支出	技术改造经费支出
	1	2	3	
总　　计	**849.3**	**18657.6**	**29051.5**	**84442.3**
一、按企业规模分组				
大型	502	17719.6	21626.4	54390
中型	347.3	938	7425.1	30052.3
小型				
微型				
二、按隶属关系分组				
中央	99	12859	6830	17276
省(自治区、直辖市)	160.2	642.7	6444.6	16522
地(区、市、州、盟)		3600	8140	31616.3
县(区、市、旗)				2054.2
街道				
镇				
乡				3421.5
社区(居委会)				
村委会				
其他	590.1	1555.9	7636.9	13552.3
三、按登记注册类型分组				
内资企业	632.5	17531.7	21871.8	57250.8
国有企业			6650	
集体企业				
股份合作企业				
联营企业				
国有联营企业				
集体联营企业				
国有与集体联营企业				
其他联营企业				
有限责任公司	446.2	16675.5	14179.6	22130.7
国有独资公司				
其他有限责任公司	446.2	16675.5	14179.6	22130.7
股份有限公司	186.2	854.7	267.7	31562.7
私营企业	0.1	1.5	774.5	3557.4
私营独资企业				
私营合伙企业				
私营有限责任公司			287.8	2743.3
私营股份有限公司	0.1	1.5	486.7	814.1
其他企业				
港、澳、台商投资企业	56.6	123.2	264.1	3488.8
与港澳台商合资经营企业				2596.3
与港澳台商合作经营企业				
港澳台商独资经营企业	56.6	123.2	264.1	166.5
港澳台商投资股份有限公司				726
其他港澳台投资企业				
外商投资企业	160.2	1002.7	6915.6	23702.7
中外合资经营企业		360	471	23100.7
中外合作经营企业				
外资企业				
外商投资股份有限公司	160.2	642.7	6444.6	602
其他外商投资企				

表 12-19 续表　　　　　　　　　　　　(2013 年)

项　　　　目	引进技术经费支出	消化吸收经费支出	购买国内技术经费支出	技术改造经费支出
	1	2	3	
四、按国民经济行业大类分组				
采矿业				650
非金属矿采选业				650
制造业	849.3	5973.6	29051.5	50816.3
农副食品加工业				
食品制造业				
酒、饮料和精制茶制造业				630
纺织业				
纺织服装、服饰业				
皮革、毛皮、羽毛及其制品和制鞋业				
木材加工和木、竹、藤、棕、草制品业				95
文教、工美、体育和娱乐用品制造业				
石油加工、炼焦和核燃料加工业				
化学原料和化学制品制造业	347.2	576.5	7015.3	21262.2
医药制造业	160.3	644.2	21004.4	11569.6
化学纤维制造业		360	320	2560
橡胶和塑料制品业				
非金属矿物制品业	56.6	123.2	264.1	4259.3
黑色金属冶炼和压延加工业				
有色金属冶炼和压延加工业				
金属制品业				
通用设备制造业	99	175	180	220
专用设备制造业		3240		2986.1
汽车制造业				
铁路、船舶、航空航天和其他运输设备制造业				
电气机械和器材制造业	186.2	854.7	267.7	7210.6
计算机、通信和其他电子设备制造业				
仪器仪表制造业				23.5
电力、热力、燃气及水生产和供应业		12684		32976
电力、热力生产和供应业		12684		32976
水的生产和供应业				
五、按企业控股情况分组				
国有控股	99	13219	7150	37160.2
集体控股				
私人控股	0.1	3241.5	8745.5	20155
港澳台商控股	403.8	699.7	478.4	3222.2
外商控股	160.2	642.7	6444.6	17612.2
其他	186.2	854.7	6233	6292.7
六、按地区分组				
连云港市	849.3	18657.6	29051.5	84442.3
市辖区				
连云区	99	13219	13403.1	20953
新浦区	160.2	642.7	14264.6	11737.1
海州区	186.2	4094.7	267.7	41263
赣榆县			151	3267.2
东海县	403.8	699.7	478.4	4327.4
灌云县	0.1	1.5	486.7	
灌南县				2894.6

各级各类学校数

表 12-20 单位:所

年份	普通高等学校	中等专业学校	普通中学	高中	初中
1985	2	5	329	63	266
1986	3	7	333	64	269
1987	3	7	343	67	276
1988	3	7	329	67	262
1989	3	7	326	61	265
1990	3	7	326	59	267
1991	3	7	322	59	263
1992	3	7	318	55	263
1993	3	7	307	55	252
1994	3	7	296	56	240
1995	3	8	280	51	229
1996	3	8	277	57	220
1997	3	8	274	61	213
1998	3	8	246	47	199
1999	3	7	229	42	187
2000	4	5	225	41	184
2001	4	5	207	42	165
2002	3	5	202	42	160
2003	3	5	189	46	143
2004	3	4	212	49	163
2005	3	4	214	57	157
2006	3	4	214	57	157
2007	3	5	206	55	151
2008	3	5	200	52	148
2009	3	5	205	51	154
2010	3	8	189	47	142
2011	3	8	179	40	139
2012	3	9	179	36	143
2013	4	9	176	35	141

表 12-20 续表

单位:所

年份	技工学校	职业学校	小学	特殊教育学校	#盲聋哑学校
1985	3	10	1995	2	2
1986	4	21	1962	3	3
1987	4	22	1940	3	3
1988	3	28	1906	4	4
1989	4	29	1912	4	4
1990	4	27	1892	4	4
1991	4	32	1871	5	4
1992	5	29	1864	6	4
1993	5	25	1847	6	4
1994	5	28	1829	6	4
1995	5	27	1820	6	4
1996	6	28	1795	7	5
1997	6	29	1783	7	5
1998	6	23	1764	7	5
1999	5	20	1699	7	5
2000	5	17	1641	7	5
2001	5	16	1475	8	5
2002	4	14	1368	8	5
2003	4	14	1465	7	5
2004	5	13	469	7	5
2005	5	16	487	7	5
2006	5	17	490	7	5
2007	7	16	488	7	5
2008	7	12	494	7	5
2009	7	13	503	7	5
2010	9	7	443	7	5
2011	9	7	432	7	5
2012	12	5	435	7	5
2013	13	5	439	7	7

各级各类学校在校学生数

表 12-21 单位:人

年份	普通高等学校	中等专业学校	普通中学		
				高中	初中
1985	1583	3194	164188	22972	141216
1986	2025	3955	172104	23956	148148
1987	2655	4136	175646	25934	149712
1988	3020	4225	169813	25123	144690
1989	3109	4483	164313	22404	141909
1990	3190	4330	168494	22144	146350
1991	3150	4076	171329	22018	149311
1992	3596	4323	172432	22300	150132
1993	5316	5629	176597	21709	154888
1994	5981	7337	189174	21759	167415
1995	6351	10416	212732	23286	189446
1996	6871	16135	240003	27499	212504
1997	8926	20925	263635	33393	230242
1998	9428	23325	265209	38001	227208
1999	12307	22848	229940	42651	187289
2000	16159	17007	239500	48256	191244
2001	19298	16180	264222	56444	207778
2002	22428	14024	304960	66081	238879
2003	24247	14081	354980	74734	280246
2004	25064	18544	390503	86574	303929
2005	27510	26372	396120	96550	299570
2006	28063	38068	384191	109928	274263
2007	30228	47781	370361	121263	249098
2008	27637	53308	356523	120424	236099
2009	29192	55503	332519	112473	220046
2010	34508	53172	309140	108386	200754
2011	33862	48118	286107	106472	179635
2012	33841	50567	268494	102895	165599
2013	37591	42981	231466	86090	145376

表 12-21 续表

单位:人

年　　份	技工学校	职业学校	小　　学	特殊教育学校	#盲聋哑学校
1985	546	7000	451510	233	233
1986	711	8990	437754	270	270
1987	881	11584	420142	348	348
1988	1093	11461	410007	380	380
1989	1229	10953	406657	459	459
1990	1408	10720	409909	551	551
1991	1738	11696	417868	689	
1992	1953	11873	438430	803	
1993	2088	13468	469523	885	436
1994	2365	13419	517062	1448	464
1995	2819	15446	549268	2450	764
1996	3344	14087	589823	4158	841
1997	3447	12822	628242	4567	829
1998	4457	11835	657460	4274	750
1999	2874	7626	641894	3573	593
2000	2275	8879	634715	3323	535
2001	2075	10514	608463	4061	448
2002	3407	13098	564650	3013	491
2003	4471	17549	504045	2890	609
2004	6778	18147	446970	2459	2210
2005	6880	24102	411449	2126	2126
2006	11140	24051	381113	864	739
2007	12528	26698	353887	872	737
2008	12995	20631	334553	925	785
2009	13508	16744	326435	940	790
2010	13508	9742	327142	914	797
2011	14154	8303	336028	947	790
2012	15507	7267	349956	960	790
2013	10156	13889	355233	911	911

各类学校专任教师数

表 12–22　　单位：人

年　　份	普通高等学校	中等专业学校	技工学校	职业中学	普通中学	小　学
1985	260	317	78	290	7918	17805
1986	350	371	90	441	8332	17826
1987	443	402	111	563	8982	18354
1988	459	411	103	671	9075	18470
1989	458	425	146	710	9057	18355
1990	444	417	157	721	9441	18548
1991	440	414	144	748	9732	18371
1992	464	404	185	840	9843	18433
1993	477	429	187	845	10073	18532
1994	525	461	214	917	10478	19235
1995	543	497	242	1083	11420	19736
1996	612	526	231	1056	12194	20588
1997	653	528	272	1076	12992	21026
1998	707	438	300	1138	13346	21572
1999	867	436	315	910	13708	20828
2000	1313	211	285	806	13984	21922
2001	1468	247	212	753	14624	22469
2002	1371	264	285	887	15560	21823
2003	1432	294	296	1095	16972	20545
2004	1491	383	416	1103	18300	20574
2005	1620	413	342	1252	19786	20166
2006	1718	445	400	1457	20306	20487
2007	1666	710	880	1514	20381	20626
2008	1771	777	880	1359	20758	21059
2009	1791	830	1175	1453	20938	20957
2010	2714	1872	1175	1082	24505	22063
2011	1781	1544	1136	1108	22239	20260
2012	1780	1576	1431	1055	22180	19876
2013	1913	1604	1511	886	20822	20860

每一专任教师平均负担学生数

表 12–23

单位:人

年　　份	普通高等学校	中等专业学校	技工学校	职业中学	普通中学	小　学
1985	6.09	10.08	7.00	24.14	20.73	25.36
1986	5.79	10.66	7.90	20.39	20.66	24.62
1987	5.99	10.29	7.94	20.58	19.64	22.67
1988	6.58	10.28	10.61	17.08	18.70	21.96
1989	6.79	10.55	8.42	15.43	18.18	21.88
1990	7.18	10.38	8.97	14.87	17.77	21.93
1991	7.16	9.85	12.07	15.64	17.52	22.70
1992	7.75	10.70	10.56	14.13	17.33	23.53
1993	11.14	13.12	11.17	15.94	17.53	25.34
1994	11.39	15.92	11.05	14.63	18.05	26.88
1995	11.70	20.96	11.65	14.26	18.62	27.83
1996	11.23	30.67	14.48	13.34	19.68	28.65
1997	13.67	39.63	12.67	11.92	20.29	29.88
1998	13.34	53.25	14.86	10.40	19.87	30.48
1999	7.68	52.40	9.12	8.38	16.77	30.82
2000	11.78	80.60	7.98	11.02	17.13	28.95
2001	13.15	65.51	9.79	13.96	18.07	27.08
2002	16.36	53.12	11.95	14.77	19.47	25.87
2003	16.93	47.89	15.10	16.03	70.92	24.53
2004	16.81	48.41	16.29	16.45	21.34	21.72
2005	16.98	63.85	20.12	19.25	20.02	20.40
2006	16.33	85.55	27.85	16.51	18.92	18.60
2007	16.39	67.30	14.24	17.63	18.17	17.15
2008	15.61	68.61	14.76	15.18	17.18	15.89
2009	16.39	66.87	11.50	11.52	15.88	15.58
2010	19.33	35.78	11.6	11.46	14.64	15.76
2011	19.01	31.16	12.45	7.49	12.86	16.58
2012	19.01	32.09	12.65	6.89	12.11	17.61
2013	19.65	26.8	12.6	15.68	11.12	17.03

各类学校和在校学生数

表 12-24　　(2013 年)

项　目	全　市	市　区	赣榆县	东海县	灌云县	灌南县
一、各类学校数(所)						
1.高等学校	4	4				
2.中等专业学校	9	6	2			1
3.普通中学	176	38	38	39	32	29
高　　中	35	9	9	8	5	4
初　　中	141	29	29	31	27	25
4.职业中学	5	3		1	1	
5.技工学校	13	7	1	2	3	
6.小　　学	439	74	108	104	110	43
二、在校学生数(人)						
1.高等学校	37591	37591				
2.中等专业学校	42981	13611	9409	6860	4553	8548
3.普通中学	231466	47775	58918	50046	43093	31634
高　　中	86090	18057	24851	20234	12730	10218
初　　中	145376	29718	34067	29812	30363	21416
4.职业中学	13889	9979		3910		
5.技工学校	10156	6981	870	1080	1225	
6.小　　学	355233	66743	83397	90962	61842	82289

各类学校招生数和毕业生数

表 12-25

(2013 年)

项目	全市	市区	赣榆县	东海县	灌云县	灌南县
一、各类学校招生数(人)						
1.高等学校	11719	11719				
2.中等专业学校	12942	4951	2085	1363	1643	2900
3.普通中学	73699	15475	18663	16318	12789	10454
高中	25915	5380	7587	6370	3411	3167
初中	47784	10095	11076	9948	9378	7287
4.职业中学	4580	3243		1337		
5.技工学校	4069	2795	304	405	565	
6.小学	70352	13005	16870	20112	10516	9848
二、各类学校毕业生数(人)						
1.高等学校	10392	10392				
2.中等专业学校	11680	4992	2187	1995	1449	1057
3.普通中学	89811	16926	23595	20171	16937	12179
高中	37275	6220	10822	9514	6027	4692
初中	52536	10709	12773	10657	10910	7487
4.职业中学	4339	3443		860	36	
5.技工学校	2134	1105	222	475	332	
6.小学	50827	10163	11477	10503	10052	8632

各类学校教职员工数和专任教师数

表 12-26 (2013 年) 单位:人

项目	全市	市区	赣榆县	东海县	灌云县	灌南县
一、教职员工数						
1.高等学校	2838	2838				
2.中等专业学校	1988	1179	524			285
3.普通中学	24746	4948	6746	5505	3672	3875
4.技工学校						
5.职业中学	1040	667		170	203	
6.小学	20432	4206	4897	4824	3481	3024
二、各类学校专任教师数						
1.高等学校	1913	1913				
2.中等专业学校	1604	913	421			270
3.普通中学	20822	4498	5586	4748	3159	2831
4.技工学校	1511	783	142	218	368	
5.职业中学	886	563		143	180	
6.小学	20860	4257	4910	4953	3423	3317

入学率和升学率

表 12-27

指标	2012			2013		
	学龄儿童入学率	小学毕业生升学率	初中毕业生升学率	学龄儿童入学率	小学毕业生升学率	初中毕业生升学率
总计	**100.00**	**99.35**	**96.26**	**100**	**99.35**	**96.26**
市区	100.00	96.73	98.31	100	96.73	98.31
赣榆县	100.00	100.00	96.10	100	100	96.1
东海县	100.00	100.00	96.04	100	100	96.04
灌云县	100.00	100.00	95.44	100	100	95.44
灌南县	100.00	100.00	95.65	100	100	95.65

成人教育基本情况

表 12-28　(2013 年)　单位:人

指标	学校数(所)	在校学生数	毕业生数	教职员工数	#专任教师
一、成人高等学校					
淮海工学院		3863	1201		
广播电视大学	1	3260	1256	136	92
师专成教院		2199	500		
职技院成教部		893	292		
二、成人中等学校					
成人中等专业学校		4608	1372		
成人中学		3569	2912	568	506
三、成人初等学校					
四、其他成人教育学校		**329597**	**330321**	**1982**	1349

幼儿教育基本情况

表 12-29　(2013 年)　单位:人

指标	幼儿园（个）	在园幼儿	教职工数	教师	保健人员
总　计	**320**	**186423**	**10597**	**6656**	**320**
市　区	104	31614	3489	1941	120
赣榆县	69	41489	2287	1371	75
东海县	60	52846	3089	2275	64
灌云县	42	34835	392	276	12
灌南县	45	25639	1340	793	49

艺术事业基本情况

表 12-30 (2013 年)

指标	单位	全市	市区	赣榆县	东海县	灌云县	灌南县
一、艺术表演团体	个	9	5	1	1	1	1
#淮海戏剧团	个	3	1			1	1
京剧团	个	2	1	1			
二、演职员工数	人	190	85	25	32	18	30
三、艺术演出场次	场	942	212	155	205	84	286
四、剧场、影剧院	个	7	2	1	1	2	1
五、座席数	个	7250	2386	1344	1074	1165	1281
六、观众人数	千人次	1168	396	186	390	47	150
附:群众文化事业							
文化馆	个	8	4	1	1	1	1
文化站(机构)	个	87	29	15	19	13	11

图书馆、博物馆基本情况

表 12-31 (2013 年)

指标	单位	全市	市区	赣榆县	东海县	灌云县	灌南县
一、公共图书馆	**间**	**7**	**3**	**1**	**1**	**1**	
公共图书馆藏书	册	2977	1549	241	771	243	171
#古籍	册	4301	3110		595	196	400
累计发放有效借书证	个	94055	51188	4153	31302	3400	4012
图书流通人次	人次	3049831	1099531	61000	1055000	54300	780000
图书流通册次	册次	2052790	742035	61233	1052000	99322	98200
阅览座席数	个	2064	990	274	320	240	240
二、博物馆	**个**	**11**	**4**	**2**	**3**	**1**	**1**
文物藏品件数(实际数量)	件	19096	12627	506	2456	3007	500
#一级品	件	28	23	1	4		
参观人数	人次	1461600	341600	644500	317000	150000	8500

电视台及节目制作情况

表 12-32

指　　　　标	单位	2012		2013	
		全　市	市　区	全　市	市　区
一、电视台数	**座**	**1**	**1**	**5**	**1**
发射台及转播台	座	7	3	7	3
节目套数	套	7	3	6	2
平均每周播出时间	小时	868	414	817	370
电视人口复盖率	%	100	100	100	100
卫星电视地面站	座				
二、制作节目时间	**小时**	**10581**	**8745**	**8463**	**6591**
# 新闻资讯类	小时	2551	2024	1707	1205
综艺益智类	小时	905	372	932	351
三、有线电视台数	**座**	1	1	1	1
节　　目	套				
有线电视入户数	万户	109.65	109.65	100	100

广播电台及节目制作情况

表 12-33

指　　　　标	单位	2012		2013	
		全　市	市　区	全　市	市　区
一、电　　台	**座**	**5**	**1**	**5**	**1**
发射台及转播台	座	7	3	7	3
# 调频广播	座	6	2	6	2
节目套数	套	7	3	7	3
平均每日播音时间	小时	108		111	
广播人口覆盖率	%	100	100	100	100
二、制作节目时间	**小时**	**20174**	**12257**	**21247**	**13130**
# 新闻资讯类	小时	3983	2070	4313	2392
综艺益智类	小时	1758	92	1953	423

主要年份卫生机构、床位、人员数

表 12-34

年份	卫生机构数（个）	医院	医院床位数（张）	卫生技术人员数（人）	医生	每万人拥有医院床位数（张）	每万人拥有医生数（人）
1978	431	135	4800	6900	2000	14.9	6.2
1979	445	135	5067	7485	2221	15.6	6.9
1980	449	135	5535	7683	2426	16.9	7.4
1981	491	135	5182	7717	2504	15.5	7.5
1982	573	135	5263	7926	2875	15.4	8.4
1983	588	138	5372	8038	3178	15.5	9.2
1984	608	139	5411	8200	3272	15.4	9.3
1985	622	132	5325	8082	3102	15.0	8.7
1986	640	133	5566	8454	3288	15.4	9.1
1987	642	134	5787	8674	3253	15.7	8.8
1988	653	136	5859	9103	3647	15.6	9.7
1989	654	138	5830	9574	4062	15.2	10.6
1990	659	139	6195	9922	4347	15.6	11.0
1991	690	139	6398	10480	4563	15.7	11.2
1992	690	140	6559	10951	4656	15.8	11.2
1993	665	141	6452	11040	4850	15.4	11.6
1994	663	146	6433	11390	5037	15.2	11.9
1995	663	146	6501	12000	5230	15.3	12.3
1996	797	147	6603	12164	5130	15.3	11.9
1997	806	147	6712	12587	5421	15.4	12.5
1998	838	147	6739	12690	5593	15.3	12.7
1999	731	149	6882	12336	5531	15.4	12.4
2000	670	149	6962	12050	5276	15.4	11.7
2001	708	147	6983	12244	5497	15.2	11.9
2002	705	154	7336	11831	5115	15.8	11.0
2003	790	150	7419	12072	5346	15.9	11.5
2004	867	150	7672	11675	5236	18.8	11.2
2005	923	158	8240	11829	5248	18.2	11.5
2006	982	166	8979	12468	5455	18.7	11.4
2007	826	168	9248	13095	5481	20.7	12.3
2008	800	164	10453	13369	5465	23.5	12.3
2009	820	170	11085	14566	5748	24.5	12.5
2010	2620	205	11799	15774	6009	24.6	12.6
2011	2666	179	12555	17247	6409	28.6	14.6
2012	2619	179	15682	19040	7333	35.6	16.6
2013	2616	181	17141	20453	7647	38.7	17.3

注：1、在1996年份后机构数中均包括个体办诊所。2、医院数包括医院、卫生院、社区卫生服务中心。3、医院床位同。4、卫生机构数含村卫生室

全市卫生机构、床位、人员数

表 12-35　　(2013 年)

指　　标	机构数(个)	床位数(张)	卫生技术人员数(人)	执业医师数(人)	注册护士(人)
总　　计	**2616**	**17500**	**20453**	**7647**	**8785**
市　　区	641	6952	9224	3514	4202
赣 榆 县	695	2801	3568	1317	1509
东 海 县	526	2753	2883	1076	1116
灌 云 县	401	2370	2349	804	968
灌 南 县	353	2624	2429	936	990
一、医院合计	66	12283	11417	3766	5782
综合医院	50	9531	9132	3031	4703
中医医院	5	1796	1717	594	797
专科医院	10	906	556	138	278
二、基层医疗卫生机构	2514	4504	7496	3381	2523
社区卫生服务中心	23	728	612	245	241
卫 生 院	91	3761	4124	1410	1402
村卫生室	1713		758	673	85
门诊部	44		414	189	171
诊所、卫生所、医务室	597		1371	758	539
三、专业公共卫生机构	32	649	1461	476	435
1、疾病预防控制中心	10		358	212	21
2、专科疾病防治所、站	1	200	4	2	
3、妇幼保健所、站	10	449	739	233	346
4、急救中心	1		45	25	17
5、采供血机构	1		81	4	51
6、卫生监管所	9		234		
四、其他卫生机构	4	64	79	24	45
疗养院	1	64	42	11	23

注:2002 年起执行新的卫生统计制度,卫生学校不列入卫生机构,医院不含疗养院数。

分县卫生机构情况

表 12-36 (2013 年) 单位:个

指标	全市	市区	赣榆县	东海县	灌云县	灌南县
总计	**2616**	**641**	**695**	**526**	**401**	**353**
#1.医院	66	30	11	8	9	8
#综合医院	50	24	7	5	7	7
中医医院	5	1	1	1	1	1
中西医结合医院						
专科医院	10	5	2	2	1	
2.妇幼保健院	1	1				
3.卫生院	91	8	26	21	19	17
4、社区卫生服务中心	23	22		1		
5.疗养院	1	1				

分县床位数

表 12-37 (2013 年) 单位:张

指标	全市	市区	赣榆县	东海县	灌云县	灌南县
总计	**17500**	**6952**	**2801**	**2753**	**2370**	**2624**
#1.医院	12283	5499	1963	1626	1708	1487
#综合医院	9531	4269	1536	1171	1278	1277
中医医院	1796	620	257	359	350	210
中西医结合医院						
专科医院	906	610	120	96	80	
2.妇幼保健院	369	369				
3.卫生院	3761	257	758	947	662	1137
4、社区卫生服务中心	728	548		180		
5.疗养院	64	64				

各类卫生技术人员数

表 12-38

(2013 年)

指标	全市	市区	赣榆县	东海县	灌云县	灌南县
1、卫生技术人员总计	**20453**	**9224**	**3568**	**2883**	**2349**	**2429**
#医院、卫生院	15541	6123	3103	2292	2091	1932
执业医师	7647	3514	1317	1076	804	936
#医院、卫生院	5176	2155	1046	720	670	585
注册护士	8785	4202	1509	1116	968	990
药剂人员	1071	471	164	196	127	113
技师	1053	480	173	172	107	121
其他人员	1897	557	405	323	343	269
2、其他技术人员	**763**	**234**	**116**	**188**	**119**	**106**
3、管理人员	**807**	**469**	**103**	**54**	**127**	**54**
4、工勤人员	**1800**	**694**	**339**	**152**	**317**	**298**

医 院 工 作 情 况

表 12-39

指　　标	单位	2005	2006	2007	2008	2009	2010	2011	2012	2013
医院数	个	53	60	62	58	56	59	64	65	66
诊疗人次	万人	316.2	322.7	380.6	292.9	430.1	454.5	481.4	544.5	612.1
#门诊人次	万人	302.7	280.8	312.6	348.2	378.8	396.5	423.2	477.6	527.7
急诊人次	万人	22.8	24.0	28.6	31.3	36.7	38.6	40.5	48.4	61.8
健康检查	万人	15.5	13.4	26.5	21.5	25.2	34.9	34.1	38.9	41
入院人数	人	154965	170547	198855	215493	242195	257629	287311	332991	376026
出院人数	人	154408	169744	198066	216242	241643	259755	278885	332450	373476
出院病人数	人	139415	150606	174383	190237	212130	224763	251866	0	
#治愈人数	人	69158	73619	82193	88330	91673	102027	110406	0	
好转人数	人	64429	70622	85569	94570	112798	115649	134234	0	
未愈人数	人	4985	5416	5656	6304	6692	6115	6069	0	
死亡人数	人	843	949	965	1033	967	972	1157	0	
治愈率	%	54.5	54.7	53.5	52.87	50.15	52.75	49.28	0	
好转率	%	41.7	41.6	43.2	43.73	46.68	44.52	48.13	0	
病死率	%	0.5	0.5	0.5	0.48	0.4	0.37	0.41	0	
年底实有医院床位数	张	5780	6495	6763	7743	7958	8518	8804	11597	12213
平均开放病床数	张	5580	6381	6542	7084	7904	8259	8488	10720	11487
病床周转次数	次/年	27.7	26.6	30.3	30.5	30.6	31.5	32.9	31	32.5
病床工作日	日	294.6	286.5	310	301.7	299.7	296	299.9	273.9	293.2
病床使用率	%	80.7	78.5	85	82.65	82.12	81.11	82.15	74.83	80.1
出院者平均住院日	日	9.9	9.8	10.1	9.9	9.7	9.2	9	8.7	8.9

医院、卫生院运营情况

表 12–40

(2013 年)

指　　标	单位	医　院	综合医院	中医院	专科医院	卫生院	社区服务中心
机 构数	个	66	50	5	10	91	23
诊疗人次	万人	612.1	484.5	109.2	18.4	606.9	62.4
#门诊人次	万人	527.8	413.6	96.5	17.7	481.4	51.8
急诊人次	万人	61.8	52.6	8.5	0.7	17.4	8.6
健康检查	万人	41.0	34.2	6.5	0.3	72.6	10.2
入院人数	人	376026	316119	46832	13075	103498	9962
出院人数	人	373476	313828	46639	13009	102682	9962
年底实有床位数	张	12213	9531	1796	886	3761	728
平均开放病床数	张	11487	8931	1686	870	3488	686
病床周转次数	次/年	32.5	35.1	27.7	15	29.4	14.5
病床工作日	日	293.2	301.4	260.3	272.3	193.5	146.7
病床使用率	%	80.1	82.4	71.1	74.4	52.9	40.1
出院者平均住院日	日	8.9	8.5	9.3	17.2	6.2	9.8

注:相对指标不含疗养数字

13

民政、司法、城建、环保

优抚、社会救济和扶贫情况

表 13-1

指标	单位	2012		2013	
		全市	市区	全市	市区
一、优抚事业					
优抚收养单位数	个	3		3	
优抚收养单位床位数	张	170		190	
年末优抚收养人数	人	89		77	
优抚对象人数	人	23384	1719	23225	1777
# 革命伤残人员	人	2849	534	2847	558
烈军属人数	人	727	52	649	47
在乡复员、退伍军人	人	7099	356	6870	326
优待烈军属户数	户	5268	1160	4320	1175
优抚事业费用	万元	19039.8	2393.9	20026	3439
二、社会救济					
城镇居民最低生活保障对象人数	人	15794	9745	14226	8131
城镇居民最低生活保障对象户数	户	7284	4363	6988	3777
农村居民最低生活保障对象人数	人	125003	6544	123935	6044
农村居民最低生活保障对象户数	户	66181	2931	68760	2769
农村五保供养人数	人	8320	337	7819	335
其中：集中供养	人	5423	242	4448	243
分散供养	人	2897	95	3371	92

社会福利事业基本情况

表 13–2　　(2013 年)

指　　标	单位	全市	市　区	赣榆县	东海县	灌云县	灌南县
一、社会福利院	个	**4**	**2**	**1**		**1**	
社会福利院床位数	张	1538	1250	258		30	
#民政部门办社会福利院	个	4	2	1		1	
工作人员	人	186	169	12		5	
床　　位	张	1538	1250	258		30	
年末收养人数	人	481	433	20		28	
二、城镇收养性老年福利机构	个	**34**	**26**	**1**	**4**	**1**	**2**
工作人员	人	193	157	6	12	8	10
床　　位	张	3429	1909	60	720	300	440
年末收养人数	人	1244	862	11	185	26	160
二、农村收养性老年福利机构	个	**87**	**10**	**18**	**21**	**16**	**22**
工作人员	人	496	44	206	55	81	110
床　　位	张	9144	537	2617	2356	2117	1517
年末收养人数	人	4675	218	1645	948	773	1091

社会福利企业基本情况

表 13-3

指　　标	2012年			2013		
	企业个数（个）	职工人数（人）	残疾职工	企业个数（个）	职工人数（人）	残疾职工
总　　计	**39**	**1819**	**638**	**36**	**1690**	**521**
一、民政部门办社会福利企业						
工　　厂	39	1819	638	36	1690	521
商业服务业						
二、社会办社会福利企业						

婚姻登记情况

表 13-4　　单位:对

地　　区	2012年			2013		
	登记结婚对　数	复婚	登记离婚对　数	登记结婚对　数	复婚	登记离婚对　数
全　　市	**67089**	**1764**	**8418**	**66562**	**2349**	**9932**
一、市　　区	11087	522	2692	10836	597	2956
市本级(涉外)						
连 云 区	2728	119	644	2656	125	701
新 浦 区	5408	333	1497	5198	367	1719
海 州 区	2951	70	551	2982	105	536
开 发 区						
二、四　　县	56002	1242	5726	55726	1752	6976
赣 榆 县	12765	318	1123	13547	248	1272
东 海 县	15910	686	1944	16357	882	2355
灌 云 县	13631	184	1442	13236	322	1775
灌 南 县	13696	54	1217	12586	300	1574

律 师 公 证 和 调 解 工 作

表 13-5

指 标	单 位	2013		2012	
		全 市	#市 区	全 市	#市 区
一、律师机构人员					
律师事务所	所	44	20	43	19
律 师	人	521	307	484	350
#专职律师	人	485	302	454	334
#女 性	人	80	55	65	50
兼职律师	人	18	18	16	16
聘请担任常年法律顾问的单位	个	3584	2252	3169	2438
民事诉讼代理	件	11291	6635	10347	7060
经济诉讼代理	件	4789	1246	2516	1274
刑事辩护及代理	件	1647	641	1679	798
行政诉讼代理	件	94	66	98	69
非诉讼事件	件	4926	1380	4804	3158
法律咨询	件	12099	8023	12989	9127
代写法律事务文书	件	1967	1305	2037	1603
二、公证工作					
公 证 处	个	8	4	8	4
公证人员	人	70	36	60	30
#公 证 员	人	31	17	30	16
公证员助理	人	39	19	30	16
办理公证文书	件	28743	18504	28078	15151
国内民事	件	14420	8289	10552	5730
国内经济	件	14323	7647	11950	6915
涉外(涉港澳台)	件	6166	2568	248	131
三、人民调解工作					
专职司法助理员	人	90	29	100	28
司法所工作人员	人	618	152	522	121
人民调解委员会	个	2255	418	2291	452
调解人员	人	11830	2090	13634	2552
调解民间纠份	件	21296	2252	26601	419

社 会 治 安 主 要 指 标

表 13-6　　(2013 年)

指　标	单位	全 市	市 区	赣榆县	东海县	灌云县	灌南县
一、刑事案件							
刑事案件立案数	件	3431	885	803	809	540	394
罪犯人数	人	4362	1212	918	1012	712	508
民事案件发案数	件	45917	16924	11828	7728	4813	4624
二、治安案件							
受 理 数	件	27245	13069	4316	3798	3327	2735
查 处 数	件	26980	12805	4316	3498	3326	2735
三、城市交通事故							
交通事故	件	400	105	88	67	81	59
受伤人数	人	326	85	85	32	76	48
死亡人数	人	219	52	34	66	44	23
损失金额	万元	132.61	58.32	10.28	7.95	52.47	3.59
四、火　灾							
火灾事故	件	1842	717	350	348	287	140
伤亡人数	人	5	2	1		2	
受伤人数	人	5	3				2
损失金额	万元	1148.2	599.3	127.7	125.5	118.3	177.4

城市建设用地和市政设施情况

表 13-7

指　　　标	2000	2005	2006	2007	2008	2009	2010	2011	2012	2013
一、建设用地情况										
城市面积(平方公里)	880	1022	804.11	990.72	1120	7434	7434	7223	7223	7223
建成区面积(平方公里)	51.4	77.69	85.5	90	95	193.6	216.8	230	245.5	261.5
城市建设用地(平方公里)	51.1	77.69	78.2	109.74	115.27	240.54	263.81	274	283.27	294.46
#居住用地	11.3	26.62	29.3	44.02	45.55	101.99	112.78	116	115.72	119.06
公共设施用地	4.7	8.06	9.9	12.67	13.23	28.96	31.15	32	21.34	21.94
工业用地	10.4	16.9	19.1	22.65	26.51	46.59	50.97	56	55.83	60.2
仓储用地	4.2	4.18	3.8	3.95	4.77	9.58	10.93	11.05	11.75	12.38
交通用地	9.4	7.23	5.3	6.62	7.03	9.63	10.04	10.19	31.13	31.95
市政设施用地	0.9	2.61	2.8	2.93	3.01	4.52	4.87	4.78	4.72	4.96
二、市政设施情况										
道路长度(公里)	511	668.94	877	939	951.5	1791.8	1854	1914.56	1948.53	1992.96
道路面积(万 M_2)	500.95	959.3	1304	1469	1519	2989.7	3155	3275	3358.51	3463.76
人均道路面积(M_2)	10.65	13.67	18.38	20.21	21.61	20.89	22.03	20.35	20.12	20.27
人行道面积(万 M_2)	92.59	178.1	192	214	272	521.2	547	573	583.45	601.56
桥梁数(座)	89	101	136	147	197	212	217	232	239	258
排水管道长度(公里)	375.54	575.67	980	1084	1134	2051	2147	2296	2473.49	2563.7
路灯盏数(盏)	14113	39763	49000	77000	87900	93955	101947	106003	110749	122289
污水日处理能力(万吨)	12.4	12.6	16	15.5	19.5	19.5	19.5	27.8	31.8	31.8
污水年处理量(万 M_3)	3912	5608	4436	4648	4954	6106	6390	7201	7224	9156
防洪堤长度(公里)	147.4	99.52	96	71	71	71	71	24	52	

说明：城市建设方面从 2009 年开始改为全市属，以前年份为市区数。

城市园林绿化和环境卫生情况

表 13-8

指标	2000	2005	2006	2007	2008	2009	2010	2011	2012	2013
一、园林绿化										
建成区园林绿地面积(公顷)	1315	2526	2759	2951	3442	6521	7378	8303	9713	9556
#公共绿地	317.7	527.04	597	689	772	1412	1606	1918	2060	2138
建成区绿化覆盖面积(公顷)	1629	2883	3183	3375	3898	7334	8235	8975	8997	10348
建城区绿化覆盖率(%)	31.69	37.1	37.2	37.5	41.03	37.88	37.98	39.6	36.65	36.54
人均公共绿地面积(m^2)	6.76	7.51	8.41	9.48	10.98	9.87	10.82	11.92	12.34	12.51
城市公园数(个)	8	10	10	11	11	27	28	32	34	37
公园面积(公顷)	87.52	183.97	184	189	189	517	590	691	822	878
公园游人数(万人次)	200	200	220	427	367	435	240		218.5	284.6
二、环境卫生										
实际清扫面积(万 m^2)	270	933.1	726	1033	1499	2650	2289	3228	2464	2851
生活垃圾清运量(万吨)	18.07	29	31	41.46	42.26	46.07	49.65	48.26	51.82	52
粪便清运量(万吨)	3.1	2.5	3.4	4.04	4.67	5.33	4.41	3.62	4.67	4.77
垃圾无害化处理厂(座)	2	2	2	2	2	2	2	2	3	3
无害化处理能力(吨/日)	495	795	795	800	800	600	1600	1400	1880	1800
垃圾无害化处理量(万吨)	18.07	29	34.6	17.8	22.5	19.5	18.34	18.56	36.9	42.85

城市供水和城市燃气情况

表 13-9

指　　标	2000	2005	2006	2007	2008	2009	2010	2011	2012	2013
一、城市供水										
水厂个数(个)	3	3	3	3	3	3	3	3	3	3
水厂综合生产能力(万吨/日)	32.1	38	44	52.9	52.3	55.05	55.7	55.8	64.3	66.3
供水管道长度(公里)	606	839.82	863	2005	2381	2382.64	2594.87	3325.55	3461.17	3641.19
供水总量(万吨)	7710	9046	8367	11774	13004	14016	14172	15017	14498.59	14783
# 生产用水	3072	3412	2161	4320	4602	5173	4185	4792	4810.92	5023
# 家庭用水	3114	3073	3753	3531	4266	4343	4027	4367	4784.29	5056
用水人口	55.61	67.62	70.17	135.18	134.94	141.08	147.75	160.41	166.52	170.75
人均日生活用水量(升)	192.40	159.27	111.40	121.66	127.45	143.59	103.34	113.11	118.68	119.33
自来水普及率(%)	98.11	96.37	99.59	99.12	100	100	103.13	100	100	100
二、节约用水										
计划用水量(万立方米)	2681	5889	5767	6662	11205	11120	16682	20080	22719	29642
取水量(万立方米)	1502	7488	7603	3236	7805	6629	9345	9753	10800	10853
生产用水重复利用量(万立方米)	3653	3338	2937	3426	3661	4491	7337	10327	11919	18789
节约用水量(万立方米)	1179	1739	1964	1682	3705	4596	7690	1899	3737	3978
三、城市燃气										
液化石油气供气总量(吨)	15265	22000	10169	30260	29994	31007	30705	32643	32967	31400
# 家庭用气	15265	19850	9790	21890	19752	18824	19544	20202	20515	20469
家庭用气户数(户)	121257	132333	132458	282172	265140	251226	242429	230623	234239	224622
用气人口(万人)	42.44	42.61	37.53	97.34	97.21	91.18	86.88	79.66	78.25	80.37
天然气供气总量(万立方米)		730.98	1695	2490	4992	5404	7604	8623	9211	10703
# 家庭用气		417.21	679	836	1047	1422	2006	2694	3039	3414
家庭用气户数(户)		53200	67369	81744	99561	137256	183284	224528	247619	271895
用气人口(万人)		17.1	23.52	27.34	34.14	45.96	57.04	71.92	82.23	85.83
天然气供气管道长度(公里)	60	242.97	446	628	807	1023	1127	1363	1554.6	1816.83
煤气、液化气普及率(%)	90.22	99.9	99.9	99.9	99.9	99.9	100	100	100	100

工 业"三 废"排 放 及 处 理 情 况

表 13–10　　　　(2013 年)

指　　标	单位	全市	市区	赣榆县	东海县	灌云县	灌南县
一、废水排放量							
工业废水排放总量	万吨	5738	1616	1931	832	606	753
二、废气排放量							
工业废气排放量	吨	1883024	1440285	346909	58425	30462	6943
工业烟尘排放量	吨	14942	2738	5415	3032	3011	746
工业二氧化硫排放量	吨	43014	14697	15653	3759	1869	4036
工业二氧化硫去除量	吨	105711	54700	36817	4157	1964	8073
三、工业固体废物产生量	吨	10621	1230	4826	2643	775	1147
工业固体废物综合利用率	吨	29603	20293	3556	2269	1393	2092

此表统计范围包括有污染排放的工业企业和生活及其他排污单位。

14

市县资料

三大区域主要经济指标

表 14–1　　(2013 年)

指　　标	苏　南	苏　中	苏　北
年末常住人口(万人)	3310.81	1640.17	2988.51
土地面积(平方公里)	27921	20739	54442
地区生产总值(亿元)	36385.87	11297.81	13558.88
第一产业	834.79	775.76	1688.31
第二产业	18307.79	5891.26	6360.48
# 工业	16728.87	4999.25	5339.95
第三产业	17243.29	4630.79	5510.09
人均地区生产总值(元)	110051	68897	45444
地区生产总值指数(上年=100)	110.2	111.8	112.0
粮食产量(万吨)	549.22	972.34	2329.38
油料产量(万吨)	24.16	60.70	68.20
棉花产量(万吨)	0.68	6.93	13.87
规模以上工业利税总额(亿元)	5943.58	3264.78	3572.27
固定资产投资额(亿元)	19492.70	7088.08	9401.74
社会消费品零售总额(亿元)	12433.71	3884.38	4478.51
进出口总额(亿美元)	4746.41	497.62	264.42
# 出口	2757.17	351.19	180.21
实际外商直接投资(亿美元)	222.77	54.02	55.80
公共财政预算收入(亿元)	3536.64	996.42	1479.45
公共财政预算支出(亿元)	3479.21	1239.50	2209.83
金融机构存款余额(亿元)	58931.73	14723.30	11949.05
# 居民储蓄存款	19607.25	7847.25	6369.40
金融机构贷款余额(亿元)	44077.14	9194.66	8564.73
城镇居民人均可支配收入(元)	39224	29706	22933
农村居民人均纯收入(元)	19107	14375	11769
居民人均储蓄存款(元)	59222	47844	21313

省内各市市区主要指标

表 14-2

(2013 年)

城　　市	土地面积(平方公里)	年末户籍人口(万人)	#女	当年出生人口(万人)	当年死亡人口(万人)	年末常住人口(万人)
南京市区	6587	643.09	320.19	6.40	3.70	818.78
无锡市区	1643	242.62	122.72	2.05	1.55	360.41
徐州市区	3038	326.37	160.79	6.28	1.11	316.79
常州市区	1862	231.74	117.30	2.11	1.63	337.39
苏州市区	4467	332.90	168.61	3.76	2.13	546.83
南通市区	1521	212.32	108.26	1.76	1.71	232.95
连云港市区	1498	98.21	48.15	1.12	0.69	110.28
淮安市区	3160	287.05	138.91	4.78	1.05	267.56
盐城市区	1862	167.83	81.19	2.15	1.25	161.79
扬州市区	2306	230.88	115.96	2.02	1.72	241.63
镇江市区	1082	103.30	51.82	0.85	0.79	122.37
泰州市区	1567	163.27	81.00	1.51	1.28	161.68
宿迁市区	2153	168.47	81.14	3.82	0.39	152.80

表 14-2 续表 1　　(2013 年)　　单位:万人

城市	年末从业人员	#城镇私营企业从业人员	#城镇个体从业人员	从业人员按三次产业分		
				第一产业	第二产业	第三产业
南京市区	452.40	163.41	59.41	48.50	150.20	253.70
无锡市区	215.25	111.05	24.64	3.83	117.99	93.43
徐州市区	165.51	35.70	24.66	37.07	49.87	78.58
常州市区	196.41	111.85	29.24	13.29	104.91	78.21
苏州市区	340.66	131.37	40.44	12.06	160.69	167.90
南通市区	138.00	33.22	13.28	20.00	60.20	57.80
连云港市区	52.26	13.34	6.00	8.43	18.69	25.14
淮安市区	152.50	24.54	13.49	39.08	48.66	64.76
盐城市区	98.15	24.38	15.68	19.55	35.45	43.15
扬州市区	138.36	46.97	16.03	16.55	65.00	56.81
镇江市区	68.92	24.67	10.91	6.03	28.23	34.66
泰州市区	99.03	30.10	11.64	17.97	42.23	38.83
宿迁市区	78.77	16.76	9.96	25.20	26.94	26.63

表 14-2 续表 2 (2013 年)

城　　市	地区生产总值(亿元)	第一产业	第二产业	第三产业	人均地区生产总值Θ(元)	地区生产总值指数(上年=1000
南京市区	8011.78	204.64	3450.58	4356.56	98011	111.0
无锡市区	4173.89	45.30	2059.91	2068.68	115985	109.0
徐州市区	2641.76	74.59	1423.18	1143.99	83828	111.3
常州市区	3349.68	65.36	1728.94	1555.38	99368	111.1
苏州市区	6620.83	79.78	3420.10	3120.95	121230	109.7
南通市区	1908.79	58.16	1008.80	841.83	82054	111.5
连云港市区	603.02	35.95	302.53	264.54	54815	111.4
淮安市区	1290.92	124.39	623.45	543.08	48405	111.9
盐城市区	953.40	76.11	529.28	348.01	59043	113.1
扬州市区	2182.33	80.50	1158.72	943.11	90355	112.1
镇江市区	1265.96	29.53	642.79	593.64	103675	112.0
泰州市区	1291.20	52.08	726.25	512.87	79930	111.8
宿迁市区	621.05	56.12	313.31	251.62	41390	112.7

表 14-2 续表 3　　(2013 年)　　单位:亿元

城　　市	固定资产投资	房地产开发投资	#住宅	新增固定资产	商品房屋销售建筑面积(万平方米))	#住宅
南京市区	5176.24	1120.18	773.99	2994.80	1222.01	1143.15
无锡市区	2511.65	764.93	480.53	1734.54	583.73	497.75
徐州市区	1682.42	261.13	192.63	1207.58	470.11	411.76
常州市区	2224.09	604.84	418.78	1535.96	722.63	634.60
苏州市区	3065.94	869.45	593.46	2316.51	932.96	833.92
南通市区	1359.69	380.11	264.90	921.11	568.31	517.03
连云港市区	645.66	105.89	78.21	332.05	201.86	176.93
淮安市区	878.04	189.18	146.57	481.90	510.75	462.91
盐城市区	679.17	157.49	121.36	474.14	324.50	218.39
扬州市区	1241.19	232.84	172.04	892.28	82.83	71.77
镇江市区	1049.68	163.49	125.58	992.97	297.92	274.59
泰州市区	863.28	154.63	130.33	650.55	251.91	239.60
宿迁市区	524.19	122.24	81.95	355.58	231.69	206.49

表 14-2 续表 4　　(2013 年)　　单位:亿元

城市	工业企业单位数(个)	#大中型企业	资产总计	负债合计	主营业务收入	利税总额
南京市区	2783	540	9415.67	5452.60	12425.21	1789.17
无锡市区	2924	410	5722.80	2979.45	5733.56	450.91
徐州市区	873	203	4139.13	2269.54	5174.35	786.16
常州市区	3164	453	5876.32	3428.71	8029.57	630.96
苏州市区	4823	996	10498.99	5689.23	11493.65	784.66
南通市区	1619	198	2981.56	1628.29	3829.90	416.61
连云港市区	315	58	1418.65	840.83	1389.29	220.01
淮安市区	1013	111	1297.52	630.85	2888.45	275.33
盐城市区	656	138	1110.99	584.65	2211.57	366.99
扬州市区	1536	419	2735.22	1444.49	5356.13	665.64
镇江市区	986	136	2281.58	1324.35	2739.94	292.26
泰州市区	1023	103	1787.17	996.37	3500.53	450.27
宿迁市区	609	88	1048.47	568.07	1014.60	177.48

表 14-2 续表 5　　(2013 年)　　单位:亿元

城　　市	工业总产值	内资企业	外商港澳台投资企业	# 国有控股⊖企业	大中型企业	#制造业
南京市区	12563.09	7427.64	5135.46	4339.43	8588.71	12262.73
无锡市区	5853.36	2590.66	3262.70	401.04	3796.01	5807.62
徐州市区	5085.10	4550.15	534.95	1070.78	3486.88	4632.97
常州市区	7873.58	5401.14	2472.44	320.73	4703.16	7774.17
苏州市区	11620.00	3087.86	8532.15	338.78	8379.46	11424.78
南通市区	3826.80	2014.90	1811.90	521.22	2173.67	3754.19
连云港市区	1383.53	643.42	740.11	258.31	1111.40	1254.01
淮安市区	2873.22	1949.04	924.18	331.73	1572.78	2765.33
盐城市区	2208.07	1191.32	1016.75	63.10	1481.08	2182.59
扬州市区	5425.97	3951.47	1474.50	586.71	3887.12	5234.24
镇江市区	2761.84	1497.48	1264.35	410.09	1784.32	2578.35
泰州市区	3617.52	2737.34	880.18	372.40	1998.56	3557.45
宿迁市区	1018.82	874.68	144.14	55.78	684.75	989.38

表 14-2 续表 6　　(2013 年)　　单位:亿元

城　　市	公共财政预算收入	#税收收入	公共财政预算支出	存款余额	#居民储蓄存　款	贷款余额
南京市区	831.31	684.47	850.91	18050.82	4955.76	13791.06
无锡市区	442.02	353.49	449.28	6976.11	2472.09	4880.23
徐州市区	225.19	172.28	277.68	2595.02	1183.39	1552.87
常州市区	337.39	266.31	332.58	5080.49	2101.24	3443.36
苏州市区	694.61	602.41	625.51	11737.59	3286.88	9351.36
南通市区	218.75	177.45	226.00	3460.13	1593.97	2169.00
连云港市区	104.19	78.30	151.19	967.87	365.41	837.70
淮安市区	180.15	143.61	227.69	1055.96	554.81	853.22
盐城市区	120.82	100.68	165.99	1263.84	483.61	890.46
扬州市区	181.73	148.78	202.69	2801.90	1276.63	1720.40
镇江市区	136.43	107.95	145.20	1652.40	617.47	1069.94
泰州市区	130.08	106.70	167.15	1760.50	767.86	1198.47
宿迁市区	76.49	67.64	119.85	709.68	250.01	601.30

表 14-2 续表 7

(2013 年)

城　　市	社会消费品零售总额（亿元）	进出口总额（亿美元）			实际外商直接投资（亿美元）	星级饭店数（个）
			出　口	进　口		
南京市区	3531.73	558.05	322.73	235.32	40.33	107
无锡市区	1758.85	445.64	266.53	179.11	22.01	34
徐州市区	953.26	38.67	29.47	9.20	8.47	79
常州市区	1192.38	265.42	182.67	82.75	29.39	42
苏州市区	1875.04	1567.60	910.53	657.06	46.59	72
南通市区	715.60	163.95	116.38	47.57	10.03	44
连云港市区	259.99	54.94	28.46	26.48	5.11	31
淮安市区	445.54	25.30	17.85	7.44	8.11	20
盐城市区	393.75	35.52	14.34	21.18	5.78	15
扬州市区	729.30	74.11	60.72	13.39	14.84	44
镇江市区	435.62	62.95	32.64	30.31	16.20	20
泰州市区	411.13	46.98	30.56	16.42	8.13	15
宿迁市区	172.34	15.56	11.23	4.32	1.84	17

表 14-2 续表 8

(2013 年)

城市	邮电业务收入(亿元)	本地电话用户(万户)	年末移动电话用户(万户)	国际互联网用户(万户)	全年用电量(亿千瓦时)	#城乡居民生活用电
南京市区	163.57	305.66	992.27	214.95	462.67	67.55
无锡市区	82.48	119.65	567.45	133.96	276.18	32.67
徐州市区	31.22	91.63	384.86	59.90	203.16	20.62
常州市区	46.03	112.99	351.17	105.80	280.31	19.34
苏州市区	151.99	158.90	904.41	183.64	549.28	52.19
南通市区	36.73	81.58	333.54	64.96	134.41	37.80
连云港市区	15.33	34.68	145.94	27.29	48.41	8.54
淮安市区	17.08	51.90	169.20	30.74	91.35	14.74
盐城市区	24.13	73.29	119.81	23.51	46.06	10.15
扬州市区	30.31	79.36	307.72	57.57	108.21	18.46
镇江市区	17.05	43.81	153.66	32.32	108.43	9.75
泰州市区	17.63	42.09	163.81	39.89	76.22	10.83
宿迁市区	11.75	26.57	156.43	26.73	65.83	7.20

表 14-2 续表 9

(2013 年)

单位:元

城市	城市居民人均可支配收入	城市居民人均消费性支出	食品	衣着	居住	家庭设备用品及服务
南京市区	39881	25647	8469	2385	1638	1922
无锡市区	37971	24696	8285	1872	2582	1781
徐州市区	29347	18907	6336	1766	1482	1506
常州市区	36946	23090	8200	2097	1561	1513
苏州市区	41143	25197	8761	2144	1667	1544
南通市区	33136	20978	7562	2296	1565	1492
连云港市区	26898	17172	6271	1808	1474	1301
淮安市区	25456	16919	6108	1856	1159	1134
盐城市区	28402	19015	6697	2116	1408	1236
扬州市区	30690	19153	7114	2243	1256	1315
镇江市区	32352	20985	7762	2606	1387	1430
泰州市区	30069	18874	6685	1913	1535	1091
宿迁市区	20325	13496	4859	1580	681	798

表 14-2 续表 10　　(2013 年)　　单位:元

城　　市	城市居民人均消费性支出				人均住房建筑面积(平方米)	居民消费价格指数(上年=100)
	医疗保健	交通通讯	教育文化娱乐服务	杂项商品和服务		
南京市区	1744	3568	4816	1105	30.2	102.7
无锡市区	1477	4219	3376	1105	36.0	102.1
徐州市区	1151	3504	2540	623	28.9	102.3
常州市区	1443	3541	4022	713	41.7	102.2
苏州市区	1081	4627	4487	886	43.6	102.1
南通市区	1175	3103	3126	659	36.1	102.2
连云港市区	1111	2395	2233	580	32.9	102.2
淮安市区	969	1801	3252	640	37.1	102.2
盐城市区	893	3282	2503	880	35.9	102.7
扬州市区	878	2155	3505	687	33.6	102.2
镇江市区	1008	2656	3081	1055	33.9	102.1
泰州市区	1029	2813	3013	796	38.0	101.9
宿迁市区	872	2229	2010	467	41.0	102.4

表 14-2 续表 11

(2013 年)

城　　市	高等学校在校学生数(万人)	专利申请受理量(件)	公共图书馆图书藏量(千册)	卫生机构数(个)	卫生机构床位数(万张)	执业(助理)医师(万人)
南京市区	80.75	55094	15053	2315	4.18	2.07
无锡市区	9.68	57748	2538	1127	2.13	0.93
徐州市区	13.63	13752	1519	1532	2.47	0.81
常州市区	10.63	33827	2279	729	1.64	0.81
苏州市区	14.82	68537	3512	1488	2.77	1.22
南通市区	8.55	23116	2140	1043	1.45	0.68
连云港市区	3.76	3813	1551	641	0.70	0.35
淮安市区	6.69	6130	1461	1091	1.39	0.65
盐城市区	5.49	4075	1076	662	0.91	0.39
扬州市区	7.64	12517	2614	1047	1.27	0.58
镇江市区	8.31	13253	1638	408	0.82	0.37
泰州市区	4.91	9285	1198	662	0.80	0.40
宿迁市区	1.75	1900	542	692	0.61	0.23

市辖区主要指标

表 14-3

(2013 年)

城市	年末户籍人口(万人)	土地面积(平方公里)	地区生产总值(亿元)	#第二产业	#第三产业
南京市					
玄武区	50.18	76	596.28	44.47	551.81
秦淮区	70.99	49	733.48	76.44	657.02
建邺区	27.65	82	387.84	209.07	178.42
鼓楼区	93.94	54	948.46	91.12	857.33
浦口区	61.09	911	597.99	312.46	251.57
栖霞区	43.65	395	1058.86	764.36	287.85
雨花台区	24.37	132	359.82	142.73	216.79
江宁区	95.62	1563	1154.49	605.70	500.60
六合区	89.74	1471	881.63	581.67	250.92
溧水区	42.33	1064	450.70	250.21	167.87
高淳区	43.53	790	441.75	222.27	186.16
无锡市					
崇安区	18.53	16	487.32	28.73	458.59
南长区	32.45	24	224.30	72.22	152.08
北塘区	25.45	31	259.32	71.12	188.20
锡山区	42.66	399	590.54	321.69	249.24
惠山区	43.88	325	632.32	392.58	221.31
滨湖区	46.36	628	696.52	329.66	362.38
徐州市					
鼓楼区	50.63	68	172.01	51.66	120.16
云龙区	32.21	118	202.83	27.12	174.38
贾汪区	50.93	834	220.05	116.47	86.48
泉山区	55.54	108	395.24	81.49	313.33
铜山区	137.06	1909	737.14	397.77	279.58

表 14-3 续表 1

(2013 年)

城　　市	年末户籍人口(万人)	土地面积(平方公里)	地区生产总值(亿元)	#第二产业	#第三产业
常州市					
天宁区	37.31	65	438.82	131.80	306.96
钟楼区	35.87	67	400.05	177.05	222.87
戚墅堰区	7.87	32	100.12	67.50	32.60
新北区	47.75	453	791.05	467.66	308.70
武进区	102.93	1246	1725.85	976.43	698.97
苏州市					
虎丘区	35.19	335	880.04	629.79	248.24
吴中区	61.59	2043	870.17	446.84	400.27
相城区	39.28	490	540.32	276.59	249.08
姑苏区	74.66	83	538.00	71.06	466.94
吴江区	80.86	1238	1415.47	773.90	603.47
南通市					
崇川区	52.18	100	518.51	203.75	314.23
港闸区	19.14	134	257.75	176.86	78.57
通州区	126.27	1166	759.46	404.14	302.19
连云港市					
连云区	25.47	797	87.26	38.69	44.08
新浦区	48.58	417	121.08	26.25	88.90
海州区	24.16	284	71.30	39.22	22.10
淮安市					
清河区	24.27	32	122.98	23.58	99.40
淮安区	120.11	1452	326.32	136.25	136.73
淮阴区	91.91	1264	319.56	143.14	116.91
清浦区	30.82	277	143.19	47.95	86.53

表 14-3 续表 2　　(2013 年)

城　　市	年末户籍人口(万人)	土地面积(平方公里)	地区生产总值(亿元)		
				#第二产业	#第三产业
盐 城 市					
亭 湖 区	71.28	732	290.83	120.08	141.28
盐 都 区	71.18	1047	342.72	189.33	113.72
扬 州 市					
广 陵 区	49.82	335	505.51	256.26	240.09
邗 江 区	74.13	641	525.50	230.10	276.99
江 都 区	106.93	1330	713.06	369.06	293.10
镇 江 市					
京 口 区	31.66	118	379.40	118.86	258.33
润 州 区	24.54	130	284.99	111.76	171.00
丹 徒 区	28.93	611	292.97	160.81	115.12
泰 州 市					
海 陵 区	42.36	237	408.08	210.08	191.22
高 港 区	26.34	287	300.16	198.53	91.72
姜 堰 区	79.57	928	452.89	231.92	186.85
宿 迁 市					
宿 城 区	104.16	917	214.70	84.03	113.36
宿 豫 区	64.31	1237	211.35	134.81	51.77

表 14-3 续表 3

(2013 年)

城　　市	公共财政预算收入(亿元)	固　定资产投资(亿元)	#房地产开　发	社会消费品零售总额(亿元)	进出口总额(亿美元)	#出　口	实际外商直接投资(万美元)
南 京 市							
玄 武 区	42.87	108.99	40.59	336.49	48.21	20.71	15220
秦 淮 区	56.28	184.89	89.45	670.88	95.75	63.66	25821
建 邺 区	63.29	345.04	148.80	125.33	7.33	5.45	35108
鼓 楼 区	75.10	229.79	128.28	566.22	45.66	34.41	16834
浦 口 区	75.37	735.26	138.07	207.13	17.95	15.09	41522
栖 霞 区	68.85	407.80	82.25	137.88	138.93	64.85	98603
雨花台区	44.47	255.29	86.11	224.44	33.12	22.71	16236
江 宁 区	156.37	819.21	119.93	302.86	107.48	66.03	84949
六 合 区	62.72	681.89	77.90	230.55	32.22	14.61	40234
溧 水 区	35.40	427.53	35.56	113.77	2.57	2.46	18057
高 淳 区	25.52	356.29	35.43	89.69	4.10	3.74	11072
无 锡 市							
崇 安 区	25.77	127.14	92.17	501.61	14.49	13.01	16438
南 长 区	23.27	123.79	100.39	258.31	5.46	4.65	18504
北 塘 区	19.30	98.13	63.85	246.12	5.73	5.00	8284
锡 山 区	54.74	513.90	110.88	176.90	44.57	32.80	37598
惠 山 区	64.89	433.30	101.10	133.28	24.81	20.12	24912
滨 湖 区	76.47	419.55	158.86	224.83	21.54	15.66	21011
徐 州 市							
鼓 楼 区	14.63	235.91	76.09	215.76	1.17	1.09	216
云 龙 区	20.32	243.46	89.91	225.15	1.78	1.69	190
贾 汪 区	16.00	178.64	8.97	49.82	2.78	1.32	4954
泉 山 区	21.59	242.54	48.34	294.64	2.75	2.25	1854
铜 山 区	60.08	486.94	24.51	132.97	7.77	7.20	20099

表 14-3 续表 4　　(2013 年)

城　　市	公共财政预算收入(亿元)	固　定资产投资(亿元)	#房地产开　发	社会消费品零售总额(亿元)	进出口总额(亿美元)	#出　口	实际外商直接投资(万美元)
常　州　市							
天　宁　区	41.63	286.04	158.80	335.55	30.28	25.55	30010
钟　楼　区	33.20	275.27	114.30	234.11	24.16	20.85	30500
戚墅堰区	9.68	72.24	20.52	16.70	6.01	5.25	8005
新　北　区	83.49	611.52	140.33	204.96	101.32	67.05	102002
武　进　区	125.84	894.04	170.90	401.05	103.65	63.98	102000
苏　州　市							
虎　丘　区	91.87	456.88	125.77	179.73	362.03	240.62	90981
吴　中　区	100.53	438.43	134.47	279.26	108.78	69.16	50299
相　城　区	60.42	373.74	103.92	154.96	43.58	27.84	29993
姑　苏　区	56.89	178.84	128.70	629.05	28.21	22.84	1573
吴　江　区	129.51	713.55	146.67	353.55	220.41	124.77	97004
南　通　市							
崇　川　区	63.01	347.23	163.92	277.26	64.69	42.21	5899
港　闸　区	31.80	200.97	100.39	94.84	26.75	21.17	12014
通　州　区	61.18	436.36	42.86	265.30	28.77	25.99	26265
连云港市							
连　云　区	16.12	136.75	17.91	51.03	8.83	4.76	6638
新　浦　区	26.66	202.37	68.42	162.95	9.19	8.03	5809
海　州　区	5.35	44.01	0.58	33.55	2.18	1.56	4163
淮　安　市							
清　河　区	30.87	106.02	50.93	114.99	2.34	1.91	10817
淮　安　区	28.01	180.56	32.67	111.15	2.91	2.79	18885
淮　阴　区	33.89	184.99	39.71	75.86	4.57	3.08	6773
清　浦　区	21.37	87.44	17.55	77.69	1.25	1.15	11054

表 14–3 续表 5

(2013 年)

城　　市	公共财政预算收入(亿元)	固　　定资产投资(亿元)	#房地产开　发	社会消费品零售总额(亿元)	进出口总额(亿美元)	#出　口	实际外商直接投资(万美元)
盐 城 市							
亭 湖 区	31.40	230.41	67.47	179.29	2.75	2.57	13835
盐 都 区	38.94	200.57	27.69	148.87	4.35	2.50	15531
扬 州 市							
广 陵 区	33.41	259.86	50.54	215.77	18.78	16.74	38243
邗 江 区	47.95	344.68	109.55	214.09	16.67	14.72	39042
江 都 区	41.60	444.29	52.40	224.43	13.04	11.06	25020
镇 江 市							
京 口 区	16.84	257.24	39.38	216.49	9.17	5.58	25847
润 州 区	20.07	257.58	66.26	107.66	7.56	5.93	15437
丹 徒 区	22.07	206.10	21.01	49.23	5.91	4.95	27352
泰 州 市							
海 陵 区	34.01	222.75	48.51	185.88	14.63	11.61	13290
高 港 区	24.92	174.73	31.03	34.41	12.53	5.94	20071
姜 堰 区	26.92	267.36	37.15	137.38	8.58	7.06	14721
宿 迁 市							
宿 城 区	20.93	135.92	41.20	104.10	4.76	4.31	6400
宿 豫 区	18.96	162.07	29.79	47.75	5.96	4.42	6400

市 县 指 标

表 14-4

(2013 年)

城　　市	年末户籍人口Θ(万人)	#女	年末常住人口Θ(万人)	出生人数(人)	死亡人数(人)	人口密度(人/平方公里)
南 京 市	**643.09**	**320.19**	**818.78**	**63954**	**36955**	**1243**
无 锡 市	**472.23**	**238.14**	**648.41**	**41364**	**32020**	**1401**
江 阴 市	121.73	60.84	163.00	11412	8058	1651
宜 兴 市	107.88	54.58	125.00	9470	8413	626
徐 州 市	**1006.85**	**484.94**	**859.10**	**211582**	**33430**	**763**
丰　　县	118.23	56.47	94.75	24003	7594	655
沛　　县	128.91	59.55	111.26	26730	5911	825
睢 宁 县	140.74	67.44	102.28	36745	1800	579
新 沂 市	109.66	52.89	90.71	27848	2162	577
邳 州 市	182.95	87.80	143.31	33486	4859	686
常 州 市	**365.91**	**184.05**	**469.21**	**33666**	**28502**	**1073**
溧 阳 市	79.01	39.08	76.02	7573	5783	495
金 坛 市	55.16	27.67	55.80	4984	6396	572
苏 州 市	**653.84**	**332.27**	**1057.87**	**67396**	**44478**	**1246**
常 熟 市	106.73	54.87	150.85	8166	8741	1182
张家港市	91.47	46.52	125.14	8881	6352	1265
昆 山 市	75.29	37.83	164.35	9419	4261	1763
太 仓 市	47.45	24.45	70.70	3368	3804	859
南 通 市	**766.51**	**388.44**	**729.77**	**54137**	**61249**	**912**
海 安 县	94.18	47.49	86.63	5670	6987	782
如 东 县	104.38	52.93	98.36	6101	9874	568
启 东 市	112.35	57.26	95.78	7508	7922	793
如 皋 市	143.22	71.71	125.80	11139	11042	843
海 门 市	100.06	50.79	90.25	6092	8288	961
连云港市	**520.18**	**248.82**	**442.83**	**109189**	**18561**	**582**
赣 榆 县	117.85	55.93	95.24	24249	2510	629
东 海 县	120.20	57.67	95.36	29973	6850	468
灌 云 县	103.58	49.28	79.47	19585	2270	517
灌 南 县	80.34	37.79	62.48	20779	4463	608

表 14-4 续表 1

(2013 年)

城　　市	年末户籍人口⊖(万人)	#女	年末常住人口⊖(万人)	出生人数(人)	死亡人数(人)	人口密度(人/平方公里)
淮安市	**552.96**	**268.17**	**482.69**	**90140**	**24084**	**479**
涟水县	112.10	53.50	84.18	23546	5127	502
洪泽县	38.80	19.25	33.42	4468	1349	240
盱眙县	79.27	38.67	64.70	11304	4003	259
金湖县	35.74	17.84	32.83	3045	3101	244
盐城市	**823.77**	**398.87**	**721.98**	**94009**	**68651**	**425**
响水县	61.77	29.32	50.27	7378	4693	344
滨海县	120.10	56.91	94.30	14094	8844	492
阜宁县	111.07	52.92	83.90	18250	13604	583
射阳县	96.63	47.09	89.18	9779	6891	312
建湖县	80.25	38.89	73.73	8158	7247	636
东台市	113.58	56.23	98.64	9181	8969	306
大丰市	72.54	36.35	70.17	5718	5864	229
扬州市	**459.84**	**229.56**	**447.00**	**40136**	**32466**	**643**
宝应县	90.72	44.66	75.22	8725	4958	515
仪征市	56.42	27.93	56.16	5310	4149	623
高邮市	81.82	41.02	73.99	5906	6132	385
镇江市	**271.75**	**136.89**	**316.54**	**24386**	**21061**	**823**
丹阳市	81.33	41.07	97.70	7608	6510	933
扬中市	28.18	14.35	34.11	2766	2341	1031
句容市	58.94	29.65	62.36	5484	4328	450
泰州市	**507.80**	**248.27**	**463.40**	**46959**	**39621**	**801**
兴化市	157.79	74.94	125.45	16848	11986	524
靖江市	66.79	33.69	68.62	4741	4675	1047
泰兴市	119.95	58.63	107.65	10273	10138	920
宿迁市	**572.11**	**274.74**	**481.91**	**131065**	**18575**	**565**
沭阳县	190.95	91.35	153.91	43955	7111	669
泗阳县	105.18	50.17	84.30	20792	4953	612
泗洪县	107.51	52.07	90.90	28134	2650	337

表 14-4 续表 2 （2013 年）

城市	年末总户数（万户）	#乡村户数	土地面积（平方公里）	建成区面积（平方公里）	建成区绿化覆盖面积（公顷）
南京市	**218.04**	**64.18**	**6587**	**713**	**31425**
无锡市	**158.09**	**63.32**	**4627**	**455**	**19464**
江阴市	36.66	20.43	987	55	2310
宜兴市	37.91	21.33	1997	75	3246
徐州市	**275.57**	**179.53**	**11259**	**424**	**17806**
丰县	31.59	24.23	1446	24	970
沛县	37.07	23.59	1349	36	1518
睢宁县	33.53	25.94	1767	33	1258
新沂市	31.86	22.11	1571	34	1401
邳州市	45.39	35.08	2088	43	1813
常州市	**128.81**	**75.32**	**4372**	**234**	**9975**
溧阳市	26.34	19.98	1535	26	1108
金坛市	20.60	14.02	976	22	907
苏州市	**215.57**	**90.11**	**8488**	**727**	**31118**
常熟市	33.05	18.17	1276	98	4398
张家港市	33.54	18.93	990	68	2984
昆山市	25.42	10.43	932	72	3169
太仓市	14.68	6.92	823	48	2018
南通市	**283.35**	**202.42**	**8001**	**300**	**12384**
海安县	37.02	24.78	1108	27	1073
如东县	37.31	30.90	1733	23	940
启东市	45.55	38.70	1208	24	963
如皋市	45.31	35.50	1492	31	1235
海门市	38.37	29.98	939	24	941
连云港市	**139.45**	**89.77**	**7615**	**262**	**10348**
赣榆县	34.32	24.48	1514	32	1265
东海县	28.97	22.52	2037	28	1135
灌云县	26.38	19.36	1538	28	1047
灌南县	20.69	14.81	1028	24	912

表 14–4 续表 3

(2013 年)

城市	年末总户数(万户)	#乡村户数	土地面积(平方公里)	建成区面积(平方公里)	建成区绿化覆盖面积(公顷)
淮安市	**161.13**	**99.03**	**10072**	**243**	**9904**
涟水县	29.25	22.10	1676	33	1323
洪泽县	12.29	7.93	1394	18	694
盱眙县	21.56	14.98	2497	32	1318
金湖县	12.82	8.13	1344	21	866
盐城市	**273.37**	**184.60**	**16972**	**297**	**12014**
响水县	17.03	11.72	1461	21	849
滨海县	34.02	25.55	1915	32	1273
阜宁县	36.35	22.01	1439	39	1583
射阳县	32.04	21.50	2855	22	897
建湖县	30.28	19.13	1160	25	1020
东台市	39.55	32.20	3221	35	1423
大丰市	27.78	20.91	3059	27	1109
扬州市	**150.65**	**102.72**	**6591**	**227**	**9611**
宝应县	28.45	20.72	1462	31	1282
仪征市	18.98	11.93	902	39	1595
高邮市	25.99	19.42	1922	25	1030
镇江市	**101.41**	**57.71**	**3847**	**190**	**7970**
丹阳市	28.20	19.73	1047	26	1066
扬中市	10.67	7.50	331	13	510
句容市	22.55	15.46	1387	24	971
泰州市	**169.55**	**119.70**	**5787**	**190**	**7727**
兴化市	52.81	37.52	2395	36	1419
靖江市	21.56	14.47	656	34	1398
泰兴市	39.50	31.13	1170	25	1001
宿迁市	**148.55**	**108.18**	**8524**	**207**	**8516**
沭阳县	49.27	37.96	2299	63	2530
泗阳县	27.27	19.64	1378	36	1465
泗洪县	29.23	19.23	2694	34	1372

表 14-4 续表 4　　(2013 年)　　单位:万人

城　市	从业人员	第一产业	第二产业	第三产业	私营企业从业人员	个体从业人员
南京市	**452.4**	**48.5**	**150.2**	**253.7**	**183.46**	**64.91**
无锡市	**389.2**	**18.1**	**222.5**	**148.6**	**219.21**	**41.35**
江阴市	99.52	5.15	62.90	31.47	57.22	9.80
宜兴市	74.43	9.12	41.61	23.70	47.85	6.73
徐州市	**478.7**	**171.5**	**145.8**	**161.4**	**118.73**	**52.07**
丰　县	56.05	28.40	15.00	12.65	7.91	3.24
沛　县	66.25	26.13	22.89	17.23	14.21	4.73
睢宁县	59.66	19.32	21.94	18.40	10.04	3.95
新沂市	54.05	26.29	14.43	13.33	23.70	4.75
邳州市	77.19	34.30	21.67	21.22	14.46	7.57
常州市	**280.9**	**31.5**	**147.2**	**102.2**	**149.66**	**39.04**
溧阳市	49.37	11.35	25.81	12.21	19.47	5.77
金坛市	35.13	6.86	16.48	11.79	17.01	3.92
苏州市	**695.2**	**25.1**	**425.9**	**244.2**	**353.95**	**89.89**
常熟市	105.50	4.25	66.60	34.65	44.75	14.21
张家港市	78.02	4.66	48.30	25.06	49.87	9.58
昆山市	116.23	1.90	76.57	37.76	55.92	15.34
太仓市	46.12	2.72	27.76	15.64	20.41	4.72
南通市	**467.2**	**107.3**	**216.6**	**143.3**	**247.72**	**69.95**
海安县	55.20	12.20	29.00	14.00	31.42	8.90
如东县	63.10	14.80	31.00	17.30	31.02	5.51
启东市	68.70	20.50	29.60	18.60	28.87	6.75
如皋市	75.60	21.20	35.10	19.30	40.49	10.41
海门市	66.60	18.60	31.70	16.30	44.12	10.76
连云港市	**250.2**	**81.8**	**78.3**	**90.1**	**36.47**	**18.34**
赣榆县	57.36	18.35	19.02	19.99	6.23	2.97
东海县	56.43	18.61	17.70	20.12	6.40	3.50
灌云县	47.77	19.62	14.05	14.10	3.97	2.93
灌南县	36.38	16.79	8.84	10.75	4.93	2.53

表 14-4 续表 5　　(2013 年)　　单位:万人

城　　市	从业人员				私营企业从业人员	个体从业人员
		第一产业	第二产业	第三产业		
淮安市	**281.3**	**82.6**	**85.2**	**113.5**	**62.30**	**32.26**
涟水县	47.65	17.61	10.65	19.39	7.73	3.02
洪泽县	20.20	6.62	6.27	7.31	7.36	3.32
盱眙县	39.23	12.34	12.00	14.89	5.68	3.40
金湖县	21.72	6.95	7.62	7.15	6.03	3.10
盐城市	**446.4**	**132.9**	**146.9**	**166.6**	**153.97**	**68.56**
响水县	28.90	9.99	9.20	9.72	4.32	2.50
滨海县	55.51	19.47	16.86	19.18	21.16	7.56
阜宁县	51.39	18.09	15.71	17.59	21.71	7.11
射阳县	55.35	17.99	17.47	19.89	8.79	6.38
建湖县	44.60	13.69	15.61	15.30	15.39	5.49
东台市	66.19	19.60	22.20	24.39	23.31	8.54
大丰市	46.32	14.53	14.40	17.39	23.14	7.57
扬州市	**265.7**	**51.9**	**120.6**	**93.2**	**101.29**	**32.03**
宝应县	42.07	12.78	17.89	11.40	11.15	4.02
仪征市	39.71	9.39	18.34	11.98	10.27	3.99
高邮市	45.55	13.17	19.38	13.00	17.60	4.47
镇江市	**192.1**	**24.2**	**91.4**	**76.5**	**87.47**	**32.93**
丹阳市	62.81	6.31	34.88	21.62	27.35	10.57
扬中市	21.49	1.44	12.13	7.92	13.40	1.91
句容市	38.88	10.42	16.16	12.30	13.39	5.45
泰州市	**284.2**	**70.8**	**119.4**	**94.0**	**90.58**	**37.43**
兴化市	77.01	24.63	29.89	22.49	14.39	9.34
靖江市	42.03	8.32	20.92	12.79	16.48	4.95
泰兴市	66.12	19.83	26.36	19.93	18.22	8.63
宿迁市	**276.4**	**110.5**	**92.0**	**73.9**	**82.34**	**45.38**
沭阳县	101.76	39.18	35.22	27.36	40.05	22.66
泗阳县	47.74	18.45	18.52	10.77	11.38	5.07
泗洪县	48.13	27.67	11.32	9.14	10.80	4.74

表 14-4 续表 6　　　　(2013 年)　　　　单位:万人

城　市	乡　村从业人员	#农林牧渔业	#工业	#建筑业	#交通运输、仓储及邮政业	#批发和零售业
南京市	**120.24**	**26.36**	**36.36**	**24.53**	**7.44**	**8.19**
无锡市	**115.10**	**19.41**	**67.57**	**7.88**	**3.79**	**5.86**
江阴市	39.17	5.67	23.37	2.75	1.56	2.21
宜兴市	35.44	9.96	16.72	3.52	1.21	1.61
徐州市	**361.44**	**140.10**	**99.77**	**50.74**	**14.62**	**21.59**
丰　县	54.14	26.02	13.55	7.11	1.48	2.36
沛　县	49.89	16.97	14.40	9.87	1.75	2.44
睢宁县	59.28	24.02	16.38	8.37	1.39	2.74
新沂市	46.63	18.83	10.71	8.70	1.16	2.67
邳州市	68.22	22.42	21.60	6.60	4.20	5.80
常州市	**128.33**	**24.70**	**57.14**	**17.30**	**5.37**	**6.73**
溧阳市	31.69	8.12	8.71	9.01	1.78	1.76
金坛市	20.09	5.25	6.73	4.45	0.86	0.79
苏州市	**176.85**	**23.49**	**105.34**	**10.05**	**5.52**	**10.20**
常熟市	39.16	3.80	23.91	2.14	1.23	2.40
张家港市	31.16	3.31	20.11	1.69	1.33	1.68
昆山市	20.90	1.82	13.12	1.04	0.54	1.32
太仓市	15.92	3.18	9.96	0.59	0.33	0.38
南通市	**306.30**	**68.84**	**82.19**	**62.98**	**17.10**	**29.17**
海安县	37.80	7.41	10.99	8.38	3.07	3.40
如东县	47.70	8.80	15.35	10.23	2.61	2.85
启东市	50.41	13.32	11.88	9.39	2.62	5.79
如皋市	60.60	14.26	16.90	11.00	2.60	3.50
海门市	49.22	12.07	11.38	11.42	2.25	6.70
连云港市	**175.06**	**81.98**	**29.81**	**30.06**	**7.43**	**8.06**
赣榆县	43.24	18.86	8.08	10.68	1.48	1.67
东海县	44.23	19.97	7.61	8.43	2.22	1.93
灌云县	37.51	19.06	6.22	4.23	1.08	1.34
灌南县	31.68	16.39	4.15	4.10	1.85	1.52

表 14-4 续表 7 (2013 年) 单位:万人

城市	乡村从业人员	#农林牧渔业	#工业	#建筑业	#交通运输、仓储及邮政业	#批发和零售业
淮安市	**212.49**	**87.45**	**38.24**	**31.58**	**7.14**	**8.67**
涟水县	49.93	21.18	4.74	4.71	1.03	1.52
洪泽县	17.13	6.33	4.90	2.74	0.66	0.72
盱眙县	32.87	12.99	6.08	3.45	1.19	1.23
金湖县	13.61	5.25	3.69	2.55	0.43	0.56
盐城市	**302.48**	**113.07**	**59.19**	**36.70**	**13.52**	**13.61**
响水县	21.25	9.04	5.39	1.30	0.72	0.82
滨海县	45.43	17.54	5.92	4.69	2.45	1.88
阜宁县	37.56	15.75	4.78	5.71	1.37	1.31
射阳县	34.93	12.95	5.31	3.75	1.70	1.88
建湖县	30.32	9.30	9.09	3.57	1.35	1.68
东台市	48.14	20.14	9.78	6.53	1.98	2.12
大丰市	31.36	10.21	7.35	2.78	1.42	1.40
扬州市	**180.78**	**34.48**	**62.80**	**34.03**	**7.68**	**12.31**
宝应县	42.01	10.13	11.02	10.18	2.01	3.55
仪征市	22.75	3.45	7.31	4.86	0.82	1.19
高邮市	36.15	8.84	13.65	6.72	1.42	2.00
镇江市	**99.16**	**23.97**	**47.00**	**11.31**	**3.52**	**3.47**
丹阳市	36.14	8.01	20.06	3.07	1.10	1.16
扬中市	13.07	2.20	8.13	0.69	0.37	0.50
句容市	24.93	8.21	7.31	5.30	0.93	0.66
泰州市	**211.64**	**44.74**	**60.95**	**36.63**	**13.44**	**16.83**
兴化市	61.16	20.24	10.30	5.97	4.30	5.61
靖江市	27.30	5.56	13.20	2.40	1.80	1.59
泰兴市	56.46	9.20	15.79	11.71	3.30	5.62
宿迁市	**224.09**	**87.46**	**61.10**	**29.90**	**7.99**	**13.28**
沭阳县	83.30	28.74	26.84	9.05	3.47	4.72
泗阳县	39.19	15.16	10.89	5.79	1.09	1.94
泗洪县	38.62	22.14	6.08	4.65	0.91	1.89

表 14-4 续表 8　　　　(2013 年)　　　　单位：亿元

城　　市	地　区 生产总值	第一产业	第二产业	#工业	第三产业	人均地区生 产总值(元)
南 京 市	**8011.78**	**204.64**	**3450.58**	**2997.63**	**4356.56**	**98011**
无 锡 市	**8070.18**	**148.54**	**4207.42**	**3893.56**	**3714.22**	**124640**
江 阴 市	2706.06	51.53	1518.07	1457.48	1136.46	166307
宜 兴 市	1190.23	51.71	629.44	543.21	509.08	95295
徐 州 市	**4435.82**	**432.38**	**2118.32**	**1793.48**	**1885.12**	**51714**
丰　　县	281.78	53.80	128.04	93.20	99.94	29711
沛　　县	495.37	76.47	228.20	185.41	190.70	44514
睢 宁 县	360.16	62.46	158.68	123.70	139.02	35177
新 沂 市	412.22	52.43	174.89	148.54	184.90	45414
邳 州 市	599.14	89.64	257.50	212.87	252.00	41800
常 州 市	**4360.93**	**138.12**	**2250.80**	**2036.27**	**1972.01**	**92995**
溧 阳 市	637.20	42.61	338.43	304.51	256.16	83815
金 坛 市	406.12	30.15	211.56	179.81	164.41	72755
苏 州 市	**13015.70**	**214.49**	**6849.59**	**6370.37**	**5951.62**	**123209**
常 熟 市	1980.31	40.50	1048.29	1000.75	891.52	131338
张家港市	2145.31	30.41	1192.34	1142.35	922.56	172093
昆 山 市	2920.08	26.94	1691.09	1605.40	1202.05	177923
太 仓 市	1002.28	36.84	532.46	501.69	432.98	141785
南 通 市	**5038.89**	**345.41**	**2623.50**	**2168.16**	**2069.98**	**69049**
海 安 县	538.73	52.09	266.48	219.47	220.17	62199
如 东 县	536.03	62.11	263.93	212.46	209.99	54431
启 东 市	658.31	65.26	333.35	258.07	259.70	68653
如 皋 市	657.01	57.04	343.33	285.93	256.64	52185
海 门 市	740.01	50.76	407.60	337.09	281.65	82005
连云港市	**1785.42**	**259.17**	**807.42**	**642.67**	**718.83**	**40416**
赣 榆 县	376.41	56.24	187.55	146.39	132.62	39612
东 海 县	320.17	58.09	144.60	123.86	117.48	33645
灌 云 县	249.92	56.17	115.56	87.96	78.19	31544
灌 南 县	235.90	42.72	117.18	99.62	76.00	37844

表 14-4 续表 9　　(2013 年)　　单位:亿元

城　市	地　区 生产总值	第一产业	第二产业	#工业	第三产业	人均地区生 产总值(元)
淮 安 市	**2155.86**	**272.58**	**983.15**	**819.60**	**900.13**	**44774**
涟 水 县	260.31	48.00	105.92	84.25	106.39	30997
洪 泽 县	178.06	28.03	75.88	63.70	74.15	53399
盱 眙 县	260.15	46.13	110.49	87.80	103.53	40333
金 湖 县	166.42	26.03	67.41	58.82	72.98	50461
盐 城 市	**3475.50**	**489.18**	**1635.98**	**1405.02**	**1350.34**	**48150**
响 水 县	203.12	38.08	100.47	90.21	64.57	40382
滨 海 县	300.10	52.98	131.54	112.11	115.58	31794
阜 宁 县	302.17	49.56	140.76	105.06	111.85	36003
射 阳 县	351.47	74.69	137.29	124.49	139.49	39402
建 湖 县	360.75	45.06	167.78	145.64	147.91	48915
东 台 市	564.09	84.10	252.34	223.18	227.65	57201
大 丰 市	443.52	68.60	194.15	168.43	180.77	63229
扬 州 市	**3252.01**	**224.45**	**1693.70**	**1468.79**	**1333.86**	**72775**
宝 应 县	364.42	59.94	168.76	136.31	135.72	48481
仪 征 市	410.16	21.23	231.75	204.87	157.18	72963
高 邮 市	381.50	62.79	173.31	141.24	145.40	51590
镇 江 市	**2927.28**	**129.00**	**1549.40**	**1431.04**	**1248.88**	**92633**
丹 阳 市	925.15	49.75	484.06	463.45	391.34	94839
扬 中 市	395.10	12.65	215.25	207.22	167.20	116001
句 容 市	385.65	37.08	196.01	178.72	152.56	61912
泰 州 市	**3006.91**	**205.90**	**1574.06**	**1362.30**	**1226.95**	**64917**
兴 化 市	575.84	87.67	248.10	215.86	240.07	45911
靖 江 市	670.43	20.19	368.02	340.09	282.22	97730
泰 兴 市	610.61	46.01	322.57	281.79	242.03	56735
宿 迁 市	**1706.28**	**235.00**	**815.61**	**679.18**	**655.67**	**35484**
沭 阳 县	543.51	75.80	251.79	222.35	215.92	35155
泗 阳 县	305.20	47.50	156.83	130.68	100.87	36076
泗 洪 县	300.28	49.60	129.84	103.08	120.84	32782

表 14-4 续表 10

(2013 年)

城市	地区生产总值指数(上年=100)	三次产业占 GDP 比重(%)			公共财政预算收入占 GDP 比重(%)	外贸依存度(%)
		第一产业	第二产业	第三产业		
南京市	**111.0**	**2.6**	**43.1**	**54.4**	**10.4**	**43.1**
无锡市	109.3	1.8	52.1	46.0	8.8	54.0
江阴市	109.6	1.9	56.1	42.0	6.7	45.8
宜兴市	110.5	4.3	52.9	42.8	7.3	30.2
徐州市	**111.8**	**9.7**	**47.8**	**42.5**	**9.5**	**8.8**
丰县	113.0	19.1	45.4	35.5	11.1	4.0
沛县	112.7	15.4	46.1	38.5	9.3	3.3
睢宁县	113.1	17.3	44.1	38.6	8.9	12.4
新沂市	113.2	12.7	42.4	44.9	9.6	7.8
邳州市	113.0	15.0	43.0	42.1	8.2	7.6
常州市	**110.9**	**3.2**	**51.6**	**45.2**	**9.4**	**41.5**
溧阳市	112.2	6.7	53.1	40.2	7.2	11.7
金坛市	108.6	7.4	52.1	40.5	6.4	22.4
苏州市	**109.6**	**1.6**	**52.6**	**45.7**	**10.2**	**147.2**
常熟市	109.0	2.0	52.9	45.0	7.0	58.3
张家港市	106.1	1.4	55.6	43.0	7.2	93.0
昆山市	109.7	0.9	57.9	41.2	8.3	188.7
太仓市	110.1	3.7	53.1	43.2	10.0	78.8
南通市	**111.8**	**6.9**	**52.1**	**41.1**	**9.6**	**36.6**
海安县	112.5	9.7	49.5	40.9	8.7	26.3
如东县	112.2	11.6	49.2	39.2	7.6	33.2
启东市	111.9	9.9	50.6	39.5	8.9	30.4
如皋市	111.8	8.7	52.3	39.1	9.2	29.7
海门市	112.1	6.9	55.1	38.1	8.3	15.7
连云港市	**111.8**	**14.5**	**45.2**	**40.3**	**13.1**	**23.0**
赣榆县	112.7	14.9	49.8	35.2	9.3	6.9
东海县	111.6	18.1	45.2	36.7	10.2	6.1
灌云县	111.9	22.5	46.2	31.3	12.4	4.5
灌南县	111.6	18.1	49.7	32.2	12.9	5.9

表 14-4 续表 11

(2013 年)

城　　市	地区生产总值指数(上年=100)	三次产业占 GDP 比重(%)			公共财政预算收入占 GDP 比重(%)	外贸依存度(%)
		第一产业	第二产业	第三产业		
淮安市	**112.0**	**12.6**	**45.6**	**41.8**	**12.6**	**10.5**
涟水县	112.0	18.4	40.7	40.9	9.9	6.3
洪泽县	112.2	15.7	42.6	41.6	11.3	7.0
盱眙县	112.4	17.7	42.5	39.8	10.4	8.5
金湖县	112.3	15.6	40.5	43.9	11.0	11.5
盐城市	**112.3**	**14.1**	**47.1**	**38.9**	**10.6**	**11.6**
响水县	113.3	18.7	49.5	31.8	11.8	12.3
滨海县	112.7	17.7	43.8	38.5	9.7	5.7
阜宁县	112.0	16.4	46.6	37.0	9.7	4.2
射阳县	112.0	21.2	39.1	39.7	6.4	4.8
建湖县	112.7	12.5	46.5	41.0	10.6	6.4
东台市	112.7	14.9	44.7	40.4	9.3	6.3
大丰市	113.4	15.5	43.8	40.7	11.3	12.3
扬州市	**112.0**	**6.9**	**52.1**	**41.0**	**8.0**	**18.1**
宝应县	112.4	16.4	46.3	37.2	6.5	12.2
仪征市	112.1	5.2	56.5	38.3	6.9	15.0
高邮市	112.5	16.5	45.4	38.1	6.7	6.2
镇江市	**112.1**	**4.4**	**52.9**	**42.7**	**8.7**	**21.1**
丹阳市	112.8	5.4	52.3	42.3	6.5	17.3
扬中市	112.5	3.2	54.5	42.3	6.9	7.2
句容市	112.5	9.6	50.8	39.6	7.9	9.9
泰州市	**111.8**	**6.8**	**52.3**	**40.8**	**8.4**	**21.5**
兴化市	111.6	15.2	43.1	41.7	5.8	5.7
靖江市	111.8	3.0	54.9	42.1	8.6	25.2
泰兴市	111.9	7.5	52.8	39.6	6.3	25.2
宿迁市	**112.5**	**13.8**	**47.8**	**38.4**	**10.8**	**12.1**
沭阳县	112.4	13.9	46.3	39.7	10.7	8.0
泗阳县	112.7	15.6	51.4	33.1	8.6	12.6
泗洪县	112.5	16.5	43.2	40.2	8.1	9.2

表 14-4 续表 12　　　　(2013 年)　　　　单位:亿元

城　　市	农林牧渔业总产值	农　业	林　业	畜牧业	渔　业	农林牧渔服务业
南 京 市	**351.31**	**205.23**	**3.66**	**52.04**	**73.79**	**16.59**
无 锡 市	**241.43**	**125.32**	**19.32**	**34.86**	**36.54**	**25.40**
江 阴 市	84.47	36.53	7.39	18.63	10.71	11.22
宜 兴 市	83.58	45.38	5.21	8.41	17.86	6.71
徐 州 市	**802.94**	**495.66**	**14.18**	**239.77**	**33.13**	**20.21**
丰　　县	102.77	75.80	0.81	22.37	0.89	2.91
沛　　县	135.22	84.98	0.69	41.77	2.88	4.90
睢 宁 县	118.30	64.57	2.01	45.31	3.77	2.64
新 沂 市	102.87	50.94	3.52	32.05	13.18	3.19
邳 州 市	162.85	101.42	3.07	46.26	7.68	4.42
常 州 市	**240.11**	**129.73**	**1.74**	**37.24**	**59.15**	**12.25**
溧 阳 市	75.89	41.29	1.04	6.96	23.84	2.76
金 坛 市	57.23	24.82	0.35	11.84	16.93	3.30
苏 州 市	**369.82**	**150.78**	**23.13**	**40.05**	**115.69**	**40.18**
常 熟 市	68.02	37.02	2.46	6.55	14.23	7.77
张家港市	53.63	29.99	6.75	4.61	5.09	7.19
昆 山 市	45.98	13.28	4.35	2.12	23.87	2.36
太 仓 市	63.10	26.90	2.61	14.90	12.95	5.74
南 通 市	**594.78**	**263.62**	**3.73**	**138.25**	**141.11**	**48.06**
海 安 县	95.71	38.56	0.30	42.37	7.69	6.80
如 东 县	120.51	46.12	0.91	28.50	38.68	6.30
启 东 市	115.71	39.22	0.64	11.95	55.40	8.50
如 皋 市	92.36	51.62	0.20	29.84	5.25	5.45
海 门 市	80.43	39.88	0.59	11.53	19.62	8.80
连云港市	**474.24**	**227.58**	**13.41**	**102.14**	**105.84**	**25.27**
赣 榆 县	131.79	41.63	3.72	19.41	65.61	1.42
东 海 县	106.31	60.59	4.19	23.33	9.81	8.39
灌 云 县	101.82	51.12	2.52	29.80	11.15	7.22
灌 南 县	78.16	46.71	1.72	18.95	5.99	4.78

表 14-4 续表 13　　(2013 年)　　单位:亿元

城　　市	农林牧渔业总产值	农　业	林　业	畜牧业	渔　业	农林牧渔服务业
淮 安 市	**499.83**	**316.54**	**10.17**	**112.85**	**51.59**	**8.69**
涟 水 县	91.19	67.70	2.09	17.15	2.49	1.77
洪 泽 县	56.15	27.78	3.13	13.96	10.05	1.23
盱 眙 县	85.62	52.34	1.22	16.67	14.06	1.33
金 湖 县	47.36	27.53	1.45	5.90	11.09	1.40
盐 城 市	**991.66**	**430.43**	**24.24**	**271.72**	**195.98**	**69.30**
响 水 县	68.05	32.73	1.27	17.15	10.76	6.15
滨 海 县	95.13	45.75	4.04	21.85	20.09	3.41
阜 宁 县	98.65	37.40	3.41	33.36	16.39	8.09
射 阳 县	165.21	64.56	4.16	37.89	45.28	13.31
建 湖 县	82.86	31.05	1.22	23.48	20.01	7.10
东 台 市	181.05	84.15	3.87	52.97	27.16	12.89
大 丰 市	155.41	74.10	3.38	36.27	31.15	10.51
扬 州 市	**403.93**	**188.43**	**9.38**	**70.46**	**115.92**	**19.74**
宝 应 县	107.54	40.74	1.76	17.33	43.28	4.42
仪 征 市	38.10	23.14	1.87	8.62	1.48	3.00
高 邮 市	113.96	42.01	1.71	19.24	44.93	6.06
镇 江 市	**196.14**	**107.28**	**8.33**	**27.08**	**26.15**	**27.30**
丹 阳 市	70.67	41.75	1.75	9.07	8.19	9.91
扬 中 市	19.98	9.72	0.77	2.97	2.66	3.86
句 容 市	56.99	33.00	3.97	6.47	5.99	7.56
泰 州 市	**344.59**	**187.72**	**3.55**	**67.25**	**68.38**	**17.69**
兴 化 市	147.89	70.47	1.53	15.73	51.78	8.39
靖 江 市	33.66	18.80	0.49	8.06	3.18	3.13
泰 兴 市	76.30	45.36	1.01	23.38	4.32	2.22
宿 迁 市	**445.10**	**261.37**	**16.47**	**88.81**	**68.85**	**9.60**
沭 阳 县	145.93	110.76	4.90	26.14	2.62	1.51
泗 阳 县	87.97	48.56	6.34	14.02	15.96	3.08
泗 洪 县	104.51	46.44	1.55	18.22	36.70	1.59

表 14-4 续表 14 (2013 年)

城　　市	农作物总播种面积(千公顷)	#粮食作物	农业机械总动力(万千瓦)	农用化肥施用量(万吨)	农村用电量(亿千瓦小时)
南 京 市	**324.47**	**161.35**	**218.08**	**8.05**	**31.53**
无 锡 市	**178.67**	**112.00**	**100.96**	**5.73**	**384.97**
江 阴 市	47.49	28.09	24.69	1.58	167.43
宜 兴 市	93.59	67.55	52.35	2.61	83.75
徐 州 市	**1126.58**	**729.75**	**626.68**	**64.96**	**63.38**
丰　　县	145.87	85.36	77.83	9.49	4.11
沛　　县	148.84	88.01	95.94	8.25	6.78
睢 宁 县	188.00	149.53	106.30	11.52	8.54
新 沂 市	157.00	98.86	81.13	8.17	3.58
邳 州 市	229.80	124.63	113.25	13.52	13.71
常 州 市	**224.17**	**150.32**	**159.16**	**6.27**	**176.25**
溧 阳 市	94.38	68.38	53.38	2.26	47.04
金 坛 市	56.16	37.96	40.86	2.25	20.68
苏 州 市	**257.63**	**154.27**	**164.99**	**8.12**	**581.69**
常 熟 市	74.03	42.32	33.94	2.91	76.39
张家港市	54.96	38.62	31.73	1.14	137.93
昆 山 市	23.16	15.66	17.18	1.03	105.32
太 仓 市	49.37	29.35	19.06	1.07	51.47
南 通 市	**843.53**	**519.67**	**365.53**	**23.49**	**154.84**
海 安 县	102.95	79.13	60.90	4.46	20.49
如 东 县	171.58	132.56	83.29	4.11	20.68
启 东 市	152.74	72.37	50.96	3.37	9.59
如 皋 市	150.54	108.78	78.48	3.35	33.90
海 门 市	106.97	37.81	33.74	4.75	24.88
连云港市	**628.82**	**498.68**	**512.07**	**34.23**	**30.18**
赣 榆 县	108.77	78.63	106.62	5.20	9.24
东 海 县	202.39	157.12	132.82	6.79	9.27
灌 云 县	134.05	111.21	116.60	10.13	5.66
灌 南 县	108.50	87.19	97.28	4.69	1.95

表 14-4 续表 15

(2013 年)

城　　市	农作物总播种面积(千公顷)	#粮食作物	农业机械总动力(万千瓦)	农用化肥施用量(万吨)	农村用电量(亿千瓦小时)
淮安市	**799.26**	**657.65**	**518.40**	**38.78**	**13.48**
涟水县	167.92	132.60	93.45	5.90	1.53
洪泽县	69.77	58.81	71.86	5.18	0.87
盱眙县	166.13	141.26	102.63	5.02	2.49
金湖县	82.31	74.68	72.41	3.23	2.06
盐城市	**1460.13**	**972.32**	**596.35**	**54.06**	**75.42**
响水县	112.61	78.93	66.45	4.61	2.72
滨海县	175.50	125.70	78.75	6.55	8.15
阜宁县	168.99	125.76	79.36	4.04	6.68
射阳县	208.18	154.07	78.61	10.62	9.37
建湖县	116.46	99.45	50.27	3.51	10.45
东台市	250.04	143.27	82.68	5.80	15.58
大丰市	246.49	119.30	76.09	10.81	12.70
扬州市	**510.27**	**419.80**	**246.81**	**19.88**	**57.63**
宝应县	137.29	119.91	47.91	3.53	9.71
仪征市	60.90	48.89	35.15	1.12	3.92
高邮市	142.62	115.96	68.21	5.10	10.96
镇江市	**237.44**	**176.70**	**151.27**	**5.72**	**78.81**
丹阳市	84.24	70.48	41.79	1.56	54.03
扬中市	18.69	13.84	21.35	0.41	9.06
句容市	78.03	50.69	53.01	2.23	5.89
泰州市	**582.32**	**438.52**	**254.25**	**17.56**	**114.22**
兴化市	230.18	184.05	112.18	6.72	37.21
靖江市	54.01	45.63	24.93	2.14	16.05
泰兴市	138.05	96.33	58.57	2.82	31.07
宿迁市	**705.80**	**572.71**	**499.36**	**39.96**	**39.46**
沭阳县	249.22	184.60	185.73	15.25	18.94
泗阳县	112.30	90.14	85.54	3.62	5.35
泗洪县	187.33	166.06	127.88	11.10	3.24

表 14-4 续表 16　　(2013 年)　　单位:万吨

城　　市	粮食产量	油料产量	棉花产量(吨)	肉类总产量	#猪牛羊肉	水产品产量
南 京 市	**116.95**	**10.79**	**4217**	**12.16**	**7.23**	**22.17**
无 锡 市	**79.64**	**0.90**		**10.32**	**7.33**	**12.68**
江 阴 市	19.95	0.21		4.37	2.82	2.60
宜 兴 市	48.00	0.65		3.66	2.64	8.06
徐 州 市	**451.13**	**9.96**	**36291**	**98.48**	**47.87**	**18.37**
丰　　县	51.76	0.45	16230	16.19	7.10	0.46
沛　　县	58.99	0.27	4552	18.55	6.21	1.54
睢 宁 县	85.03	1.46	1564	14.34	8.02	2.25
新 沂 市	62.68	5.51		13.28	8.07	5.46
邳 州 市	78.74	1.50	5845	20.62	8.38	2.93
常 州 市	**113.71**	**4.26**	**462**	**15.68**	**7.74**	**18.53**
溧 阳 市	53.63	3.16	439	2.38	1.33	6.56
金 坛 市	28.29	0.86	23	5.64	2.51	4.59
苏 州 市	**113.12**	**2.42**	**1038**	**12.84**	**8.16**	**27.99**
常 熟 市	31.61	0.89	648	1.92	1.56	3.75
张家港市	27.23	0.45	44	1.18	0.94	1.76
昆 山 市	11.21	0.16	22	0.57	0.50	5.03
太 仓 市	21.45	0.48	324	5.42	1.86	3.16
南 通 市	**333.46**	**40.84**	**50657**	**47.89**	**29.46**	**87.04**
海 安 县	64.09	1.48	26	9.33	6.33	3.36
如 东 县	92.28	4.69	13751	10.02	6.18	30.23
启 东 市	26.12	10.34	16894	5.82	2.84	36.21
如 皋 市	74.04	3.84	160	10.95	7.47	2.54
海 门 市	18.38	9.54	11472	4.21	1.61	8.75
连云港市	**354.73**	**12.11**	**2837**	**29.72**	**23.32**	**75.05**
赣 榆 县	55.69	6.98	517	6.68	5.67	45.91
东 海 县	112.17	4.83	60	7.95	6.25	6.01
灌 云 县	79.34	0.09	216	5.35	4.67	5.50
灌 南 县	61.91	0.20	30	5.07	4.64	3.41

表 14–4 续表 17

(2013 年)

单位:万吨

城　　市	粮食产量	油料产量	棉花产量(吨)	肉类总产量		水产品产量
					#猪牛羊肉	
淮安市	**461.02**	**9.62**	**147**	**32.18**	**21.07**	**25.93**
涟水县	90.02	3.32		6.94	5.10	1.86
洪泽县	44.02	0.28		2.34	1.42	5.57
盱眙县	95.57	2.49	147	7.62	3.34	5.38
金湖县	52.89	0.77		1.42	0.81	4.83
盐城市	**686.51**	**31.52**	**97529**	**88.93**	**57.23**	**110.06**
响水县	53.65	2.46	97	5.02	3.92	6.40
滨海县	93.01	4.34	1062	11.11	7.07	9.70
阜宁县	93.02	1.80	108	18.54	12.78	7.07
射阳县	110.35	3.47	21461	8.34	5.53	20.54
建湖县	72.07	1.70	2004	6.40	4.18	9.74
东台市	95.08	8.58	9603	14.20	8.35	17.62
大丰市	77.92	6.18	41598	12.57	6.91	16.91
扬州市	**312.19**	**7.57**	**4637**	**18.42**	**10.54**	**39.37**
宝应县	92.30	1.50		4.77	3.03	14.67
仪征市	33.75	1.04	85	2.23	1.33	0.62
高邮市	87.52	2.29	3384	4.78	2.66	16.27
镇江市	**125.79**	**5.80**	**1120**	**8.55**	**5.19**	**9.27**
丹阳市	50.88	1.05	8	2.58	1.95	3.83
扬中市	10.52	0.17		0.98	0.74	0.69
句容市	35.37	3.45	1091	1.56	1.01	2.55
泰州市	**326.68**	**12.29**	**14047**	**26.63**	**21.25**	**37.30**
兴化市	141.11	3.83	12408	5.87	4.13	28.47
靖江市	33.59	0.48		3.21	2.79	1.00
泰兴市	70.37	4.06		8.48	7.60	2.41
宿迁市	**375.99**	**4.99**	**1883**	**35.70**	**20.16**	**25.65**
沭阳县	126.73	1.42		10.21	7.46	1.80
泗阳县	58.68	0.99	26	5.16	3.59	8.04
泗洪县	100.96	2.08	1790	7.75	4.56	9.74

表 14-4 续表 18　　　　(2013 年)　　　　单位:亿元

城　　市	工业总产值	内资企业	外商港澳台商投资企业	# 国有控股企业	#大中型企　业	# 轻工业
南 京 市	**12647.14**	**7480.99**	**5166.16**	**4339.43**	**8808.35**	**2562.47**
无 锡 市	14890.65	9653.68	5236.97	658.02	10048.85	3537.31
江 阴 市	6140.78	4598.86	1541.92	149.44	4904.45	1771.81
宜 兴 市	2896.51	2464.16	432.35	92.75	1348.39	246.68
徐 州 市	**10523.10**	**9638.91**	**884.19**	**1129.23**	**5208.98**	**3120.51**
丰　　县	425.68	392.31	33.37	31.74	102.01	182.66
沛　　县	1212.61	1193.54	19.07		559.08	465.69
睢 宁 县	702.14	603.88	98.25		270.04	378.91
新 沂 市	1212.17	1156.49	55.68	0.21	160.44	380.10
邳 州 市	1885.40	1742.55	142.86	26.50	630.53	414.28
常 州 市	**10067.88**	**6969.21**	**3098.67**	**368.53**	**5939.26**	**2121.06**
溧 阳 市	1581.98	1141.47	440.51	23.41	921.69	100.13
金 坛 市	657.64	466.45	191.19	26.33	334.42	195.40
苏 州 市	**30392.90**	**10713.40**	**19679.50**	**1118.03**	**22587.57**	**7774.24**
常 熟 市	3582.25	2061.53	1520.72	68.66	2505.95	1551.41
张家港市	4922.05	3754.12	1167.93	425.92	3773.71	1172.49
昆 山 市	8157.30	901.82	7255.47	141.65	6751.96	995.82
太 仓 市	1994.70	1005.00	989.70	143.55	1053.91	782.10
南 通 市	**11351.54**	**7336.64**	**4014.90**	**688.64**	**5503.85**	**3756.02**
海 安 县	1546.88	1228.89	317.99	1.71	810.81	631.80
如 东 县	1482.04	998.73	483.31	32.30	572.59	658.54
启 东 市	1356.46	938.04	418.42	96.32	510.98	282.58
如 皋 市	1412.27	1116.20	296.07	18.83	762.22	428.14
海 门 市	1629.51	1046.84	582.67	18.28	722.13	502.71
连云港市	**4130.59**	**3186.00**	**944.59**	**294.70**	**2261.59**	**1150.96**
赣 榆 县	1090.75	1032.34	58.40	18.56	572.00	219.73
东 海 县	620.54	518.71	101.83	4.52	87.86	227.58
灌 云 县	506.13	490.98	15.14	10.03	214.77	164.23
灌 南 县	500.13	486.68	13.45	3.29	357.30	32.53

注:统计范围为年主营业务收入 2000 万元以上工业企业(下同)。

表 14-4 续表 19　　(2013 年)　　单位:亿元

城　　市	工业总产值	内资企业	外商港澳台商投资企业	# 国有控股企业	#大中型企业	# 轻工业
淮 安 市	**4802.92**	**3679.13**	**1123.79**	**390.47**	**1992.13**	**1897.86**
涟 水 县	375.51	338.06	37.44	35.73	122.96	224.74
洪 泽 县	442.20	400.89	41.31	11.34	62.74	159.78
盱 眙 县	606.21	572.67	33.54	11.44	129.81	241.19
金 湖 县	340.97	292.68	48.29	0.22	111.64	140.47
盐 城 市	**6454.58**	**4823.52**	**1631.06**	**180.46**	**3069.35**	**2198.50**
响 水 县	517.19	439.16	78.03	4.43	293.52	150.79
滨 海 县	491.01	470.87	20.14	1.85	209.31	265.53
阜 宁 县	487.11	442.87	44.23	4.20	106.87	168.62
射 阳 县	494.93	434.15	60.78	38.26	89.57	330.09
建 湖 县	651.20	554.86	96.34	1.41	292.36	274.74
东 台 市	863.06	730.72	132.34	33.00	266.98	347.38
大 丰 市	657.95	528.63	129.33	34.20	307.73	266.10
扬 州 市	**8499.39**	**6206.34**	**2293.05**	**1390.80**	**5519.41**	**1943.92**
宝 应 县	759.11	691.36	67.75	192.41	446.98	150.82
仪 征 市	1257.42	686.70	570.72	611.68	780.75	169.82
高 邮 市	881.71	754.26	127.45		365.04	323.32
镇 江 市	**7197.27**	**4744.73**	**2452.54**	**437.19**	**4455.77**	**1243.42**
丹 阳 市	2263.70	1620.12	643.58	8.48	1543.16	411.53
扬 中 市	1056.61	924.30	132.31	1.14	837.18	45.33
句 容 市	1096.64	713.34	383.30	17.48	500.84	358.57
泰 州 市	**8501.65**	**6296.11**	**2205.54**	**576.39**	**4248.58**	**2212.48**
兴 化 市	1163.75	1046.16	117.59	11.43	197.46	280.02
靖 江 市	1933.65	1134.76	798.89	157.46	1498.20	245.92
泰 兴 市	1682.32	1323.44	358.88	35.10	714.24	444.91
宿 迁 市	**2845.15**	**2632.99**	**212.17**	**89.68**	**1010.89**	**1483.21**
沭 阳 县	957.46	906.63	50.82	1.54	194.31	420.85
泗 阳 县	492.30	478.91	13.39	0.62	119.13	224.29
泗 洪 县	519.59	496.78	22.81	31.74	127.95	322.64

注:统计范围为年主营业务收入 2000 万元以上工业企业(下同)。

表 14-4 续表 20　　(2013 年)　　单位:亿元

城　　市	资产合计	负债合计	主营业务收　入	利税总额	#利润总额	本年应交增值税
南京市	**9423.67**	**5488.23**	**12428.16**	**1421.24**	**751.27**	**344.92**
无锡市	**13979.64**	**8181.48**	**14450.48**	**1125.17**	**741.88**	**326.90**
江阴市	5678.24	3488.89	5928.67	523.52	336.69	152.41
宜兴市	2578.60	1713.14	2788.26	175.27	104.62	59.73
徐州市	**5338.27**	**2832.46**	**10506.88**	**1533.37**	**856.08**	**486.85**
丰　县	162.75	77.88	411.50	61.76	35.85	23.15
沛　县	216.66	126.10	1164.22	156.90	85.02	65.61
睢宁县	179.31	73.87	682.74	108.21	77.36	26.99
新沂市	287.95	162.61	1208.03	140.33	73.37	54.52
邳州市	352.47	122.45	1866.03	279.33	173.74	86.79
常州市	**7374.10**	**4455.50**	**10223.05**	**844.46**	**512.56**	**293.91**
溧阳市	989.01	682.24	1597.46	139.04	80.88	50.30
金坛市	585.01	379.10	667.16	78.73	50.29	23.89
苏州市	**24696.71**	**14029.78**	**29937.18**	**1879.59**	**1305.95**	**491.27**
常熟市	3456.81	2064.67	3557.36	252.19	179.08	61.98
张家港市	4435.89	2909.51	5071.75	218.92	115.12	91.59
昆山市	4817.07	2518.24	8171.68	526.26	385.05	125.61
太仓市	1920.07	1141.71	1930.48	154.86	103.15	41.85
南通市	**6732.44**	**3761.97**	**11093.04**	**1290.70**	**828.49**	**413.20**
海安县	778.23	437.34	1558.28	183.03	125.42	51.00
如东县	673.91	319.76	1482.48	175.69	113.92	57.15
启东市	871.51	509.02	1341.92	176.51	114.53	50.00
如皋市	986.78	623.44	1336.23	106.47	59.72	41.64
海门市	603.07	321.68	1646.99	272.71	180.88	86.42
连云港市	**2265.18**	**1284.58**	**4041.62**	**482.17**	**301.21**	**145.65**
赣榆县	307.86	149.47	1079.91	109.33	62.17	32.28
东海县	214.68	102.30	618.74	69.79	44.92	1[illegible].66
灌云县	147.15	69.14	498.02	49.54	35.02	10.62
灌南县	238.92	148.34	497.71	60.69	34.84	21.01

表 14-4 续表 21　　(2013 年)　　单位:亿元

城　市	资产合计	负债合计	主营业务收入	利税总额	#利润总额	本年应交增值税
淮安市	**1917.32**	**982.64**	**4731.24**	**413.31**	**218.77**	**103.01**
涟水县	161.37	79.02	472.65	33.28	21.46	7.74
洪泽县	237.39	119.26	434.62	46.77	31.06	14.40
盱眙县	201.08	112.29	639.64	42.77	24.49	13.14
金湖县	148.41	86.75	357.82	21.46	14.47	6.19
盐城市	**3490.05**	**1923.15**	**6297.05**	**703.69**	**404.19**	**234.26**
响水县	325.12	176.57	519.41	78.19	56.59	20.24
滨海县	240.71	120.10	501.08	54.10	29.95	20.67
阜宁县	203.97	121.16	485.40	42.73	21.31	18.65
射阳县	314.37	187.51	491.88	38.51	19.54	14.83
建湖县	255.99	118.52	618.26	73.65	39.45	29.16
东台市	525.62	328.40	872.68	86.75	47.69	34.70
大丰市	588.77	346.05	689.06	64.01	36.89	23.96
扬州市	**4037.28**	**2129.92**	**8189.53**	**951.75**	**540.53**	**334.56**
宝应县	381.25	198.42	713.15	63.66	36.97	24.58
仪征市	641.21	363.58	1256.18	155.88	100.59	40.20
高邮市	401.13	179.67	876.66	112.18	70.93	34.98
镇江市	**4887.41**	**2830.97**	**7021.31**	**673.12**	**427.23**	**220.88**
丹阳市	1320.29	838.48	2246.59	176.14	117.89	53.42
扬中市	833.36	455.70	1013.05	116.93	70.10	42.13
句容市	666.93	373.93	1085.04	102.87	50.21	46.31
泰州市	**4151.28**	**2243.01**	**8149.57**	**1022.33**	**605.06**	**358.06**
兴化市	444.40	202.26	1143.21	112.39	64.30	42.30
靖江市	1260.24	670.50	1812.60	228.15	139.13	79.80
泰兴市	773.24	445.99	1670.17	249.11	149.41	85.35
宿迁市	**1874.22**	**853.09**	**2821.44**	**439.73**	**305.83**	**106.34**
沭阳县	449.59	169.07	946.99	136.40	90.89	39.60
泗阳县	255.65	83.96	493.64	61.55	44.06	15.99
泗洪县	312.80	122.82	512.74	88.05	61.06	14.72

表 14-4 续表 22　　　　　　　　　　(2013 年)

城　市	公路里程（公里）	#等级公路	公路客运量（万人）	公路货运量（万吨）	民用汽车拥有量(万辆)	#私人汽车
南 京 市	**11131**	**10166**	**10493**	**10912**	**140.41**	**117.72**
无 锡 市	**7655**	**7655**	**7152**	**11579**	**114.67**	**89.60**
江 阴 市	2362	2362	1608	4473	28.64	23.21
宜 兴 市	2342	2342	2180	2372	18.40	14.87
徐 州 市	**16332**	**15207**	**14814**	**15455**	**68.41**	**59.08**
丰　县	1813	1813	511	1249	5.67	5.21
沛　县	2288	2288	1015	1138	6.02	5.26
睢 宁 县	2460	2278	989	1639	6.40	5.90
新 沂 市	2802	2298	925	1871	5.32	4.74
邳 州 市	3043	2722	1115	2030	9.20	8.40
常 州 市	8847	8795	6657	9620	76.53	62.02
溧 阳 市	2512	2512	1162	1758	9.28	7.80
金 坛 市	2059	2007	822	930	6.24	5.17
苏 州 市	**12608**	**12608**	**39050**	**10799**	**210.57**	**173.04**
常 熟 市	3158	3158	4101	1241	27.70	23.41
张家港市	1539	1539	4224	1896	23.91	20.25
昆 山 市	2005	2005	4762	1324	31.77	25.51
太 仓 市	1296	1296	1953	1273	13.97	11.59
南 通 市	**17995**	**17924**	**9833**	**10137**	**83.75**	**71.66**
海 安 县	2362	2289	830	1614	7.71	6.71
如 东 县	2537	2532	412	1024	8.72	7.82
启 东 市	3513	3462	876	746	10.36	9.41
如 皋 市	3191	3127	434	1400	12.37	11.21
海 门 市	2464	2406	695	584	9.96	8.91
连云港市	**11771**	**11679**	**5381**	**7554**	**32.21**	**27.01**
赣 榆 县	2827	2827	331	1514	5.90	5.28
东 海 县	2931	2931	812	1427	6.60	5.90
灌 云 县	2564	2564	381	1085	4.54	4.07
灌 南 县	1920	1889	724	475	3.04	2.73

表 14-4 续表 23

(2013 年)

城市	公路里程(公里)	#等级公路	公路客运量(万人)	公路货运量(万吨)	民用汽车拥有量(万辆)	#私人汽车
淮安市	**12930**	**12040**	**8296**	**5076**	**29.47**	**24.52**
涟水县	2532	2278	1396	1165	4.27	3.66
洪泽县	1465	1357	594	380	1.52	1.23
盱眙县	2675	2674	1143	1108	2.81	2.18
金湖县	1387	1212	743	203	1.57	1.26
盐城市	**19141**	**17122**	**9284**	**4639**	**47.60**	**40.28**
响水县	1763	1680	762	306	2.64	2.22
滨海县	2138	1851	358	638	5.10	4.16
阜宁县	1842	1495	1073	151	4.15	3.73
射阳县	2484	1932	381	93	4.97	4.58
建湖县	1762	1648	880	247	3.27	2.77
东台市	3185	2976	854	725	5.96	5.29
大丰市	3076	2720	958	368	5.70	5.20
扬州市	**10415**	**9155**	**4746**	**5924**	**41.94**	**34.94**
宝应县	2196	1844	1370	770	4.09	3.54
仪征市	1483	1482	717	1076	4.74	3.94
高邮市	2532	2073	1477	1117	4.63	3.90
镇江市	**7201**	**7201**	**4418**	**6290**	**33.74**	**28.00**
丹阳市	2140	2140	941	1433	10.75	9.20
扬中市	1000	1000	445	383	4.03	3.49
句容市	2459	2459	787	945	2.82	2.28
泰州市	**9335**	**9317**	**8809**	**2265**	**40.51**	**33.63**
兴化市	2690	2677	2120	386	6.79	6.02
靖江市	1308	1308	1332	315	8.06	6.72
泰兴市	2095	2095	1920	441	7.70	6.48
宿迁市	**10731**	**9395**	**6623**	**3458**	**32.16**	**28.57**
沭阳县	3409	2579	1805	1776	8.66	7.88
泗阳县	1690	1646	1275	465	4.74	4.44
泗洪县	2404	2396	2169	455	4.31	3.82

表 14-4 续表 24

(2013 年)

城市	邮电业务总量(亿元)	固定电话用户Θ(万户)	移动电话用户Θ(万户)	国际互联网用户(万户)	全年用电量(亿千瓦时)	#工业用电
南京市	**187.63**	**305.66**	**992.27**	**214.95**	**462.67**	**286.71**
无锡市	141.35	229.52	815.16	143.74	606.40	476.28
江阴市	26.85	47.18	216.98	46.48	239.47	211.62
宜兴市	16.95	35.19	151.44	39.66	90.76	70.65
徐州市	78.46	161.01	727.18	102.92	336.42	252.97
丰县	**6.57**	**10.00**	**63.70**	**9.28**	**18.13**	**11.08**
沛县	8.14	14.69	80.10	11.62	30.05	22.18
睢宁县	7.59	15.53	70.88	11.52	21.61	14.08
新沂市	7.25	13.38	67.03	12.25	38.49	31.74
邳州市	9.71	15.78	94.65	14.22	24.97	14.99
常州市	87.44	160.80	523.07	107.76	390.98	308.06
溧阳市	7.39	23.48	59.71	14.13	67.75	57.25
金坛市	5.59	18.78	48.00	10.72	42.92	35.34
苏州市	**307.90**	**357.92**	**1474.47**	**273.42**	**1263.21**	**1030.61**
常熟市	32.14	41.48	202.87	45.13	155.98	129.35
张家港市	23.96	33.51	174.11	43.19	278.38	256.85
昆山市	47.98	48.87	287.34	57.75	190.03	150.57
太仓市	**15.19**	**18.83**	**100.33**	**20.54**	**89.54**	**75.83**
南通市	97.30	248.98	641.87	121.76	326.15	234.38
海安县	8.46	35.35	90.73	20.07	42.28	33.03
如东县	8.04	29.29	95.12	17.81	39.75	29.12
启东市	**9.12**	**35.71**	**102.84**	**19.17**	**26.76**	**17.14**
如皋市	11.79	36.49	131.49	21.84	45.38	31.70
海门市	10.25	34.10	98.31	18.47	34.58	23.78
连云港市	41.70	103.12	352.50	63.59	134.94	88.73
赣榆县	**6.64**	**19.92**	**84.13**	**13.63**	**32.82**	**24.55**
东海县	7.29	17.94	79.54	11.95	18.56	11.12
灌云县	4.54	12.30	57.79	7.07	11.13	5.86
灌南县	3.54	10.06	46.83	5.93	24.03	18.85

表 14-4 续表 25

(2013 年)

城　市	邮电业务总　量(亿元)	固定电话用　户⊖(万户)	移动电话用　户⊖(万户)	国际互联网用户(万户)	全　年用电量(亿千瓦时)	#工业用电
淮安市	**40.21**	**95.19**	**357.85**	**53.62**	**148.39**	**102.30**
涟水县	3.99	12.03	44.16	5.64	14.86	8.87
洪泽县	1.91	5.96	21.84	4.13	16.60	13.55
盱眙县	3.26	9.13	37.27	5.21	15.10	9.00
金湖县	2.17	6.11	22.35	4.13	10.48	7.23
盐城市	**63.57**	**162.92**	**562.02**	**87.45**	**275.16**	**204.19**
响水县	2.02	9.32	19.16	4.33	51.35	47.00
滨海县	3.93	17.87	29.68	6.72	24.45	17.50
阜宁县	3.86	16.20	27.94	9.73	30.48	23.28
射阳县	4.45	18.20	40.93	7.78	18.69	11.29
建湖县	3.82	14.26	33.86	6.84	17.26	10.93
东台市	5.82	26.67	44.48	11.64	38.99	29.62
大丰市	4.89	18.68	41.88	9.21	47.88	39.62
扬州市	**60.53**	**142.21**	**430.23**	**77.24**	**197.38**	**139.13**
宝应县	5.84	16.11	61.77	9.91	16.49	10.00
仪征市	5.39	15.37	60.85	10.74	32.24	26.60
高邮市	6.37	18.00	71.31	12.22	27.57	19.96
镇江市	**43.00**	**103.35**	**318.43**	**59.83**	**212.20**	**163.38**
丹阳市	12.77	28.17	101.70	20.72	66.79	53.64
扬中市	4.54	12.31	38.91	9.87	14.79	10.25
句容市	5.82	17.69	55.21	9.51	22.19	14.82
泰州市	**51.93**	**138.59**	**380.00**	**73.73**	**222.55**	**169.02**
兴化市	8.15	26.26	88.38	14.62	60.57	49.75
靖江市	7.28	19.60	65.97	13.19	34.81	25.15
泰兴市	8.99	27.55	85.06	14.69	50.95	40.69
宿迁市	**46.23**	**80.55**	**366.89**	**51.33**	**136.58**	**94.86**
沭阳县	13.63	21.52	106.13	13.71	37.36	25.50
泗阳县	8.16	17.86	64.66	9.82	17.98	10.83
泗洪县	8.00	14.28	65.14	8.89	15.41	7.52

表 14-4 续表 26　　(2013 年)　　单位:亿元

城　　市	固定资产投资	房地产开发投资	#住 宅	新增固定资 产	商品房屋销售建筑面积(万平方米)	#住 宅
南 京 市	**5093.78**	**1037.71**	**729.13**	**2998.16**	**1222.01**	**1143.15**
无 锡 市	3973.52	1128.91	735.85	2861.01	909.44	780.77
江 阴 市	948.79	234.01	161.81	750.00	185.48	157.34
宜 兴 市	555.34	129.97	93.51	413.02	140.23	125.68
徐 州 市	**3090.13**	**380.47**	**288.94**	**2467.38**	**856.82**	**765.84**
丰　县	144.97	18.09	11.24	115.09	56.96	49.01
沛　县	331.30	18.20	14.93	300.83	61.79	57.14
睢 宁 县	174.79	17.07	12.15	191.76	55.02	47.95
新 沂 市	307.58	32.46	26.45	206.04	96.99	85.65
邳 州 市	449.06	33.52	31.53	447.78	115.94	114.33
常 州 市	**2850.12**	**681.39**	**473.46**	**2068.39**	**875.98**	**769.45**
溧 阳 市	411.66	42.24	32.33	338.52	79.78	73.63
金 坛 市	214.36	34.31	22.35	174.93	73.57	61.22
苏 州 市	**5822.14**	**1414.01**	**988.62**	**4570.66**	**1875.05**	**1633.41**
常 熟 市	715.21	134.23	98.94	617.81	180.53	150.04
张家港市	762.22	98.18	73.28	610.72	110.44	90.23
昆 山 市	840.00	306.11	215.89	657.35	545.47	468.86
太 仓 市	500.54	67.79	38.93	416.24	105.65	90.35
南 通 市	**3298.73**	**596.52**	**444.90**	**2359.77**	**1035.26**	**937.83**
海 安 县	374.28	47.69	39.36	240.59	109.65	99.73
如 东 县	359.24	38.40	31.82	264.47	65.69	52.96
启 东 市	407.17	44.18	41.99	326.84	90.42	87.86
如 皋 市	374.86	46.06	33.96	304.38	102.17	89.38
海 门 市	423.49	40.07	32.87	302.37	99.01	90.88
连云港市	**1350.12**	**174.07**	**131.01**	**916.12**	**489.64**	**427.70**
赣 榆 县	203.08	21.71	15.07	191.09	68.33	59.58
东 海 县	187.20	28.43	21.15	123.52	100.51	82.41
灌 云 县	158.56	12.21	7.86	113.61	45.31	40.78
灌 南 县	155.61	15.84	14.41	156.14	73.64	68.00

表 14-4 续表 27　　(2013 年)　　单位:亿元

城　　市	固定资产投资	房地产开发投资	#住 宅	新增固定资产	商品房屋销售建筑面积(万平方米)	#住 宅
淮 安 市	**1453.05**	**312.22**	**231.64**	**1080.97**	**842.43**	**749.88**
涟 水 县	166.65	35.09	26.79	96.19	107.05	94.66
洪 泽 县	105.64	20.14	14.81	99.23	45.64	40.71
盱 眙 县	203.26	52.53	41.50	103.32	121.49	100.93
金 湖 县	99.46	15.28	10.98	65.69	57.51	50.67
盐 城 市	**2217.69**	**327.31**	**249.55**	**1650.68**	**742.32**	**589.93**
响 水 县	163.35	10.12	6.41	120.23	34.72	32.53
滨 海 县	215.11	21.51	14.28	143.01	55.03	47.06
阜 宁 县	183.29	23.44	20.85	128.68	55.40	50.49
射 阳 县	188.72	24.10	19.47	119.15	71.01	67.17
建 湖 县	205.09	25.24	17.00	80.79	61.66	52.88
东 台 市	327.36	36.42	28.79	198.60	67.60	58.80
大 丰 市	255.60	28.99	21.39	219.61	72.40	62.61
扬 州 市	**2025.18**	**315.91**	**239.98**	**1519.76**	**699.49**	**140.05**
宝 应 县	224.14	25.36	22.64	193.16	6.28	4.49
仪 征 市	281.37	22.72	20.55	244.09	18.99	17.97
高 邮 市	278.48	34.98	28.63	193.23	49.66	45.83
镇 江 市	**1753.15**	**296.31**	**221.11**	**1480.08**	**592.21**	**551.25**
丹 阳 市	322.13	55.99	42.76	235.93	106.68	99.42
扬 中 市	174.15	14.84	8.26	114.92	19.23	15.76
句 容 市	207.19	61.99	44.51	136.26	168.37	161.47
泰 州 市	**1764.17**	**271.16**	**214.16**	**1507.12**	**491.41**	**455.74**
兴 化 市	234.73	28.56	22.55	274.60	80.50	71.17
靖 江 市	342.41	48.49	32.50	315.21	75.75	68.39
泰 兴 市	323.75	39.48	30.87	269.96	83.24	76.58
宿 迁 市	**1290.75**	**305.46**	**223.16**	**954.18**	**822.73**	**745.18**
沭 阳 县	310.74	69.94	51.20	197.81	169.44	153.19
泗 阳 县	229.43	47.81	37.31	175.86	143.62	129.24
泗 洪 县	226.39	65.47	52.69	224.94	277.98	256.26

表 14-4 续表 28

(2013 年)

城　　市	社会消费品零售总额(亿元)	#批发和零售业	进出口总额(亿美元)	出　口	进　口	实际外商直接投资(亿美元)
南 京 市	**3531.73**	**3203.34**	**557.57**	**322.66**	**234.91**	**40.33**
无 锡 市	**2759.98**	**2535.82**	**703.71**	**411.48**	**292.23**	**33.39**
江 阴 市	581.95	544.57	199.99	108.33	91.66	8.08
宜 兴 市	419.18	395.97	58.08	36.62	21.46	3.30
徐 州 市	**1495.91**	**1313.59**	**62.89**	**48.97**	**13.92**	**15.00**
丰　　县	78.25	70.40	1.83	1.71	0.11	1.33
沛　　县	141.97	132.39	2.67	2.59	0.08	0.94
睢 宁 县	97.41	88.51	7.18	4.74	2.44	1.12
新 沂 市	94.77	88.89	5.22	3.89	1.34	0.62
邳 州 市	130.26	109.90	7.31	6.57	0.74	2.52
常 州 市	**1607.63**	**1459.16**	**292.15**	**203.74**	**88.41**	**31.11**
溧 阳 市	227.48	207.32	12.02	9.17	2.85	4.65
金 坛 市	177.15	160.56	14.68	11.90	2.78	1.26
苏 州 市	**3662.24**	**3197.24**	**3093.48**	**1757.06**	**1336.41**	**86.98**
常 熟 市	561.71	512.22	186.26	116.43	69.83	10.24
张家港市	410.90	356.26	322.19	128.24	193.95	6.42
昆 山 市	561.26	457.28	889.84	546.73	343.11	17.54
太 仓 市	218.70	185.68	127.60	55.14	72.46	6.18
南 通 市	**1940.41**	**1775.26**	**298.14**	**212.78**	**85.37**	**22.87**
海 安 县	204.99	188.93	22.85	20.06	2.79	2.61
如 东 县	226.70	208.45	28.70	10.66	18.04	2.74
启 东 市	255.62	234.77	32.33	26.51	5.83	2.54
如 皋 市	257.81	235.56	31.54	23.72	7.82	2.48
海 门 市	266.37	244.98	18.76	15.44	3.32	2.48
连云港市	**655.57**	**600.91**	**66.41**	**37.84**	**28.58**	**8.70**
赣 榆 县	123.64	111.54	4.21	3.22	0.99	1.22
东 海 县	120.89	112.23	3.17	2.65	0.52	1.36
灌 云 县	89.57	85.43	1.83	1.65	0.17	0.96
灌 南 县	61.48	55.14	2.26	1.85	0.41	0.05

表 14-4 续表 29

(2013 年)

城　　市	社会消费品零售总额(亿元)	#批发和零售业	进出口总额(亿美元)	出　口	进　口	实际外商直接投资(亿美元)
淮安市	**721.22**	**648.36**	**36.61**	**27.81**	**8.80**	**11.51**
涟水县	73.60	64.48	2.63	2.22	0.41	0.26
洪泽县	66.96	59.49	2.02	1.58	0.44	1.75
盱眙县	71.66	62.71	3.57	3.11	0.46	1.89
金湖县	63.45	56.69	3.09	3.04	0.05	1.00
盐城市	**1163.38**	**1048.44**	**65.28**	**37.79**	**27.50**	**15.50**
响水县	47.54	43.40	4.02	3.24	0.78	0.95
滨海县	78.89	71.03	2.75	2.25	0.50	1.30
阜宁县	92.55	87.48	2.19	1.82	0.37	1.46
射阳县	123.88	108.56	2.75	1.79	0.96	1.32
建湖县	123.37	104.33	3.72	3.39	0.33	1.32
东台市	179.91	160.94	5.71	5.23	0.48	1.76
大丰市	123.48	113.19	8.77	5.71	3.06	1.76
扬州市	**1106.88**	**999.10**	**95.07**	**75.50**	**19.57**	**18.28**
宝应县	120.35	114.43	7.15	5.43	1.72	0.84
仪征市	125.56	112.19	9.96	5.75	4.21	3.17
高邮市	124.30	112.12	3.85	3.61	0.24	0.73
镇江市	**872.13**	**773.07**	**99.50**	**62.23**	**37.27**	**30.97**
丹阳市	228.20	202.41	25.81	21.08	4.73	6.30
扬中市	101.95	84.20	4.59	3.75	0.84	2.66
句容市	103.73	95.59	6.15	4.75	1.39	5.81
泰州市	**837.09**	**721.96**	**104.41**	**62.91**	**41.50**	**13.23**
兴化市	126.48	108.85	5.28	4.43	0.85	1.60
靖江市	138.34	114.64	27.28	16.25	11.02	0.76
泰兴市	161.17	132.67	24.88	11.67	13.21	2.73
宿迁市	**442.43**	**385.44**	**33.22**	**27.80**	**5.42**	**5.09**
沭阳县	123.50	107.52	6.98	6.18	0.80	1.42
泗阳县	72.54	62.49	6.20	6.10	0.10	0.91
泗洪县	74.04	67.87	4.48	4.29	0.19	1.00

表 14-4 续表 30　　(2013 年)　　单位:亿元

城　　市	公共财政预算收入	#税收收入	公共财政预算支出	年末金融机构存款余　额	#居　民储蓄存款	年末金融机构贷款余　额
南 京 市	**831.31**	**684.47**	**850.91**	**18050.82**	**4883.29**	**13791.06**
无 锡 市	710.91	579.11	711.49	11205.78	4086.84	8108.14
江 阴 市	182.28	151.90	171.19	2606.77	872.36	1987.44
宜 兴 市	86.61	73.71	91.02	1622.90	742.40	1240.47
徐 州 市	**422.84**	**341.11**	**595.61**	**3884.46**	**2089.77**	**2360.80**
丰　　县	31.22	26.53	54.14	205.87	156.08	114.68
沛　　县	46.01	39.18	67.22	323.18	221.48	141.79
睢 宁 县	31.92	27.09	57.14	244.65	180.76	139.21
新 沂 市	39.62	33.98	61.70	218.13	139.81	186.21
邳 州 市	48.88	42.05	77.74	297.61	208.26	226.04
常 州 市	**408.88**	**327.18**	**417.90**	**6348.10**	**2753.31**	**4318.32**
溧 阳 市	45.60	38.77	52.01	795.50	387.38	536.21
金 坛 市	25.89	22.10	33.30	472.11	264.69	338.75
苏 州 市	**1331.03**	**1138.33**	**1212.68**	**20037.58**	**6408.32**	**15495.24**
常 熟 市	138.58	115.74	128.08	2208.20	987.42	1658.50
张家港市	154.18	125.02	145.02	2286.21	832.72	1675.57
昆 山 市	243.52	213.04	221.70	2660.40	880.48	1814.90
太 仓 市	100.13	82.12	92.36	1145.18	420.82	994.92
南 通 市	**485.88**	**399.89**	**576.41**	**7342.00**	**4130.22**	**4508.54**
海 安 县	46.63	39.21	64.58	823.33	497.64	583.34
如 东 县	40.66	33.78	67.11	605.84	410.91	302.45
启 东 市	58.54	48.73	68.87	825.53	564.37	487.30
如 皋 市	60.13	50.16	83.49	762.31	506.02	443.49
海 门 市	61.17	50.57	66.37	864.86	557.31	522.96
连云港市	**233.30**	**188.79**	**362.38**	**1671.65**	**823.19**	**1366.94**
赣 榆 县	34.93	29.81	59.47	213.69	141.66	170.75
东 海 县	32.78	27.71	53.97	217.73	139.72	154.00
灌 云 县	30.88	26.72	49.99	163.04	103.73	115.82
灌 南 县	30.53	26.27	47.77	109.33	72.67	88.67

表 14-4 续表 31　　(2013 年)　　单位:亿元

城　　市	公共财政预算收入	#税收收入	公共财政预算支出	年末金融机构存款余　额	#居　民储蓄存款	年末金融机构贷款余　额
淮　安　市	**271.42**	**221.39**	**385.05**	**1721.30**	**931.81**	**1375.15**
涟　水　县	25.74	22.02	48.62	206.12	120.97	134.74
洪　泽　县	20.14	16.93	31.21	117.49	58.06	93.11
盱　眙　县	27.13	22.55	45.68	198.63	108.67	175.07
金　湖　县	18.27	16.27	31.85	143.09	89.29	118.99
盐　城　市	**366.77**	**302.51**	**555.62**	**3196.06**	**1788.34**	**2179.75**
响　水　县	23.98	19.71	38.21	109.41	61.95	94.63
滨　海　县	29.07	23.37	53.01	181.96	114.79	134.74
阜　宁　县	29.45	24.12	51.47	240.82	162.91	173.97
射　阳　县	22.50	18.03	45.08	243.33	164.23	171.08
建　湖　县	38.42	31.90	59.77	277.95	190.28	209.06
东　台　市	52.46	43.62	73.47	497.98	375.52	267.22
大　丰　市	50.07	41.09	68.62	380.76	235.05	238.60
扬　州　市	**259.26**	**212.75**	**319.28**	**3836.87**	**1931.02**	**2341.85**
宝　应　县	23.72	19.45	41.95	297.36	197.02	197.77
仪　征　市	28.37	23.64	33.49	395.23	223.23	217.76
高　邮　市	25.44	20.89	41.15	342.38	234.14	205.91
镇　江　市	**254.52**	**208.65**	**286.23**	**3289.46**	**1475.49**	**2364.38**
丹　阳　市	60.42	51.48	69.85	860.93	422.15	729.36
扬　中　市	27.15	23.12	31.50	408.73	229.76	293.16
句　容　市	30.51	26.11	39.68	367.41	206.11	271.92
泰　州　市	**251.28**	**206.55**	**343.81**	**3544.42**	**1786.01**	**2344.27**
兴　化　市	33.53	27.55	67.43	457.59	322.19	320.59
靖　江　市	57.45	48.12	53.76	761.87	355.06	501.88
泰　兴　市	38.20	31.68	55.48	564.47	340.91	323.34
宿　迁　市	**185.12**	**157.98**	**311.16**	**1475.58**	**736.29**	**1282.09**
沭　阳　县	58.16	48.28	90.41	317.01	214.79	266.46
泗　阳　县	26.29	22.08	50.45	225.02	135.51	204.48
泗　洪　县	24.18	19.98	50.45	223.87	135.98	209.85

表 14-4 续表 32　　(2013 年)

城　　市	专利申请受理量(件)	专利申请授权量(件)	普通中学在校学生(万人)	小学在校学生(万人)	普通中学专任教师(人)	小学专任教师(人)
南 京 市	**54784**	**19484**	**22.43**	**32.14**	**22361**	**20761**
无 锡 市	**80271**	**39828**	**20.82**	**32.53**	**19247**	**19108**
江 阴 市	18411	7778	5.51	8.99	5647	4696
宜 兴 市	4112	2403	4.35	6.10	3723	4093
徐 州 市	**23472**	**10647**	**37.52**	**66.18**	**34591**	**36511**
丰　　县	1426	641	4.87	7.02	4879	4129
沛　　县	4008	1627	3.94	7.75	3576	4909
睢 宁 县	1518	639	6.29	7.24	5888	4859
新 沂 市	1512	707	3.40	8.55	3927	3642
邳 州 市	1256	825	7.04	14.58	5135	7550
常 州 市	**41705**	**18207**	**16.48**	**24.36**	**13958**	**12689**
溧 阳 市	3642	1774	2.98	3.79	2900	2407
金 坛 市	4236	755	1.99	2.49	2249	1821
苏 州 市	**141076**	**81666**	**26.69**	**47.24**	**25792**	**26619**
常 熟 市	13079	13070	4.07	6.89	3627	4041
张家港市	15735	8011	3.71	6.11	3396	3203
昆 山 市	34053	15439	3.56	7.32	3007	3627
太 仓 市	9672	6179	1.94	3.02	1734	1827
南 通 市	**40771**	**22086**	**26.00**	**31.82**	**24898**	**19552**
海 安 县	7115	3559	2.94	3.46	3347	2354
如 东 县	620	315	3.08	3.05	3051	2157
启 东 市	4671	2047	3.30	3.77	3393	2565
如 皋 市	3549	1471	4.97	6.22	4494	3584
海 门 市	1700	992	3.69	4.53	3755	2737
连云港市	**9396**	**4410**	**23.15**	**35.52**	**20822**	**20860**
赣 榆 县	1198	1046	5.89	8.34	5586	4910
东 海 县	2521	510	5.00	9.10	4748	4053
灌 云 县	934	275	4.31	6.18	3159	3423
灌 南 县	930	611	3.16	5.23	2831	3317

表 14–4 续表 33　　　　(2013 年)

城　　市	专利申请受理量（件）	专利申请授权量（件）	普通中学在校学生（万人）	小学在校学　生（万人）	普通中学专任教师（人）	小学专任教　师（人）
淮 安 市	**12075**	**4573**	**22.71**	**32.54**	**19354**	**19537**
涟 水 县	1093	458	4.69	7.94	3422	4155
洪 泽 县	1608	375	1.46	1.89	1246	1319
盱 眙 县	2142	767	3.26	4.74	3265	3134
金 湖 县	1102	445	1.20	1.44	1007	980
盐 城 市	**16689**	**4718**	**28.24**	**40.41**	**27697**	**24193**
响 水 县	545	65	2.02	4.30	2035	2584
滨 海 县	1328	141	3.49	6.86	3475	3399
阜 宁 县	1076	259	3.52	5.45	3784	3081
射 阳 县	1401	202	3.27	4.52	3060	3014
建 湖 县	2391	614	2.69	4.06	2783	2481
东 台 市	3159	1119	3.68	3.61	3823	2421
大 丰 市	2714	1021	2.56	2.83	2610	2179
扬 州 市	**22825**	**11416**	**19.02**	**22.06**	**16757**	**13679**
宝 应 县	2875	1346	3.53	4.08	3181	2457
仪 征 市	3141	1468	2.10	2.43	1939	1657
高 邮 市	4161	2229	3.26	2.98	2895	1975
镇 江 市	**28255**	**9809**	**9.95**	**13.44**	**9983**	**9077**
丹 阳 市	5869	2617	3.38	4.65	3414	3114
扬 中 市	4174	1084	0.97	1.39	1100	977
句 容 市	4959	941	1.87	2.30	1968	1592
泰 州 市	**25626**	**8309**	**18.46**	**22.04**	**19505**	**14760**
兴 化 市	3583	1534	4.29	5.56	4578	4511
靖 江 市	7903	1005	2.45	3.14	2917	2080
泰 兴 市	4855	1737	4.96	5.33	5287	3240
宿 迁 市	**7551**	**4488**	**25.26**	**35.08**	**19314**	**20827**
沭 阳 县	3188	1967	8.29	11.11	6483	6498
泗 阳 县	1523	961	5.05	7.38	3346	4407
泗 洪 县	940	404	4.73	7.00	3553	3908

表 14–4 续表 34

(2013 年)

城　　市	公共图书馆（个）	公共图书馆图书藏量（千册）	卫生机构数（个）	卫生机构床位数（张）	卫　生技术人员（人）	#执业（助理）医　师
南 京 市	**18**	**15053**	**2315**	**41760**	**58032**	**20662**
无 锡 市	**10**	**3921**	**2027**	**33243**	**38940**	**14767**
江 阴 市	1	880	492	7402	7852	2999
宜 兴 市	1	503	408	4575	6556	2441
徐 州 市	**8**	**2994**	**4454**	**43138**	**43573**	**16175**
丰　　县	1	192	515	3552	3768	1948
沛　　县	1	307	598	4083	4282	1719
睢 宁 县	1	410	623	3503	3116	1129
新 沂 市	1	128	447	2817	3682	1458
邳 州 市	1	438	739	4526	5640	1828
常 州 市	**4**	**2849**	**1123**	**21286**	**26733**	**10850**
溧 阳 市	1	327	220	2771	3583	1645
金 坛 市	1	243	174	2079	2608	1138
苏 州 市	**11**	**13539**	**3007**	**51663**	**61051**	**24296**
常 熟 市	1	1771	446	6868	7887	3350
张家港市	1	1925	405	7878	7937	3278
昆 山 市	1	1995	445	5966	9804	3959
太 仓 市	1	873	223	3297	3872	1541
南 通 市	**11**	**5284**	**3187**	**33234**	**36515**	**15579**
海 安 县	1	580	387	3955	3702	1572
如 东 县	1	446	461	3233	3620	1582
启 东 市	1	493	379	3385	3533	1575
如 皋 市	2	915	505	4791	4952	2457
海 门 市	1	711	412	3410	3651	1595
连云港市	**7**	**2977**	**2616**	**17500**	**20453**	**7647**
赣 榆 县	1	241	695	2801	3568	1317
东 海 县	1	771	526	2753	2883	1076
灌 云 县	1	243	401	2370	2349	804
灌 南 县	1	171	353	2624	2429	936

表 14-4 续表 35

(2013 年)

城　　市	公共图书馆(个)	公共图书馆图书藏量(千册)	卫生机构数(个)	卫生机构床位数(张)	卫　生技术人员(人)	#执业(助理)医　师
淮 安 市	**8**	**2081**	**2153**	**23467**	**27799**	**11173**
涟 水 县	1	128	462	3721	3941	1863
洪 泽 县	1	219	132	1450	1700	683
盱 眙 县	1	91	334	3064	3388	1432
金 湖 县	1	182	134	1287	1658	680
盐 城 市	**11**	**2652**	**3067**	**30461**	**32883**	**15008**
响 水 县	1	72	215	2025	1973	954
滨 海 县	1	205	405	3870	3805	1739
阜 宁 县	2	257	385	2741	2385	1258
射 阳 县	1	220	322	2806	3579	1839
建 湖 县	1	218	350	2597	2918	1493
东 台 市	1	261	392	4412	4347	2176
大 丰 市	1	343	336	2895	3169	1685
扬 州 市	**7**	**3270**	**1815**	**19202**	**22464**	**9276**
宝 应 县	1	132	339	2049	2501	1116
仪 征 市	1	327	181	2011	2582	1020
高 邮 市	1	197	248	2462	2779	1332
镇 江 市	**8**	**2559**	**897**	**14311**	**17666**	**7204**
丹 阳 市	2	458	236	3324	4135	1793
扬 中 市	1	289	71	970	1527	696
句 容 市	1	174	182	1805	2284	1008
泰 州 市	**6**	**2177**	**1995**	**19937**	**21794**	**9567**
兴 化 市	1	232	671	4582	4102	1859
靖 江 市	1	441	298	3450	3584	1691
泰 兴 市	1	305	364	3907	4513	2072
宿 迁 市	**6**	**1030**	**2345**	**19085**	**21080**	**7457**
沭 阳 县	1	162	747	5507	6406	2455
泗 阳 县	1	240	401	3946	3575	1229
泗 洪 县	1	85	505	3540	4196	1519

表 14-4 续表 36

(2013 年)

城　　市	城镇居民人均可支配收入(元)	城镇居民人均生活消费支出(元)	#食　品	城镇居民恩格尔系数(%)	城镇居民人均住房建筑面积(平方米)
南京市	**38531**	**24591**	**8243**	**33.5**	**32.8**
无锡市	**38999**	**25392**	**8787**	**34.6**	**38.0**
江阴市	43144	29058	9652	33.2	40.8
宜兴市	36412	20771	8060	38.8	43.1
徐州市	**23770**	**15963**	**5380**	**33.7**	**37.5**
丰　县	17740	13071	4210	32.2	37.8
沛　县	21073	14696	4415	30.0	41.5
睢宁县	18009	12021	4775	39.7	45.1
新沂市	19255	16316	6105	37.4	43.1
邳州市	22473	12815	4030	31.4	57.7
常州市	**36611**	**22831**	**7884**	**34.5**	**41.5**
溧阳市	32804	22560	7751	34.4	33.8
金坛市	34722	23049	7937	34.4	41.0
苏州市	**42748**	**26739**	**8861**	**33.1**	**43.1**
常熟市	43161	27028	8418	31.1	40.1
张家港市	43426	29070	8432	29.0	38.1
昆山市	43436	29876	9212	30.8	40.7
太仓市	43010	28420	9653	34.0	60.0
南通市	**31059**	**19647**	**6776**	**34.5**	**40.1**
海安县	29474	18600	5849	31.4	48.3
如东县	29445	17571	6190	35.2	45.3
启东市	29482	19543	6644	34.0	40.0
如皋市	28611	17716	6005	33.9	47.3
海门市	32387	20877	7320	35.1	42.0
连云港市	**22985**	**13992**	**5091**	**36.4**	**39.1**
赣榆县	21506	12513	4637	37.1	39.5
东海县	21719	13225	4761	36.0	41.9
灌云县	17617	10723	4006	37.4	39.7
灌南县	20479	11451	3994	34.9	40.3

表 14-4 续表 37

(2013 年)

城　　市	城镇居民人均可支配收入(元)	城镇居民人均生活消费支出(元)	#食　品	城镇居民恩格尔系数(%)	城镇居民人均住房建筑面积(平方米)
淮 安 市	**23107**	**16763**	**5800**	**34.6**	**37.1**
涟 水 县	19892	14720	5215	35.4	41.1
洪 泽 县	23889	15831	5979	37.8	36.8
盱 眙 县	24409	15381	4799	31.2	36.0
金 湖 县	24260	14721	5560	37.8	36.7
盐 城 市	**24119**	**16678**	**5824**	**34.9**	37.2
响 水 县	20045	9466	3418	36.1	36.9
滨 海 县	21037	12709	4807	37.8	31.8
阜 宁 县	20115	16353	6078	37.2	33.5
射 阳 县	21291	16608	5547	33.4	36.1
建 湖 县	23272	10947	3963	36.2	37.3
东 台 市	26241	16510	5405	32.7	45.2
大 丰 市	24707	15960	5644	35.4	39.9
扬 州 市	**28145**	**17653**	**6583**	**37.3**	**37.6**
宝 应 县	20773	14017	5343	38.1	35.8
仪 征 市	29057	17283	6710	38.8	35.0
高 邮 市	24711	14941	5939	39.8	37.0
镇 江 市	**32977**	**19795**	**7056**	**35.6**	**40.4**
丹 阳 市	33083	17962	6576	36.6	42.8
扬 中 市	36599	20187	6218	30.8	53.0
句 容 市	32422	19678	6773	34.4	41.0
泰 州 市	**29112**	**18223**	**6341**	**34.8**	**40.4**
兴 化 市	26461	15560	5773	37.1	37.0
靖 江 市	31597	21621	7022	32.5	50.4
泰 兴 市	28840	18393	5911	32.1	43.4
宿 迁 市	**18846**	**13135**	**4766**	**36.3**	**39.9**
沭 阳 县	19091	13500	5303	39.3	37.6
泗 阳 县	18270	12663	4486	35.4	41.1
泗 洪 县	17655	12936	4661	36.0	43.0

表 14-4 续表 38

(2013 年)

城　　市	农村居民人均纯收入（元）	农村居民人均生活消费支出（元）	#食　品	农村居民恩格尔系数（%）	农村居民人均住房面积（平方米）	人均居民储蓄存款（元）
南 京 市	**16531**	**12392**	**4554**	**36.7**	**59.9**	**59641**
无 锡 市	**20587**	**14147**	**5065**	**35.8**	**68.2**	**63029**
江 阴 市	21882	13315	4698	35.3	71.0	53519
宜 兴 市	18783	13873	5367	38.7	67.8	59392
徐 州 市	**12052**	**7246**	**2593**	**35.8**	**48.0**	**24325**
丰　　县	10957	8325	2933	35.2	44.0	16472
沛　　县	12725	7207	2313	32.1	47.3	19907
睢 宁 县	10686	6190	2475	40.0	43.9	17673
新 沂 市	10979	7141	2643	37.0	45.9	15413
邳 州 市	12635	6969	2179	31.3	52.8	14532
常 州 市	**18643**	**13563**	**4799**	**35.4**	**56.0**	**58680**
溧 阳 市	16985	14221	4997	35.1	47.0	50958
金 坛 市	17371	13778	4918	35.7	51.0	47435
苏 州 市	**21578**	**16251**	**5429**	**33.4**	**74.0**	**60578**
常 熟 市	21691	17023	5450	32.0	82.1	65457
张家港市	21689	17414	5158	29.6	70.0	66543
昆 山 市	21793	18345	6176	33.7	55.0	53573
太 仓 市	21605	15102	4922	32.6	76.9	59523
南 通 市	**14754**	**10931**	**3864**	**35.4**	**55.7**	**56596**
海 安 县	14119	11168	4099	36.7	54.0	57444
如 东 县	13529	10112	2483	24.6	53.5	41776
启 东 市	15766	11784	4302	36.5	54.0	58923
如 皋 市	13004	9186	3031	33.0	51.9	40224
海 门 市	16920	12361	4584	37.1	59.0	61752
连云港市	**10745**	**6932**	**2457**	**35.4**	**43.0**	**18589**
赣 榆 县	11564	7633	2521	33.0	41.1	14874
东 海 县	11118	7326	2623	35.8	41.7	1[illegible]52
灌 云 县	10016	5467	2066	37.8	45.0	13053
灌 南 县	9488	6567	2504	38.1	41.0	11631

表 14–4 续表 39

(2013 年)

城　　市	农村居民人均纯收入(元)	农村居民人均生活消费支出(元)	#食　品	农村居民恩格尔系数(%)	农村居民人均住房面积(平方米)	人均居民储蓄存款(元)
淮 安 市	**11045**	**7373**	**2670**	**36.2**	**46.4**	**19304**
涟 水 县	10333	6106	2037	33.4	44.0	14370
洪 泽 县	12160	6989	2633	37.7	44.0	17374
盱 眙 县	11255	5738	2173	37.9	43.0	16796
金 湖 县	11931	9090	3494	38.4	60.0	27197
盐 城 市	**13344**	**7712**	**2686**	**34.8**	**46.9**	**24770**
响 水 县	11084	5714	2144	37.5	45.0	12323
滨 海 县	11702	6459	2108	32.6	40.8	12173
阜 宁 县	11853	6424	2256	35.1	42.2	19418
射 阳 县	13121	6273	2264	36.1	41.3	18416
建 湖 县	13156	8489	2906	34.2	43.3	25808
东 台 市	15312	8726	2854	32.7	54.8	38070
大 丰 市	15166	9226	3092	33.5	51.0	33497
扬 州 市	**14214**	**9725**	**3435**	**35.3**	**48.6**	**43200**
宝 应 县	13093	9104	3192	35.1	46.1	26192
仪 征 市	13701	12088	4376	36.2	59.0	39749
高 邮 市	13248	10002	3462	34.6	35.0	31644
镇 江 市	**16258**	**11995**	**4276**	**35.6**	**51.0**	**46613**
丹 阳 市	16983	13105	4610	35.2	62.0	43209
扬 中 市	18644	11381	4000	35.1	64.0	67358
句 容 市	14824	10358	3554	34.3	46.2	33051
泰 州 市	**13982**	**9862**	**3210**	**32.5**	**55.9**	**38541**
兴 化 市	13247	8669	2993	34.5	43.6	25683
靖 江 市	15347	12553	4169	33.2	58.0	51742
泰 兴 市	13993	8678	2804	32.3	64.0	31668
宿 迁 市	**10703**	**7454**	**2751**	**36.9**	**44.0**	**15279**
沭 阳 县	10799	7931	3100	39.1	41.3	13956
泗 阳 县	10765	8193	2928	35.7	42.8	16074
泗 洪 县	10540	5847	2217	37.9	42.6	14959

15

区 域 资 料

2013年首批沿海开放城市主要经济指标

表 15-1

城　　市	地区生产总值		# 第一产业		第二产业	
	累　计 (亿元)	增长 (%)	累　计 (亿元)	增长 (%)	累　计 (亿元)	增长 (%)
上　　海	21602.12	7.7	129.28	-2.9	8027.77	6.1
天　　津	14370.16	12.5	188.45	3.7	7276.68	12.7
大　　连	7650.80	9.0	477.60	4.8	3892.00	9.4
秦 皇 岛	1168.75	7.0	171.46	4.4	447.57	6.5
烟　　台	5613.87	10.2	420.99	3.9	3075.12	10.8
青　　岛	8006.60	10.0	352.41	2.1	3641.39	10.2
连 云 港	1785.42	11.8	259.17	3.1	807.42	13.0
南　　通	5038.89	11.8	345.42	3.1	2623.50	12.0
宁　　波	7128.87	8.1	276.35	-1.2	3741.72	8.2
温　　州	4003.86	7.7	115.39	-0.8	2015.48	7.8
福　　州	4678.50	11.5	402.26	4.6	2133.60	13.2
广　　州	15420.14	11.6	228.87	2.7	5227.38	9.2
湛　　江	2060.01	12.0	421.44	6.1	814.33	13.4
威　　海	2549.69	10.8	203.47	4.3	1312.93	10.5

表 15–1 续表 1

城市	# 第三产业		规模以上工业增加值	
	累计（亿元）	增长（%）	累计（亿元）	增长（%）
上海	13445.07	8.8	6769.64	6.6
天津	6905.03	12.5	--	13.0
大连	3281.30	9.1	--	10.2
秦皇岛	549.72	7.9	353.26	2.1
烟台	2117.76	10.4	--	11.5
青岛	4012.80	10.5	--	11.4
连云港	718.83	13.1	820.94	14.4
南通	2069.98	12.9	2583.89	12.6
宁波	3110.80	8.8	2291.20	8.0
温州	1872.99	8.0	851.48	5.8
福州	2142.63	10.8	1665.39	13.7
广州	9963.89	13.3	4430.88	10.2
湛江	824.24	13.2	659.51	14.9
威海	1033.29	12.5	1127.45	11.7

表 15-1 续表 2

城市	港口货物吞吐量		港口集装箱吞吐量		固定资产投资额	
	累计（万吨）	增长（%）	累计（万标箱）	增长（%）	累计（亿元）	增长（%）
上海	77575	5.5	3362	3.3	5647.79	7.5
天津	50063	5.0	1301	5.8	10121.20	14.1
大连	40746	8.9	1002	24.2	6478.10	15.2
秦皇岛	27260	0.6	39	12.8	770.29	6.4
烟台	28680	6.1	215	16.2	3538.19	20.1
青岛	45782	10.4	1552	7.0	5027.90	21.1
连云港	20165	8.8	549	9.3	1350.12	22.1
南通	20494	10.6	60	19.1	3298.73	20.8
宁波	49592	9.5	1677	7.0	3422.95	18.0
温州	7379	5.5	57	10.2	2618.09	24.1
福州	10505	12.1	198	8.3	3834.22	18.5
广州	47267	4.8	1550	5.2	4454.55	18.5
湛江	18006	5.4	45	9.6	795.58	39.0
威海	7001	12.9	65	16.6	1923.71	20.5

表 15-1 续表 3

城　　市	社会消费品零售总额		进出口总额		外商直接投资实际到位金额	
	累　计（亿元）	增　长（%）	累　计（亿美元）	增　长（%）	累　计（亿美元）	增　长（%）
上　　海	8019.05	8.6	4413.98	1.1	167.80	10.5
天　　津	4470.43	14.0	1285.28	11.2	168.29	12.1
大　　连	2526.50	13.6	688.23	7.3	136.00	10.1
秦 皇 岛	508.97	13.4	43.73	-0.9	7.38	17.6
烟　　台	2110.65	13.5	493.13	3.2	16.06	13.9
青　　岛	2904.30	13.3	779.12	6.5	55.22	20.0
连 云 港	655.57	13.9	66.41	-17.0	8.70	43.9
南　　通	1927.09	12.8	298.14	13.4	22.87	10.4
宁　　波	2635.71	13.3	1003.29	3.9	32.75	14.8
温　　州	2136.38	11.2	206.02	0.8	5.02	25.9
福　　州	2611.29	15.6	314.29	11.9	14.31	6.9
广　　州	6882.85	15.2	1188.88	1.5	48.04	5.0
湛　　江	1010.70	15.0	55.13	17.3	1.32	51.1
威　　海	1047.29	13.5	171.50	0.2	9.20	15.0

表 15–1 续表 4

城市	公共财政预算收入		公共财政预算支出	
	累计（亿元）	增长（%）	累计（亿元）	增长（%）
上海	4109.51	9.8	4528.61	8.2
天津	2078.30	18.1	2506.25	18.7
大连	850.00	13.3	1083.5	21.6
秦皇岛	109.50	0.8	199.56	1.0
烟台	437.23	12.6	541.74	13.6
青岛	788.72	17.7	1014.23	32.4
连云港	233.30	14.7	364.93	19.7
南通	485.88	15.8	572.95	12.5
宁波	792.81	9.3	939.89	13.5
温州	323.98	11.9	437.96	12.9
福州	453.97	18.8	534.36	30.1
广州	1141.79	10.8	1384.72	8.9
湛江	105.92	15.0	252.92	17.6
威海	195.22	13.4	263.99	8.0

表 15-1 续表 5

城市	金融机构存款余额		金融机构贷款余额	
	累计（亿元）	增长（%）	累计（亿元）	增长（%）
上海	69256.3	5474.3	44357.9	3297.5
天津	23316.6	2976.7	20857.8	2427.3
大连	11953.7	11.7	10185.0	11.6
秦皇岛	2122.6	10.2	1365.6	9.4
烟台	6020.5	731.5	3943.0	373.7
青岛	11418.0	15.7	9642.0	11.4
连云港	1709.9	11.2	1425.5	10.9
南通	7542.1	1069.4	4672.8	666.2
宁波	13164.6	9.9	13314.0	11.1
温州	8095.5	4.5	7263.3	3.6
福州	8950.1	13.1	8159.9	15.3
广州	33838.2	11.7	22016.2	9.1
湛江	2173.4	13.8	1227.3	15.0
威海	2379.3	15.4	1565.0	13.4

表 15-1 续表 6

城　　市	城市居民人均可支配收入		农民人均纯收入		居民消费价格总指数	
	累　计 (亿元)	增　长 (%)	累　计 (亿美元)	增　长 (%)	累　计 (亿美元)	增　长 (%)
上　　海	43851	9.1	19208	10.4	102.3	2.3
天　　津	32658	10.2	15405	13.5	103.1	3.1
大　　连	30238	9.8	17717	10.8	102.5	2.5
秦 皇 岛	24353	10.2	9356	12.5	102.4	2.4
烟　　台	32956	9.7	14170	17.9	101.8	1.8
青　　岛	35227	9.6	15731	12.4	102.5	2.5
连 云 港	26898	10.5	10745	12.0	102.2	2.2
南　　通	31059	9.8	14754	11.5	102.2	2.2
宁　　波	41729	10.1	20534	11.1	102.2	2.2
温　　州	37852	8.7	16194	10.0	102.7	2.7
福　　州	32265	9.8	12910	12.3	102.6	2.6
广　　州	42066	10.5	--	--	102.6	2.6
湛　　江	—	--	--	--	102.1	2.1
威　　海	31442	9.8	15582	11.6	101.5	1.5

淮海经济区各市主要经济指标

表 15–2

指标名称	地区生产总值(亿元)		规模以上工业增加值(亿元)		社会消费品零售总额(亿元)	
	2013年	增长(%)	2013年	增长(%)	2013年	增长(%)
徐州市	4435.82	11.8	2372.13	12.9	1473.61	14.0
连云港市	1785.42	11.8	820.94	14.4	655.57	13.9
淮安市	2155.86	12.0	1133.89	13.5	721.22	13.9
盐城市	3475.50	12.3	1583.96	15.6	1163.38	13.7
宿迁市	1706.28	12.5	739.80	18.1	442.43	14.0
菏泽市	2050.01	12.0		17.8	1016.27	13.7
聊城市	2365.87	10.0		12.3	820.80	13.4
枣庄市	1830.63	10.1		12.2	627.00	13.5
济宁市	3501.54	11.0		12.5	1475.90	13.5
泰安市	2790.70	10.6		12.5	1053.80	13.5
日照市	1500.16	10.6		11.9	476.21	13.4
莱芜市	653.48	10.1		12.5	257.75	13.0
临沂市	3336.81	11.0	1801.60	16.6	1781.00	13.4
德州市	2460.59	11.2	1468.25	14.3	990.51	13.6
亳州市	791.09	9.7	205.46	14.9	345.09	14.0
淮南市	819.40	9.7	465.50	11.1	291.20	13.9
蚌埠市	1007.85	11.1	490.43	15.3	424.82	14.7
淮北市	703.66	9.1	515.29	10.5	195.46	14.2
阜阳市	1062.50	9.7	355.70	14.5	508.00	14.3
宿州市	1014.30	10.5	300.69	14.6	303.67	14.5
滁州市	1086.00	11.1	490.90	15.5	338.50	14.4
六安市	1010.30	8.0	408.20	11.9	434.20	13.8
周口市	1790.65	9.3	672.84	16.4	756.80	13.9
商丘市	1538.20	10.5	539.52	16.2	623.40	14.2
信阳市	1581.16	9.1	420.49	14.7	674.76	13.9

表 15-2 续表 1

指标名称	规模以上固定资产投资(亿元)		地方财政一般预算收入(亿元)		进出口总额(亿美元)	
	2013年	增长(%)	2013年	增长(%)	2013年	增长(%)
徐州市	3090.13	22.1	422.84	15.3	62.89	-24.5
连云港市	1350.12	22.1	233.30	11.7	66.41	-17.0
淮安市	1453.05	22.1	271.42	16.2	36.61	-13.6
盐城市	2217.69	22.2	366.77	17.3	65.28	13.5
宿迁市	1290.75	25.8	185.12	17.1	33.22	19.0
菏泽市	810.77	23.1	159.59	6.5	29.67	-7.1
聊城市	1511.09	20.5	135.55	19.9	61.89	10.6
枣庄市	1238.21	20.5	130.72	6.4	12.51	10.7
济宁市	2188.31	23.0	302.24	13.3	52.30	2.2
泰安市	1981.78	20.5	168.81	0.2	24.85	15.2
日照市	1069.05	20.0	100.09	15.5	330.39	30.6
莱芜市	472.63	19.5	46.76	1.7	25.04	17.9
临沂市	2431.59	20.8	216.10	16.6	94.08	19.1
德州市	1686.61	20.9	150.02	15.7	35.38	30.2
亳州市	541.49	25.8	64.38	35.0	4.26	-14.6
淮南市	800.50	25.1	110.70	12.3	5.00	44.7
蚌埠市	1060.89	21.6	92.84	18.4	15.80	38.9
淮北市	700.53	21.4	50.68	-2.3	4.68	34.4
阜阳市	645.00	25.3	85.50	23.3	13.70	24.5
宿州市	773.30	26.0	66.35	24.5	5.35	31.6
滁州市	1075.80	21.9	114.40	18.0	18.55	21.1
六安市	845.00	23.0	82.00	18.0	8.01	8.7
周口市	1151.55	23.7	76.05	26.5	7.75	38.2
商丘市	1246.79	24.0	85.80	22.3	2.52	17.1
信阳市	1472.38	23.0	67.93	22.5	6.82	-1.6

表 15–2 续表 2

指标名称	出口总额（亿美元）		金融机构存款余额（亿元）		金融机构贷款余额（亿元）	
	2013年	增长(%)	2013年	增长(%)	2013年	增长(%)
徐州市	48.97	–22.1	3920.50	517.9	2375.30	316.0
连云港市	37.84	5.1	1709.93	172.0	1425.50	140.3
淮安市	27.81	–17.3	1737.07	216.3	1397.49	207.0
盐城市	37.79	9.1	3219.99	503.4	2214.59	358.5
宿迁市	27.80	20.0	1488.99	249.0	1290.26	281.3
菏泽市	17.50	14.5	1918.86	310.9	1230.75	168.4
聊城市	20.03	8.3	1930.94	257.3	1414.58	165.8
枣庄市	9.47	0.8	1249.85	9.0	975.08	5.8
济宁市	33.34	4.3	3561.10	11.6	2276.50	14.1
泰安市	13.67	11.8	2261.30	16.9	1416.40	15.4
日照市	38.79	0.1	1780.07	21.1	1489.45	13.7
莱芜市	7.51	2.3	760.97	4.9	604.27	6.1
临沂市	46.35	19.0	3685.60	21.6	2475.60	16.8
德州市	20.26	8.5	1924.20	287.3	1295.00	180.1
亳州市	3.78	–18.3	927.57	14.1	521.65	22.1
淮南市	4.10	66.2	1209.90	8.6	879.20	12.5
蚌埠市	11.50	24.2	1258.58	29.0	810.18	28.2
淮北市	4.38	42.2	863.91	9.7	612.11	20.3
阜阳市	11.10	24.4	1749.10	17.4	784.60	22.5
宿州市	4.70	29.7	1155.88	13.9	558.60	20.6
滁州市	13.83	19.2	1284.70	15.6	892.70	26.1
六安市	7.77	9.4	1525.20	19.3	824.30	19.8
周口市	5.89	57.0	1655.62	18.0	703.71	10.1
商丘市	2.12	27.5	1559.11	15.2	833.41	18.9
信阳市	2.90	13.2	1830.06	19.1	909.49	22.6

表15-2续表3

指标名称	城镇居民人均可支配收入（元）		农民人均纯收入（元）		城市居民消费价格指数
	2013年	增长(%)	2013年	增长(%)	%
徐州市	23770	9.5	12052	12.0	102.3
连云港市	22985	10.4	10745	12.0	102.2
淮安市	23107	10.3	11045	12.3	102.2
盐城市	24119	9.9	13344	12.1	102.7
宿迁市	18846	10.9	10703	12.7	102.4
菏泽市	21236	11.0	9309	13.7	101.8
聊城市	26087	10.1	10083	13.6	102.0
枣庄市	25238	9.9	10878	13.2	101.8
济宁市	27956	9.8	11348	13.5	101.5
泰安市	28201	9.9	11547	13.3	101.8
日照市	25090	10.0	11304	12.8	102.1
莱芜市	29179	9.7	12161	11.7	101.9
临沂市	27511	12.5	10389	13.6	101.6
德州市	24812	10.6	10876	13.3	101.9
亳州市	22605	10.3	7456	13.8	102.6
淮南市	22920	10.5	8879	13.2	102.6
蚌埠市	22739	10.2	8741	13.9	101.5
淮北市	22460	10.3	8240	13.1	102.1
阜阳市	20933	10.3	6965	14.2	102.2
宿州市	21713	10.0	7571	14.1	102.3
滁州市	22591	10.6	9235	13.5	102.3
六安市	21275	9.8	7430	13.7	102.0
周口市	18046	9.3	6950	12.1	102.7
商丘市	20214	10.4	7217	12.3	102.3
信阳市	19150	8.4	7982	11.2	102.4

中国统计出版社最新图书简目

（仅供参考，以最后出书为准）

统计资料

综合类：中国统计年鉴　中国统计摘要　中国发展报告

国际资料类：国际统计年鉴　金砖国家联合统计手册　世界能源资源年鉴

区域资料类：中国区域经济统计年鉴　中国县域统计年鉴　中国城市统计年鉴　中国农村统计年鉴　中国地区经济监测报告

经贸与投资类：中国贸易外经统计年鉴　中国对外直接投资统计公报　中国商品交易市场统计年鉴　大中型批发零售和住宿餐饮企业统计年鉴　中国零售和餐饮连锁企业统计年鉴

住户与物价类：中国住户调查年鉴　中国价格统计年鉴　中国农产品价格调查年鉴　全国农产品成本收益资料汇编

资源与环境类：中国环境统计年鉴　中国能源统计年鉴

产业类：中国工业统计年鉴　中国建筑业统计年鉴　中国房地产统计年鉴　中国第三产业统计年鉴　中国证券期货统计年鉴

科技类：中国科技统计年鉴　中国高技术产业统计年鉴　工业企业科技活动资料

人口与就业类：中国劳动统计年鉴　中国人口和就业统计年鉴　中国人才资源统计报告

社会与文化类：中国社会统计年鉴　中国文化及相关产业统计年鉴

公共管理类：中国民政统计年鉴　中国民族统计年鉴　中国乡镇街道行政区域简册

省级综合统计年鉴系列

北京　天津　河北　山西　内蒙古　辽宁　吉林　黑龙江　上海　江苏　浙江　安徽　福建　江西　山东　河南　湖北　湖南　广东　广西　海南　重庆　四川　贵州　云南　西藏　陕西　甘肃　青海　宁夏　新疆　新疆生产建设兵团

市(县)级综合统计年鉴系列

天津滨海新区　石家庄　唐山　邯郸　太原　大同　阳泉　长治　晋城　朔州　晋中　运城　忻州　临汾　呼和浩特　鄂尔多斯　包头　沈阳　大连　长春　吉林市　四平　哈尔滨　黑龙江垦区　上海浦东新区　南京　无锡　徐州　常州　苏州　南通　连云港　淮安　盐城　扬州　镇江　泰州　宿迁　江阴　丹阳　杭州　宁波　温州　嘉兴　绍兴　金华　衢州　舟山　台州　丽水　合肥　福州　厦门　宁德　福州经济技术开发区　南昌　济南　青岛　郑州　洛阳　平顶山　三门峡　南阳　武汉　十堰　荆州　宜昌　荆门　咸宁　长沙　广州　深圳　惠州　东莞　南宁　柳州　桂林　来宾　海口　三亚　成都　贵阳　昆明　西安　兰州　庆阳　银川　乌鲁木齐　兵团一师　兵团十师

调查年鉴系列

山西　内蒙古　吉林　辽宁　上海　福建　湖北　广西　重庆　四川　云南　甘肃　宁夏　新疆　南宁　桂林

"十二五"规划教材

统计学（经济管理类专业本科适用，单薇　等）　抽样调查理论与方法（冯士雍　等）

贝叶斯统计（茆诗松　等）　统计学（黄良文　等）　试验设计（茆诗松　等）

统计学：从数据到结论（吴喜之）　医学统计学（于浩）　统计学（经济、管理类专业基础教材，张小斐）

概率论与数理统计三十三讲（魏振军）　概率论与数理统计三十三：学习指导与习题解答（魏振军）

非参数统计（吴喜之　等）　统计学：经济与管理中的数据分析（李慧云　等）

卫生管理统计学（新编医学院校基础课教材，尚磊）　医院统计学（新编医学院校基础课教材，徐天和　等）

社会统计学（蒋萍　等）　现代金融投资统计分析（李腊生　等）

国民经济核算初级教程（经济类、统计类、管理类专业适用，蒋萍　等）

重点图书

新中国65年　新编英汉汉英统计大词典　中华医学统计百科全书

挑大学选专业2014—考研择校指南　挑大学选专业2014—高考志愿填报指南

中国统计出版社发行部电话：（010）63376907，63376908　同楫行书店电话：68783171，68783172

通讯地址：北京市西城区三里河月坛南街57号　邮政编码：100826

网址：http://csp.stats.gov.cn